世界で一番やさしい
リフォーム

最新改訂版

田園都市建築家の会＝著

37

第1章 リフォームで必要な調査と準備

第2章 現地調査と図面の復旧作業

第3章 室内計画とリフォーム設計

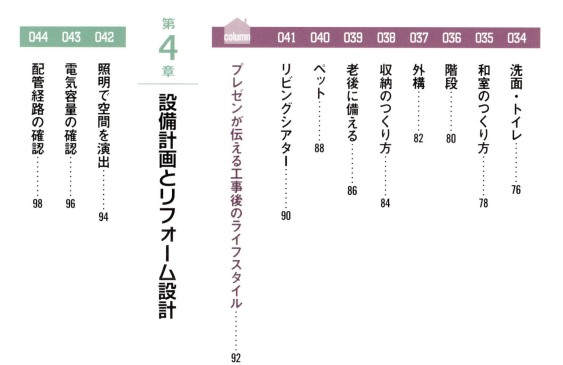

第4章 設備計画とリフォーム設計

第5章 構造計画とリフォーム設計

第6章 性能アップ計画とリフォーム設計

第7章 リフォームで必要となるローンと資金計画

第8章 見積りと契約、現場監理

制作　タクトシステム
カバー・表紙デザイン　ネウシトラ
DTP　TKクリエイト
イラスト　長岡伸行 ほか
印刷・製本　大日本印刷

※：本書は建築知識創刊60周年を記念し、ご好評いただいたエクスナレッジムック「世界で一番やさしい　リフォーム　増補改訂カラー版」(2013年6月刊)を加筆・修正のうえ、再編集したものです。

第1章

リフォームで必要な調査と準備

key word 001

リフォームとは

Point

- リフォームにはいろいろなタイプがある
- リフォームはいろいろな問題を抱えていることが多く、新築より難しい
- 建築士ならではの提案が期待されている

　近年、日本でも都市部を中心に、戸建住宅やマンションのリフォーム事例が増えている。

　このリフォームだが、たとえば、内装や外装のような仕上げ部分に限定したリフォームもあれば構造にも踏み込んで補強工事を伴うリフォームなど、いろいろなタイプがある。構造によっても、さまざまな違いがある。

　また、中古住宅を購入してリフォームする場合は、履歴が分からないため新築で購入した住宅のリフォームとは違ってくる。

新築より難易度が高いリフォーム

　このように目的や種類、方法など多岐にわたるのがリフォームだ。これまでは、クロスの張り替えや古くなった設備の取り替えなどがリフォームというイメージがあった。しかし、施主のニーズに合わせて、建築士によるリフォーム事例が増えている[図]。

　リフォームは、たとえば中古住宅の場合など図面の紛失、あるいはもとからないといった基本的な問題を抱えていることが多い。法令上必要な接道がない場合もある。プランや構造体の変更を伴う際には、設計監理業務として難易度の高い場合が多い。

リフォームの目的を確認

　リフォームは新築とは違い、1つずつ紐をとくように進めていかなくてはならない。なぜリフォームを選ぶのか、本当にリフォームでいいのか、施主が求めている内容を把握して適正なアドバイスを行う必要がある。そこで本書では、リフォームにおける注意点やチェックポイントを設計の流れに沿って取り上げる。また、木造を「戸建」、鉄筋コンクリート造（以下RC造）を「マンション」として取り扱っていく。RC造の戸建はマンション編を参考にされたい。

◇図 リフォームの流れの比較

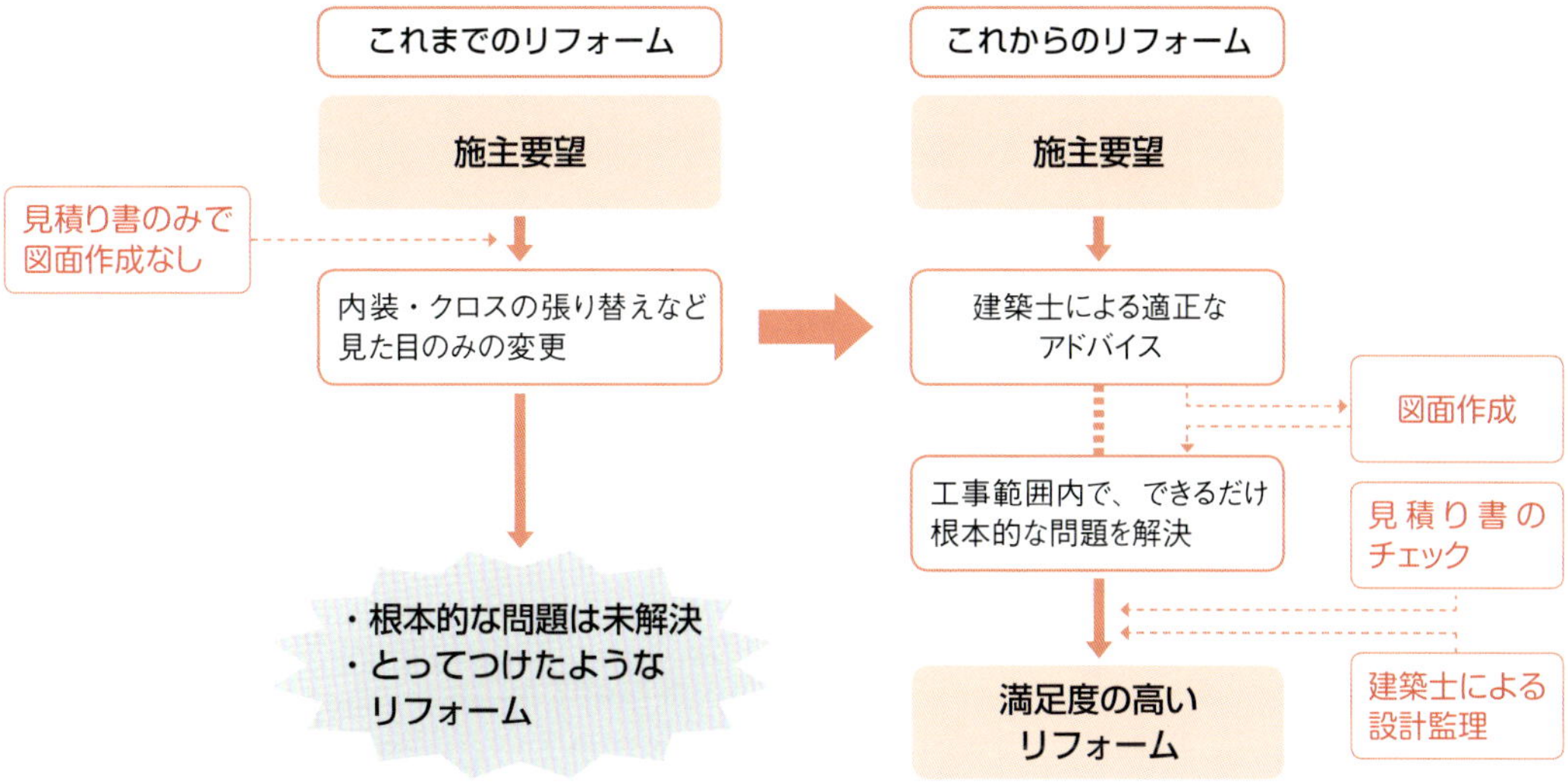

リフォームの種類

Point

- リフォームには、規模の区分として部分リフォーム、スケルトンリフォーム、増築、減築がある
- そのほかに、用途変更や性能向上リフォームがある
- 目的に合わせてこれらの組み合わせを検討する

内容によって選択されるリフォームのバリエーション

リフォームは、規模、構造、工事を行う範囲などによって、4つの種類に分類される[表、図1・2]。

手を加える範囲や規模による違いとして、キッチンや浴室などの水廻り、和室のみなど、家の一部を変更する「部分リフォーム」、戸建住宅、マンションなどの構造躯体はそのまま残して内部をすべて新しくする「スケルトンリフォーム」、戸建における、家族構成、ライフスタイルの変化などにより、構造を含む一部を取り壊し、面積を小さくする「減築」と、構造の追加を含め、床面積を増やす「増築」に分類される。

用途変更や性能の向上

用途の変更や性能の向上など、目的による違いとしては、戸建住宅から店舗併用住宅など「兼用住宅への用途替え、いわゆるコンバージョンをともなうリフォーム（店舗から住宅など逆もある）」、断熱、熱源、使用材料の更新など、住宅環境の性能アップや省エネを目的とした「省エネリフォーム」、旧耐震基準により施工された住宅の構造面の強化・耐震性の向上を目的とした「耐震リフォーム」、老後や介護に伴い、廊下幅の拡張や段差の解消など、住みやすさを目的とした「バリアフリーリフォーム」に大きく分類される。

これらの規模や用途による分類は、「耐震を伴う増築省エネリフォーム」など、施主の要望、必要に応じてそれぞれを組み合わせることが多く、既存も生かしつつ、いかに効率よく目的を実現するかが大切となる。

「型式適合認定※」については構造の変更を行うと保証の対象外になるので、事前に既存の工法、保証について、忘れずに確認するよう十分な注意が必要である。

※：建築基準法に基づき、建築材料や主要構造部、建築設備等の型式について、一定の建設基準に適合していることをあらかじめ審査し、認定すること

◇表　目的と規模によるリフォームの種類

➡工事規模、範囲による分類

⬇目的による分類

	部分リフォーム（戸建／マンション）	スケルトンリフォーム（戸建／マンション）	減築（戸建）	増築（戸建）
兼用住宅への用途替えリフォーム	・必要な場所だけリフォーム ・和室を店舗へなど 1	・住まいを店舗等の兼用へ ・事務所から住まいへ 2	・和室等不要な部屋をなくす ・店舗を取り除く 3	・部屋・店舗を増やす ・2世帯住宅へ 4
省エネリフォーム	・ガラスのペアガラス化 ・設備の一新 5	・ライフスタイルに合わせて設備や仕様を一新 ・断熱の強化 6	・空間の体積を減らす 7	・暖房区画を考慮したプラン変更 8
耐震リフォーム	・耐力壁の強化 ・梁の補強 ・既存基準へ近づける 9	・耐力壁の追加と移動 ・床の補強 ・梁の補強 10	・耐力壁の移動 11	・耐力壁の追加 12
バリアフリーリフォーム	・段差の解消 ・建具の交換 ・照明の変更 13	・間取りの変更 ・水廻りの配置変更 14	・動線をシンプルに ・不要な部屋の撤去 15	・対応できない部分を増築する 16

◇図1　戸建住宅の例

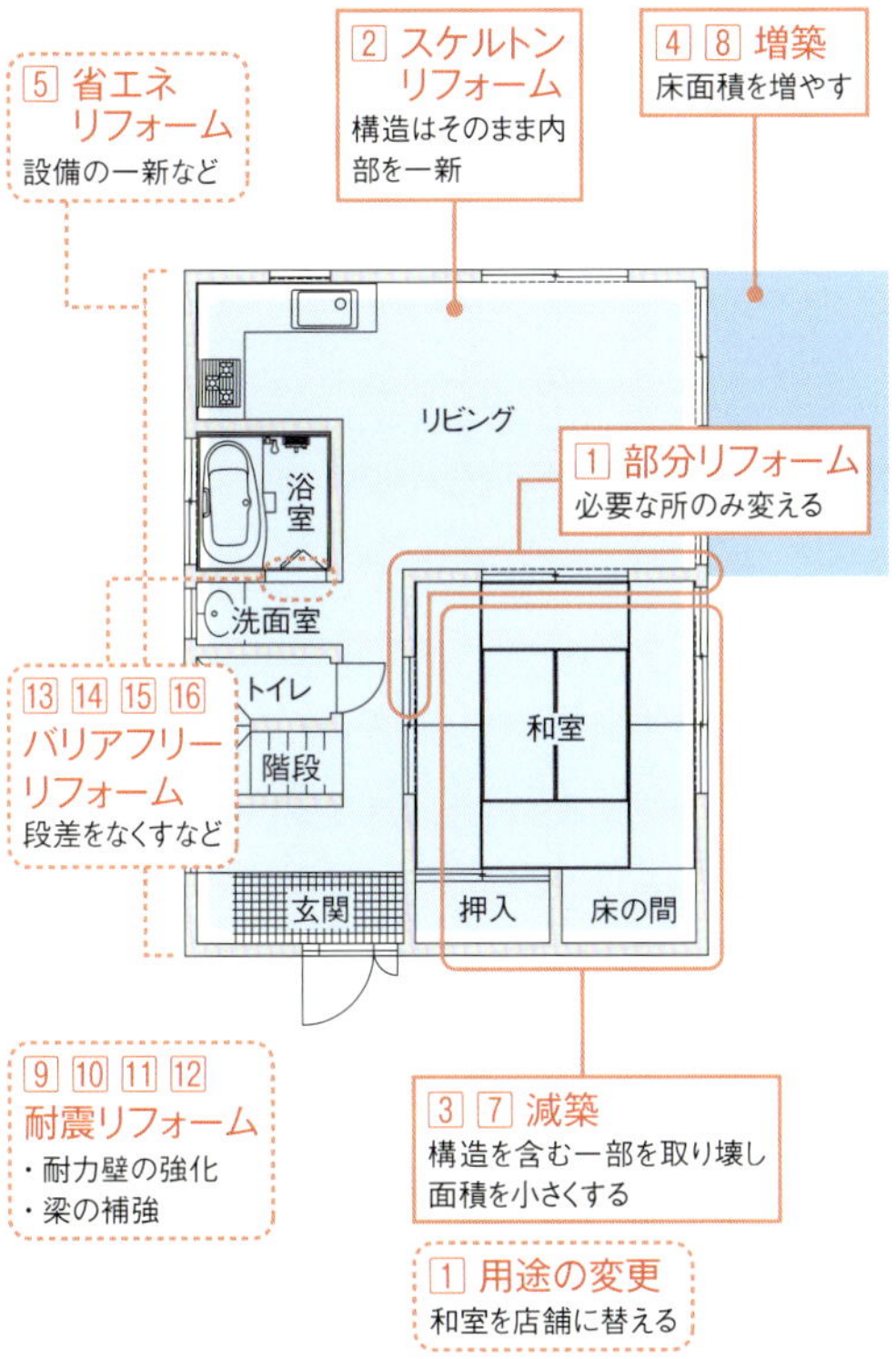

◇図2　マンションの例

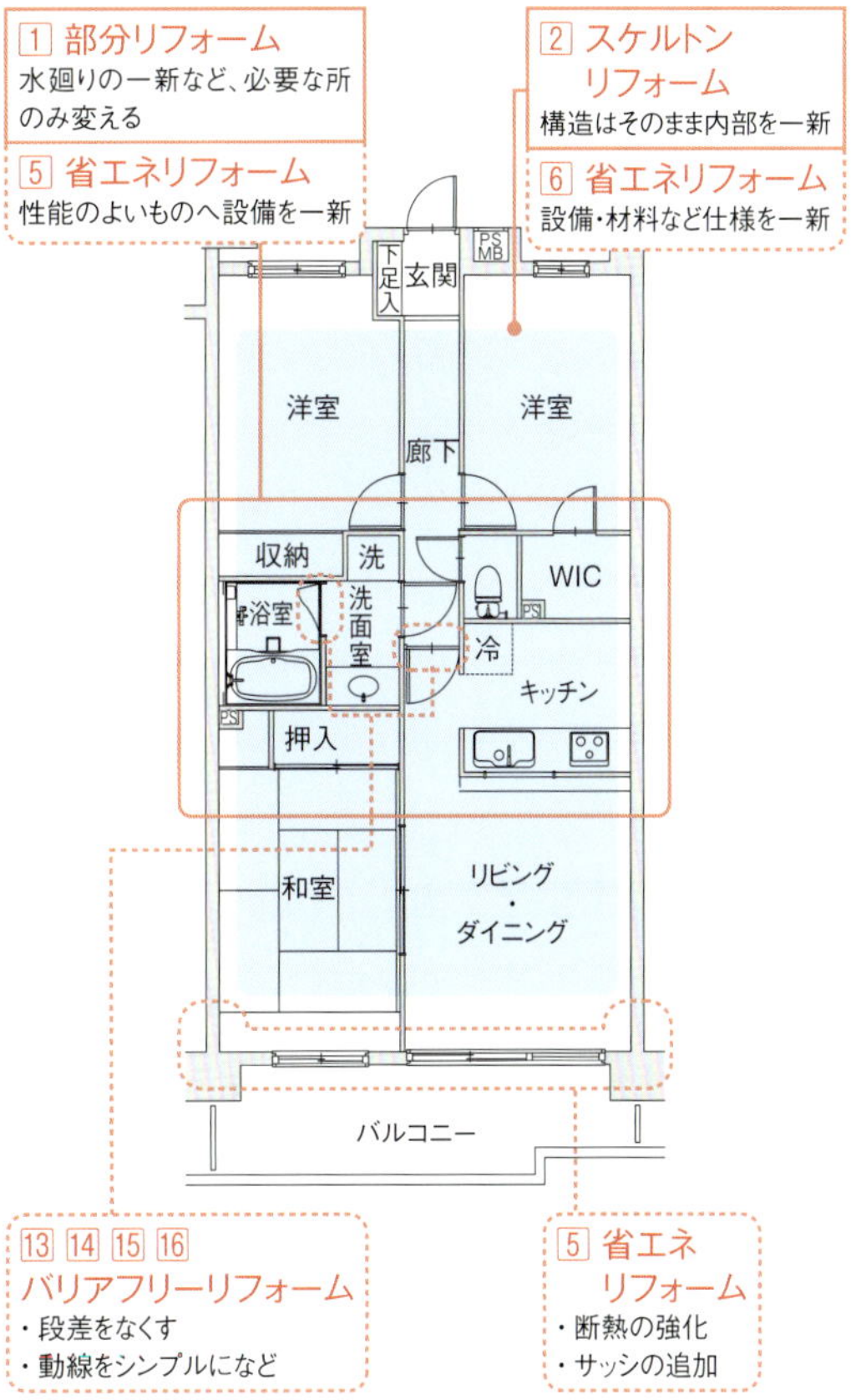

規模による分類
目的による分類

key word 003

部分リフォーム

Point

- 日常生活をしながら工事を行うことができる
- 粉じんの処理、作業時間、騒音など、検討事項は多岐にわたる
- 住みながらの工事のため、施主との協力体制が大切になる

既存内外装のつくりを生かし コストを抑える部分リフォーム

部分リフォームとは、工事をする部分を限定して行うリフォームのことである[図]。部分リフォームをする場所や内容はさまざまだが、そのメリットは引越し費用や仮住まい費用などのコストを抑えられる点や日常生活をしながら工事を行えることなどがある。しかし、平面プランまでは変更しない場合が多いので、不便な部分の抜本的な解決は難しい。

住みながらリフォームする場合、リフォーム部分の養生や解体時における粉じんの処理方法、作業時間、工事期間中の騒音やリフォームをしている場所の代替措置など、検討事項は多岐にわたる。トラブルになりやすい要素も多いため、入念な打ち合わせが必要だ。

たとえば、キッチンのような日常的に使用する場所では、施主との協力体制をよく話し合っておく必要がある。

部分リフォームの具体例

老朽化による設備機器の交換では、キッチン、浴室、洗面所などがある。

家族構成や生活スタイルの変化に伴う部屋の増築や子供部屋の用途変更、和室から洋室への変更などがある。また、バリアフリーを含む高齢者対策のリフォームもある。

生活環境の改善では、採光や通風などのための開口部の設置や、温熱環境の改善のためのペアガラスへの変更などがある。

快適性の改善を目的としたリビング・ダイニングのリフォームや、趣味の充実のために防音室やホームシアターへの用途変更もある。

その他、外壁の修繕や壁紙や床材の張り替えなど、ごく部分的なものから大規模の模様替えなど、部分リフォームの種類は多岐にわたる。

◇図　部分リフォームのチェックポイント※

1 キッチン

日常的に使う場所なので、短い工期で終わらせたい。既存配管との取合いをチェックする（032）

2 浴室

以前の浴室と同等以上の広さを確保すること（033・034）

3 家族構成の変化

部屋の増築・用途変更などで対応するが、デッドスペースの部屋をつくらないように他室との関係をチェックする（005）

4 和室↔洋室

床の段差、上框の処理などをチェックする（035）

5 バリアフリー

高齢者対策用のリフォームでは、手すりの位置変更や滑り止めを設置する（007）

6 採光・通風改善

リフォーム時に新規に設置した窓。対策内容を整理する（029）

7 温熱環境の改善

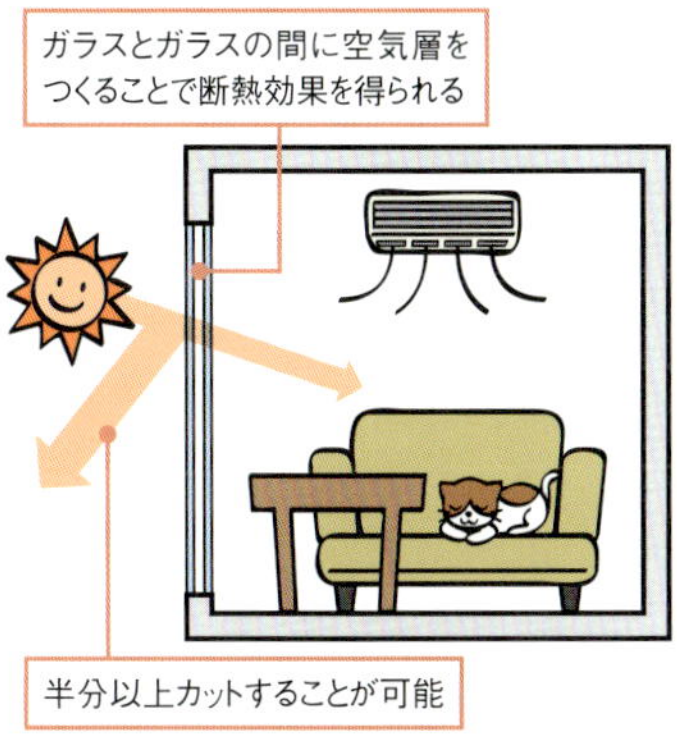

温熱環境改善のためのペアガラスへの変更などどこまで何をするのか、対策内容を整理する（066・067・071）

8 リビング・ダイニング

ダイニングがメインの生活スタイルの要望に対応した設計とする（031）

9 防音室

趣味の充実のためのリフォーム。直接生活に絡まないのでマルチに使える工夫をする（077）

※：（　）内数字のキーワードNo.の項目で詳しく説明する

スケルトンリフォーム

Point

- 構造体は既存のままいじらず、内部を刷新すること
- 大規模の修繕になり、申請が必要な場合もあるので、法規についても注意が必要である

設計の自由度が高いスケルトンリフォーム

スケルトンリフォームとは、構造躯体だけを残して内部をすべて一新するリフォームである。

木造住宅は構造にも手を加えやすい

戸建の場合、規模・構造形式により条件は異なるが、確認申請が必要となる場合がある。設計前に、既存建物の検査済証の確認が大切である。

木造住宅の場合、鉄骨・RC造に比べて構造に手を加えやすいことから、柱も含め筋交いなど構造壁の移動、梁の架け替えを伴うことも多い。2階建て規模の住宅であれば基準法上の申請は不要となることが多いが、その場合も法規の順守は必要となってくる[図1]。

鉄骨・RC造の場合、構造の変更は構造計算、施工ともに大掛かりな工事となるため、躯体はそのまま使って内部だけ更新する場合が多い。ただし現在の基準に合わせた耐震補強や浴室の移動、書架の設置を行う場合の床補強など、積載荷重の変更にも耐える構造となるよう確認が必要である。

マンションはスケルトンリフォームの特徴が生かせる

マンション住戸の場合、躯体やサッシは、専有使用権のある共用部のため変更できない。しかしそれ以外の設備を伴う床・壁・天井を撤去するリフォームは、比較的計画しやすく、スケルトンリフォームとはこのパターンを意味することも多い[図2]。この場合、住戸内では比較的自由な設計ができるが、建物全体に通る設備シャフトは移動できない。床の遮音等級規定への適合など規約に合わせた対応が必要となる[写真]。

◇図　スケルトンリフォームの範囲※

1 戸建住宅の場合

before

柱の移動、梁の架け替えなども構造計算により可能

階段の移動など主要構造部を替える場合、確認申請が必要なこともある(018)

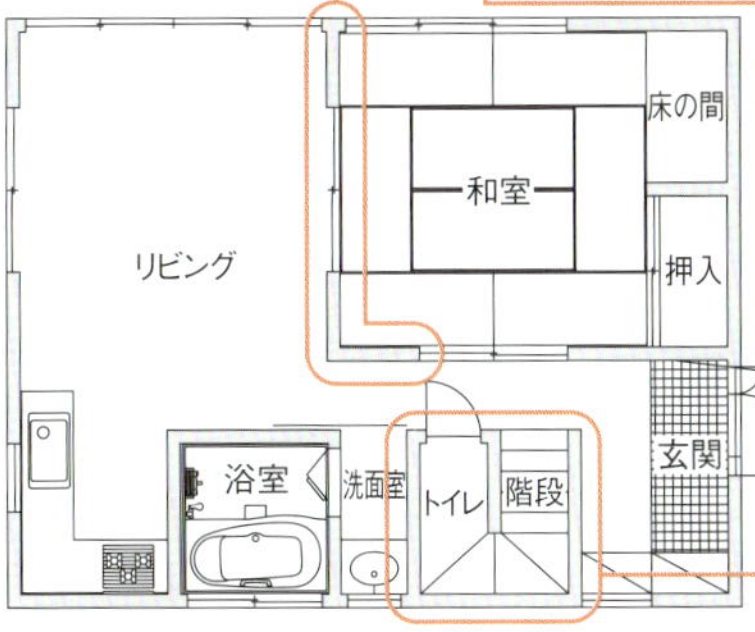

構造の架け替えも含め、内部を一新

壁を変更する場合は、梁せい、壁のバランスをしっかりチェックする

after

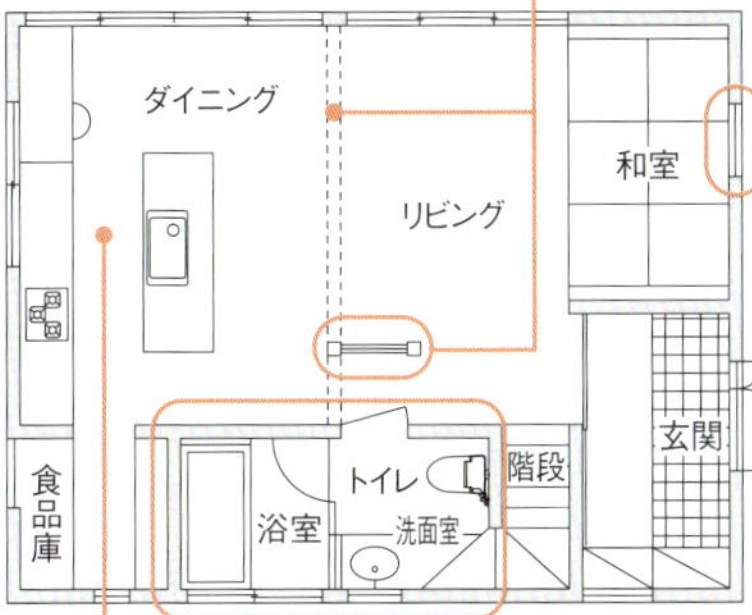

構造壁の確認により、外壁に窓を追加することも可能

水廻りの移動・変更を行う場合、設備のつなぎ、勾配を確認する

2 マンションの場合

before

基本的にサッシは専有使用権のある共用部のため変更できない。管理組合との交渉によっては変更可能となる場合もある

基本的に設備シャフトの位置は変更できない

間取りの変更

構造はそのまま内部を一新

after

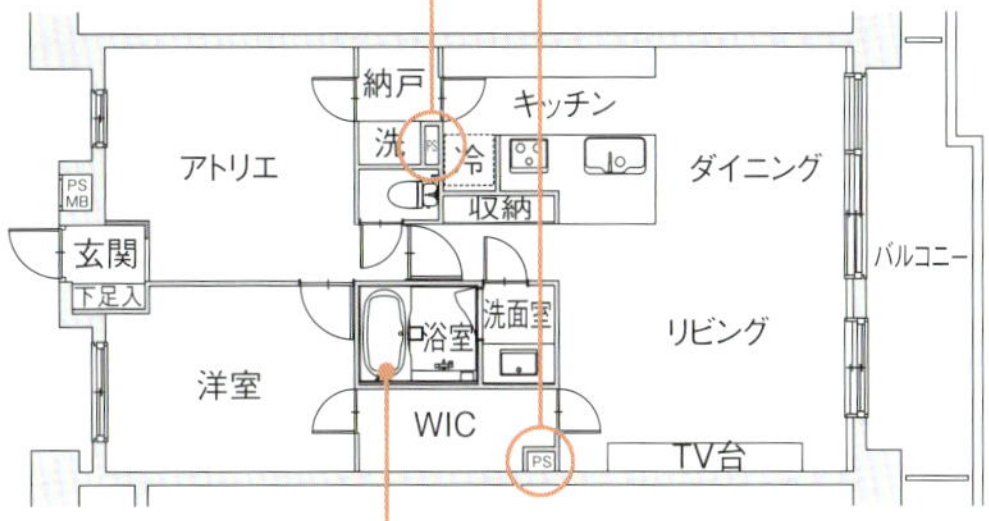

設備レイアウトの変更はどこまで可能か、配管スペースなどをチェックする(044)

◇写真　スケルトンリフォームの際残さなければならない箇所

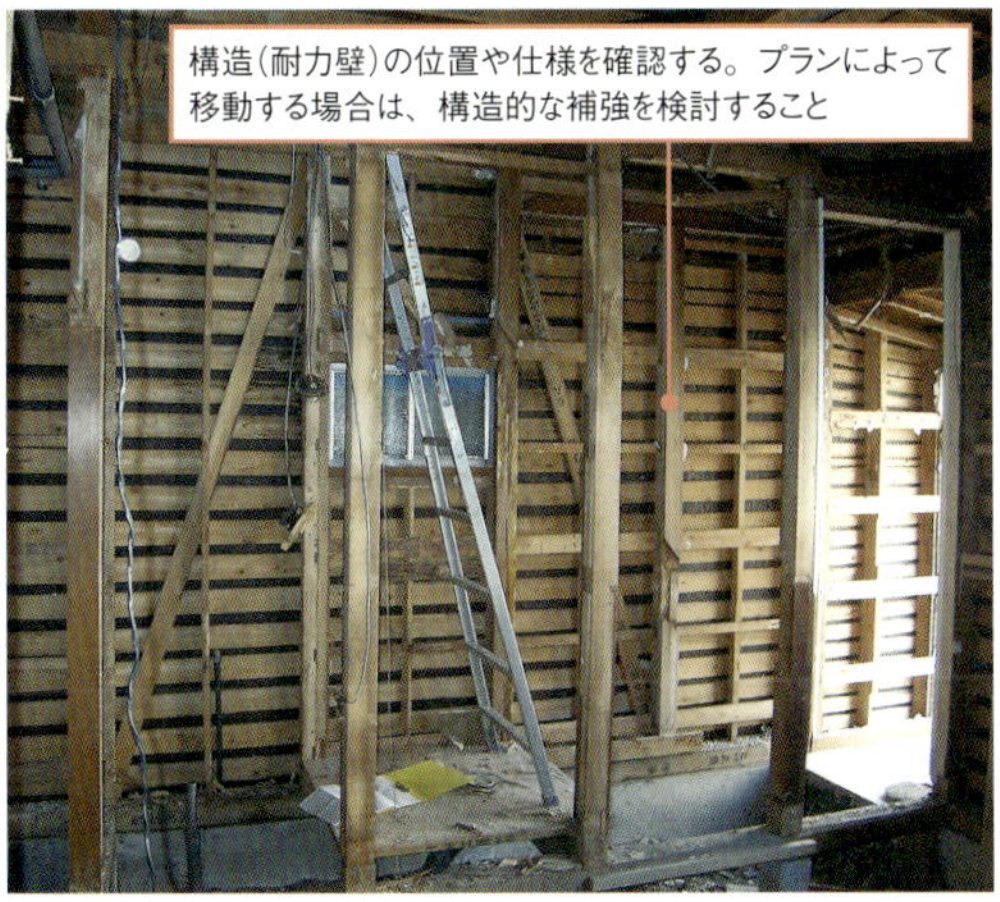

戸建住宅の場合

床・壁・天井仕上げや専有部の設備配管、電気配線はすべて撤去して更新することができるが、柱と梁、筋交いなどの構造壁は再確認し、必要な場合は追加・移動を検討する

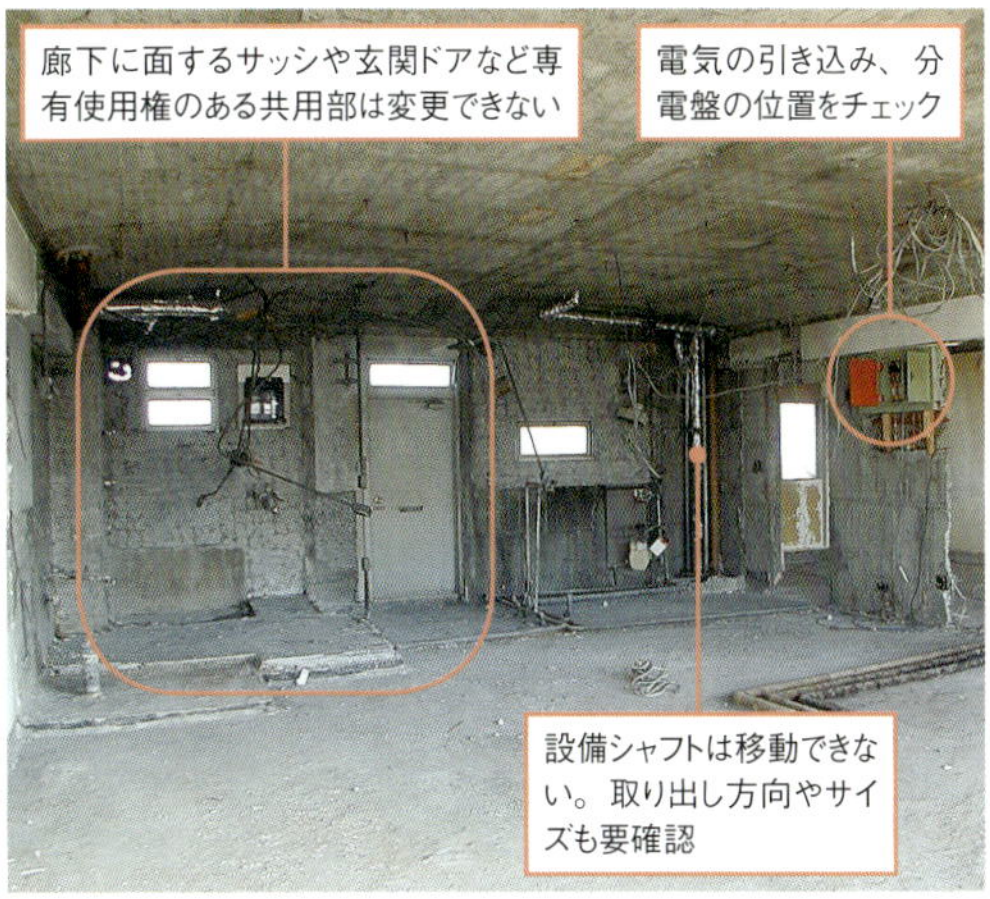

マンションの場合

床・壁・天井仕上げや専有部の設備配管、電気配線はすべて撤去することができる。ただし、建物全体に通る設備シャフトや共用部にかかわる既存サッシなどは基本的に変更できない

※:(　)内数字のキーワードNo.の項目で詳しく説明する

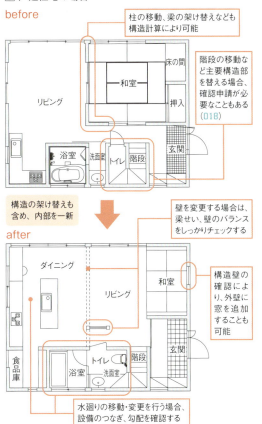

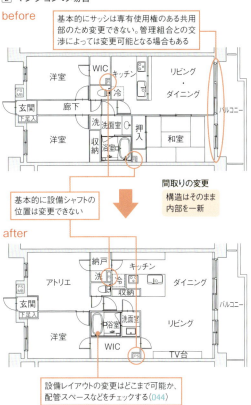

key word 005

増築・減築
—調査と準備—

Point

- 増築、減築では、構造体の工事を伴う
- 法規チェックと構造チェックが必要だ
- 屋根や外壁の雨仕舞がポイントになる

これまでは仕上げを新しくするリフォームについて触れてきたが、ここでは、居住範囲の増減にかかわるリフォームについて触れる。

増築ではジョイント部分の接合と防水に注意

子どもの結婚など家族が増えることで手狭になった時には、床面積を増やすリフォームを行いたい。これが増築と呼ばれるもので、階数や部屋数を増やすことである。増築する床面積が10㎡を超える時には確認申請が必要となる。斜線関係、建ぺい率、容積率にも注意する。また、避難経路の確保や延焼線など、チェックすべきことも多い。

忘れてはいけないのが、構造的な強度の確認だ。特に増築部と既存建物とのジョイント部分には雨仕舞など防水の工夫が必要となる。

資産価値が上がるため、固定資産税が増えることもあるので、施主には十分な説明が必要となる［図1］。

減築では耐力壁の減少に注意

子どもが独立して部屋があまってしまうなどの理由から、床面積を減らすリフォームが減築と呼ばれるものだ。減らすための工事なので、申請は必要ないように思われがちだが、既存の建物が現在の法規に対して、合法でない場合などもある。そのため、関係機関の調査が必要となる。耐力壁の減少には、特に気を付けたい。

また、2階建てを平屋にするなど、外壁や屋根の工事を伴うことが多く、新規区分と既存建物との雨仕舞が大切なポイントとなる。

このような部位では、あらかじめ納まりをしっかり検討する必要がある。もちろん、構造体の腐食やシロアリ被害など、ほかのリフォーム同様、確認しなければならない項目には十分注意したい［図2］。

◇図1　増築の例

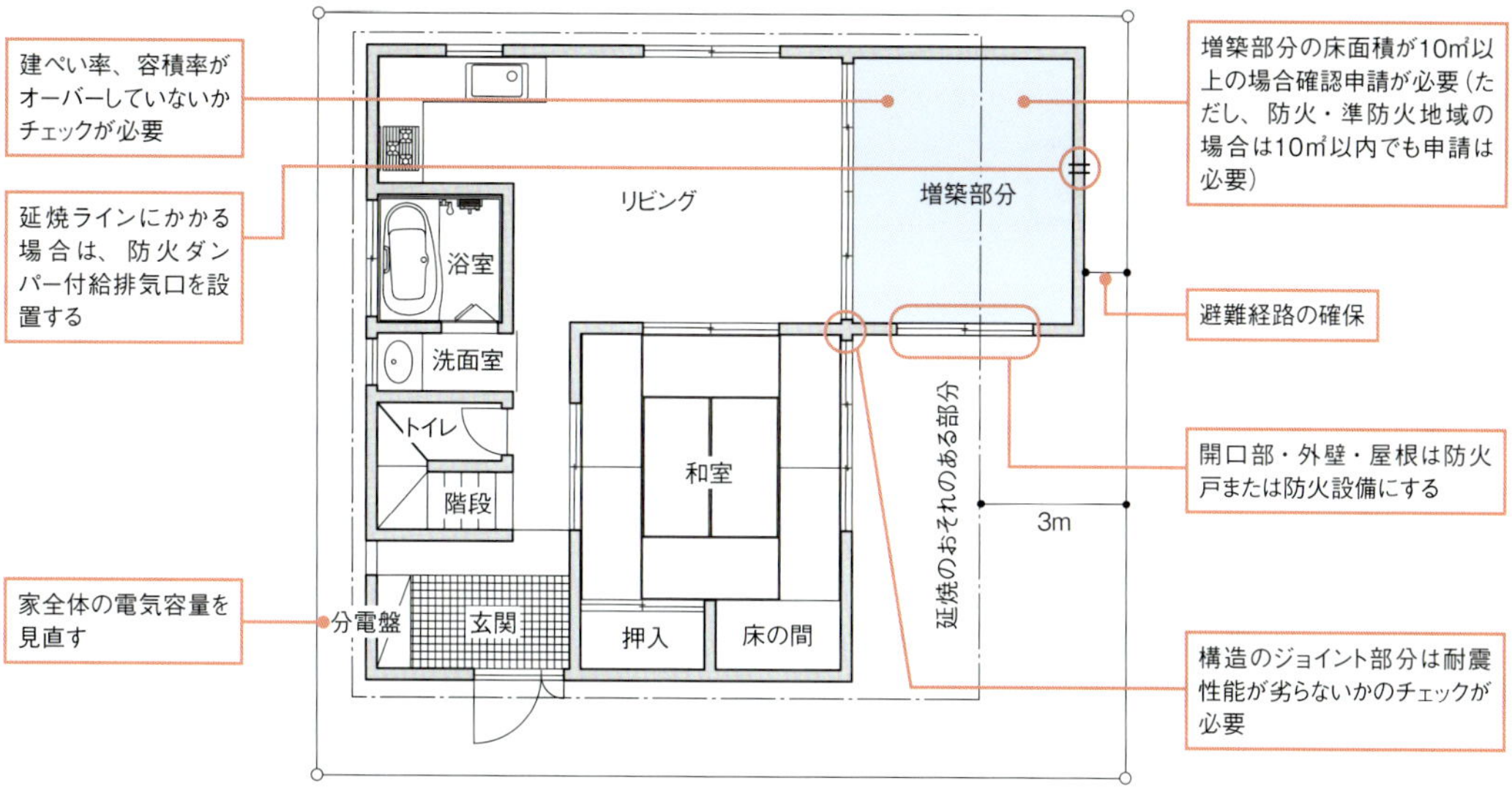
建ぺい率、容積率がオーバーしていないかチェックが必要
延焼ラインにかかる場合は、防火ダンパー付給排気口を設置する
家全体の電気容量を見直す
リビング
増築部分
浴室
洗面室
トイレ
階段
和室
分電盤
玄関
押入
床の間
延焼のおそれのある部分
3m
増築部分の床面積が10㎡以上の場合確認申請が必要(ただし、防火・準防火地域の場合は10㎡以内でも申請は必要)
避難経路の確保
開口部・外壁・屋根は防火戸または防火設備にする
構造のジョイント部分は耐震性能が劣らないかのチェックが必要

◇図2　減築の例

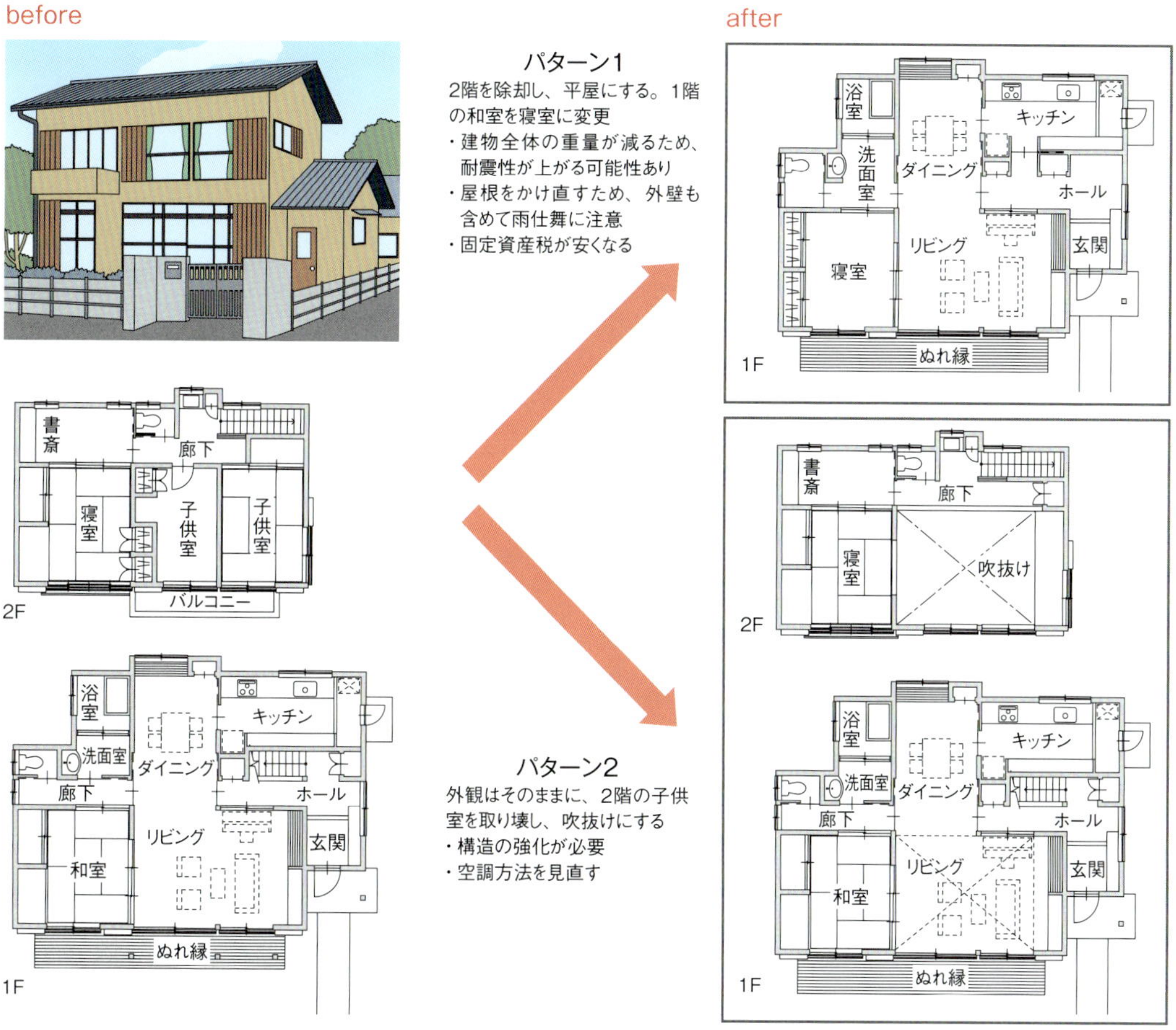
before
after
パターン1
2階を除却し、平屋にする。1階の和室を寝室に変更
・建物全体の重量が減るため、耐震性が上がる可能性あり
・屋根をかけ直すため、外壁も含めて雨仕舞に注意
・固定資産税が安くなる
パターン2
外観はそのままに、2階の子供室を取り壊し、吹抜けにする
・構造の強化が必要
・空調方法を見直す
書斎
廊下
寝室
子供室
子供室
バルコニー
2F
浴室
洗面室
ダイニング
キッチン
廊下
ホール
リビング
玄関
和室
ぬれ縁
1F
浴室
洗面室
キッチン
ダイニング
ホール
寝室
リビング
玄関
ぬれ縁
1F
書斎
廊下
寝室
吹抜け
2F
浴室
洗面室
ダイニング
キッチン
廊下
ホール
リビング
和室
玄関
ぬれ縁
1F

兼用住宅

Point

- 第一種低層住居専用地域内で兼用住宅をリフォームする時には、床面積に注意する
- 用途変更の場合は、電気容量や設備配管ルートの調査が重要
- 居住者の動線の変化にも対応させる

用途の変更と居住者の動線の再検討

兼用住宅とは、事務所や店舗などの用途に供する非住宅部分を併設した住宅のことをいう［表1］。特に都市計画上の第一種低層住居専用地域内では、居住部分が全体面積の半分以上を供していてかつ、店舗や事務所等の特定用途※が50㎡以下で併設されている住宅であること［図］が建築基準法で制限されているので注意が必要だ。

兼用住宅をリフォームする場合、リフォーム後も特定用途の部分が50㎡を超えないか、また規定外の用途でないかを確認する。

電気容量と配管の確認

居住部分を別の用途に変更する、または特定用途を別の用途に変更する場合は、設備や電気の確認が必要となる。特に設備配管やダクトのルートが確保できるのか、電気的な容量に余裕があるのか、なければ増やすことができるのかを調査する。たとえば理容室やクリーニング店では大量の水を使用するため、今までの給水管系では水量が不足する可能性がある。また、食品製造業を営む場合は、製造機の消費電力が著しく増加することがある。電気容量や給水量、給湯量が不足する場合は、契約の見直しが必要となる［表2］。

給水引込み管と水道メーターの口径アップを行うと大幅なコストアップになる場合があるので注意する。

動線の確認

用途変更をする時に計画上注意すべきことに居住者の動線を再検討する必要がある。兼用住宅では、居住部分と店舗あるいは事務所部分において行き来ができる計画となっている。そのため、事務所や店舗から学習塾のような変更を計画する場合、新たな用途に応じた内部の動線を検討する必要がある。

※：建築基準法施行令第130条の3参照

◇表1　住宅の主な分類

種類		住戸の戸数	用途
戸建住宅		1戸	住居
長屋	連続建て長屋	複数戸が水平方向に連続	住居
	重層長屋	複数戸が垂直方向に連続	住居
共同住宅		複数戸	住居
兼用住宅		1戸	住居＋事務所、店舗等

◇図　第一種低層住居地域に建築できる兼用住宅

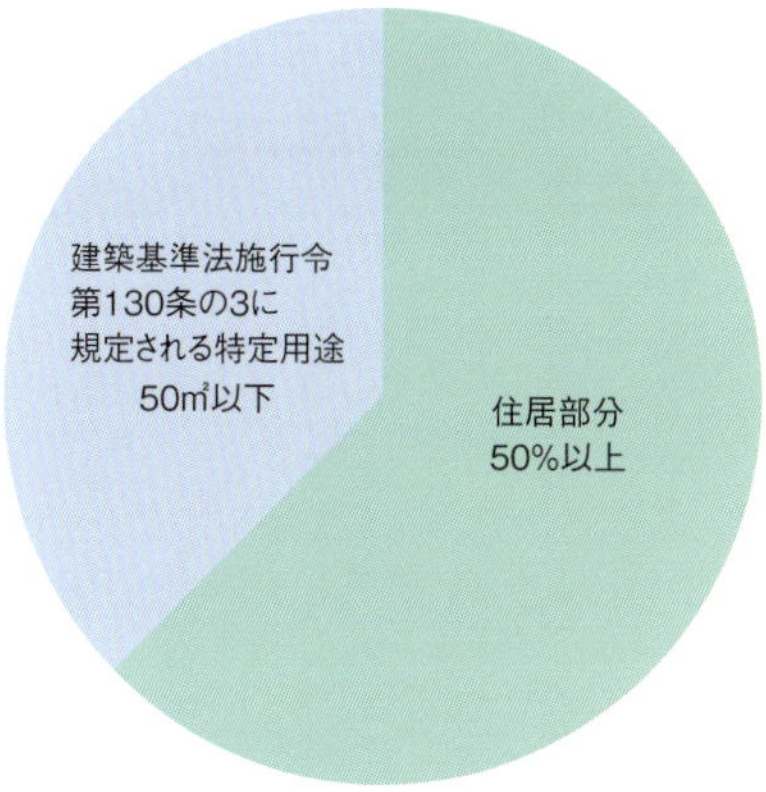
建築基準法施行令
第130条の3に
規定される特定用途
50㎡以下
住居部分
50%以上

住居の種類を理解して
どのような形態にする
か計画したいですね！

◇表2　兼用住宅へのリフォームで注意すること

変更後	注意する点
理容室	理容室やクリーニング店の場合、大量の水を使用するため、今までの給水管系では水量が不足する可能性がある。また、クリーニング店においては、通常の電気系統のほかに、動力を利用する場合もあるので、設置機械の選定に注意が必要である
飲食店	食堂もしくは喫茶店の場合、軽食を主体としたサービスであれば小規模なキッチン設備で十分賄えるが、食堂などの厨房設備においては、排水処理や油処理のグリーストラップなどの設備を設置しなくてはならない。そのため、設備や電気の計画に注意が必要である
物販店舗	物販は一般的に水やガスなどの特別な容量を必要としないので、通常の設備利用にて計画は可能である。しかし、商品レイアウトやディスプレイに関する照明計画によっては、大きな電気容量が必要となり、または別な電気回路を検討しなくてはいけないケースがあるので注意が必要である

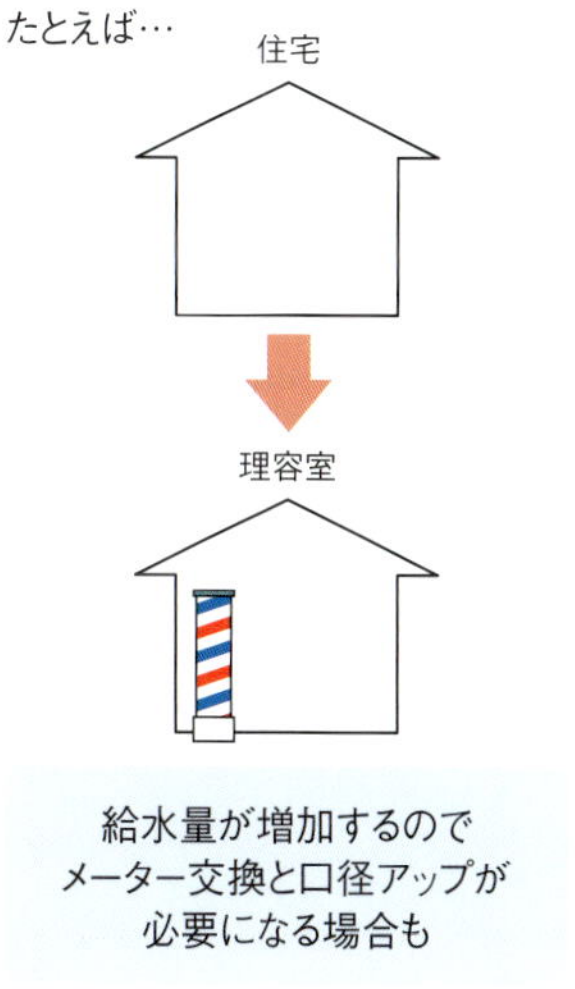
たとえば…
住宅
理容室
給水量が増加するので
メーター交換と口径アップが
必要になる場合も

key word 007

バリアフリーリフォーム

Point

- 手すりの設置、段差の解消だけでなく、動線の確保なども検討が必要
- 将来の車いす利用も視野に入れ、各部寸法に余裕をもたせた設計とする

バリアフリーリフォームは、現在の住宅で不便な箇所や危険な箇所を検討する。さらに、将来の加齢を考慮したリフォームプランを提案する［図］。

段差の解消と手すりの設置

要望として多いのは、室内の床や玄関から道路までの段差の解消と手すりの設置である。

段差を解消するにはかさ上げによる方法やスロープを設ける方法が一般的である。床材のかさ上げで段差を解消する場合は、どこで段差を解消するかが問題となる。和室と洋室の段差は、敷居の部分にすりつけ板を付けたり、洋室の床レベルを上げて新しい床をつくり、段差を解消する。玄関框は土間部分を部分的に上げて段差を軽減させる。また、築年数の古い住宅の場合は、バルコニーと屋内の段差が大きい。置き式のデッキを敷いて段差を軽減させる方法もある。

手すりは、玄関や廊下、浴室やトイレなど移動時や立ったり座ったりする際に補助が必要となる場所に設置する。リフォーム時点では必要なくても、将来手すりが必要となる場所には、下地の補強を入れておくとよい。

移動の負担が少ないプランを提案

戸建住宅であれば、キッチン、浴室、トイレ、洗面所、寝室を同じフロアに配置し、住宅内の移動に負担が少ないプランとしたい。それが難しい場合は、ホームエレベーターやいす式階段昇降機が設置できる計画とする。

また介助が必要となった場合に備えて、各部寸法に余裕をもったプランが望まれる。車いすの使用を考慮すると廊下の幅員は有効幅で８５０㎜以上とし、角部では方向を変えることができるように９００㎜以上確保したい。構造上難しい場合は、ほかの部屋を通っての動線確保を検討する。

◇図　バリアフリーでの検討事項とそのポイント

1 段差の解消

室内での転倒やつまずきを防ぐため、数cmから数10cmを含め床の段差をなくす。もしくは構造上等で段差をなくせない場合、その代替方法を検討する。最終的に段差は1カ所に集約し、すりつけ板やスロープなどで解消する

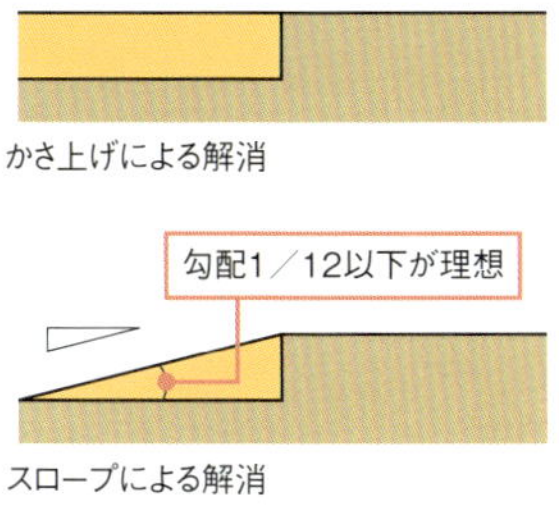

2 手すりの設置

住宅内の移動時や立ったり座ったりする際に補助となる手すりの設置、もしくは将来手すりを設置しやすいような下地補強を行う

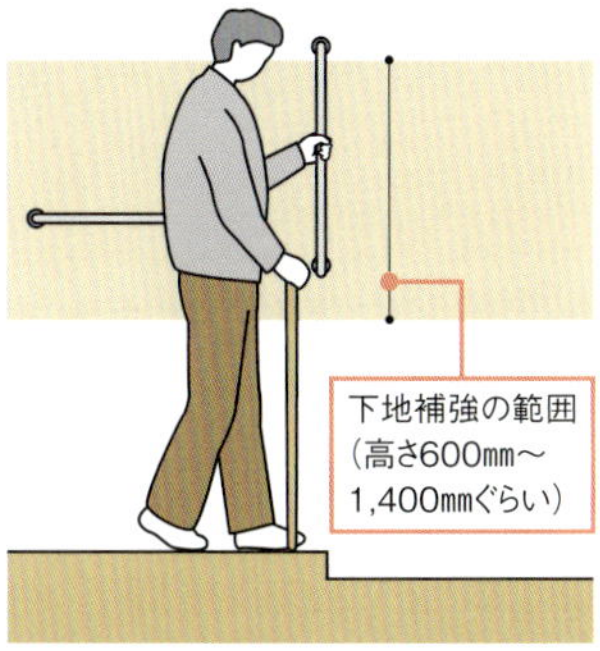

3 動線のバリアフリー

浴室、洗面所、トイレや主寝室など動線計画上のバリアフリーを検討する

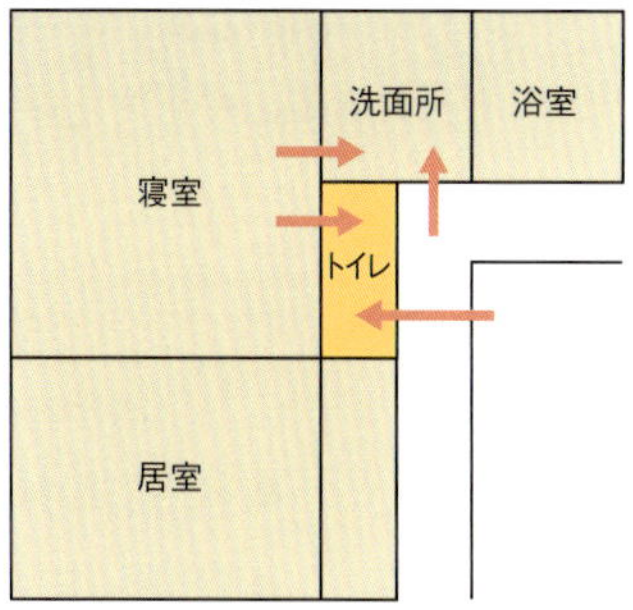

廊下だけでなく寝室からの動線も確保することで最短距離で移動ができ、介助する側にもメリットがある

4 照明器具

目の衰えなどを考え、夜間用の足元ライトなどを設置する

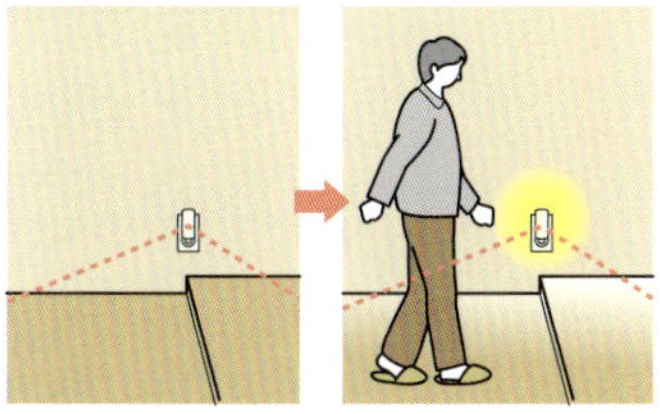

明るさとまぶしさ

目の衰えで明るくするのは必然であるが、主照明のみで明るくすると、まぶしすぎてかえって見づらくなる。そのため、間接照明などを多用し、全体的に明るく、まぶしくない照明計画とする

5 動線の確保

車いす使用時に移動がしやすい動線を確保しておく。廊下の幅員を確保できるのが理想だが、構造上難しい時は、別動線の確保を検討する

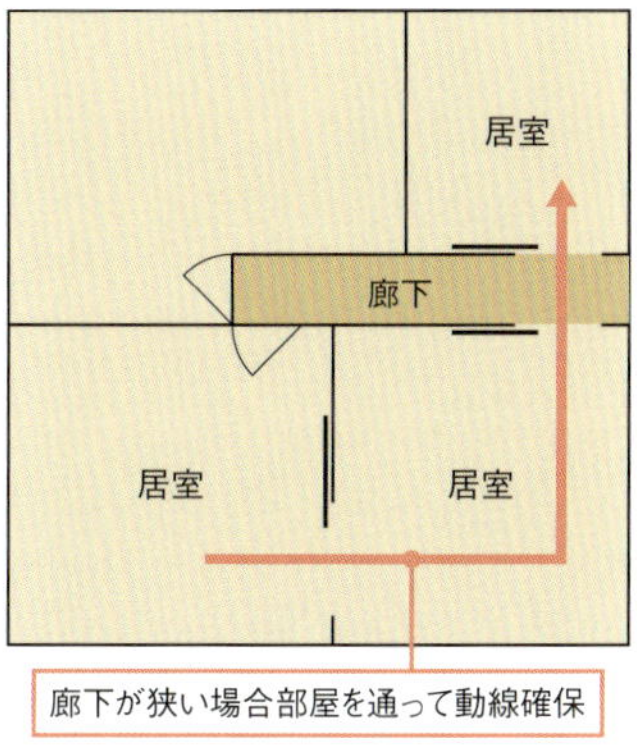

6 扉の改善

車いす使用時を考慮して、引きしろが取れる場合はできるだけ引戸に変更する。構造上難しい場合は、車いす対応の扉への変更も検討する

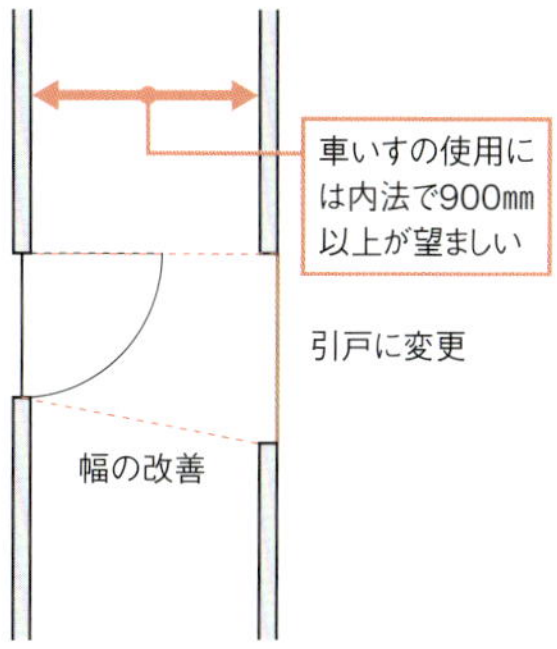

7 洗面・トイレの広さ

車いすのまま自立使用できるトイレや洗面台を検討する

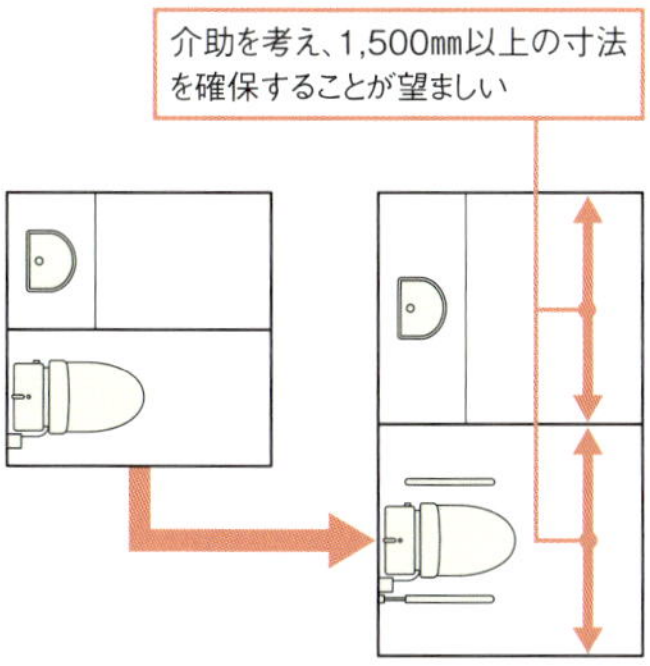

8 アプローチ動線の確保

車いすのまま家への出入りができるようスロープなどアプローチを検討する

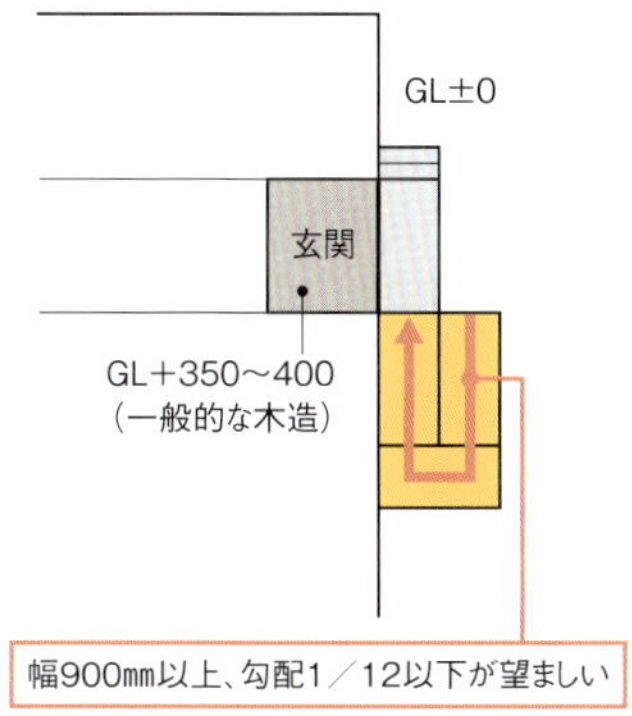

9 空気のバリアフリー

局所冷暖房の場合、部屋間の移動の際、温度差がない内容に考慮する

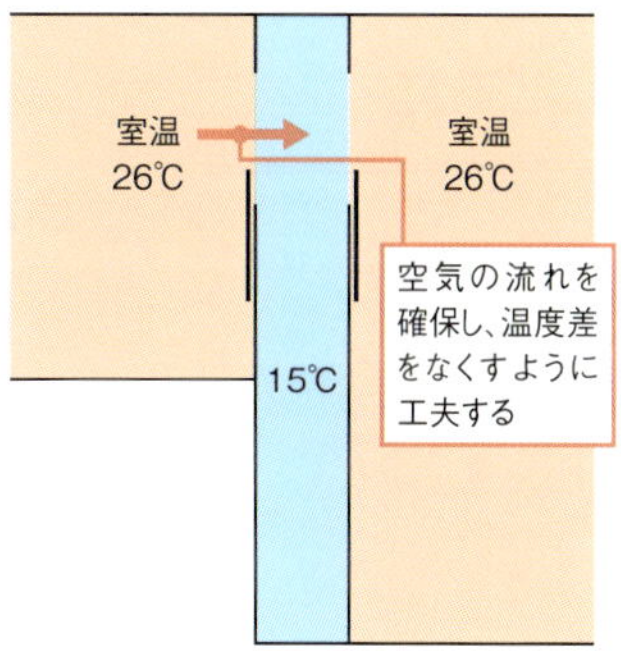

key word 008

省エネリフォーム

Point

- 省エネリフォームの第一歩は断熱改修
- 照明のLED化や冷暖房機器の変更も省エネにつながる
- 自然エネルギー利用や高効率機器の利用も検討したい

断熱性能向上と効率的なエネルギー使用の省エネリフォーム

省エネリフォームは断熱強化と設備の導入の両面から検討する必要がある。

その第一歩は、断熱改修を行うことだ。断熱性能が低いということは、外気の影響を受け、熱損失が大きいということ。そのため、冷暖房の効きが悪く、負荷が大きくなり、ランニングコストが上がってしまう。天井・壁・床に断熱材を敷き込む、もしくは補填し性能を確保することで熱効率がよくなり冷暖房のランニングコストを抑えることができる。また、断熱性能を上げるうえで、開口部の仕様は大きく影響する。単板ガラスから複層ガラスへの変更や、既存のサッシの内側に後付けサッシを新設し2重サッシとすることで、断熱性能を高める方法もある。

次に、省エネ設備の導入により、室内環境が快適になると同時に、エネルギーの効率的使用で光熱費を抑えられる。たとえば、照明器具や冷暖房機器の変更も大きく影響する。照明器具とエアコンで家庭の電気代の約1／3を占める。照明器具のLED化や高効率なエアコンに変えることで、消費電力を抑えられる[図1・2]。最近では省エネ設備の導入も手法の1つだろう。たとえば太陽光発電では、太陽光パネルで自家発電し、そのまま利用するだけでなく売電することもできる。

ほかにも、地中の安定したエネルギーである地熱をエアコンや給湯、床暖房のエネルギーに利用する地熱利用や、都市ガスで発電し、そこで発生した熱を利用してお湯をつくるエネファームや、空気の熱を熱交換器でさらに高温の熱をつくり、お湯をつくるエコキュート等がある。しかし、設置方法、設置スペースの確保、定期点検にかかるコスト等、導入前にチェックする必要がある[図3]。

◇図1　東京都における家庭部門の電気使用量の機器別割合（2014年度）

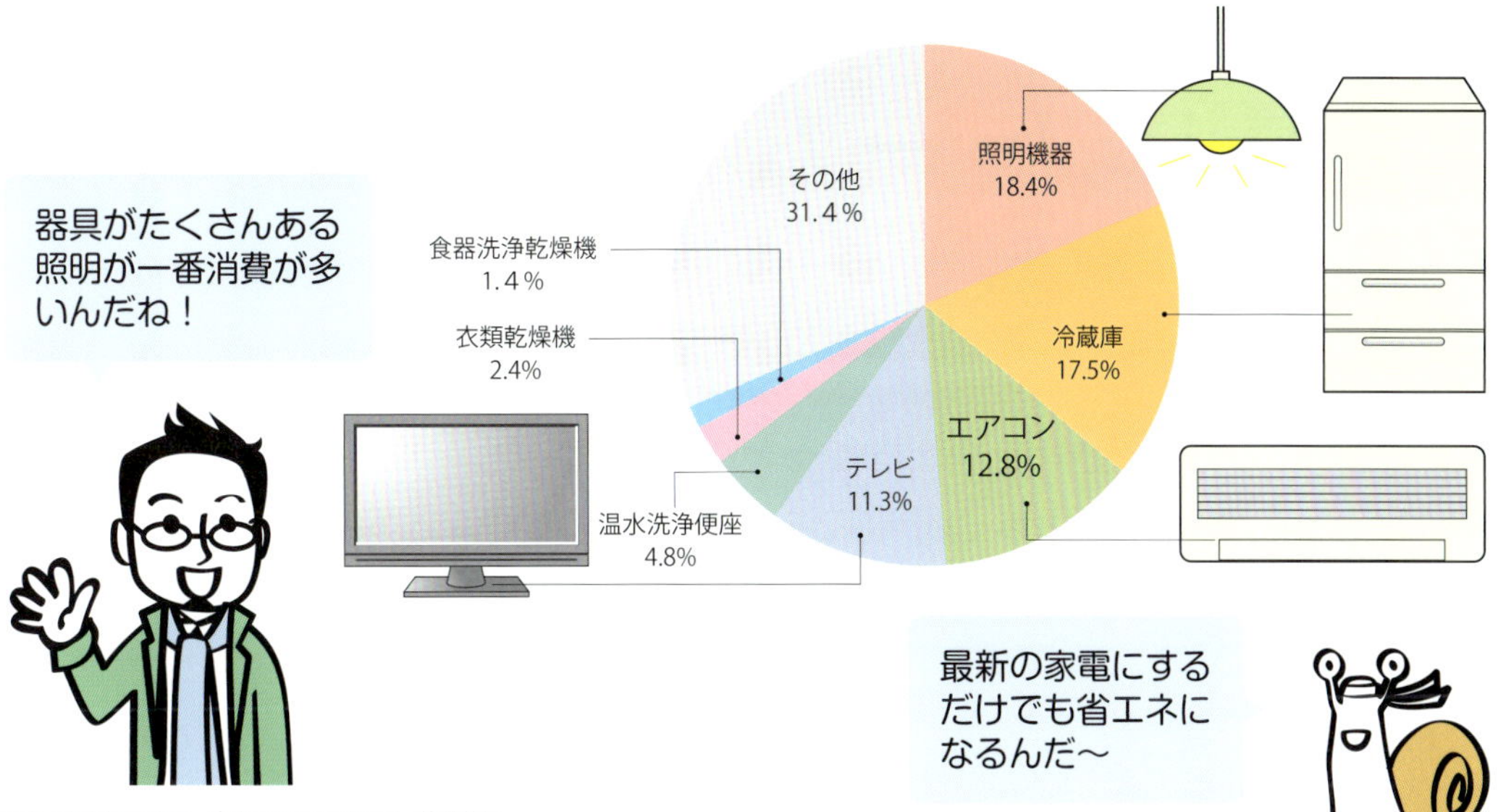

出典：東京都環境局　家庭におけるエネルギー使用状況

◇図2　省エネ家電を選ぶ

画像提供：省エネ型製品情報サイト事務局

統一省エネルギーラベルの例（エアコン）

◇図3　省エネ住宅のイメージ図

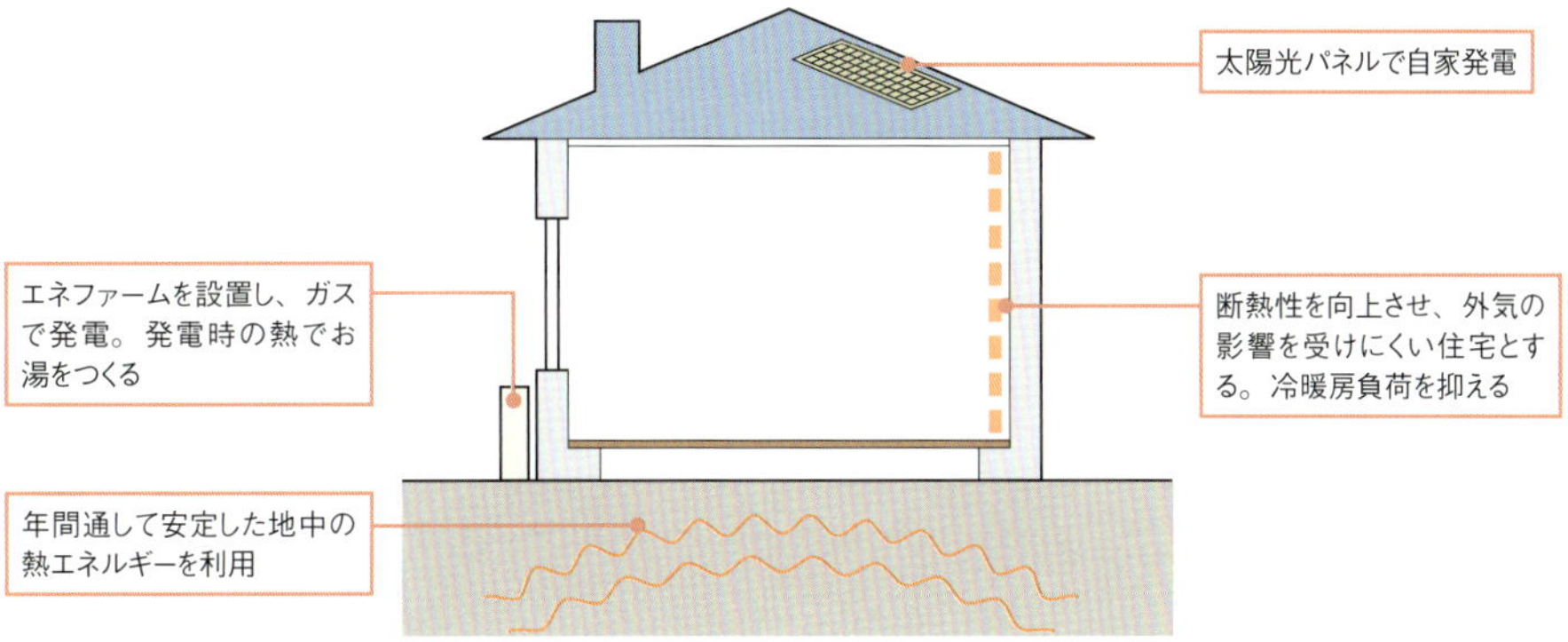

key word 009

耐震リフォーム

Point

- 耐震性能を向上させるために行う
- 構造によって調査方法や項目、補強方法が異なる
- それぞれに合った方法を選択する

耐震リフォームとは、耐震性能を向上させるリフォームのこと。構造・工法により調査方法や計画、補強工事が異なるので注意が必要だ［図1］。

ステップ1 耐震調査・診断

木造住宅では、一般診断法と精密診断法があり、一般診断では目視を原則に簡易的な調査診断を行う［図2］。一方、精密診断とは、補強の必要性の有無を最終的に判断するための診断である。構造全体について、劣化や接合部の状態を調べるため、高度な診断方法となり、一般診断に比べ費用もかかる。各種の診断は、無料診断や助成などを行う対象となる建物（規模・用途）やその助成金額は各市区町村により異なるので確認するとよい。

調査内容は大きく地盤の状態、外部調査、内部調査、床下調査、天井裏小屋裏調査などである。外部調査では、仕上げやその劣化の状態を確認し、内部調査では、内部の状態や雨漏りなどを確認する。

調査方法としては、現況および解体による目視検査、検査機器を用いた非破壊検査、躯体からサンプリングした供試体の破壊試験などがある。診断費用の目安として、木造住宅では15万～25万円。RC造では1000㎡以上で2000円／㎡以上かかる。

ステップ2 耐震計画（設計）

診断結果をもとに補強計画を行う。特に建物の強度のバランスをとることがポイントとなる。保有耐力が必要耐力以上になるように計画する。

ステップ3 耐震（補強）工事

主な補強工事は筋交いや構造壁の増設、基礎・柱・梁等部材およびその接合部の補強等である。劣化や腐朽などで傷んでいる部材は交換する［図3］。解体時のコストアップには注意したい。

◇図1　耐震リフォームの流れ

地方自治体の助成等を
受ける時は事前に確認
が必要だね

現地調査（一般診断法・精密診断法）

↓

耐震診断（診断書の作成）

↓

耐震計画（設計）

↓

耐震補強工事

◇図2　耐震診断（一般診断法）

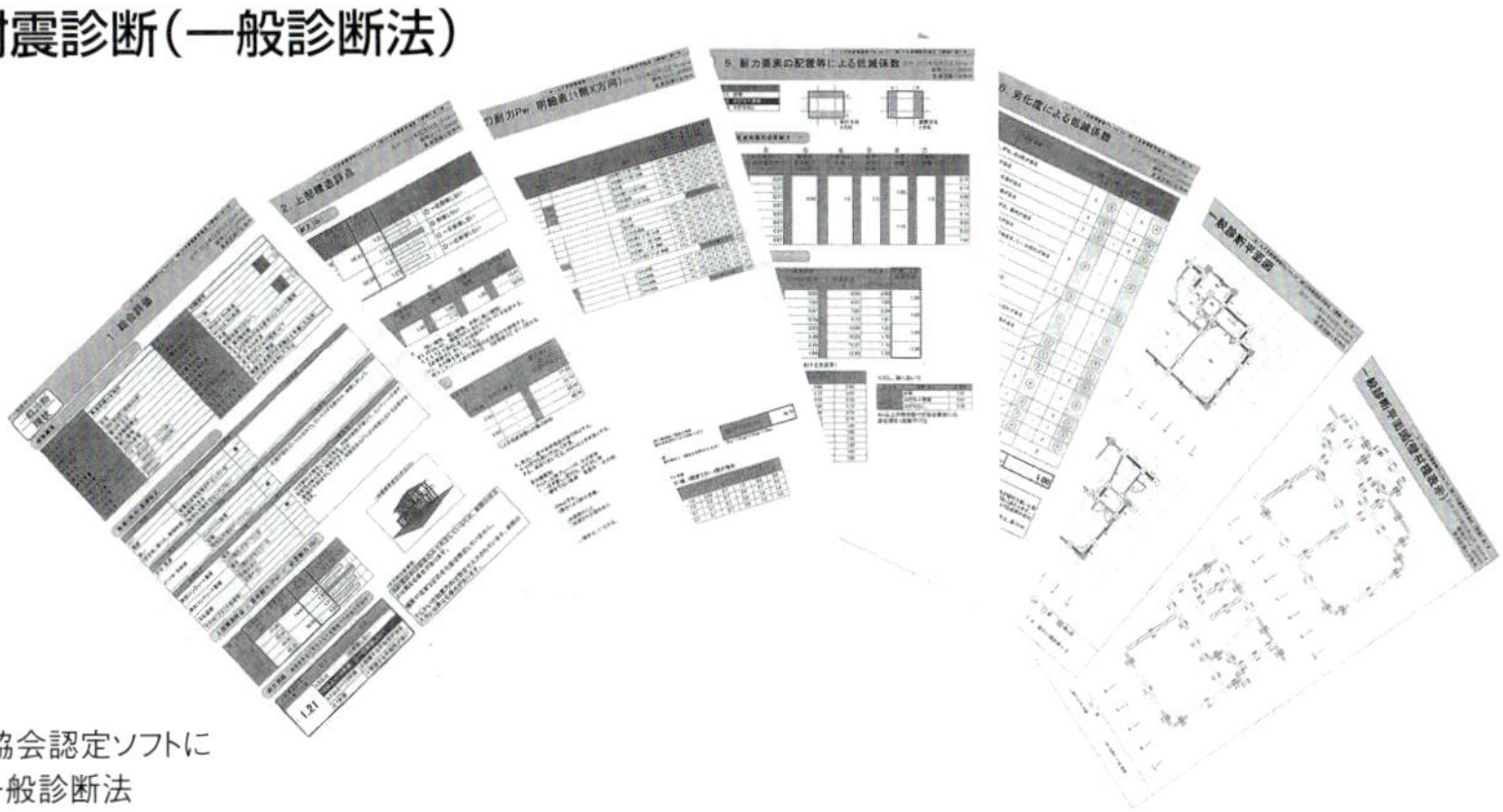

㈶日本建築防災協会認定ソフトによる木造住宅の一般診断法

出典：インテグラル

◇図3　軸組の代表的な補強部位

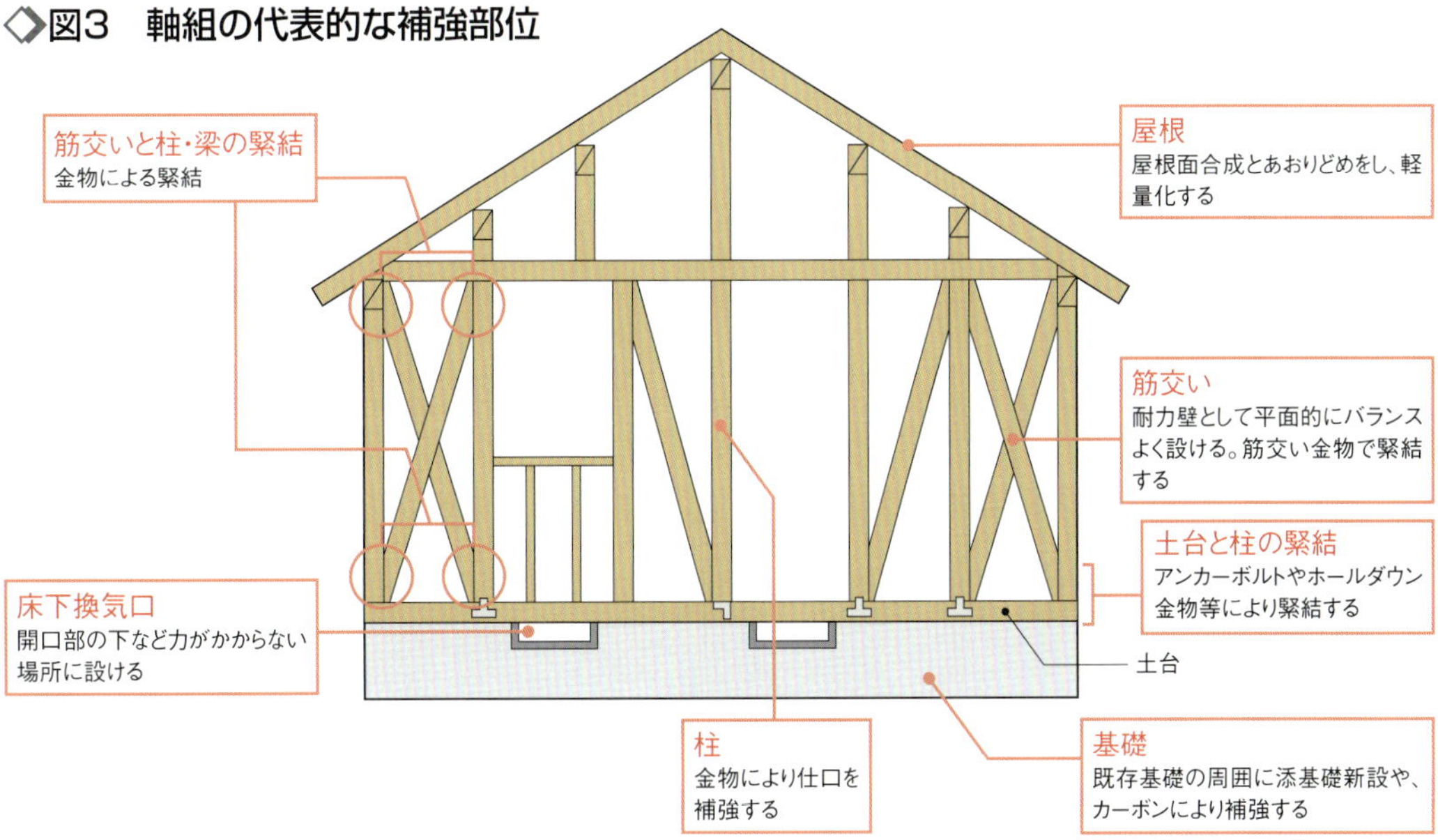

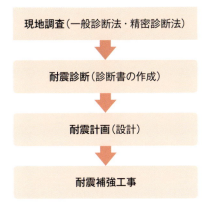

筋交いと柱・梁の緊結
金物による緊結
屋根
屋根面合成とあおりどめをし、軽量化する
筋交い
耐力壁として平面的にバランスよく設ける。筋交い金物で緊結する
土台と柱の緊結
アンカーボルトやホールダウン金物等により緊結する
土台
床下換気口
開口部の下など力がかからない場所に設ける
柱
金物により仕口を補強する
基礎
既存基礎の周囲に添基礎新設や、カーボンにより補強する

key word 010

マンションリフォーム
—中古住宅を買う場合のリフォーム購入時のアドバイス—

Point

- 物件の状態によって必要なリフォームの種類は変わる
- 購入費と工事費のトータルで予算を検討する
- 予算に見合ったバランスのよい物件の見極めが重要

工事費と築年数のバランス

中古マンションを購入し、リフォームするのであれば、物件購入価格だけではなく、リフォームの工事予算を念頭に置きながら物件を探すことが重要である[図]。古い物件は、リフォームの工事費もかかりがちである。どういったリフォームをしたいのかで探す物件も変わってくる。次の3パターンのうち、どのリフォームをしたいのかをヒアリングする必要がある。

・スケルトンリフォーム工事…既存内部をすべて解体する。仕上材料・プラン共に自由度が高いが、コストも工期もかかる

・部分リフォーム工事…一部を解体し、残りはそのまま再利用。既存部分と新規部分との取合いや寸法に注意が必要。既存を再利用する分コスト削減につながる場合が多い

・表層リフォーム工事…間取りを変えない。クロス・床の張り替えや設備機器(キッチン等)の入れ替えだけのため、工期が短期間になる

周辺、環境の確認

住宅の各部屋の眺望・日照・通風・騒音・室温等の生活環境を確認し、アドバイスする。

水廻りの確認

既存のキッチンや浴室、便器等の設備機器を再利用することも考えられる[写真]。予算が少ない場合は築10年前後の比較的新しい中古物件で検討しつつ、内覧の際は水廻りの再利用が可能かを意識しながら確認する。

共用部の確認

共用部の手入れ具合を確認する。共用部の改修工事・大規模修繕・専有部の排水管の高圧洗浄等の頻度を管理組合や管理会社へ事前に聞いておくこと。

◇図　中古マンションのチェックポイント

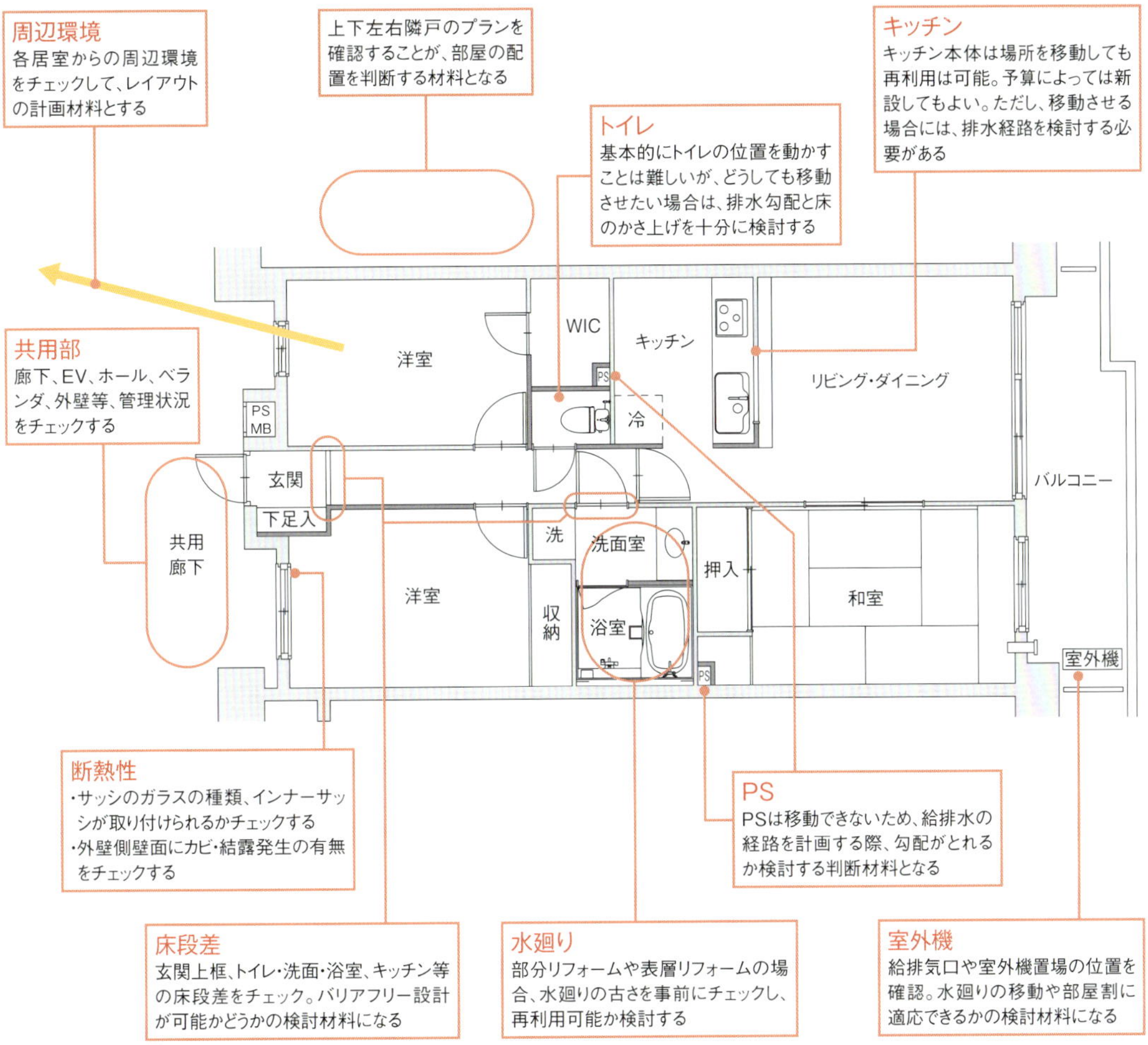
周辺環境
各居室からの周辺環境をチェックして、レイアウトの計画材料とする
上下左右隣戸のプランを確認することが、部屋の配置を判断する材料となる
キッチン
キッチン本体は場所を移動しても再利用は可能。予算によっては新設してもよい。ただし、移動させる場合には、排水経路を検討する必要がある
トイレ
基本的にトイレの位置を動かすことは難しいが、どうしても移動させたい場合は、排水勾配と床のかさ上げを十分に検討する
共用部
廊下、EV、ホール、ベランダ、外壁等、管理状況をチェックする
洋室
WIC
キッチン
PS
冷
リビング・ダイニング
PS
MB
玄関
下足入
共用
廊下
バルコニー
洗
洗面室
押入
和室
洋室
収納
浴室
PS
室外機
断熱性
・サッシのガラスの種類、インナーサッシが取り付けられるかチェックする
・外壁側壁面にカビ・結露発生の有無をチェックする
PS
PSは移動できないため、給排水の経路を計画する際、勾配がとれるか検討する判断材料となる
床段差
玄関上框、トイレ・洗面・浴室、キッチン等の床段差をチェック。バリアフリー設計が可能かどうかの検討材料になる
水廻り
部分リフォームや表層リフォームの場合、水廻りの古さを事前にチェックし、再利用可能か検討する
室外機
給排気口や室外機置場の位置を確認。水廻りの移動や部屋割に適応できるかの検討材料になる

◇写真　既存キッチンの再利用例

before
after

約築10年のリフォームの例。既存キッチンは現場で確認した後、本体は再利用し、扉材だけ変更することに決定。既存キッチンを再利用したことでコストダウンになる。既存再利用をする場合は、施主にあらかじめ現場で既存状態を確認してもらったうえで、計画を進めること

設計の流れ

Point

- 最初にリフォームの目的を確認し、実現可能かを検討する
- 工事見積りでは施工会社への助言が必要となる
- 工事では、現場監理と検査を行い、引渡しの説明も行う

リフォームの設計監理を請け負う時の流れ

まず初めにヒアリングを行い、現況の問題点を含め、リフォームを行う目的を確認する。この時、工事の総費用と施主の資金についても確認が必要である。

次に既存図の収集や現地調査を行い実際の構造、各部の寸法など、施主が望むリフォームが実現可能かどうか確認し、これらの条件がクリアとなれば、設計監理委託契約を締結する。

契約～工事見積り

契約では、リフォームの種類や範囲、費用、業務内容やスケジュールなどを説明する。設計では、間取りなどを確定する基本設計と、詳細な項目をまとめる実施設計に分け、仕様などすべてを確認する。

設計後は施工会社に見積りを依頼し、工事金額を確認する。ここでは詳細を把握し、施主の予算内で目的を実現するリフォームをまとめる技量が必要である。金額が決まったら工事契約となるが、工事請負契約は施主と施工会社の間で締結し、建築士はそのための助言、内容を確認する立場である。

工事監理～引渡し

工事では、建築士は現場監理の立場で、解体工事を含め、図面どおりに施工されていることを確認する。解体後形状が図面と異なった場合、現況を優先して変更することが多いが、費用やスケジュールも含めて、その場で解決しながら進めることが大事である。

工事が完了したら、引渡し時には取り扱い説明と、設計意図による使い方の説明を行う。また、引渡し後も1年点検などで定期的に確認し、その後トラブルが発生した場合にもきちんと対応することが建築士の責任である。

◇図　設計フローチャート

ヒアリングと準備

現況の問題点を確認し、リフォームの目的を整理する

- リフォームの種類（002～010）※1
- コストの目安（081）
- 施主へのヒアリング（目的／方法）（012）
- 建物の年代別チェック（013・014）
- 共用部、専有部、管理組合への確認（015・016）

↓

現地調査（調査費・提案料）

資料の収集と、現況を確認する

- 現地調査（021）
- 実測（022～025）
- 図面の復旧（026）
- 既存利用指示書（027）

↓

設計監理委託契約（設計料／着手分）

リフォームの種類や範囲、費用やスケジュールなどを説明する

- スケジュール（017）
- 建築確認の有無（018）
- 設計監理委託契約（019）
- 資金計画（084～089）

↓

設計（設計料／設計分※2）

不具合の解消など、要望をしっかりと満足させる内容か確認する

- 各室の計画（028～041）
- 設備の更新（042～058）
- 構造リフォーム（059～065）
- 性能アップリフォーム（066～080）

↓

見積り

仕様、数量など、設計の意図と合っているか確認する

- 見積りに必要な資料の作成（082）
- 施工会社の選定（083）
- 施主の自主施工（093）
- 施主支給品（094）
- 現地説明会（090）
- 見積り調整（091・092）

↓

工事契約

設計者は契約のための助言、内容の確認を行う

- 施主と施工会社の間で工事契約を取り交わす（095）

↓

現場監理（設計料／監理分）

設計図どおりに施工されていることの確認と、現況への対応が必要である

- 近隣対策（096）
- 解体（097・098）
- 設計修正（099）
- 監理（100～103）
- 業務報告（104）
- 検査（105・106）

↓

引渡し・アフター

1年点検など定期的に確認し、その後のトラブルにも対応する

- 取り扱い説明（107）
- アフターケア（1年点検など）（108）
- 住宅履歴（109）

※1：（　）内数字のキーワードNo.の項目で詳しく説明する
※2：規模によって設計料は2回に分ける場合もある

施主へのヒアリング
—目的を明確にする—

Point

- 施主は自分の希望をうまく伝えられないケースが多い
- 設計者は施主の要望を聞き出す
- 要望に対して的確な判断をして計画に移行する

リフォームの目的を確認

満足度の高いリフォームを行うためには、まず、施主へのヒアリングで目的を明確にする必要がある[図1・2]。ヒアリングでは、①修繕・設備の更新、②空間の改善、③性能の向上の3つに分類して確認すると、要望の優先順位がつけやすくなる[図3]。①～③のうち、最も重視することは何かを早い段階で確認しておく。

1 修繕・設備の更新

老朽化や設備の故障などで生活に支障が生じている場合、構造リフォームや設備の更新などで快適に長く住まえる状態となる。

たとえば、古い住宅ではコンセントの数や換気容量が足りない場合がある。また、給湯量や給水量が不足し、シャワーの水圧を十分に確保できないことや、水洗の数が少なく不便を感じているケースもある。こうした不満は、施主が改善できないと考えている場合もあるので、丁寧に聞き出す。

2 空間の改善

間取りに不満を抱いている場合は、要望をまとめ、動線の改善も含めたプランを提案する。好みのインテリアやスタイルのヒアリングを行い、リビング、キッチン、水廻りなど、お金をかけてこだわりたい場所と、標準的な仕様でよい場所を確認しておくとよい。

3 性能の向上

ホームセキュリティや床暖房、太陽光発電などの最新設備や省エネ性能を高める設備の導入、断熱性能や耐震性能などの向上について、優先順位を確認する。これらは、施主自身が間違った知識をもっていることも多いため、プロとして正しいアドバイスが求められる。

◇図1　施主ヒアリングから計画までの流れ

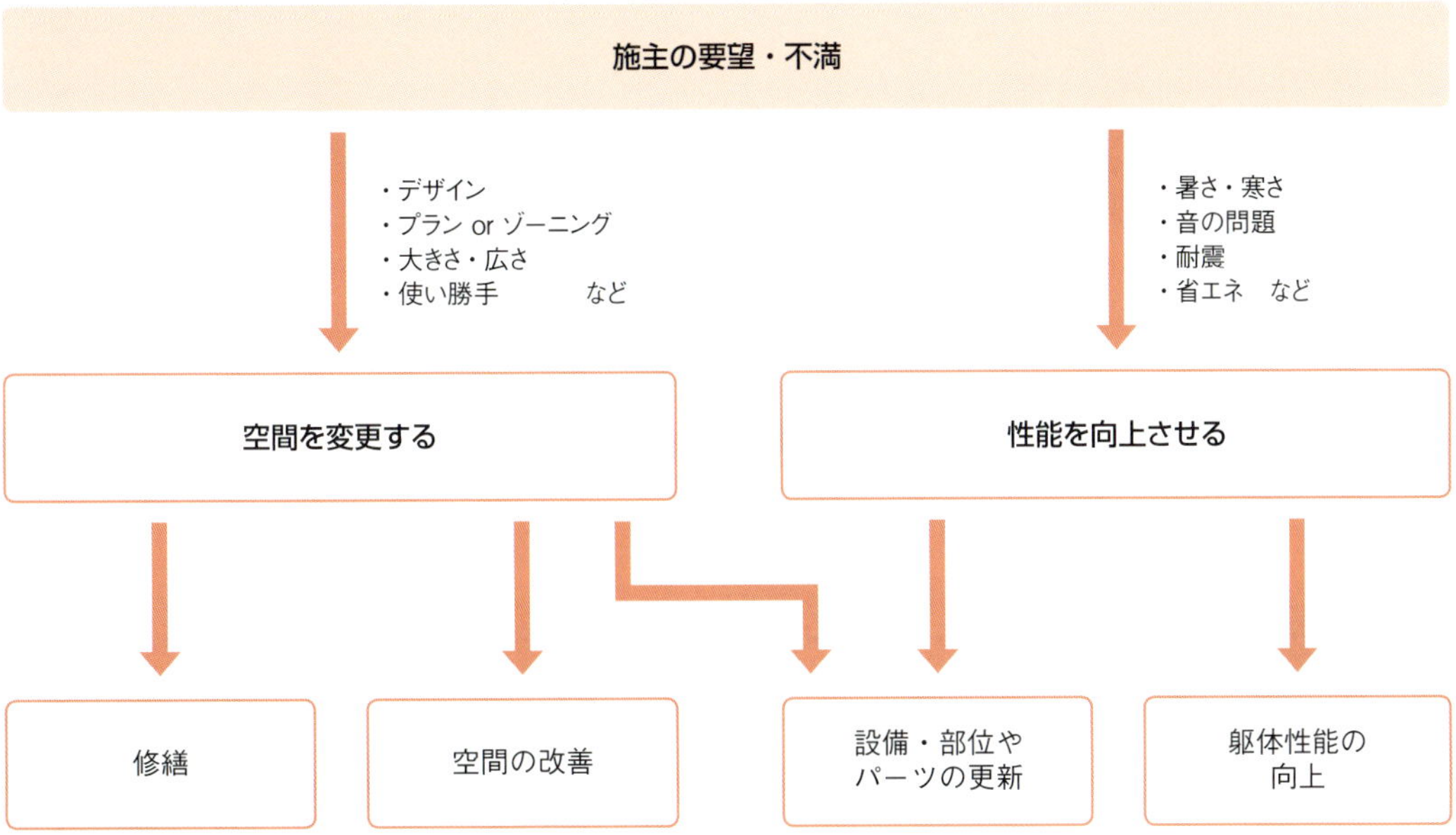

◇図2　施主要望リストの例

1 施主および建物の基本データを記入
2 リフォームの希望箇所を記入
3 修繕したい箇所、使い勝手が悪い点等現状の不満を記入
4 3に対する改善点、新たな要望を記入
5 色みやイメージ等を記入
6 5に関する資料があれば記入
7 お金をかけたい場合は[高]、標準的なものは[中]、コスト重視の場合は[低]と記入し価格対の参考とする
8 最後に優先順位の記入

要望リスト

1

氏　名	○○　□□□	連絡先	03-××××-××××		
住　所	東京都○○区□□□1-2-3　303号室				
家族構成	父(40)会社員　母(38)パート　長男(10)小4年　長女(6)小1年				
構　造	RC造5階建	築年数	20年	間取り	2LDK
予　算	500万	既存図面	有　・無		
完成予定	20××年×月頃	完了検査	有　・無		

2 リフォーム箇所	3 現状の不満等	4 要望	5 イメージ	6 その他	7 性能	8 優先順位
キッチン	・独立していて使いずらい ・コンロやシンクの汚れが目立つ ・収納が少ない ・食器洗いが一苦労	・リビングとつながった アイランド型キッチン ・IHに変更 ・大きなシンク ・収納を増やす ・食洗機の設置	・白 ・シンプルな デザイン	添付資料① (施主のイメージ等の資料)	高	1
子供室	・子供が大きくなり それぞれに個室が必要	・1室を2室に間仕切れる ような子供室 ・収納はそれぞれにほしい	・将来は一つの 部屋に戻す予定 ・明るい部屋	添付資料②	低	3
浴室	・狭い、浴槽も小さい ・浴槽が小さくくつろげない ・浴室が古く汚れが落ちない ・寒い	・出来るだけ空間も浴槽も 大きくしたい ・掃除の事や機能を考え システムバスをいれたい ・浴室暖房乾燥機の設置	・ダークブラウン ・落着いた感じ	○○社製の □□□シリーズ を検討	中	2
リビング	・床の傷 床暖房が付けれたら	・フローリング材の張替 ・床暖房の設置			中	5
収納	・収納が少なく物が室内に 出したままになる	・収納スペースを広く ・WICがほしい			低	4

◇図3　優先順位の決め方

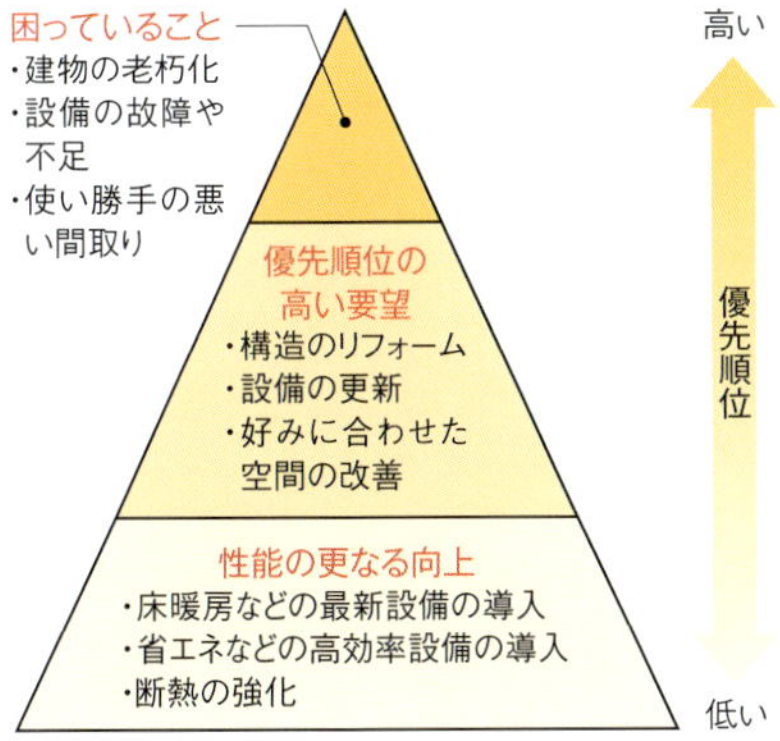

key word 013

年代別チェック①

—戸建・木造編—

Point

- 木造住宅では、法規的な規制や生活様式の変化によって、年代ごとに大きな違いがある
- 年代別の特徴を知っておけば、耐震リフォームや断熱リフォームの必要性が予測できる

木造の戸建住宅は、生活様式の変化、法的規制や要求性能に応じて大きく変化した。ここでは築年数を大きく3つに大別し、構造や性能の特徴に触れる。

1980年以前

瓦屋根が多く、外壁はモルタルリシンや板張りなどが主流である。無筋コンクリートの布基礎で、構造材（骨組み）はスギやヒノキが中心のGr材（グリーン材）という未乾燥材が大半を占める。接合部も従来のぬきやさしなどで、金物の使用は見られない。床下は土のままで、束立ての上に床が組まれており、断熱や防湿については、ほとんど確認できない。また内装壁もベニヤ下地が大半で、断熱材が施工されていることはほとんどない［図1］。

1980～1999年

屋根は化粧石綿スレート、壁は窯業系のサイディングが多い。鉄筋コンクリートの布基礎が主流で、構造材も90年代からは、Kd材（含水率15％未満）という人工乾燥材が増えた。接合部に金物が使用され始めた時期の建物である。また床下は土間コンクリートで、土の上に束立てする床組は減った。床下の断熱は、全体の5割程度まで普及してくるが、防湿対策についての施工事例は極めて少ない［図2］。

2000年以降

さまざまな外壁材が見受けられる。基礎は耐圧盤を兼ねたベタ基礎が増え、床組も厚物合板による根太レス工法が普及する。構造材は人工乾燥材のほかに集成材の使用も見受けられ、金物との接合による堅牢な構造体もある。また壁には構造用合板等が使われ、外壁通気工法や透湿防水シートが普及し、性能面の向上が認められる。設備では、24時間換気が設置されるようになった［図3］。

◇図1　1980年以前の木造住宅

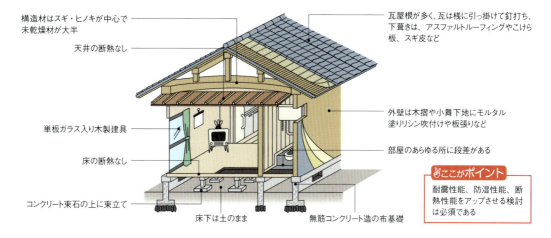

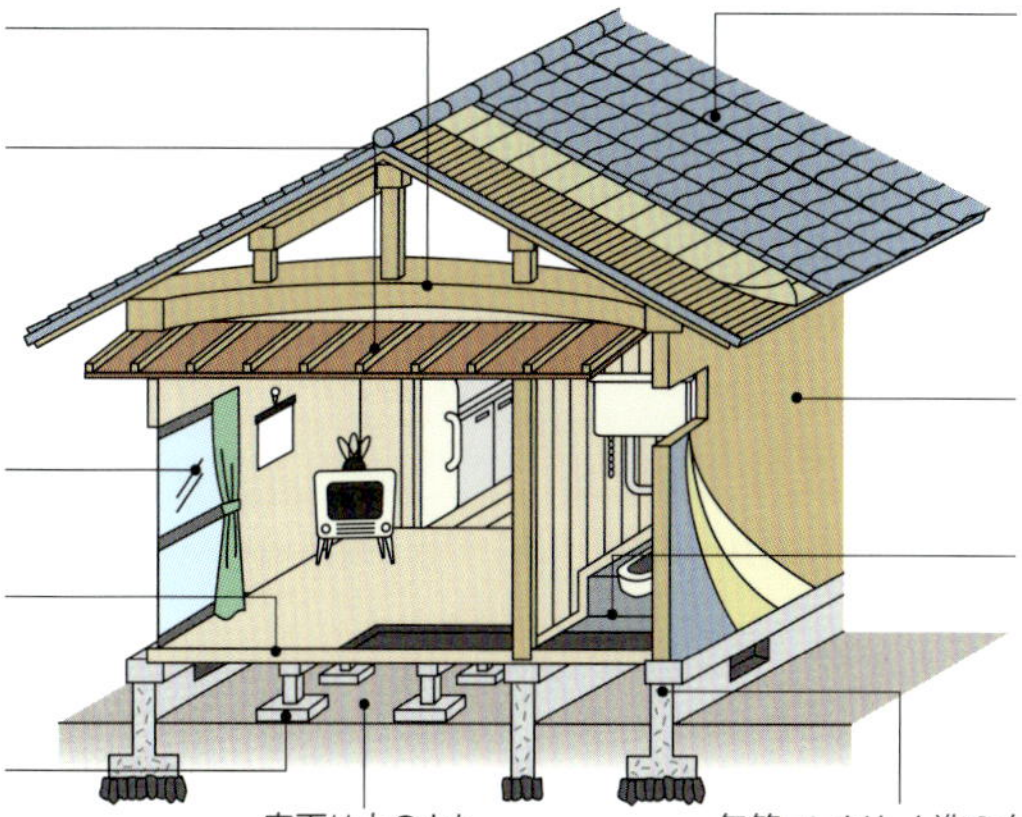

ここがポイント
耐震性能、防湿性能、断熱性能をアップさせる検討は必須である

◇図2　1980〜1999年の木造住宅

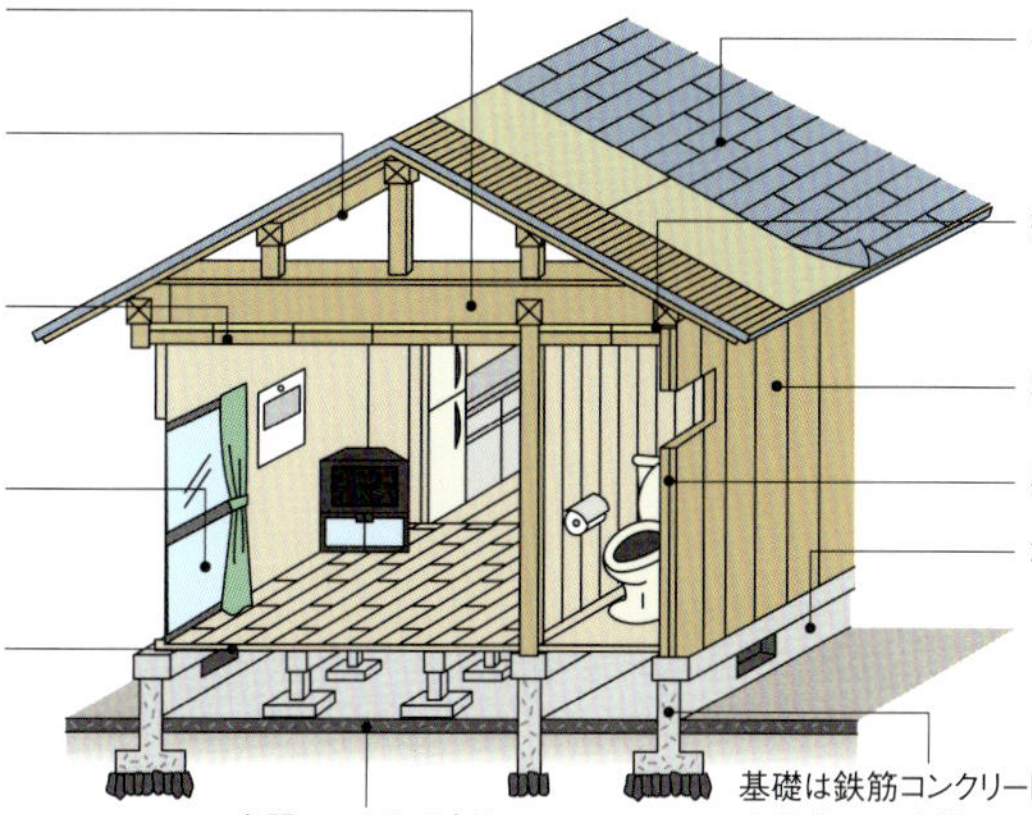

ここがポイント
構造的対応は確保されつつも、防湿対策については必須である

◇図3　2000年以降の木造住宅

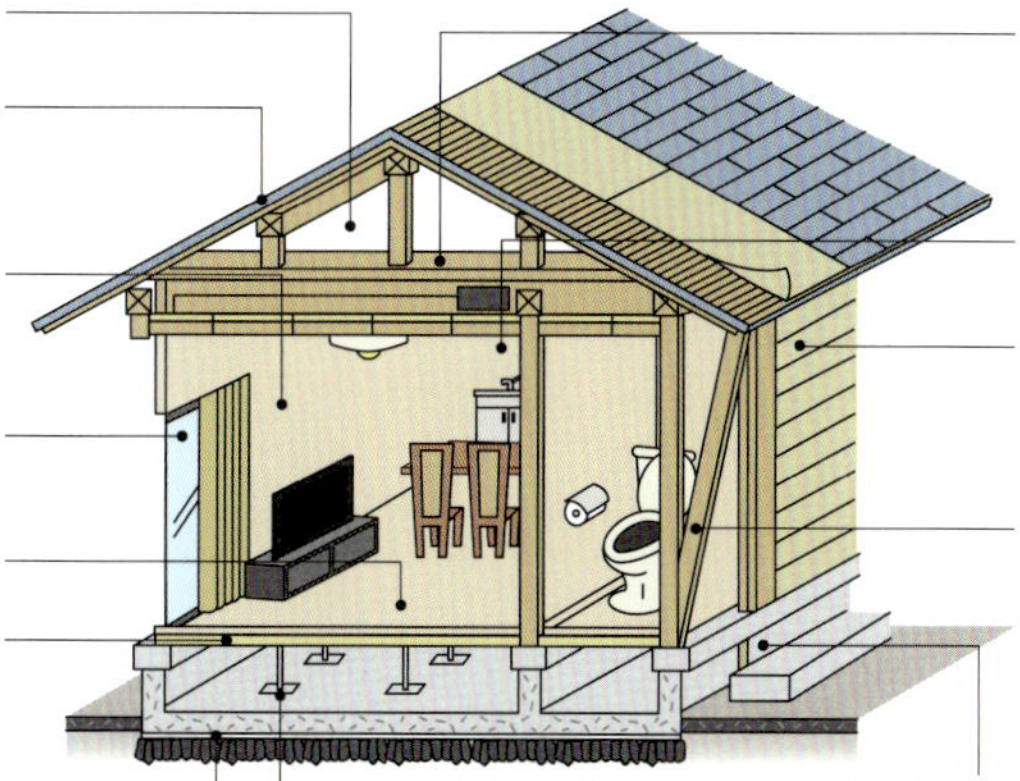

ここがポイント
基本的な性能はクリアされているので、インテリア面の改善に専念できる

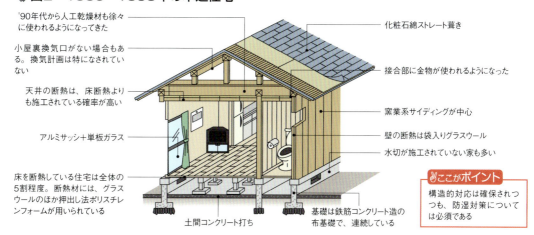

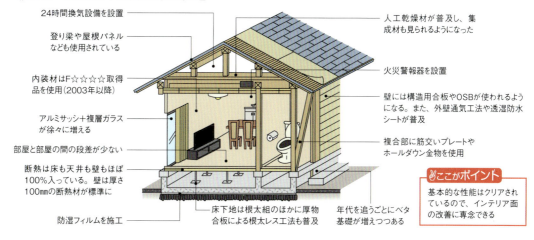

key word 014

年代別チェック②
―マンション・RC編―

Point

- マンションの竣工日で耐震基準を確認する
- 室内では、年代により床と天井の仕上げ方、配管の経路が異なる

マンションリフォームでは、まず耐震基準を確認する。耐震基準とは2つに大別される。1つは1950年11月23日に施行された旧耐震基準でもう1つは1981年6月1日に施行された新耐震基準である。

新耐震基準以降のマンションであれば現行基準と同等の震度6弱程度の地震には耐えられると判別できる。※また、古いマンションで使用されている構造用鉄筋は丸鋼が多く、主流となった異形鉄筋に比べ強度や引き抜き抵抗力で劣るため耐震性での不安がある。

築年数の古いマンションでの注意点

古いマンションではスラブに直接仕上げ材を敷き詰めた「直床」や、上階スラブの下端に直接クロスなどの仕上材を張った「直天井」が多く見られる。給排水管などがスラブに打ち込まれている場合も多く、大きなプラン変更やメンテナンス時に問題が生じる。

また、配管が下階の天井懐を通っている場合もあり、その際は、下階の天井裏の一部を解体しなければならず、配管の交換やメンテナンス時に、ほかの居住者への直接的な影響が生じてくる［図1］。

RC造の種類とプラン変更の注意点

RC造には、ラーメン構造と、壁式構造がある［図2］。前者は間仕切壁撤去による間取り変更等は比較的容易だが、後者は住戸内の構造壁が住戸間取りの仕切りの一部になるように配置されるため、レイアウトや開口部の変更が難しい。

ただし、検査と構造計算による検討によって補強をすることで問題のないことを立証すれば、構造壁の撤去や隣り合う2戸を1戸にすることが可能になる場合もある［図3］。ただし、躯体は共有部分のためマンション管理規約等の了承が必要となる。

※：新耐震基準
・震度5程度の地震の際には建物が壊れない
・震度6程度の地震でも建物が倒壊せず、なかにいる人の安全を確保できる

◇図1　古いマンションで見られる床・天井廻りの特徴

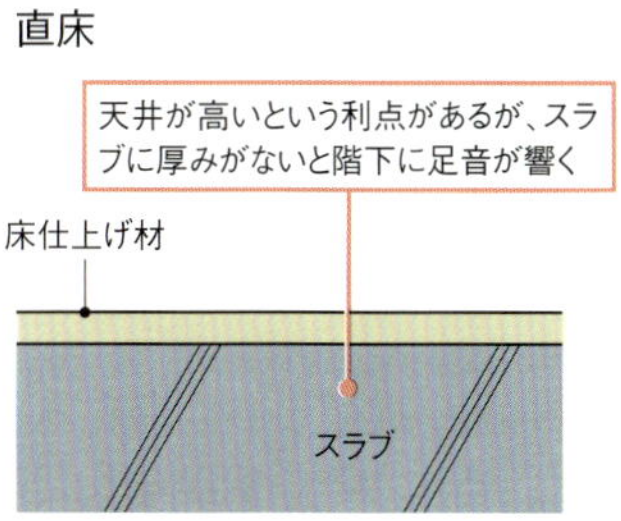

直床

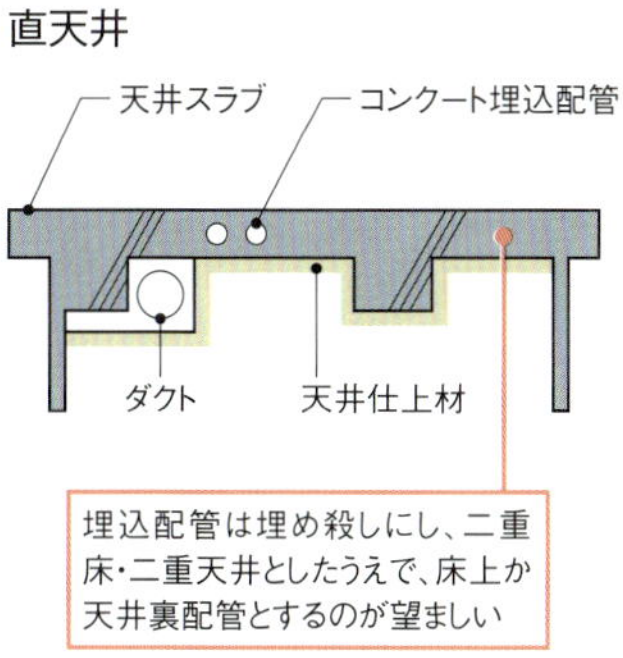

直天井

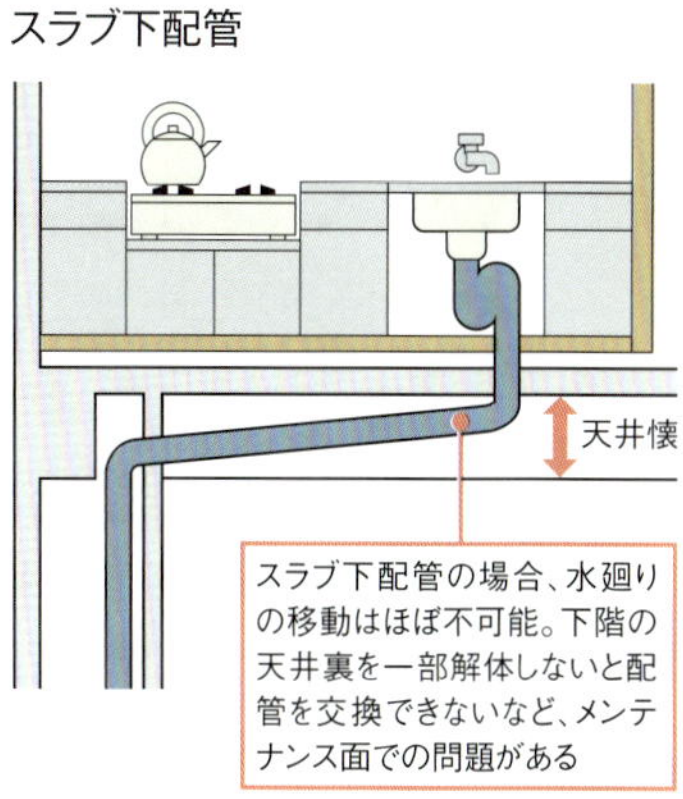

スラブ下配管

ここがポイント

直床・直天井の場合、配管がスラブに埋め込まれているケースが多い。スラブ下配管の場合においては、専有部分なのか共用部分なのかなどの確認も必要だ

◇図2　ラーメン構造・壁式構造

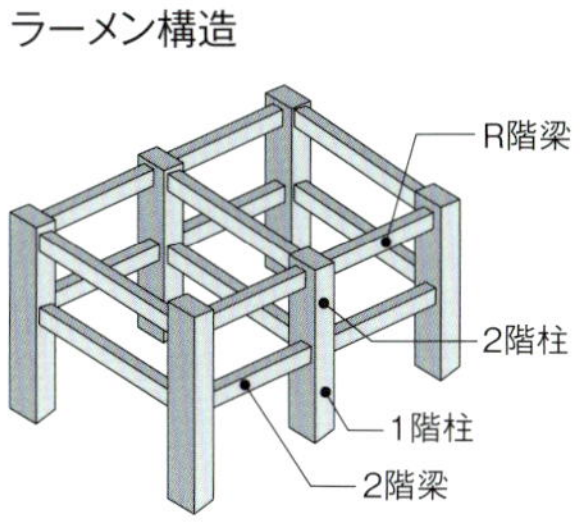

ラーメン構造

ここがポイント

柱と梁の骨組で構成された大きな開口部や自由な空間をつくることが容易だが、柱や梁をどのように見せるか、隠すかが課題である

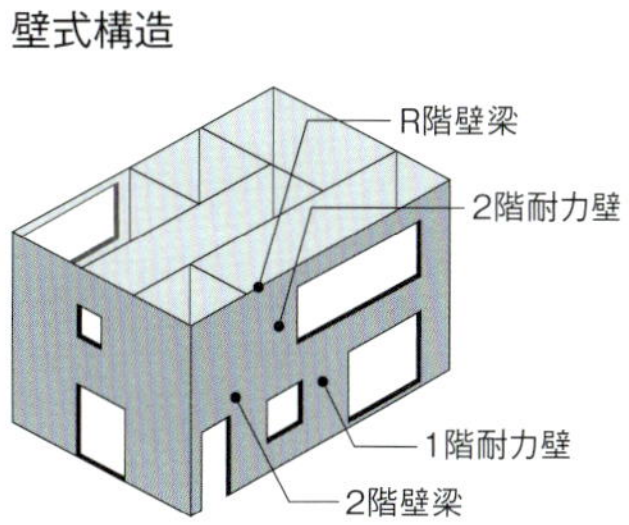

壁式構造

ここがポイント

壁によって構造を組み立てている。柱や梁がなくすっきりとした空間になるが、大空間をつくることは制約があり、間仕切の変更も限りがある

◇図3　2戸1リフォーム例

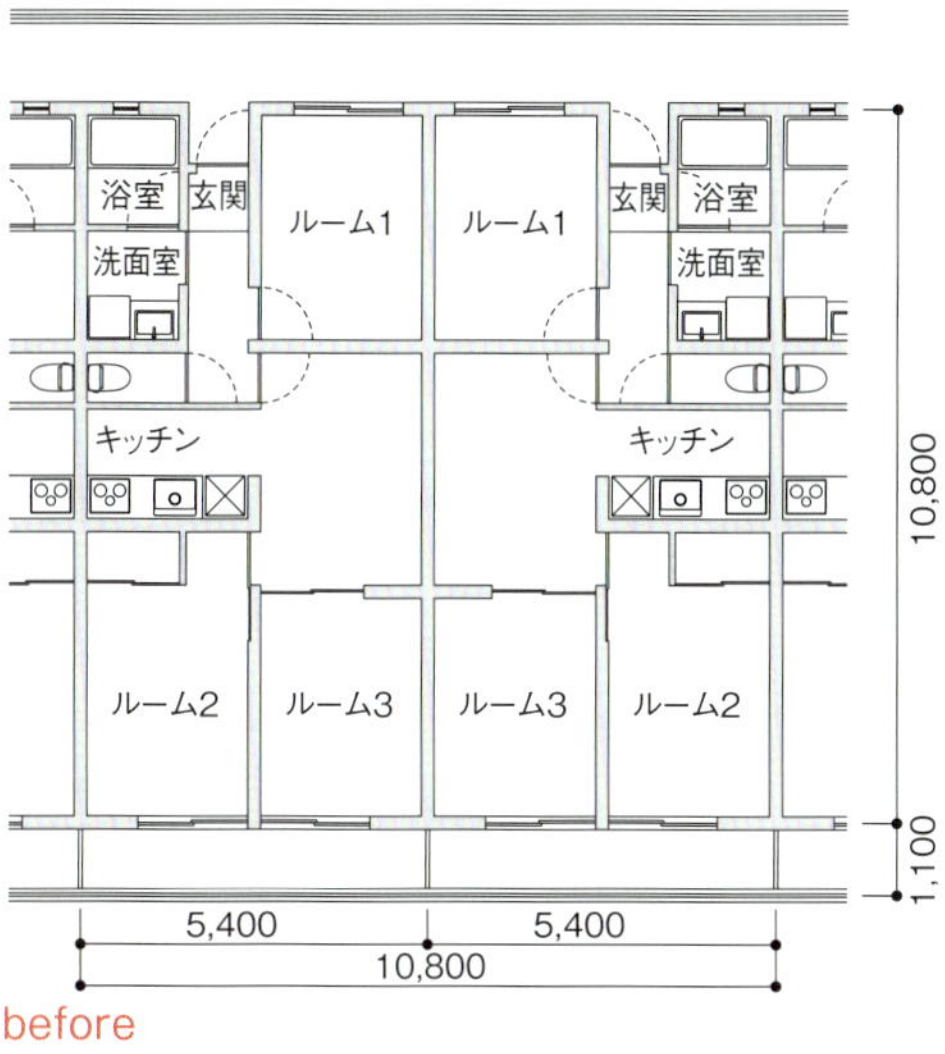

before

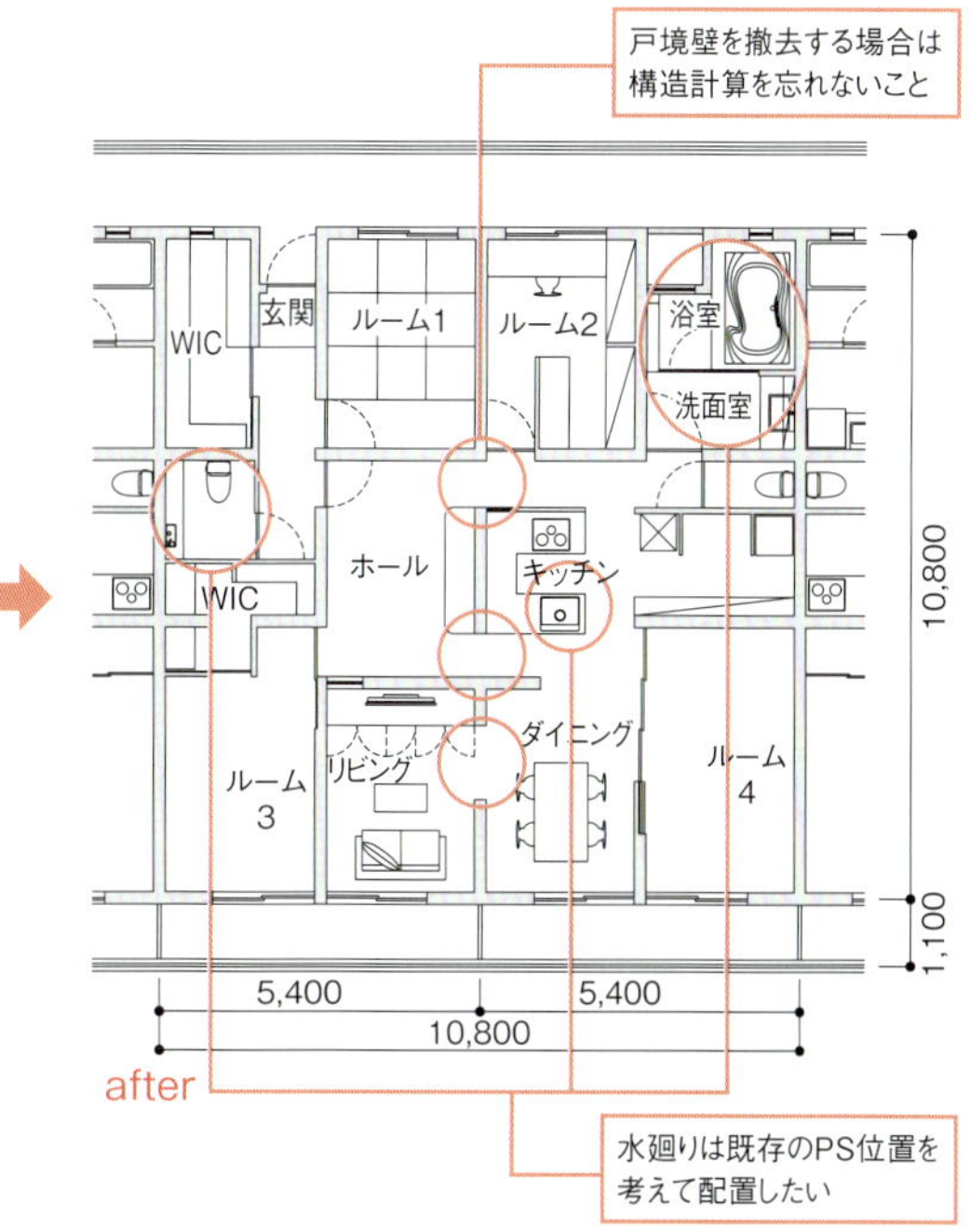

after

ここがポイント

2戸1リフォームを可能とする管理規約改正の考え方や実施後の管理規約改正、登記などにかかる手続きの検討が必要

key word 015

マンションリフォーム①
―共用部と専有部―

Point

- マンションリフォームで大切なことは、所有区分を知ること
- 玄関ドアやベランダは、共用部であり勝手な変更はできない
- 専有部の工事でも管理組合に事前に相談する

マンション住戸のリフォームを行う際、変更できない共用部と、所有者の判断で自由に変えてよい専有部がある[図1]。また、工事の際、必要となってくる管理組合の手続きには時間を要することも多く、事前のスケジュール確認が大事である。

共用部は住民全員の財産

共用部とは、マンションの外壁・屋上・基礎などの構造体や、電気設備、給排水衛生設備、ガス配管設備、火災警報設備、エントランス・廊下・エレベーターなど共用で使用する部分のほか、個人所有域の玄関ドア、外部につながるサッシ、隣戸との界壁（表面仕上げのみ専有）、住戸内の構造壁などを意味する[図2]。

その他、住戸内のみから使用するバルコニーについても、区分所有者に専用使用権が与えられているだけであり、区分所有上は共用部である。

専有部のリフォームでも規約は守る

専有部とは共用部に含まない区分所有の範囲にあるもので、設備では全体につながるＰＳ（設備シャフト）は共用部だが、住戸内に配線・配管・設置した設備は専有部となる。ただし、専有部の変更においても、マンションでは変更範囲や内容の申請、床の遮音等級性能等、所有者側で守るべき事柄が規約に明記されている場合があるので、事前の確認が必要である。

専有部の工事も管理組合へ事前相談

電気容量の変更を伴うオール電化への移行や、エアコンなどの取り付けは専有域の範囲だが、設置のために外壁に孔をあけてバルコニーに室外機を設置する場合や、仕切りの変更に伴う火災報知器の位置や数の変更など、工事が共用部に絡む時には事前に管理組合への申請・確認が必要である。

◇図1　共用部と専有部の注意点

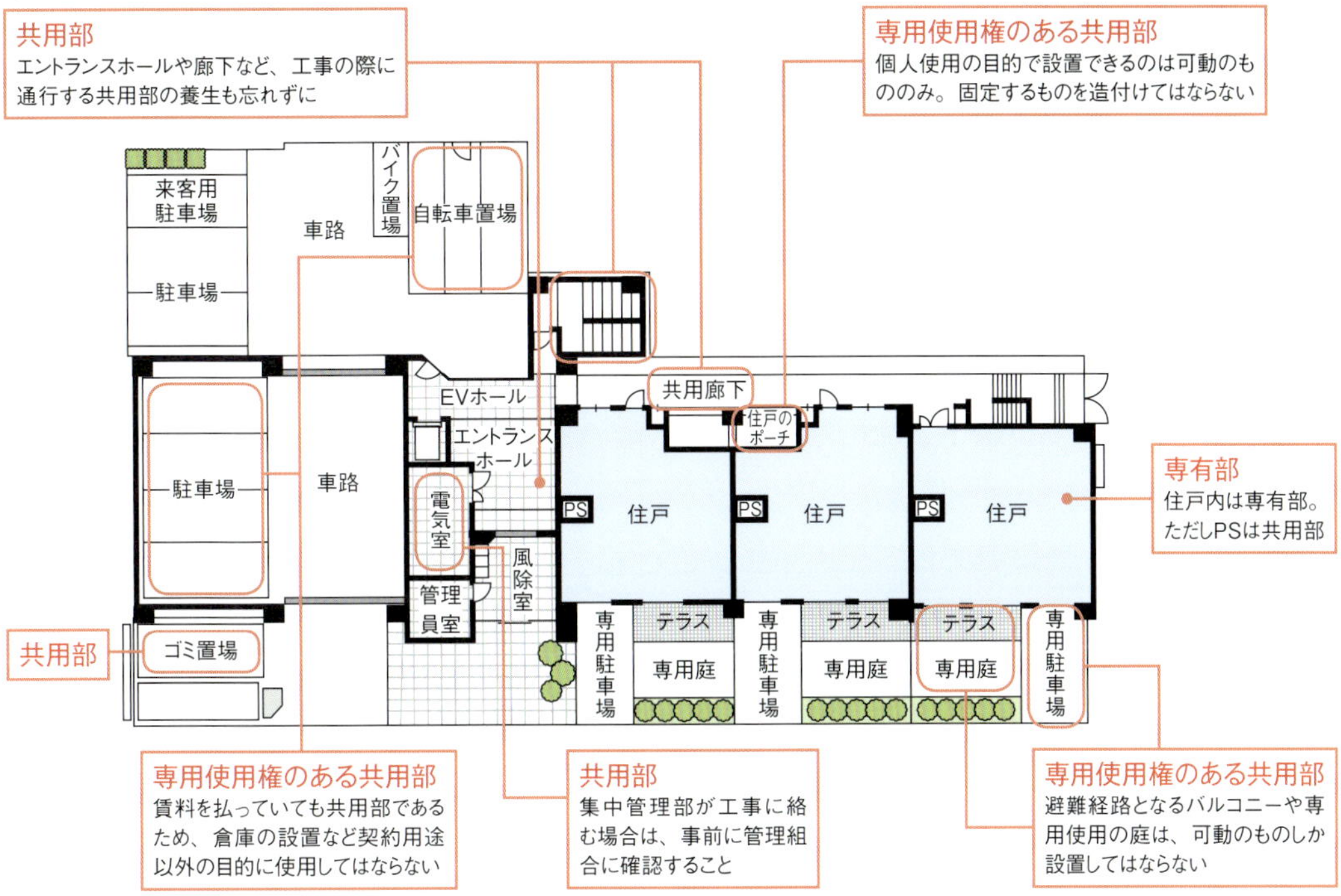

◇図2　マンション管理区分図（例）

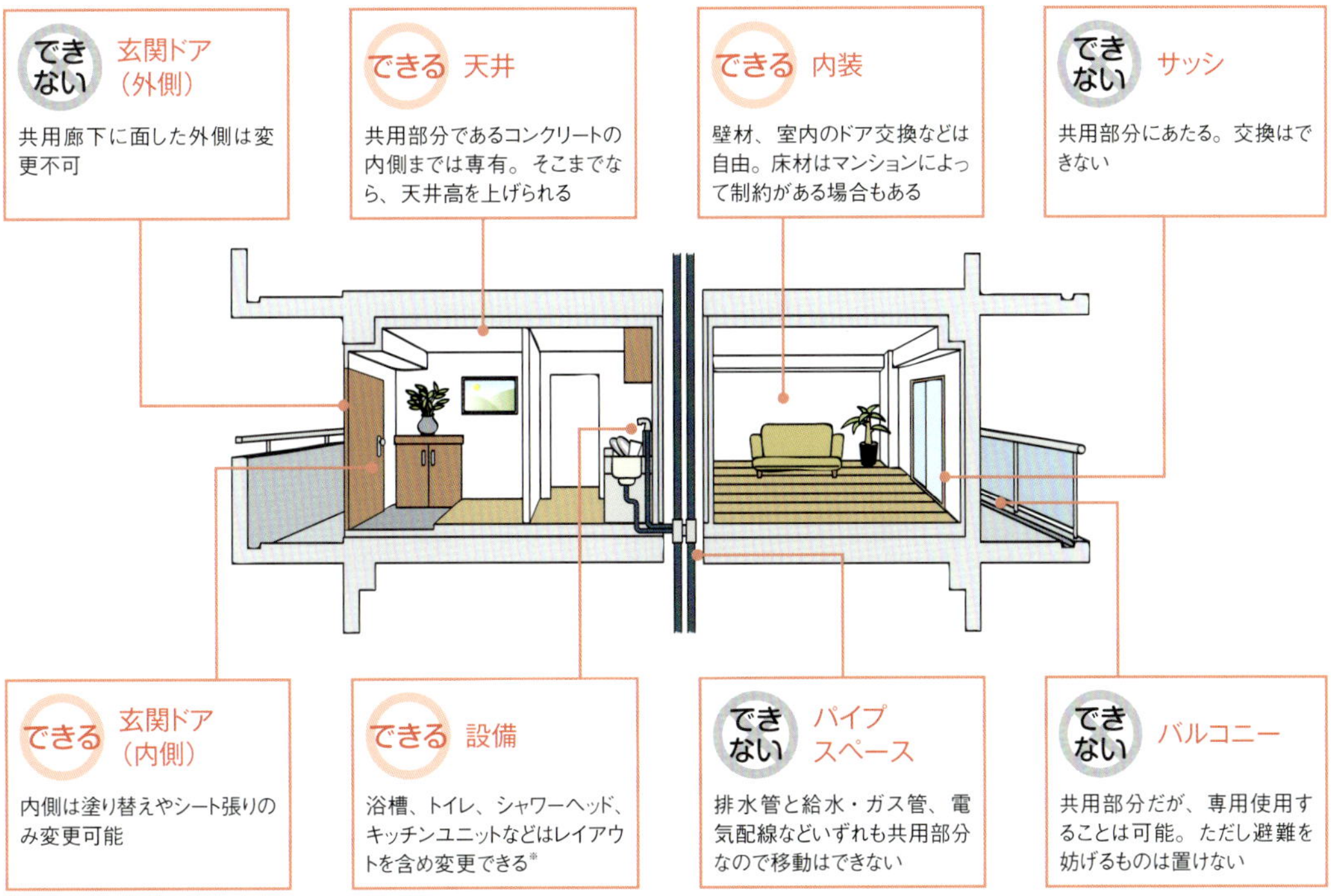

できる：専有部分→個人所有のものなのでリフォーム可　　できない：共用部分→マンション全体のものなのでリフォーム不可

※：パイプスペースのつなぎ方向を確認し、水勾配含め、可能な範囲で検討する

key word 016

マンションリフォーム②
―管理組合との連携―

Point

- マンションリフォームでは、管理組合との連携が必須
- 管理規約には、リフォーム時に守らなければならないルールも定めてある
- 管理規約はマンションごとに異なるため、必ず確認が必要

マンションリフォームで必須となる管理規約の確認

マンションには守らなければならない管理規約がある。新築購入時に販売会社で定めたもので、その後は、管理組合で決めて改訂されていく。最近のマンションでは、各仕様の性能基準について決められている事項も多い。

特に床の遮音、振動等に関する性能基準はリフォームを行ううえで大きな影響がある。壁、天井についても遮音性能を求められることがあるので、注意しなければならない。

管理組合によっては、工事の計画書、仕様書、工程・養生計画を事前に提出し、許可を得ることが必要になることもある。管理組合理事会の承認などの手続きを経る場合は、工事許可が出るまでに2カ月以上かかる例もあるので、着工までの日程に余裕をもっておくことが大切である[表1]。

工事期間や搬入経路も要注意

工事に関しては、工事時間、搬入経路などを必ず確認しておく。材料や工場での造作物などは、搬入スペースの幅に合わせて計画する。

高層マンションでは、住人の使用しない管理者用のエレベーターなどを使用できるケースもあるが、使用できない場合もある。住人と同じ動線を使う場合は、工事車両の停車位置、時間などのルールを確認しておく[表2]。

既存部分の解体時には、特に騒音、埃、廃棄物に十分な配慮が必要となる。解体した廃棄物の運搬は、基本的に手運びとなるため、近隣への配慮が大切になる。

管理規約やルールがしっかりとしている建物は、計画や工事が進めやすい。反対に約束事のない場合は、トラブルが起こりやすいので、慎重に計画を進めなくてはならない。

◇表1　管理規約で確認すべきこと

届出	マンションごとに、管理組合が届出書等を用意していることがほとんど。管理事務室で要確認
添付書類	工事の内容を記した図面や補足資料が必要なこともある
床材の防音等級	管理組合で規定している防音規約にのっとって材料を決める必要がある。メーカーや品番を問われることもある
届出の時期	工事開始前日でよい場合もあれば、理事会の承認が必要で2カ月かかることもある。早めに確認したい
近隣挨拶	場合によっては、管理組合から挨拶に行く世帯を指示されることもある

工事では左右・上下の住戸を含め、近隣への配慮が大切！

◇表2　管理組合に確認すべきこと

計画段階

着工までの工程（日程）計画をきちんと立てることが大切である。余裕をもった工程計画を管理組合に提出すること

	設計基準・工事計画	確認項目	その他
管理規約	性能基準あり	□ 床の遮音性能 □ 振動	・騒音には特に注意する
	工事許可	□ 工事の計画書 □ 工事の仕様書	・管理組合へ提出、許可が必要な場合もある ・管理組合の会議日程を調べておく

工事

近隣の方や管理組合とトラブルを避けるため、共用スペースを使用する際はルールを遵守すること。近隣の内装が左官仕上げであったりタイル仕上げの場合は事前調査し記録をとっておく

	作業内容	確認項目	その他
時間・搬出経路	高層マンションなどエレベーターの使用	□ スペース □ 使用可能時間 □ 使用規則　など	・住人への影響が最小限になるように計画する
	工事車両の停車場所	□ 出入口近くに停車できないと資材の搬入、解体した廃棄物の搬出などが手運びとなる □ 使用できる時間	・管理組合の確認をとる

key word 017

リフォームのスケジュール

Point

- リフォームに絡む確認事項や工事内容、工種をしっかりと把握する
- 工事の流れを理解しておくことが必要
- リフォームの種類や図面の有無により期間は異なる

契約前の準備と調査期間

リフォームにはさまざまな工種や調査などが複雑に絡む[図]。まず最初に要望・条件のヒアリングと現地の調査、既存図面等の収集を行い、リフォームの目的を確認する。マンションの場合は通常、理事会や管理会社が図面を保管している。施主の了解を得て直接連絡を取ると手続きがスムーズである。

戸建の場合は、基本的に施主が保管しているか、施主から新築当時の建築会社に問い合わせを行って入手し、現況と合わせて確認する。既存図面が見つからない場合は、現地調査をもとに現況図面を描く。ここまでの所用期間は2週間程度必要である。

契約前の初回提案

設計契約の前に初回提案を求められる場合がある。これは調査期間の後、2週間～1カ月程度必要になる。さまざまな条件や、想定される事項を整理して必要期間を設定する。

設計期間

構造や規模によって、リフォームの種類や設計作業の内容が異なるため、実際に必要な作業やチェックすべきことを確認する。そのうえで、打ち合わせ回数など、施主との十分なコミュニケーションを取るために必要な期間を設定する。必要な作業やチェックすべきことは施主に説明して協力を得る。

見積りおよび見積り調整期間

図面渡しと現地説明後、施工会社から見積りが提出されるまで2～3週間程度要することが多い。見積りは4～6週間程度で調整して、最終金額と発注先を決定する。速やかな工事の進行のために、この期間に行政や管理組合への申請（おおむね着手の1カ月前）などを確実に行う。

◇図　リフォームの計画から竣工まで※1

顔合わせ
第一印象が大切

準備と調査
所要期間：～2週間

目的・条件を確認する

要望をヒアリングし、リフォームの目的・方法を検討する（002～012）
既存図面を収集する（020）
現地調査を行う（021）

↓ 2週間～1カ月

プレゼン
設計の意図、使い方などをしっかり説明する

初回提案
（契約後とするかは要相談）

予算・条件含めて、可能なものを提案する※2

平面図・断面図・外部も変更する場合は立面図を用意し、色付けして分かりやすく説明するとよい。模型やパース・スケッチなど立体的にイメージしやすいものを用意し、工事費・必要な場合は手続き費用・設計料も含めた全体の金額をしっかり伝える

↓

握　手

設計監理委託契約

契約を結ぶ

建築設計・監理等業務委託契約（019）

↓

しっかり説明
一般の人に分かりやすく理解しやすい方法を心がける

設計期間

施主とのコミュニケーションを十分にとる※3

打ち合わせの方法・ペースを決める（例：2週に1度の打ち合わせ＋メールによる確認）
要望を踏まえて設計する
解体図面・設備・見積り心得など、見積りに必要な図面も合わせて準備する

↓ 2～4カ月

3者の関係を確認
契約は施主と施工会社、設計士は助言・確認する立場である

見積りおよび見積り調整

施工会社にしっかり説明し、見積りは漏れがないよう確認する

現地にて施工会社に図面を渡し、現地で説明をする（090）
確認申請※4や管理会社※5への工事届など必要な手続きを忘れずに

↓ 1.5～2カ月

しっかりチェック
リフォームは新築と施工順序が異なる場合もある

工　事

工事監理を行う

解体工事を行う
下地工事を行う
造作、家具工事を行う
外構、電気、衛生設備工事を行う
耐震補強工事を行う

工事期間の目安※6

解　体	1～2週間
耐　震	2～4週間
下　地	4週間～
設　備	2週間～
造　作	2～4週間
外　構	1～4週間
手直し	1～2週間

↓

その後のフォローも忘れずに

完　成

竣工検査を行う

引渡しでは機器類と取り扱い説明のほか、意図による使用法の確認、素材のメンテナンス方法など、生活する立場で必要なことを説明する

※1：(　)内数字は参照キーワードNo.を指す　※2：提案費用についても確認する　※3：既存資料の有無により期間は異なる　※4：規模、内容により必要となる場合がある（018参照）　※5：マンションの場合　※6：規模による。下地と設備、造作と外構など、並行して行える工事もある

key word 018

リフォームと建築確認（法規）

Point

- リフォームの場合も各種申請が必要となる場合がある
- 四号建築物のリフォームは、申請の義務は生じない
- 既存不適格建築物の増改築の場合は、緩和規定がある

リフォームにおける確認申請の要否

リフォーム工事でも、申請や法的手続きが必要なこともある。たとえば木造2階建てで、床面積５００㎡以下の建物は四号建築物※に該当する。この場合、改修部分が対象建物、あるいは主要構造部の過半、階段の位置変更の場合でも確認申請の義務はない。この場合は、設計・工事監理者が自己責任の範囲内で行うことが多い。

ただし、申請の義務がなくても、建築基準法の集団・単体規定［図1］や各条例には適合させなければならない。確認申請が必要かどうかは、自己判断ではなく各地方自治体の建築指導課等で確認する。東京都では、２００４年10月から義務づけられた住宅用火災報知器の設置も行うこと［図2］。

増築の場合は、増築部の床面積が10㎡を超える、または増築する敷地が防火地域・準防火地域の場合は申請が必要となる。

四号建築物以外で、改修部分が対象建物、あるいは主要構造部［図3］の過半を改修する場合、申請が必要となる。主要構造部とは建物を支える壁・柱・床・梁・屋根・階段である。申請には、改修内容を明記した書類が必要となる。

既存不適格建築物のリフォーム

建築当時は建築基準法や都市計画法に適合していても、法規の変更に伴って現行法規に不適合となる建築物を既存不適格建築物という。既存不適格建築物を増改築する場合は、緩和規定があるので、関係機関と事前に協議する。

また、建築時の検査済証がなくても諸条件を満たせば、増改築できる場合もあるので確認する。用途変更の手続きの場合も適用される規定と緩和される規定がある。用途地域によっては、変更する用途に規制を受けたり、床面積の規制を受けるので注意する。

※：建築基準法第6条1～3号に該当しない建築物

◇図1　規定による制限

集団規定

用途制限、絶対高さ・各斜線・日影規制等の高さ制限、容積率・建ぺい率等大きさの制限、接道義務・道路の規定など建築物の形態等と都市計画等の関係性の規定

単体規定

採光・通風、防火・避難、構造強度、室内空気環境、安全性など建築物についての規定
その他、各地方自治体ごとに条例が制定されている
（例:東京都安全条例、神奈川県条例）

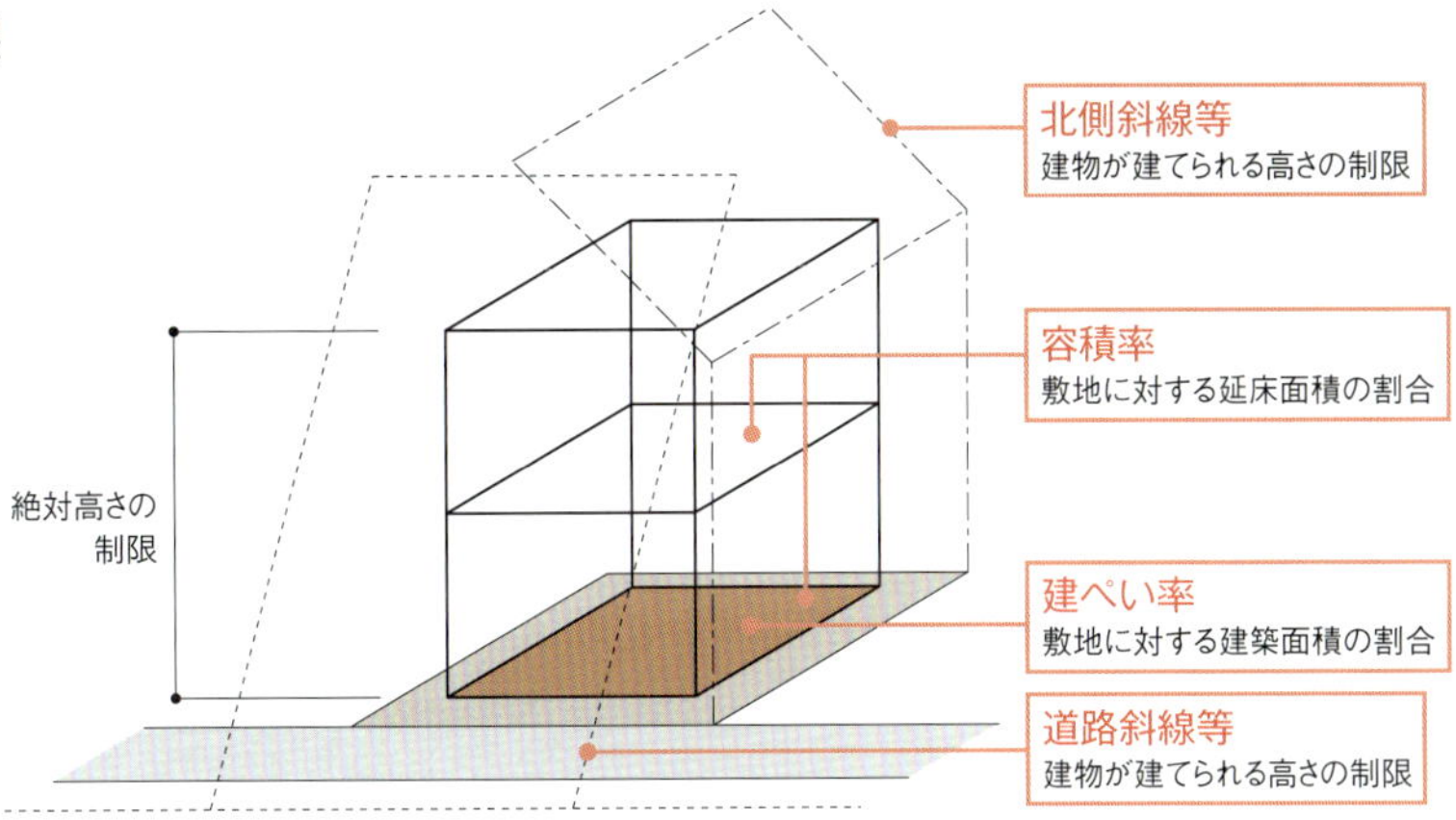

◇図2　住宅用自動火災報知器の設置場所

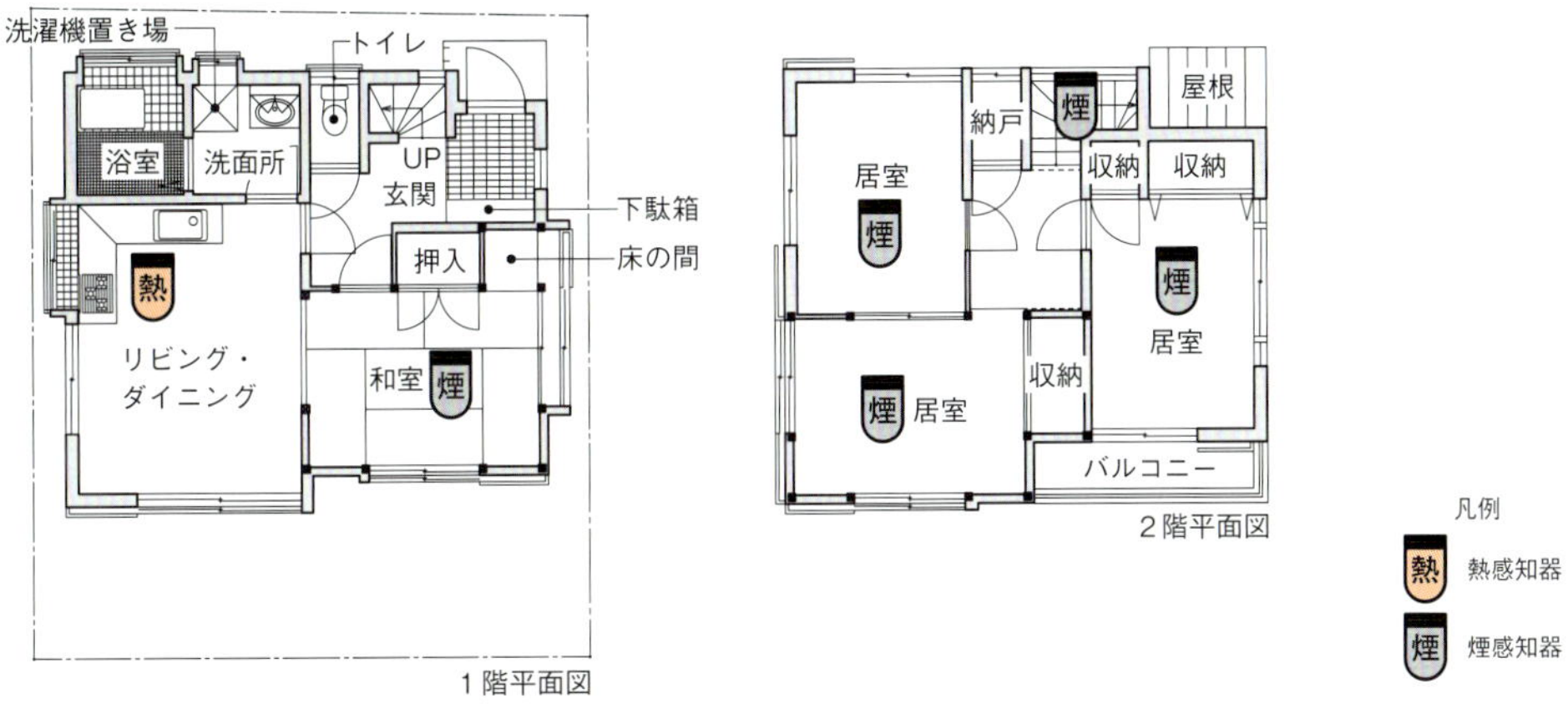

消防法上、戸建住宅でも住宅用自動火災報知器の設置が義務付けられている。設置場所は台所、寝室（ゲストルーム除く）、階段等になる。種類は台所等で設置する熱感知器とその他の煙感知器がある

◇図3　建物の主要構造部

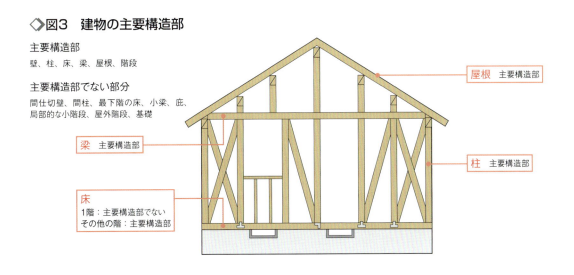

主要構造部

壁、柱、床、梁、屋根、階段

主要構造部でない部分

間仕切壁、間柱、最下階の床、小梁、庇、局部的な小階段、屋外階段、基礎

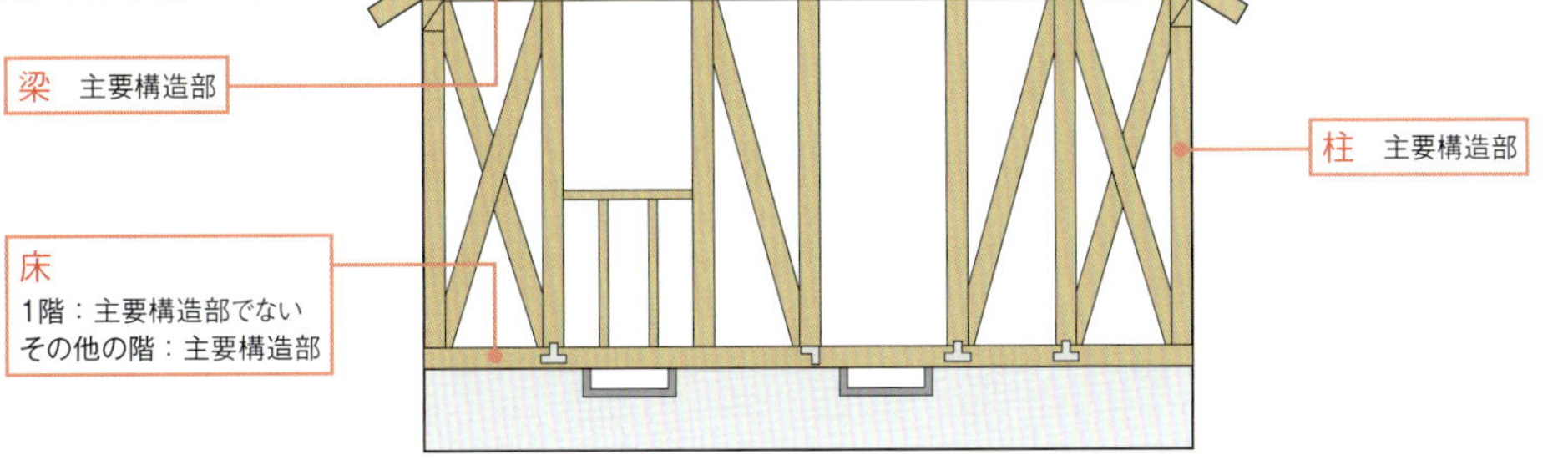

key word 019

建築設計・監理等業務委託契約

Point

- 委託契約書には、「何をいつまでに、いくらの報酬で行うのか」を明記する
- 委託契約では委託内容を施主に正確に分かりやすく伝えなければならない
- 事前調査前に契約を行う

建築設計・監理業務は請負契約ではなく委託契約である。

業務報酬の算出

リフォーム工事の建築設計・監理業務は、新築工事時とは異なり、業務内容が非常に多様である。内装工事で終えるもの、設備等を新しくするもの、間取りを変えるもの、増・減築、建築の構造体を工事するものなどがある。

この場合、建築設計・監理等業務委託契約料は、新築工事時によく用いられる工事金額や工事面積をもとにした料率表から計算することは難しい。仕事内容、所要時間を加味したうえで、一般的な報酬基準は国交省告示第98号※1、耐震診断・耐震改修に特化した報酬基準は国交省告示第670号※2にて算出したい［図］。また、担当者の経験、技術料、諸経費等も同様に算出するとよい。

契約書の作成

リフォーム工事専用の建築設計・監理等業務委託契約書の標準書式はないため、独自に契約書を作成するか、新築工事用の建築設計・監理等業務委託契約書に手を加えて使用する。よく使用されている様式は、四会連合協定のものと、㈳日本建築家協会（JIA）のものがある。建築設計・監理等業務委託契約書では、「この業務として何をいつまでに、報酬はいくらで行うのか」ということを建築主に正確に、かつ、分かりやすく伝えなくてはならない。

契約してから仕事を始める

リフォームの計画は、まず現況の平面、立面、断面、構造、設備などを必要に応じて図面に起こさなければならない。契約前に調査、図面作成などの金額を定め、事前調査も契約書を交わしてから行えばトラブルをなくせる。

※1：平成31年1月21日公布・施行
※2：平成27年5月25日公布・施行

◇図　国土交通省告示（業務報酬基準）の概要

建築士法第25条
国土交通大臣は、中央建築士審査会の同意を得て、建築士事務所の開設者がその業務に関して請求できる報酬の基準を定めることができる

↓

一般的な報酬基準	耐震診断・耐震改修に特化した報酬基準
平成31年国土交通省告示第98号（平成31年1月21日公布・施行） 建築士事務所の開設者がその業務に関して請求できる報酬の基準	平成27年国土交通省告示第670号（平成27年5月25日公布・施行） 建築士事務所の開設者が耐震診断および耐震改修にかかる業務に関して、請求できる報酬の基準

↓

業務報酬基準による報酬の算定方法概要	
①実費加算方法	②略算方法
業務に要する費用（直接人件費、直接経費、間接経費、特別経費、技術料等経費、消費税相当額を個別に積み上げて算出する方法	実態調査を基に策定した略算表（建物の用途別・規模別に標準業務量を定めるもの）等をもとに、直接人件費、直接経費、間接経費を簡易に算出する方法

リフォームでは事前調査に時間や手間がかかってくるもの。着手前に図面の作成や調査にかかる費用を算出して、あらかじめ契約をしてから着手することが望ましいんだ

key word 020

図面の入手

Point

- 図面を入手して既存建物の状態を把握する
- 入手できない場合は、実測をもとに作図する
- 建築概要書は、役所で入手または閲覧できる

計画前に図面を入手する

リフォームでは、現況を把握することが大切である。その手掛かりとして、図面の収集が挙げられる。古い建物でも建築概要書は役所で入手、閲覧できることが多い。

次にこれらの図面や資料をもとに現場で現況と照合する。そこでは単に現建物の構造やつくられ方の確認だけでなく、施工不良や劣化老朽化等を把握することも必要である。

現況と図面に食い違いがある場合、または図面が入手できない場合には、調査して得た実測によるデータをもとに現況の図面を作図する。特に古い木造住宅ではこのようなことが多い。

一方、マンションリフォームの場合は、仕上げの下地の状況や設備の配管など確認や躯体とのクリアランスや緊合方法などをこの段階で確認する。解体指示書を作成して工事を進めることが、リフォームでありがちなトラブルを未然に防ぐことになる。

◇図　図面を入手するまでのフロー

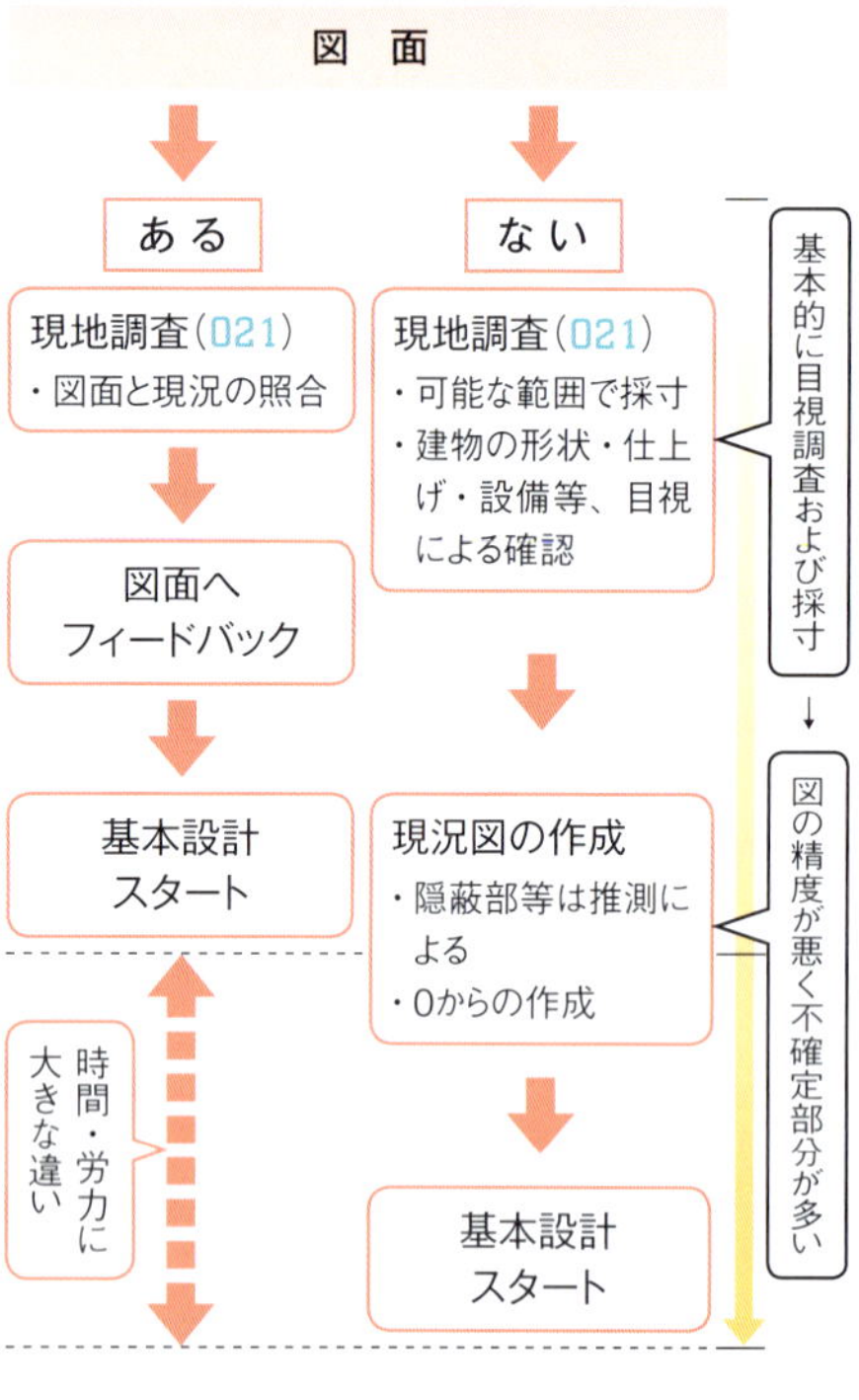

リフォームに必要な図面

- 建築確認申請図書一式
- 実施図
- 施工図
- 構造計算書
- その他コンクリート調合表やミルシート　など
- 特記仕様書
- 構造図
- 設備図
- 仕上仕様書

第2章

現地調査と図面の復旧作業

key word 021

一般的な現地調査

Point

- 調査項目は事前に整理しておく
- 工事箇所だけでなく、周辺との取合い、劣化や老朽化の確認も大切
- 搬入路や周辺状況、近隣や規約など工事に影響を及ぼす部分も調査する

現地調査と確認事項

施主の要望を実現するためには、現地調査で十分な確認を行わなければならない。調査では、改修予定箇所だけでなく取合い部分を忘れずチェックする。

既存部分をどこまで利用するのかは、現場での判断が重要である。劣化状況の調査も行うが、劣化の内容によっては、その原因を明確にして、使用材料や納まりの改善についても検討しなければならない［図1・2］。

外壁の調査では、窓や換気口の周辺にはクラックが発生しやすいため、注意が必要である。基礎のクラックについては、不同沈下などの可能性も考えられるため、場合によっては、施工会社や専門業者の協力が必要になる。

現地で確認すべきことが多いのもリフォームの特徴で、特に搬出入経路の確認には注意が必要である。状況を見るだけでなく、必ず経路の幅を実測しておく。敷地内では、工事による植栽や外構への影響はないか、電気、給排水、ガスなどのインフラの引込み状況を早い段階で確認する。

マンションでは、管理規約や近隣住人の生活が工事に影響する。規約等による制約や手続きの必要性を確認しなければならない。接道や駐車場、搬出入の経路なども現地確認が必要となる［表］。

既存図面の確認

既存の設計図や資料を入手している場合は、それらと現況の相違をチェックする。既存図面がない場合には、現況図をつくる。さまざまな箇所の実測を行う。改修部分と利用部分を確認しながら、各設備のスペックや経路をできる限り確認しておく。

マンションでは、共用部分と専有部分との取合いの状況も確認する。

◇図1　現地調査の流れ

1. **聞き取り調査**
   既存図面の収集
   - 管理規約・手続きの確認
   - 搬入経路
   - 道路状況
   - 周辺状況の確認

2. **図面との照合**
   現地調査
   - 劣化状況の確認
   - 改修予定箇所との取合い部分の状況
   - 必要な箇所を実測

3. **分析**
   図面の復旧
   - 既存部分利用の検討
   - 図面と不整合な部分の原因究明
   - 要望以外で改善が必要と思われる箇所の検討

4. **リフォーム**
   方法の検討・提案
   - 既存部分との取合い
   - 設備の配管ルートの検討
   - 既存部分利用の範囲

◇図2　建物診断の流れ

欠陥・劣化の原因究明とその危険度を把握する必要がある。
既存部分を可能な限り傷めないよう、段階的に調査を行う

1次診断

建築物概要調査と建築技術者の目視・体感・問診により各種劣化調査を行う

↓ 1次診断の結果を踏まえ、目視などで確認できないが、欠陥・劣化が発生していると思われる箇所を確認する

2次診断

木造の軸組やコンクリート基礎の非破壊検査を行う

↓ X線や超音波などでも確認できない場合は、その付近を破壊し、直接目視にて確認する

3次診断

引っ張りや圧縮など破壊検査を行う

◇表　目視による建物の調査項目

部位		調査項目
躯体	□	ひび割れ・爆裂・欠損・鉄筋・発錆・コンクリート中性化・コンクリート圧縮強度
屋上防水	□	屋上・塔屋・ルーフバルコニー
外部塗装	□	一般外壁・天井・既存塗膜付着力
鉄部塗装	□	屋上・共用廊下
外壁タイル	□	外壁・手すり壁・廊下・既存タイル付着力
シーリング	□	外壁・サッシ廻り・タイル打継目地・ダンベル試験
バルコニー	□	床・壁・天井
外部階段	□	床・壁・天井
エントランス	□	床・壁・天井
外構全般	□	舗装・ゲート・フェンス・自動車置場・ゴミ置場
電気設備	□	幹線・非常設備・コンセント
給排水設備・衛生設備	□	給水・排水・消火設備・換気設備
屋根	□	形状のゆがみ・雨漏りによるシミ・仕上材の状態・小屋組の状態
外壁・基礎	□	クラックの有無・土台の状態・コンクリートの破損・木部の含水率
給排水設備	□	配管からの漏水・悪臭、音、振動の確認・水量の確認
シロアリ被害	□	蟻道、食害の有無・範囲の確認
温熱環境	□	空調機器の効率・結露の有無・日射状況・小屋裏、外壁、床下の断熱材の有無

調査にもれがないように調査項目を事前に整理しておこう！

key word 022

実測①

—戸建／部分リフォーム—

Point

- 部分リフォームでは、既存部分との取合いをよくチェックする
- 内法寸法もメジャーで採寸することも重要

部分リフォームでは、生活と密接なかかわりが大きく、既存部分との取合いがとても多くなる。そのために、厳密に実測することが必要になる。また、現場でのズレの調整が難しいことも多い。そのため、リフォームでは既存部分を中途半端に残すよりは、部屋全体をリフォームしたほうが工事は簡単になる場合もあるので臨機応変に対応する。

内法寸法の採寸

部分リフォームの場合は、たとえ既存の図面があったとしても、その図面との整合性を確認し、さらには通り芯だけでなく、天井高や壁々間の内法寸法も採寸する必要がある。

また、外部の建具が壁面のどの部分に設置されているか内部建具の幅・高さ、枠廻り一つとっても壁からの離れやチリ等、枠のディテールも採寸する必要がある。

また、小屋裏を確認することができる場合は、梁の架け方や柱との取合い、小屋裏の寸法なども実測しておくと躯体変更時に参考にできる。

既存再利用部分との取合い

リフォームをする建物によっては、経年変化等で躯体にソリやゆがみが出ている場合が多々ある。内法寸法の採寸時は壁が倒れていないかを下げ振り等で簡易的にチェックすることが望ましい方法といえる。さらに壁面もまっすぐでなく斜めに施工されてしまっている場合や経年変化で傾いた場合などは、測定する位置によって内法寸法が変わる場合もあるので注意するようにしたい。目視確認だけでなく、メジャーや下げ振りを使用し、きちんと採寸することが、精度の高い工事を施せる。さらに、床のレベルは水平器など使用しチェックしておく。問題があれば工事の時に同時に改善したい。

◇図　実測時のチェックポイント

天井高さの採寸
変更時に隣室との取合いを検討する場合は各室の天井高さに注意して採寸することがポイント。勾配天井がある場合は低いほう、高いほう、両方ともきちんと採寸する

階段の採寸
階段幅・段数・踏面・蹴上・蹴込を採寸。ランダムに何段か測ってみるとよい

構造躯体間の採寸
内法寸法を計測することで、正確な実測値を算出できる

床段差の確認
床段差をチェックする。バリアフリー対策や変更する際に参考になる。バリアフリーリフォームの場合は、数mmの段差であっても採寸すること

照明器具位置の確認
器具の取り付け位置は必ずチェックする。打ち込み配管のようなケースは要注意

構造体
表出している柱・梁は図面に書き込む

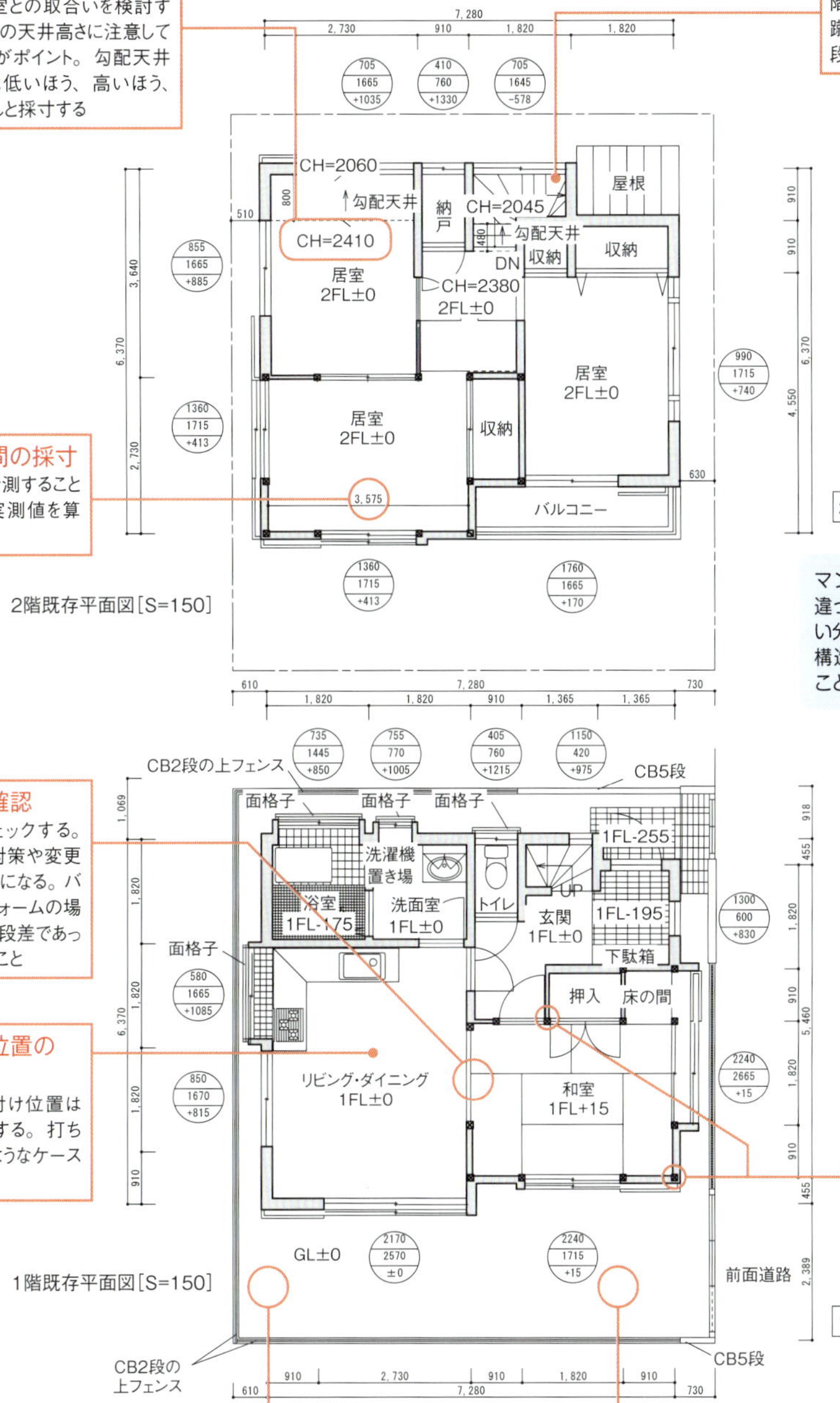

植栽
外部に植栽がある場合、計画のヒントになる場合もあるので、位置を計測しておくとよい

可能な範囲で方位も記入

既存サッシ　分かりやすい記号で表現

開口H
開口W
FL±XX
既存サッシとする

※内壁厚さは想定とする。
※敷地形状は実測につき誤差有り。

採寸しきれないところは注釈を入れる

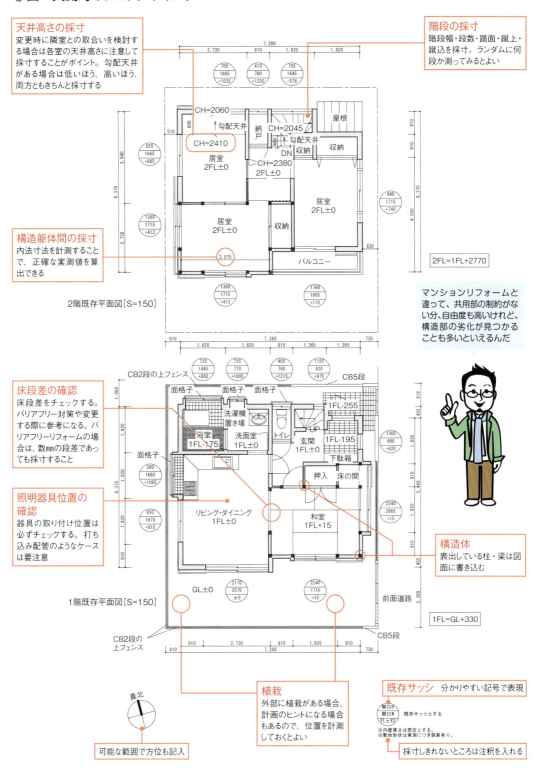

key word 023

実測②
—戸建／スケルトンリフォーム—

Point

- スケルトンリフォームでは、モデュールの確認が重要
- 柱の位置や寸法を確認する
- サッシや開口の位置は正確に実測する

スケルトンリフォーム時の実測

スケルトンリフォームの際、まずは構造壁の位置や仕様などを確認する必要がある。図面と現況が違うケースも多いので、設計図書との照らし合わせを必ず行うようにしよう。リフォームの場合、図面や検査済証がないといったことも多く、そうした時には、工事が可能かどうか確認が必要となる。この時、頼りになるのが実測した数値だ。

実測のポイント

実測では、すべてを測るというわけではなく、重要なポイントを押さえる。まず、全体の間取りを把握し、そこから基本となる半間もしくは1間のモデュールを測定できる場所を割り出し、測定する。2間分など、倍数計算で成り立つ場所で検証してみることで、容易に確認することができる［図］。全体の寸法が把握できたら構造壁を調べる。解体して確認するのが一番だが、無理な場合は柱の位置と寸法、壁の位置と厚みを検証する。

図面がある場合でも、外壁面のサッシの正確な位置は異なることが多いため、必ず実測する。サッシの幅、高さ、壁からの寄り、床から下端までの高さなど、この次の図面復旧作業を念頭に、必要となる箇所を計測する。

設備の実測

最後は設備関係の位置を確認する。スケルトンリフォームの場合、水廻りも全部撤去するが、戸建の場合、外周部の汚水桝の位置を変更するのは工事が大掛かりになる。内部のみの変更として既存の配管位置につなぐ必要があり、勾配を確保したうえで床下で引き回せる程度であれば移動は可能である。

キッチンの換気扇や給気口、エアコンスリーブなど、壁に孔がある場所のチェックも必要である。

◇図　戸建実測のポイント

基本寸法

寸法の基本となる場所を見つける。和室など柱の見える所は検証しやすい

コンセントの位置

既存のコンセント位置を忘れずにチェックする

開口部

窓の壁からの寄り寸法、高さなど窓の位置は、新しく計画する際にとても重要となる

木造

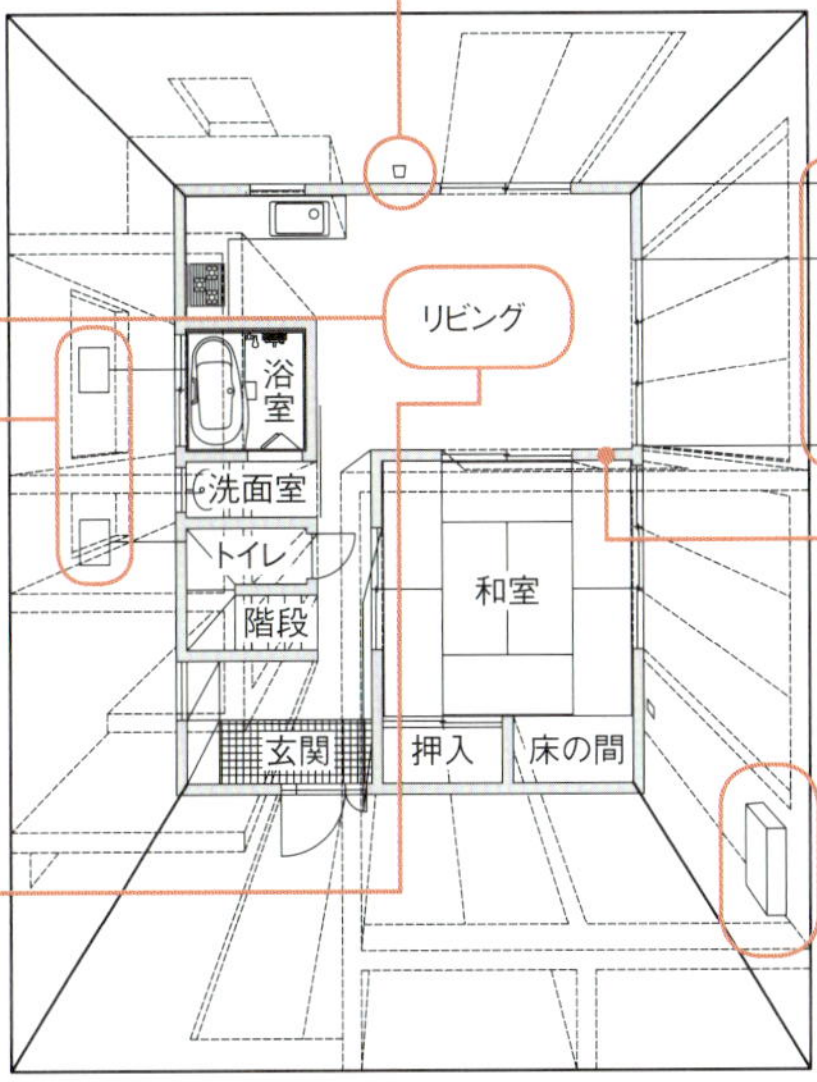

RC

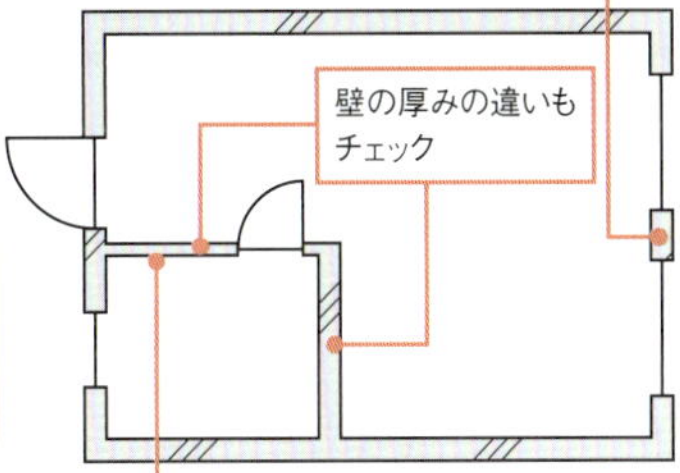

桝

外部の桝位置をチェックする

持ち込み荷物

持ち込み荷物についても確認しておくとよい

壁

壁の厚さを目視したり手でたたくことで、耐力壁か非耐力壁か確認する

もれがないよう
確認しておこう！

開口部の測り方

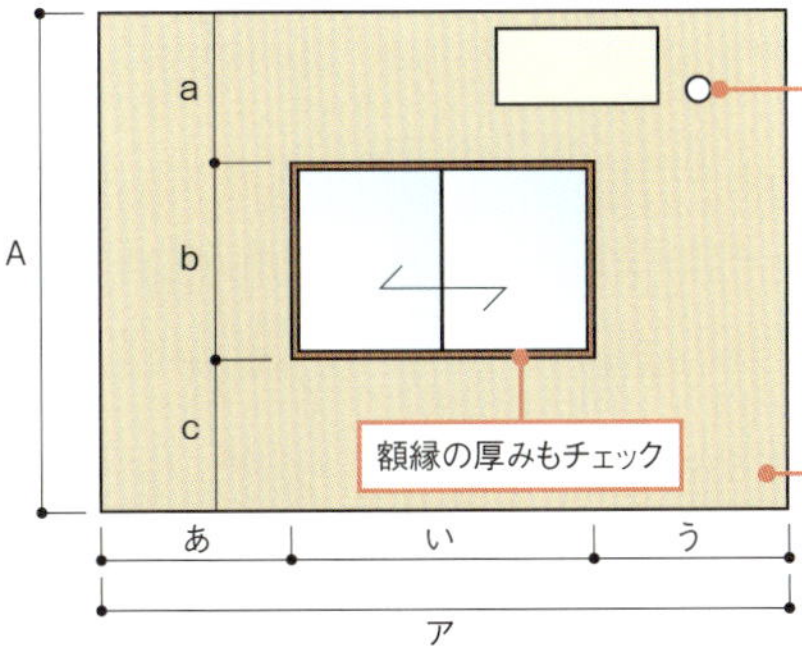

A：天井高＝a（天井から窓）＋b（窓の高さ）＋C（窓から床）となるか確認
ア＝あ＋い＋う など、2通りの採寸をする

その他の開口部

キッチン換気扇や給気口、エアコンなど、壁に孔がある場合は忘れずにチェックする

設備

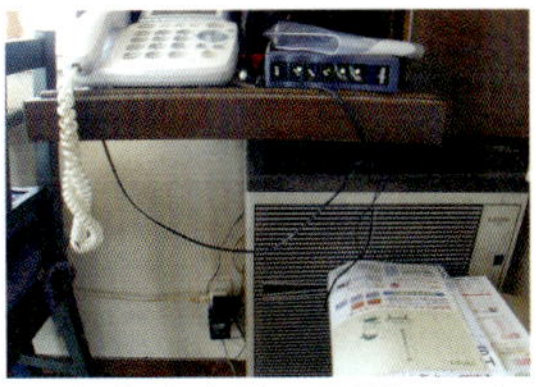

分電盤（電気容量）や電話端子、ガスコンセントなど、今後の使用計画を含め、設備の更新に絡むものの取り出し位置などもチェックしておく

key word 024

実測③
—マンション／部分リフォーム—

Point

- 既存の図面があっても、必ず現地で実測を行う
- 設備配管は図面のとおりになっていないことがほとんど
- 建物を壊して調査が必要な時には、仮補修のしやすい場所で行う

壁の調査方法

マンションリフォームでは、まずは、コンクリートの構造躯体の位置を知る。構造躯体なのか、単なる間仕切壁なのか、下地の調査を行う必要がある［図1］。

建築主が所有している図面は、計画を行う前の参考にしてもよいが、必ず現地の実測、目視を行う［図2］。

壁の仕上げ方は、下地の上に張り付けたもの、コンクリートの躯体に直接張り付けたもの、造作物などに分けられる。どのように壁がつくられているのかを調査する。壁を叩く、針状のもので刺してみる、天井点検口からのぞくことも有効である［写真］。

床の調査方法

床については、コンクリートの床に直接張られたものと、床組をつくりその上に張られたものの2種類がある。床下点検口があればよいのだが、マンションでは床下の点検口が少なく、確認しにくい。キッチン、洗面化粧台、畳の部屋、押入れの床などは、比較的簡単に外すことができるので、必ずなかを確認しておくこと。この時、必要な道具はミラー、照明である。

現地調査の段階で、建物を壊して調査が必要な時には、仮補修のしやすい場所で行う。天井、壁、床の裏側に設備が埋め込まれていないかに注意して行う。床の場合、ガス配管、床暖房のマットなどが要注意である。また、調査段階でも、ガスの元栓は必ず閉めておくことが必要である。

スケルトンリフォームの場合との違い

部分リフォームでは、リフォーム箇所の詳細な実測が必要だ。解体を最少に行うためである。既存部分が直角・水平とは限らないため、取合い部分を考えておく必要がある。

◇図1　鉄筋コンクリートラーメン構造

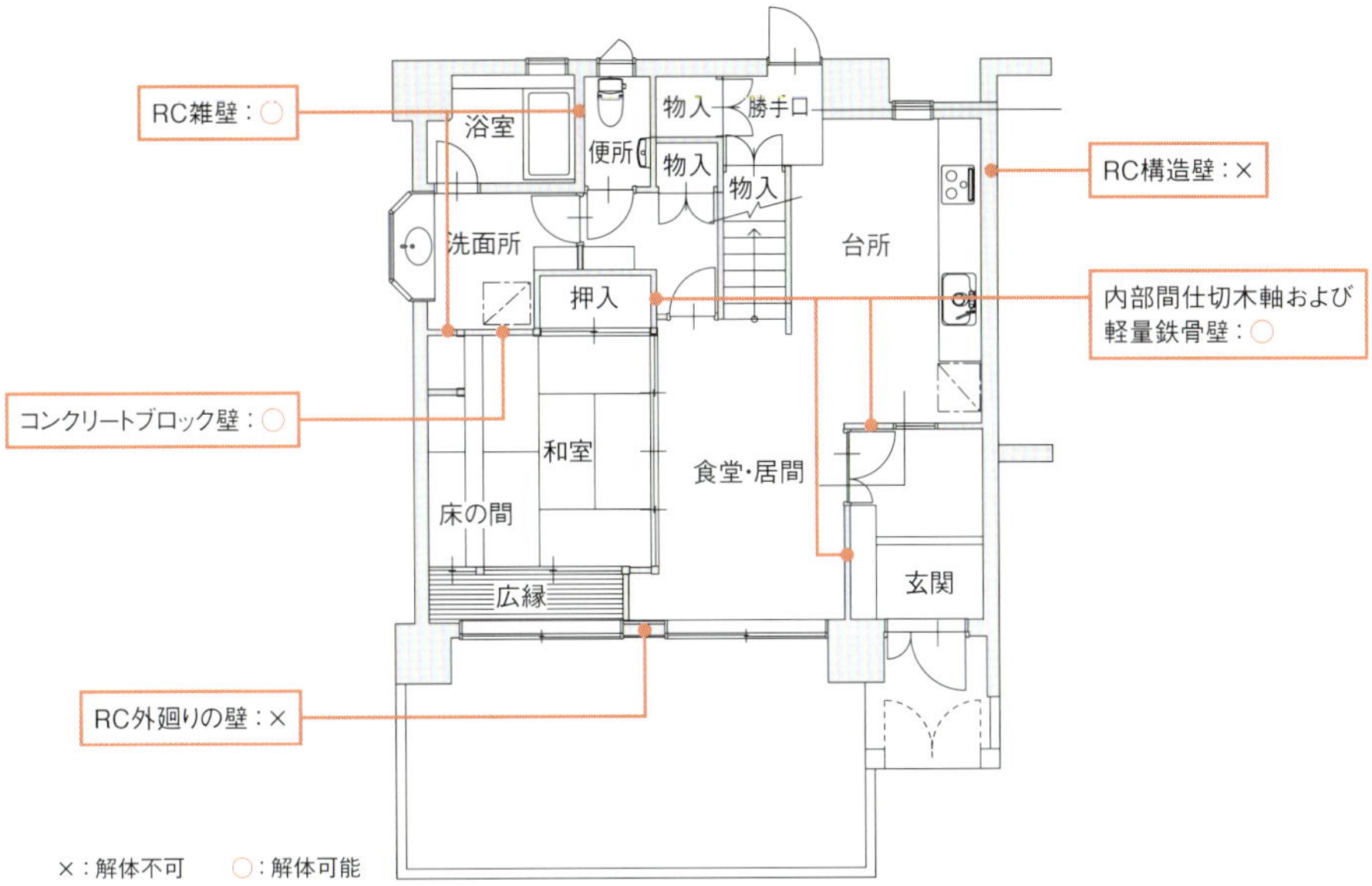

◇図2　点検口の位置

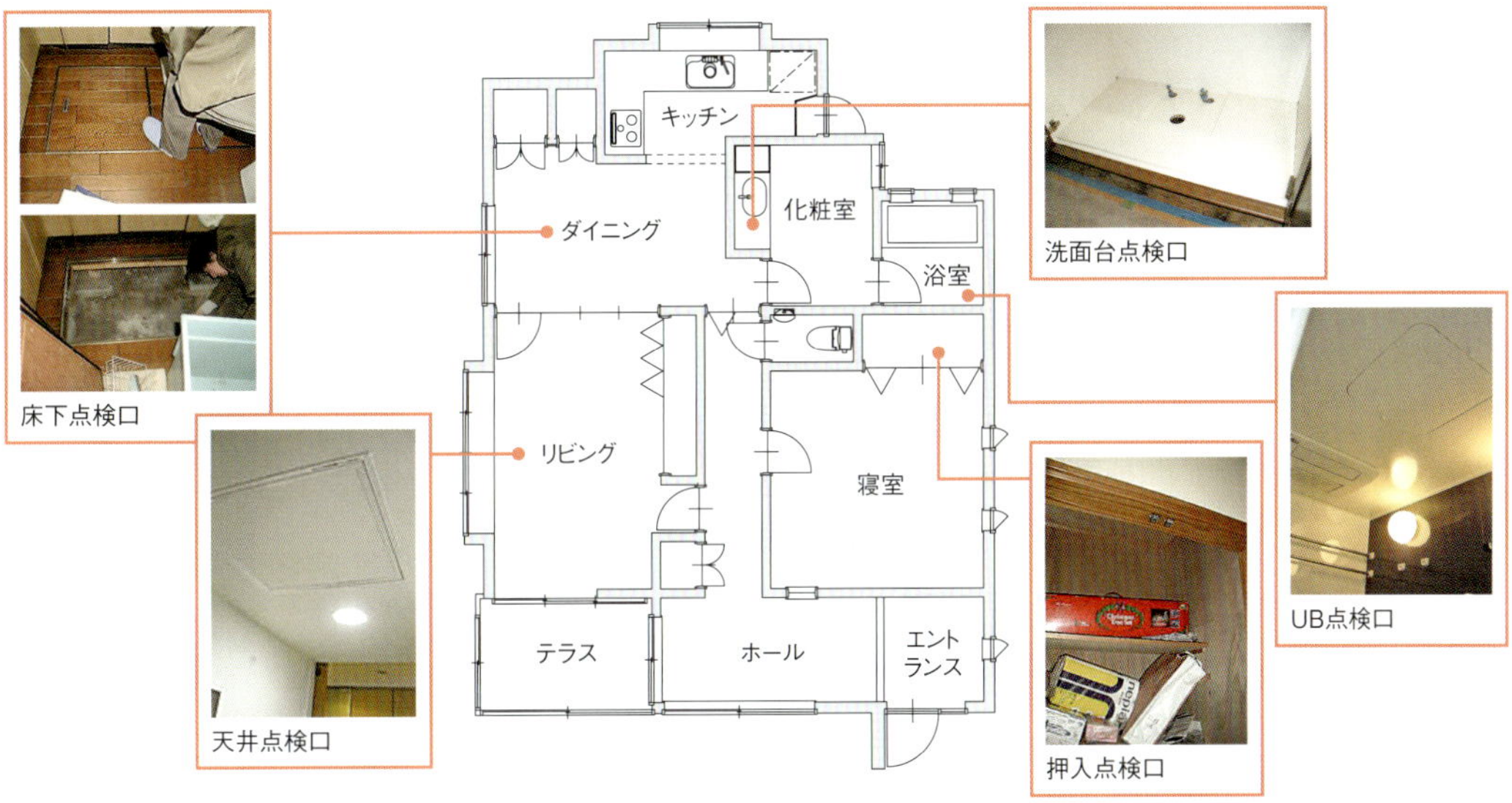

◇写真　壁下地チェック

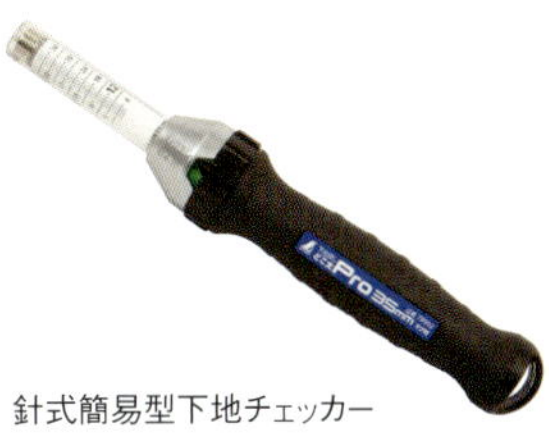
針式簡易型下地チェッカー

電気式下地チェッカー

写真提供：シンワ測定

実測④
—マンション／スケルトンリフォーム—

Point

- スケルトンリフォームであっても、躯体設備のスリーブ位置などを解体前に慎重に調査する
- 細やかな実測が設計に生きてくる

スケルトンリフォームでは、構造体・サッシ・PS・配管等の解体不可能な箇所のみを実測で調査すればよいのだが、多くの構造体や配管は隠れていて解体前には実測が難しい。そこで以下をポイントに実測して設計に生かすことが望ましい。

既存建物の竣工図を入手する

既存建物の竣工図を入手して、構造・設備図を確認しておくことは大切である。図面は、管理組合が保管している場合もあるため確認する。梁や配管は床・壁・天井内に隠蔽されていることが多く、調査で目視できない可能性がある。また、正確なスリーブ位置は記載されていないことが多いため、バルコニーや廊下側から測量できる所はすべて実測し、水廻りやキッチンの位置を移動する場合は給排気経路も含めて、既存図面との整合性を事前に確認しておく必要がある。

トイレの排水位置

壁排水か床排水かを確認しておくことでトイレの計画位置が変更可能か判断できる。また、廊下のスラブから玄関土間、上框、トイレ、洗面等床の段差など計測しておくことで、後の排水計画の検討がしやすくなる。

柱と梁、戸境壁など

既存図面では各階の柱梁が細く別サイズで設計されていても実状はそうでない建物もある。柱の太さを確認して傾向をとらえたい。また、戸境壁、外壁側壁、PS壁に対して独自のルールがあるので、解体前に必ずチェックする。直仕上げの壁はコンセントが増設しにくいため、弱電の位置も確認しておきたい。また、躯体廻りのボードや窓枠が平面計画に影響しないと判断した場合、減額案として再利用することも可能である。

◇図　調査箇所とそのポイント

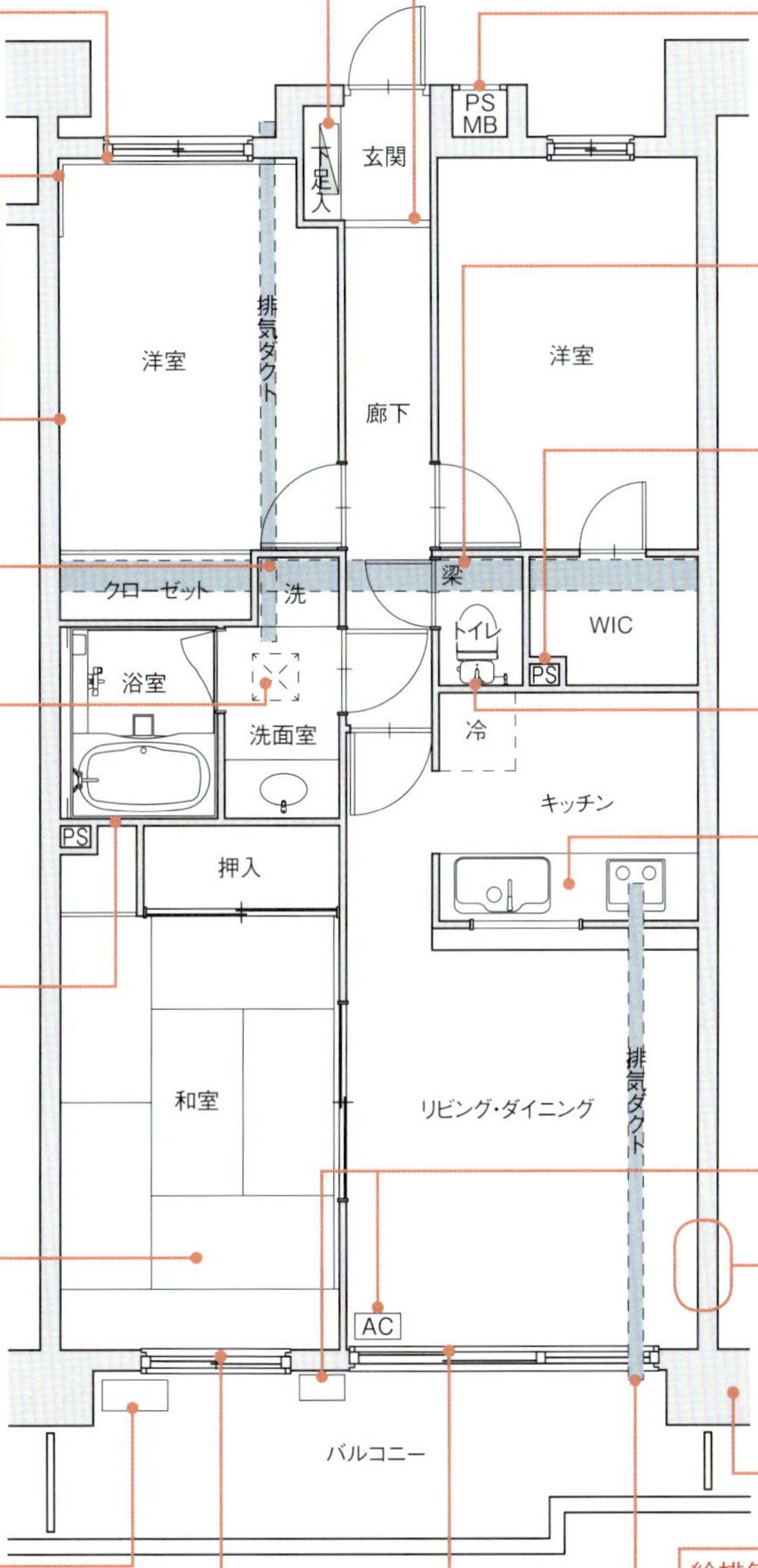

分電盤
分電盤は大幅な位置の移動はできない。あらかじめ場所を把握しておくこと。マンションは電気容量に制限がある場合もあるので、既存アンペア数と契約内容もチェック

外壁面
外壁面のボードを再利用する場合は、結露によるカビが発生していないか確認が必要

窓枠
インナーサッシを新規設置予定の場合は、設置寸法が足りるか採寸すること

戸境壁
戸境壁の下地・仕上げのルールを判断する。躯体に直接仕上げをしているのか、ボードを張ってから仕上げをしているのかを壁をたたいて確認する（管理規約で決まっている可能性あり）

スリーブ
梁にスリーブがあることが予測できる

点検口
天井・床の点検口は必ずのぞいて調査する。上階のスラブまでの距離、梁・ダクト経路の位置を把握できる

浴室
建物によっては、浴室廻りの壁がRCまたはCBの場合がある。浴室が在来の場合は特に注意深く壁の厚みや排水口の位置、既存の構造図をチェックする必要がある。RC躯体の場合は、解体できないことが多いので、平面計画に制限がでてくる

和室
畳を上げてみれば、床～床仕上の寸法が分かる場合がある。非破壊調査ができる

給湯器の位置
給湯器の位置も把握しておくこと。追炊きを新規設置の場合はスリーブの大きさを大きくするか、別のスリーブをあけるかする必要がある

障子
障子を再利用する場合は、新規床レベルに注意する。障子自体を縮めるには限度があるため、どの程度縮められるか建具屋と打ち合わせが必要

玄関・框
玄関の上框の高さも確認し、床レベルの把握をする。その他の洗面・浴室・トイレ・キッチンなどの段差も注視が必要

メーターボックス
メーターボックスは移動が不可。メーターボックスも内部の調査をしておく

梁
梁の位置、梁下寸法を採寸すること

PS
PSは移動が不可

トイレ
排水管の位置を確認し、配管の状況を確認する。背面に排水管が見える場合は壁配管、背面に排水管が見えない場合は床配管

キッチン
撤去予定の場合は調査の必要なし。設備を再利用する場合は型番を控えておく

エアコン
本体、室外機、スリーブ位置をチェック

コンセントボックス
躯体埋込のコンセントボックスを把握しておく

躯体
躯体断面・寸法は構造図でチェック

給排気口
天井裏にダクトが隠れていても、ベランダや廊下側のベントキャップで位置・高さを推定できる

カーテンボックス
カーテンボックスを再利用する場合は、窓枠と一体化しているかを確認する。一体化しているとどちらか一方のみの撤去は難しい

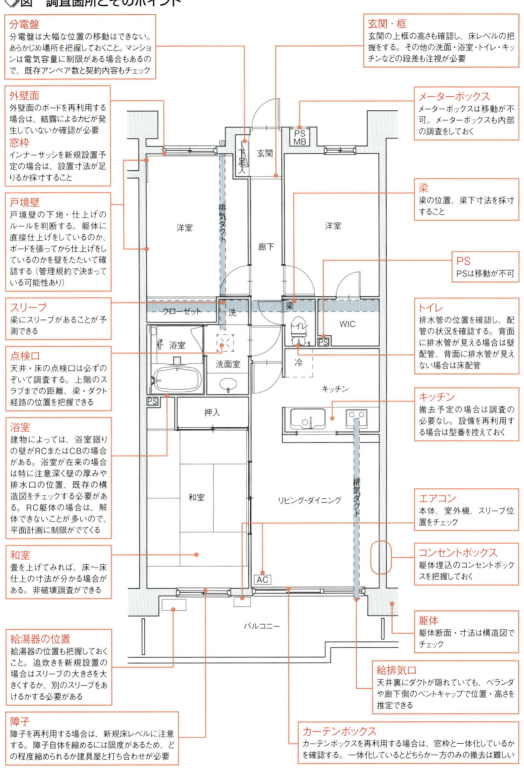

key word 026

図面の復旧

Point

- 既存図面があっても現況と一致しているかは、実測するまで分からない
- 既存図面と現況との整合性を取り、計画に使える図面を作成する
- 下地や給気口、コンセント等も忘れずに図面に記す

現況の確認

リフォームでは、実際の建物と既存図面とが食い違うことがよくあるので、実測・調査を行い、現況通りの図面を作成することが必要である[図1]。

現況を確認する時には、構造体のように外部から容易に見えない場所に注意が必要だ。解体して発見する構造的な変更も、この調査がもととなるので、可能な限り調べることが大切である。

木造の場合、既存図面がなく、現況の図面作成から始めるケースが多い。この場合、建物の通り芯の確認から始めるとよい[図2]。柱の位置をチェックしていくと外部から見えない柱も推定できる。これが、後々の構造体の変更に役立つ。また、各部屋の内法寸法だけではなく、天井裏の梁や野縁の位置確認もしておきたい。

設備配管や電気配線等は天井裏に隠れていることが多いが、天井点検口からのぞけば設備ダクトの経路が推測できる。また、排水管の経路は、床下に潜れない時には、建物の外部にまわり、水廻りの箇所と外部排水桝との位置関係にて推測する。

マンションの場合も戸建住宅同様に既存図面があっても、現状と一致しているかは実測しないと分からない。図面作成時より年月が経っている場合、改装・改修工事によって変更している可能性が十分にある。特に設備関係が集中している所は大きく違う場合があるので注意が必要である。

図面の作成

既存図面を入手できた場合は、それをもとに簡略化した図面をおこし、そこに実測データを書き込んでいく[図3]。作業途中で誤差や矛盾が生じてくることもあるのだが、その時は構造体や見えない部分で寸法を調整し誤差を少なくする。

◇図1　復旧のもとになる実測

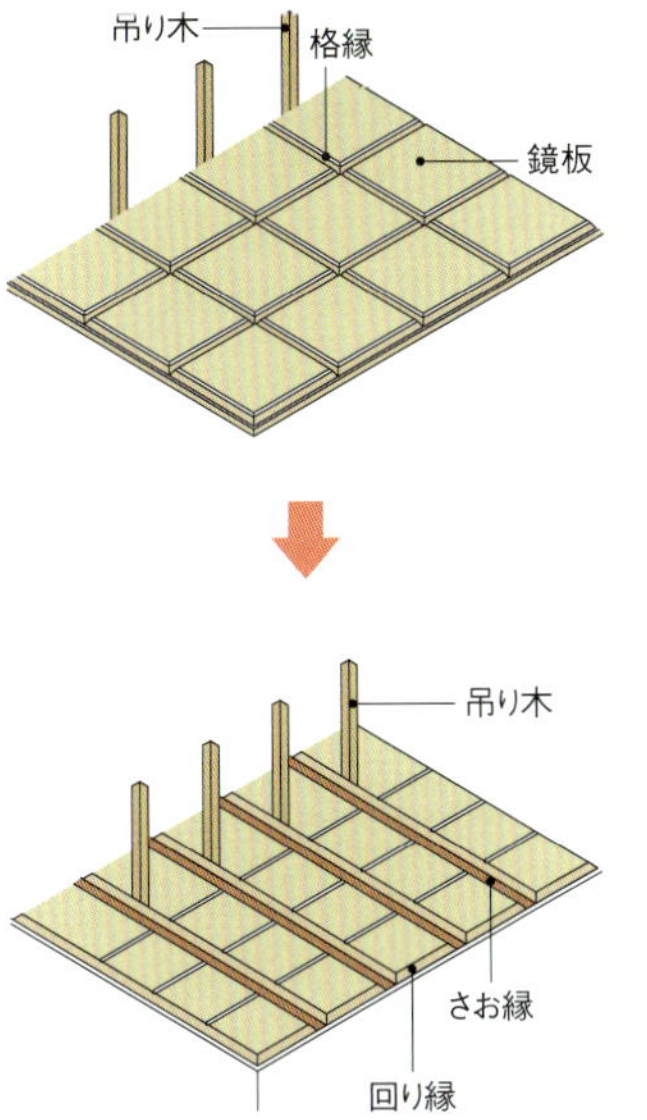

鏡板を使った吊り天井の例。天井裏を見るとさお縁が隠れていることもある

◇図2　図面の復旧（木造）

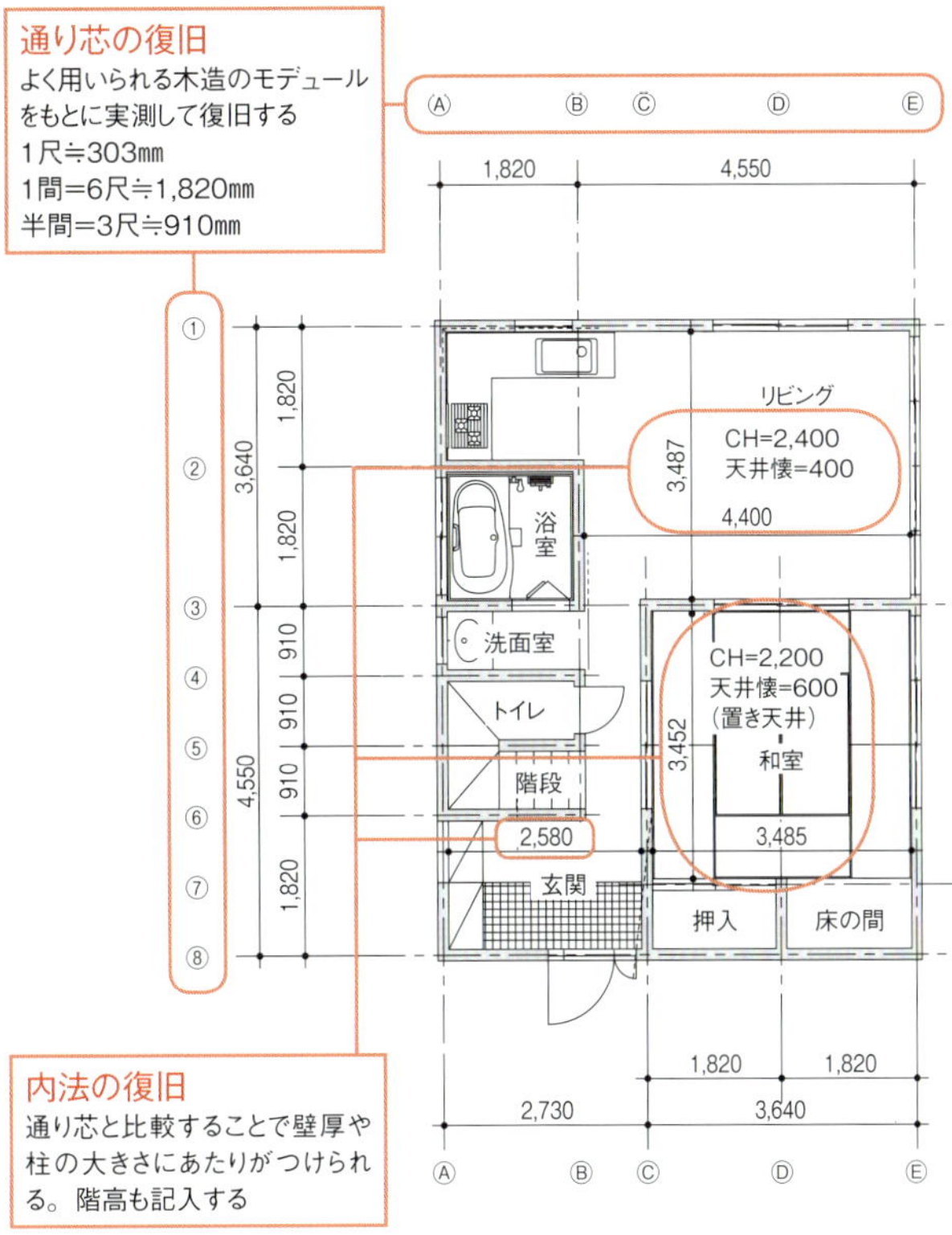

◇図3　図面の復旧（RC）

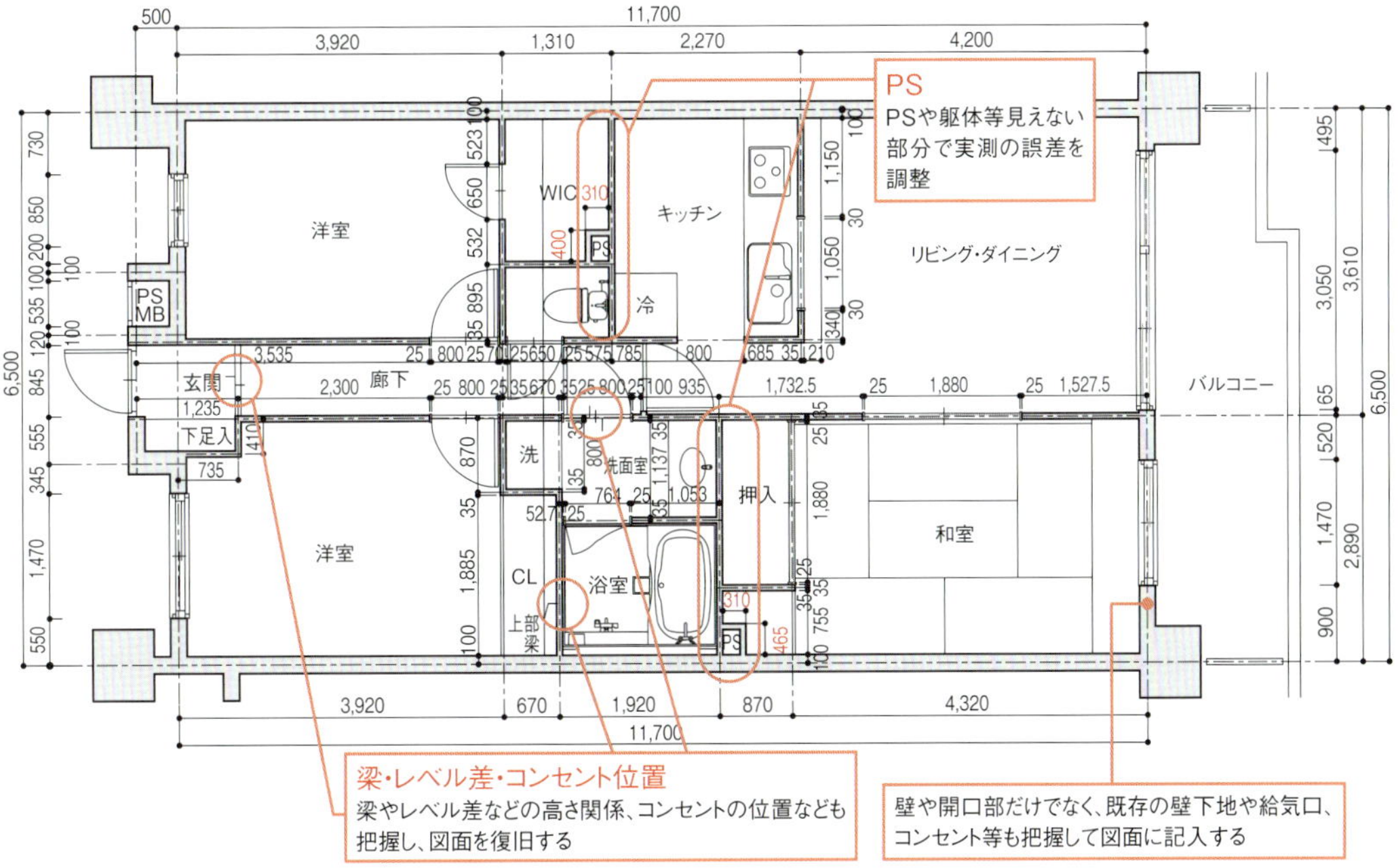

key word 027

既存再利用の指示書の作成

Point

- 既存のものを再利用する時は、再利用の範囲を明確にする
- 解体時の扱いも指示する
- 既存再利用の指示は平面図に落とし込む

既存再利用の指示書

既存のものを再利用する場合は、何をどこまで再利用するのかという点を施工者に明確に伝えなければならない。そのために作成するのが既存再利用の指示書である。

化粧柱の再利用

どの柱がどこまで必要か、再利用後の用途は何かまで明記すると解体作業時に間違いがなくなる。また、柱を再利用する場合、材寸の取り方も検討が必要になるので指示書に表記しておく必要がある。

再利用するものの取扱・保管方法

建具をそのまま再利用する時は、解体時の取り扱い上の注意事項なども記載しておくとよい。歴史のある住宅の場合、床材に1枚板のヒノキなど、現在では高価でなかなか手に入りにくい材料を使用していることがある。経年変化で劣化していると、解体時に割れたりする場合もあるため、取扱い方法の指示も欠かせない。また、木材や欄間などは、保管期間中にソリや狂いなどが出る場合があるので、保管方法を明記するとよい。造作家具などは、再利用を計画している部分が解体可能かのチェックも必要となる。

設備の再利用

工事費を抑えるために、ユニットバスやトイレ、洗面器など各設備機器を再利用することもある。移設を伴うのかも解体指示書に明記する。移設する場合は、配管工事を伴うので解体範囲も明記する。現場中の養生が必要となる場合も併せて指示する。

電気設備を再利用する場合は、照明器具なら保管方法、エアコンであれば内部のクリーニングをするのかも明記が必要である。

◇図　既存再利用指示書の例

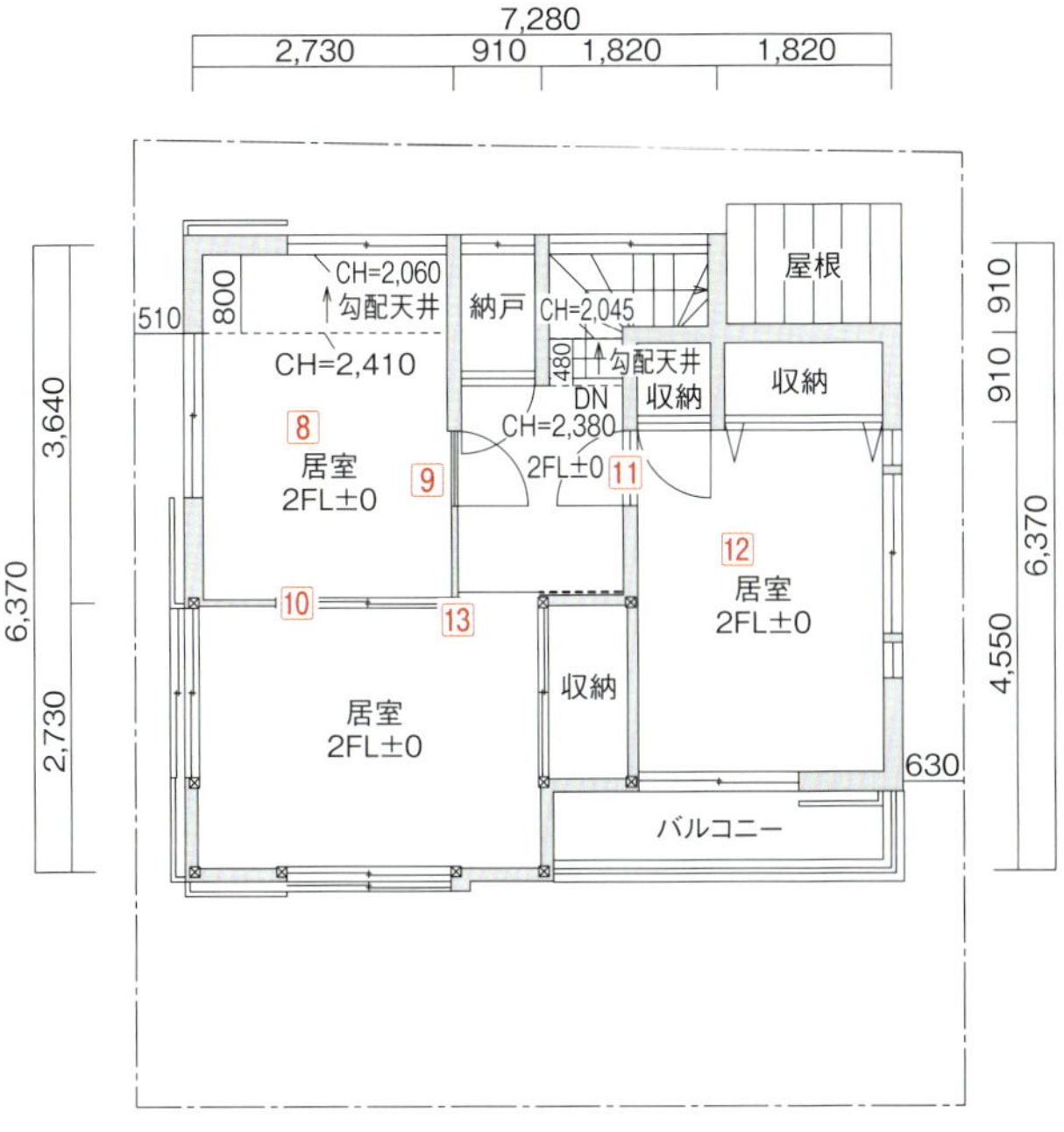

2FL=1FL+2770

2階既存平面図

再利用する内容を明記する。保管方法や解体・移動の要不要といった指示も明記しておくとよい

番号	内容
1	下駄箱カウンター再利用
2	洗濯機パン再利用
3	便器およびリモコンの保管→新規トイレ位置で再利用（付属品一式も保管のこと）
4	地板手壊しののち乾燥場所にて平置き保管
5	欄間の保管→建具はめ込みとして再利用
6	障子再利用予定
7	ダウンライト照明器具の再利用
8	照明器具再利用
9	建具保管
10	建具内ステンドガラス再利用
11	建具保管
12	照明器具再利用
13	柱（成長記録有）手壊しののち保管

平面図の既存再利用部分に番号をふって一覧にしてまとめると見やすい

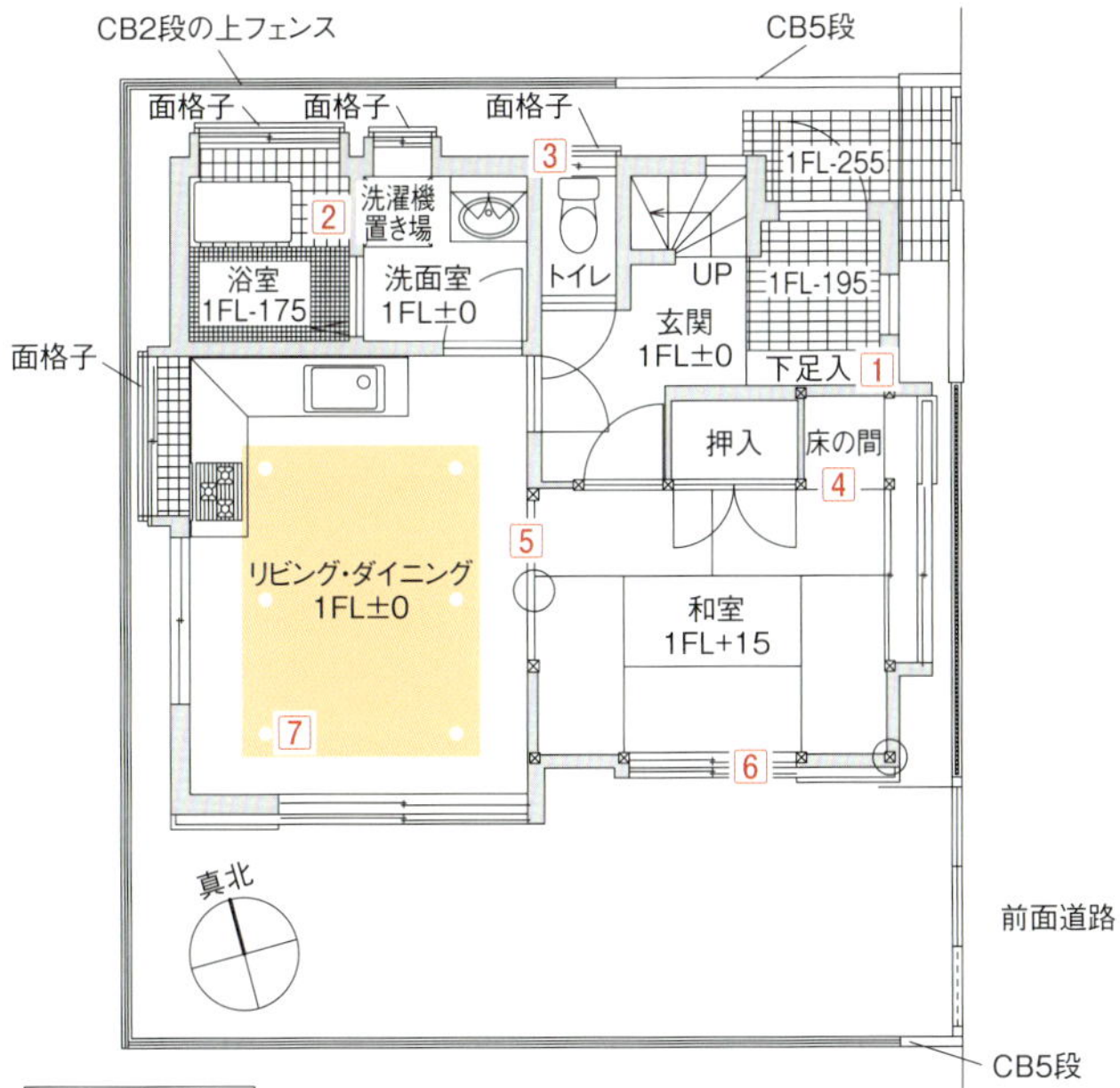

1FL=GL+330

1階既存平面図

再利用するものは、ものによっては解体時に壊れてしまうこともあるので、事前に説明しておこう！また、明確に何に使うか決めていないものもあるので、臨機応変な対応が必要だ

column

調査に必要な道具

カメラ

既存建物の状況をデータとして記録する。天井裏など頭の入らない箇所はフラッシュを使用して撮影後にデータ確認することもできる。また数値では表現できない周辺状況や光の入り方等のイメージ的な情報の入手も大切である（④）

コンベックス／レーザー距離計

誰しも必ず持っていく定番である。細かい箇所から全体まで幅広く使用できる。なお極力5m以上で幅広のしっかりとしたものを用意することで、縦方向の測定も簡便にできる。最近ではレーザーにて距離を計測できる優れものもあるので、確認しておくとよい（コンベックス①、レーザー距離計⑤）

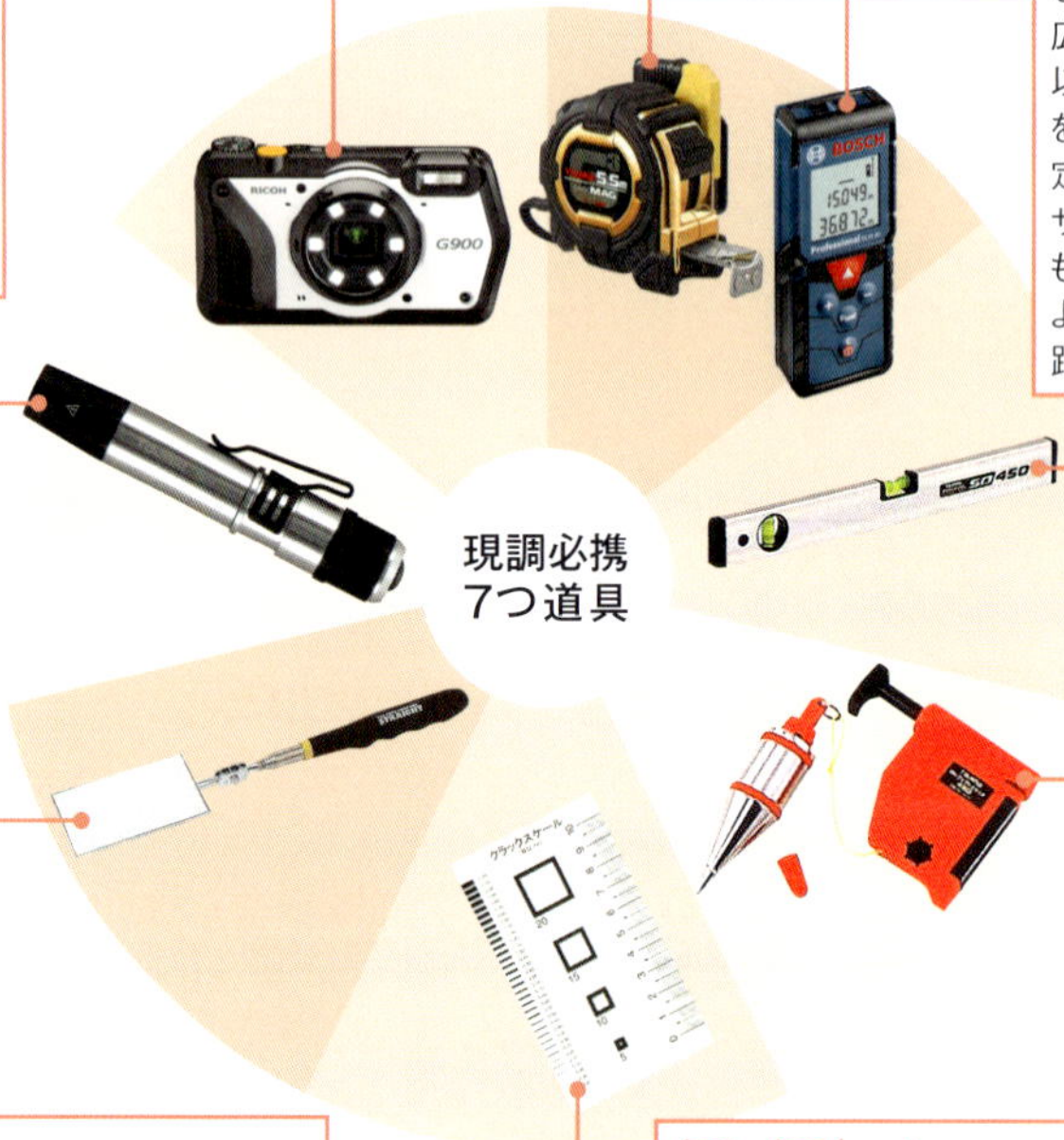

水平器／下げふり

水平・垂直を計測するものである。柱や梁の水平垂直のレベルを正確に測定し、基礎や構造体の経年による劣化を視認することで、建物全体の状況を把握することができる（①）

ハンドライト／鏡

天井裏や床下等の暗い箇所を確認するのに必須である。特に設備配管やダクト経路、電気配線の確認に役立つ。また、鏡を併用して使用することで、直接目視できない所への確認も容易にできる（ハンドライト①、鏡③）

クラックスケール

コンクリート部分のクラックの度合いを計測できる特殊なスケールである。木造のリフォームの場合、基礎部分の劣化状況の程度によって、スケルトンリフォームになるケースもある。またRC造も同様、構造体の状態をしっかりと確認することが肝要である（②）

写真提供：①TJMデザイン ②マイゾックス ③ツールカンパニーストレート ④RICOH ⑤BOSCH

現地調査の7つ道具

リフォームの事前調査をする時、ただメモ書きや写真を撮ればいいというものではない。調査をするにあたって、必ず必要となる道具がある。たとえば、既存の図面が入手できず、実測データによる作図しか方法がない場合は、いくら現状を撮影しても、おおよその様子は分かるが実測値がなければ作図することはできない。また、天井裏やのぞけないような場所の寸法や状況を知りたいといったケースも多発する。こうした悪条件のなかで、正確なデータを測定し現状を把握するためには専用の道具が必要である。本書では、特に必要とされる7つの道具を紹介する。

この7つの道具に関しては、現地調査の時に忘れず持参したい。設計に携わっていると、なかなか使い慣れないものもあるが、これらの道具なくしては必ず再調査をしなければならなくなるほど重要なものだ。

こうした道具類も、種類によって使い勝手に違いがある。自分の使いやすいものを選ぶようにすれば現地調査も苦にならなくなる。

第3章

室内計画とリフォーム設計

key word 028

動線・ゾーニング

Point

- マンションのリフォームでは限られた開口部を通風・採光に有効に活用する
- 水廻りは勾配が確保できれば移動は可能
- 戸建の場合は構造に手を加えることも可能

古い戸建住宅

30年以上前につくられた戸建住宅は、応接間、客間、茶の間、台所が必須という考えが多く、部屋を廊下でつないでいた。軸組工法で建てられた木造住宅の廊下は、有効幅が広くても７８０㎜しかなく、自走式の車いすで通ることは困難である。家の使い方、生活の仕方、住まい方を考え、住まい手の生活に合わせた空間、間取りをつくることを心掛ける[図1]。

1970年代の公団型住宅

１９７０年代に多く見られた公団型住居は階段型で南北方向のみに開口部があり、南に居室、北に水廻りという間取りが一般的であった。壁に向かう台所、その隣が畳の茶の間である。

リフォームする場合、水廻りは必ずしも北側でなくてもよいが排水のつなぎ込み位置は決まっているため、勾配には気を付けて配置する必要がある。公団型の住宅では階高も低く、上階の給排水が天井内に配管されている場合も多いので、音の問題も考慮してゾーニングを行うのが好ましい[図2①]。

1980年代の民間マンション

１９８０年代の民間マンションは都市型で街中に建設されているものが多い。建物の片側に外廊下がある。内部は、部屋の中央の北から南に中廊下があり、南側にはＬＤＫ＋畳の部屋、北側に外廊下に面した居室があり、窓のない水廻りが中央に位置する。

この場合の問題は部屋全体に風が抜けにくく、水廻りがとても暗いことである[図2②]。

リフォームを行う際は、限られた開口部からの明かりや風通しを考慮する。ただ部屋をつなぐだけの廊下ではなく、部屋のなかに光と風を呼び込む空間として利用することが望ましい。

◇図1　戸建の動線とゾーニング例

各部屋を廊下でつないだ一般的な住宅。廊下は常に薄暗く、冬は最も寒い場所となる

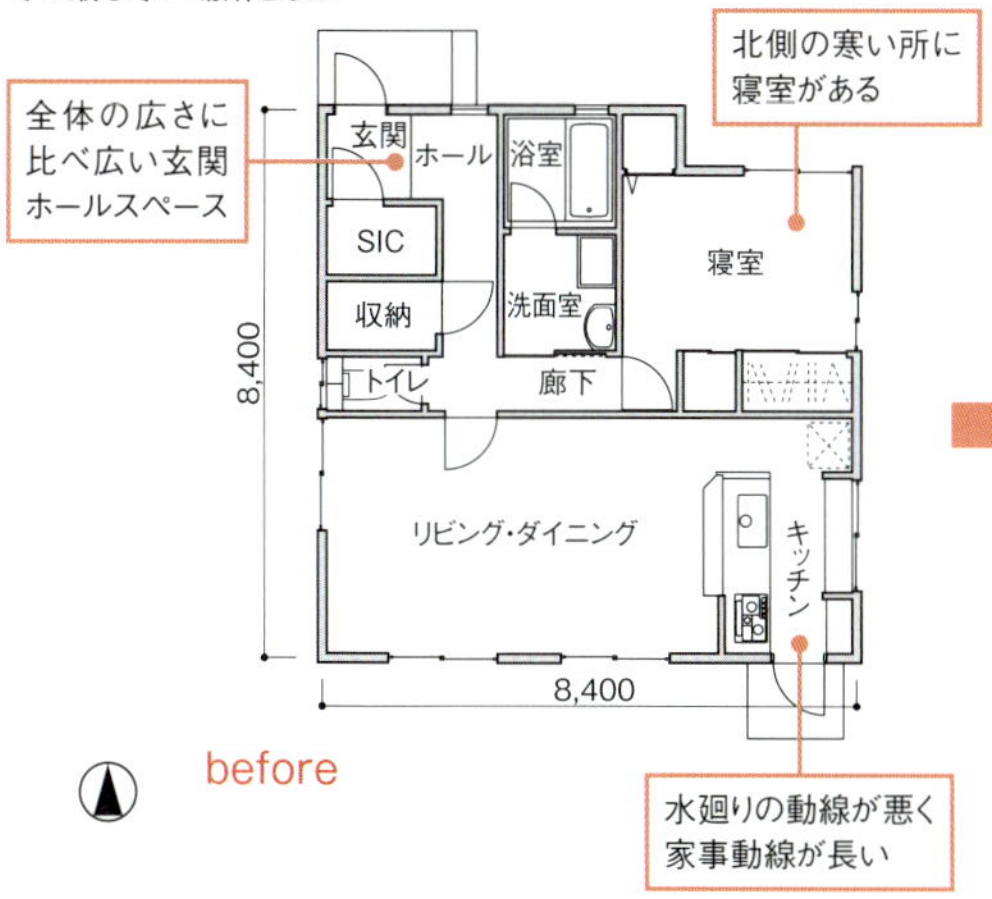

暗い廊下をなくし、用途が明確な空間をつくり、適切な場所に必要な収納を設ける

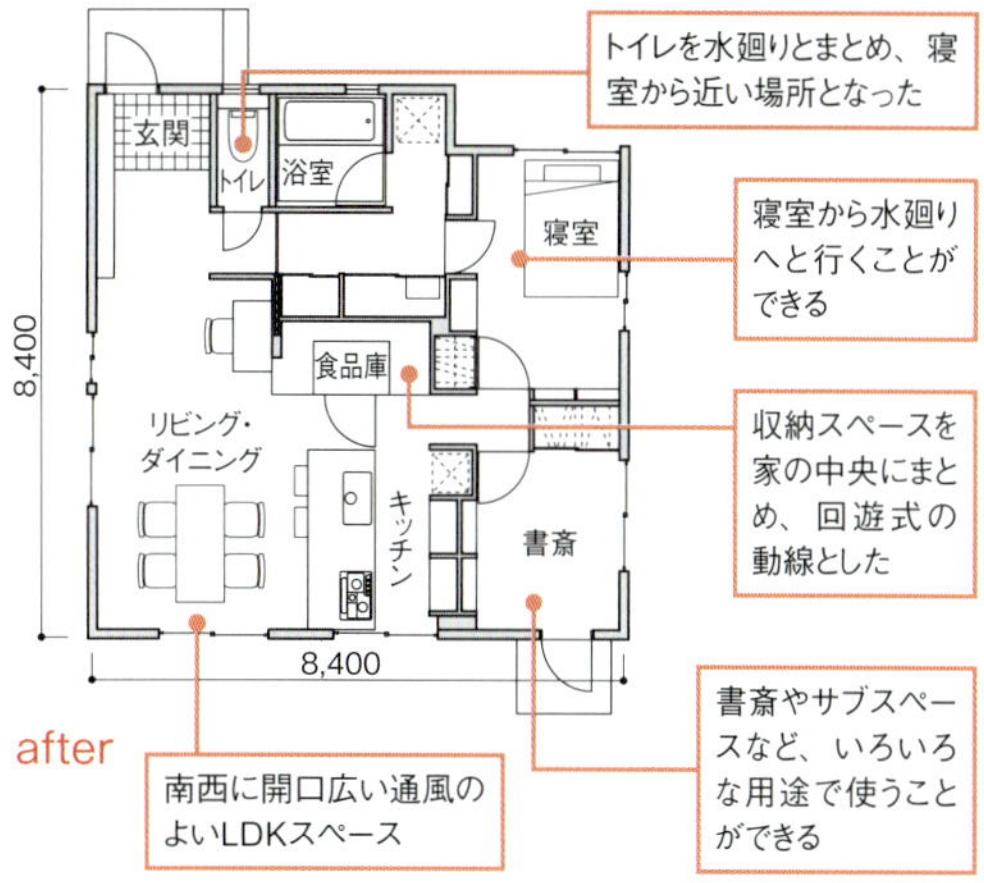

◇図2　マンションの動線とゾーニング例

1 公団型住居

部屋を襖で仕切り、部屋数を確保した。プライベート、通風、採光が悪い

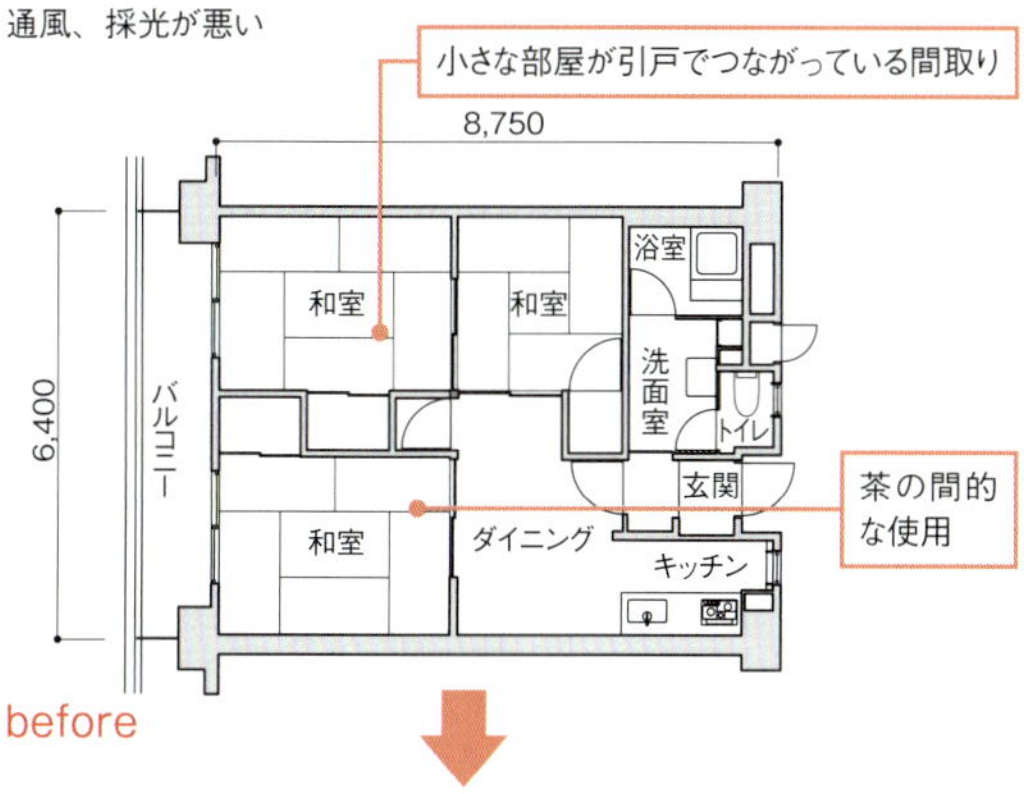

開口のない居室をなくして収納をまとめ、明るい居住空間をつくることができた

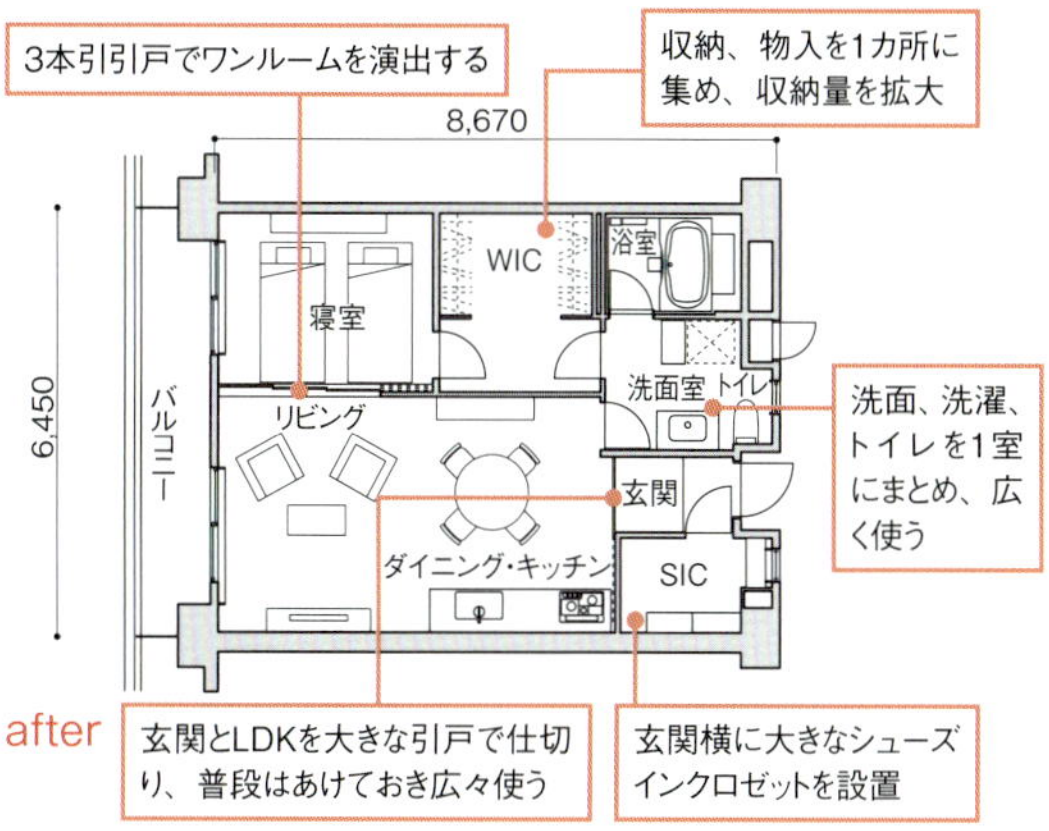

2 民間マンション

南北の中央に廊下があり、水廻りが中央に位置する。水廻りには採光がなく、各部屋で風通しが悪い

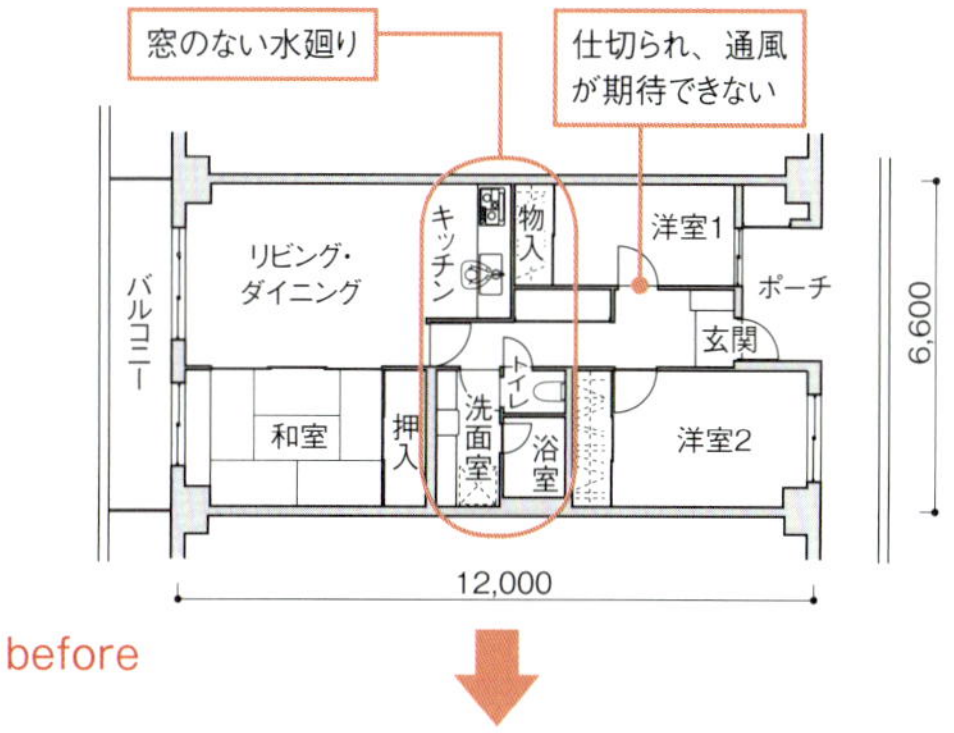

個室の和室を取り止め、動く小上り部分をつくり、広くフレキシブルなLDKをつくることができた

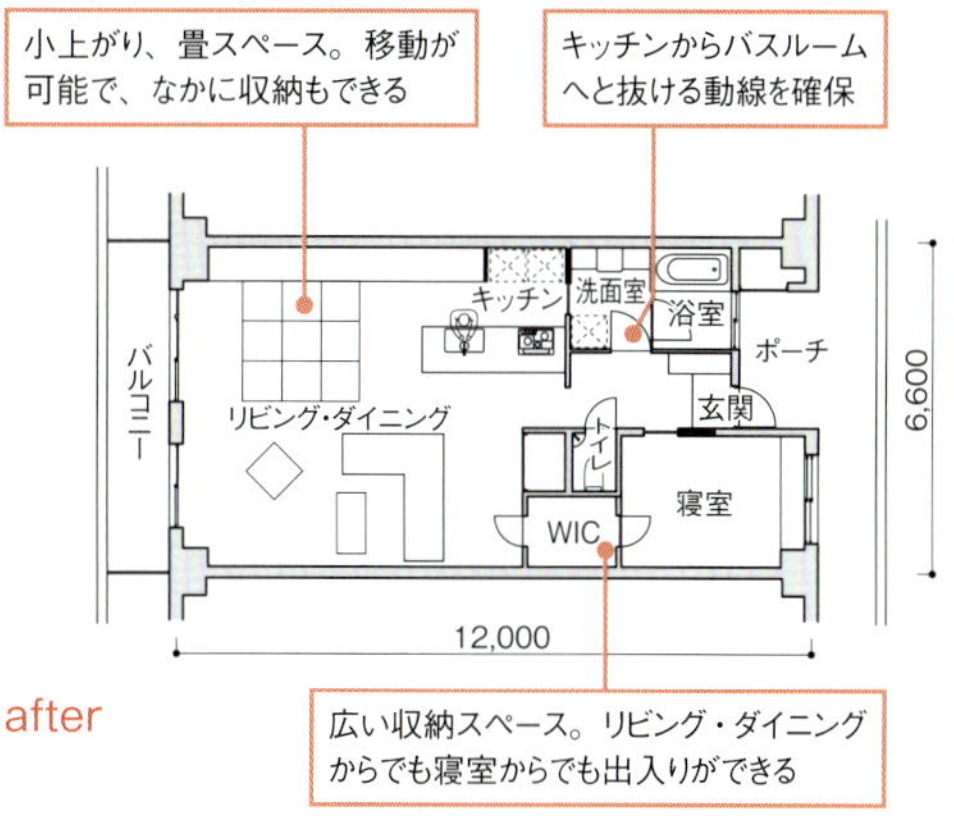

key word 029

採光・通風

Point

- 既存間仕切壁の撤去、壁位置の変更で採光と通風を改善する
- 通風では、風の抜ける窓が必要
- トップライトは、採光・通風の両方に有効

壁の変更で得る彩光と通風

リフォームを行う際、採光、通風環境の向上は主目的の1つであることが多いが、開口部の変更は難しいため、設計段階においての検討が必要となる。

光を奥まで届かせる

既存間仕切壁の撤去、壁位置の変更などによって障害物をなくし、既存開口部から入る光を奥まで届きやすくする方法がある。

既存開口部の形状や庇の影響などによる限界があるため、壁や天井を白く変えたり、間仕切壁を天井から離すことで、光を反射・拡散させて、より奥まで届かせる方法もある。

風の通りをよくする

風通しをよくするには、壁などの障害物をなくし、素直な風の通り道を計画することが有効である。その方法は前述の光の項に共通するが、既存壁の撤去や壁の移動、壁をつくる時にも天井まで伸ばさずに上部に空気の流れる層をつくることが重要となる。

風は室内に入るだけでなく、抜ける側の窓を決め、そこまでのルートをしっかり計画することが大切である[図、写真]。

換気をよくする

換気については、古い建物の場合24時間換気に対応していない場合が多く、換気能力を追加する必要がある。外部に通じるスリーブが使える場合は換気扇や全熱交換器などの追加導入で対応する。既存のスリーブでは開口面積が足りない場合は新たな給気口を追加する。※

工事範囲は大きくなるが、戸建の場合は吹抜けを設け、屋根面にトップライトを付けると光と風に対しては有効である。

※：外部に抜くスリーブが必要となる場合には防水処理など十分な注意が必要であり、マンションの場合は新規スリーブの設置は難しいことが多い。また、既存サッシの障子を給気付きに変更する方法もある

◇図　壁を整理し光と風の道をつくる

間仕切をなくして通風を改善する例

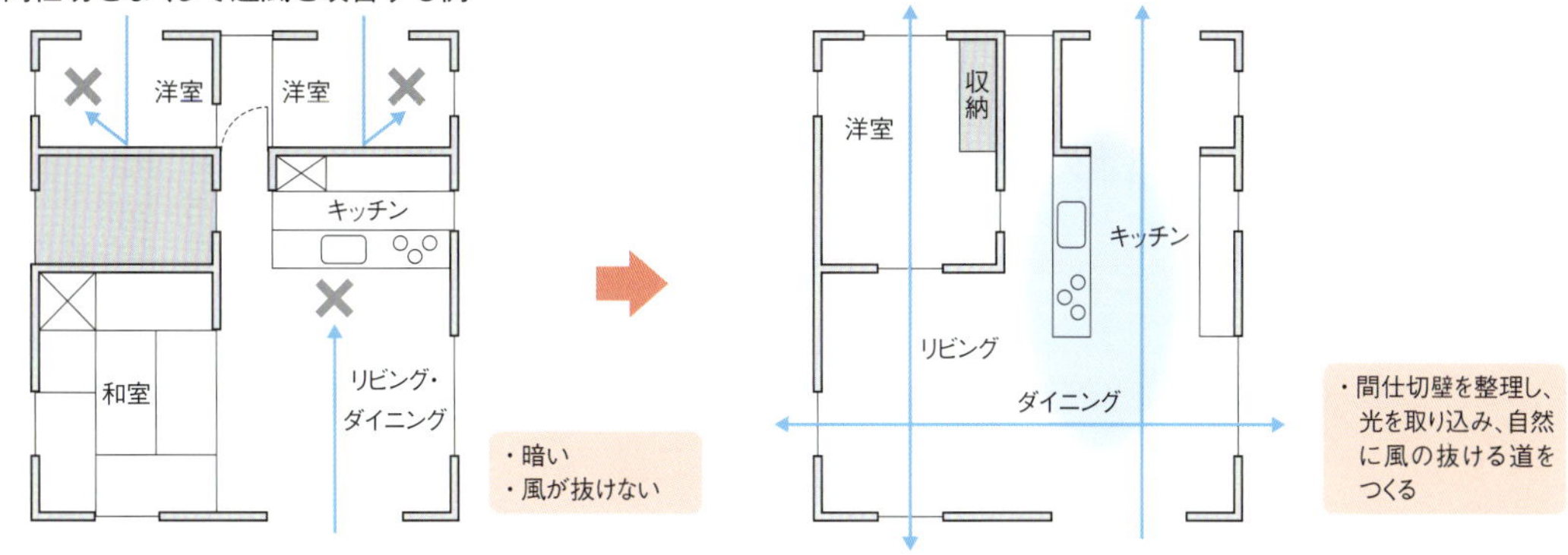

間仕切の高さを調整して改善する例

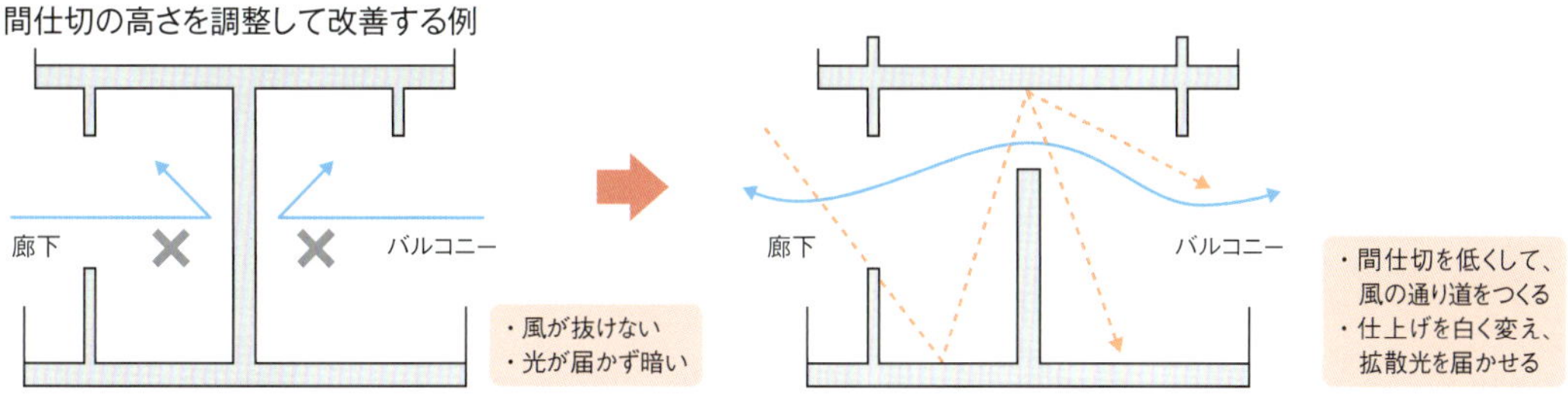

吹抜けを利用する例

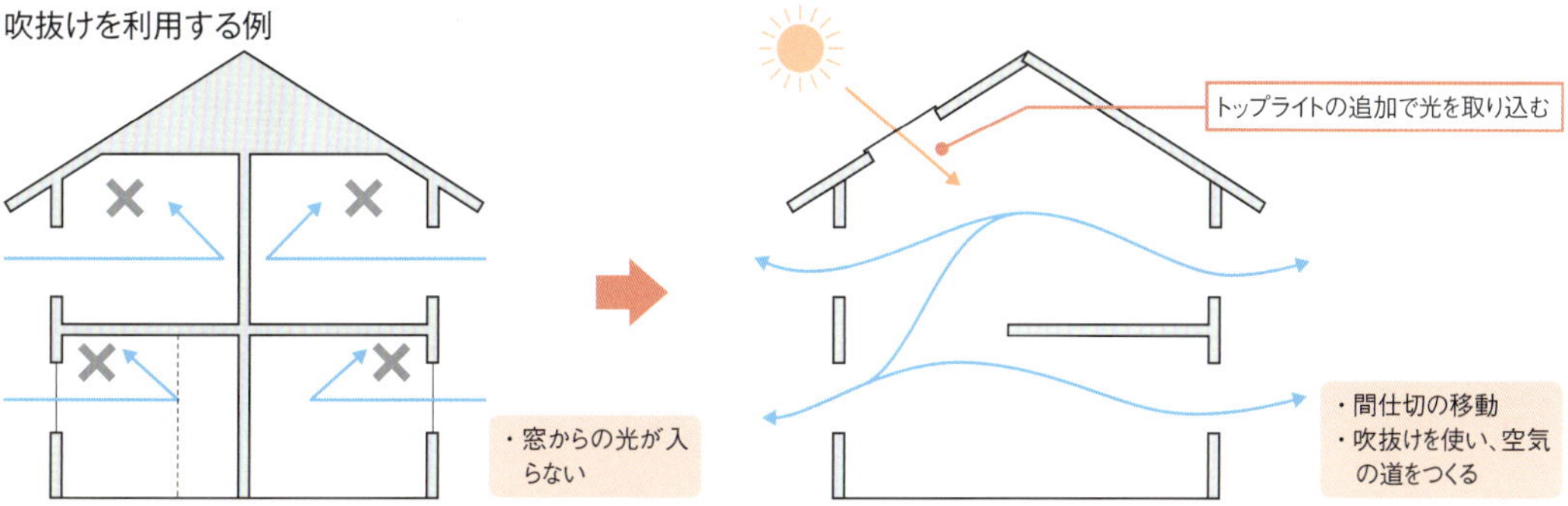

◇写真　空気の動かない廊下の改善例

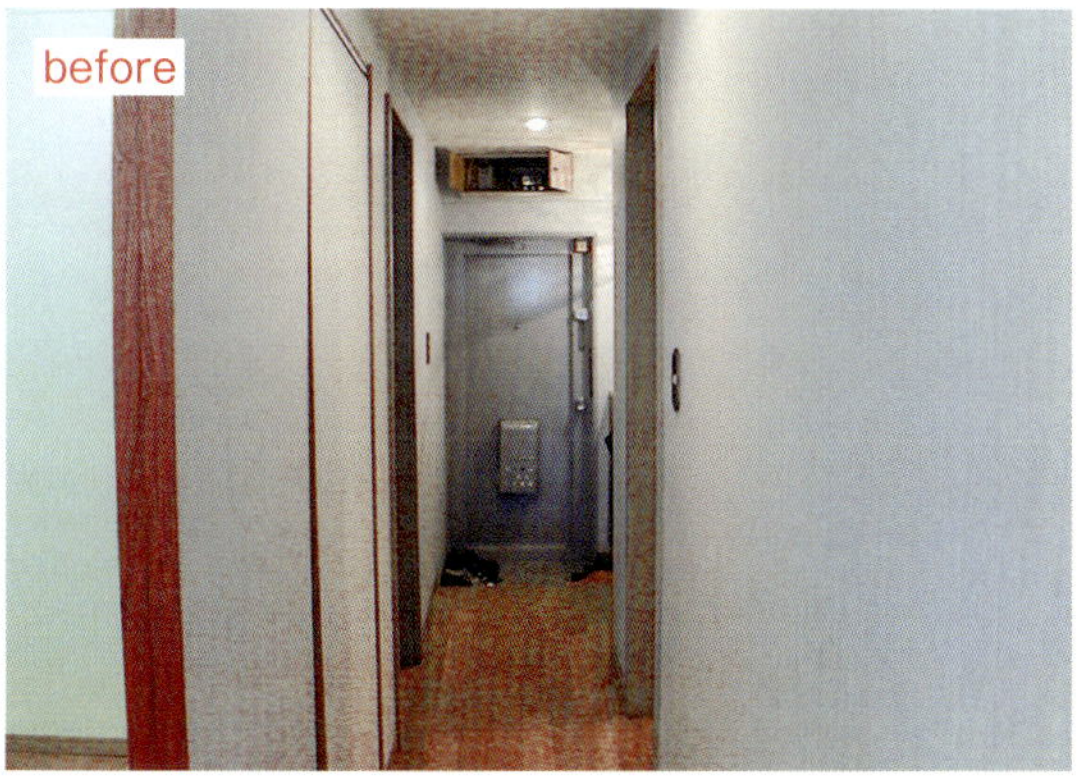

風と光の抜けない暗い中廊下。昼間でも照明をつけなければならない

間仕切を整理し、天井レベルを開放することで住まい全体に光と風を取り込んだ

key word 030

プライバシーの確保

Point

- プライバシーは各家族によって違う
- プライバシーを必要とする時期や時間、用途も異なる
- プライバシーの検討では、周辺環境に対する配慮も大切

住宅は、家族と個人のプライベートを守る空間でもある。

施主へのヒアリングでは、機能改善の要望だけでなく、生活スタイルを確認して家族間でのプライバシーにも配慮する必要がある。また、それが新たな計画案に直結してくる場合もある。

プライバシーの考え方は、家庭によって異なるのでヒアリングには注意が必要だ。プライバシーを必要としている時間帯・時期・用途などを確認することで、必要な部屋の数や面積や配置に大きな違いが出てくる。

年齢や家族構成でプライバシーも変化する

たとえば、子どもの勉強部屋（スペース）をいつ、どの場所に設けるかについて、年齢に応じて個室を設ける考えや、家族の共有スペースに隣接して設けるなど、家族間のコミュニケーションの場とする考えもある。その家族がどういった家族構成で、どういった生活ステージにおいてどのような家族関係を今回のリフォーム計画を通して築きたいかが、「プライバシー」という側面を見ることで考察できる。

設計者は将来の年齢変化や家族構成の変化を見据えながら将来の各ステップの平面を提案し［図1］、壁、扉、収納、照明、コンセント等の計画を施主と打ち合わせる。また来客訪問の頻度、宿泊の可能性も合わせてヒアリングすることも重要であり、宿泊者と施主家族のプライバシー確保に配慮する。

周辺に対する配慮

プライバシーは、室内だけでなく、周辺に対しても検討することが必要である。周辺環境の変化に合わせて窓や目隠しなどの移動や追加も検討し、住環境の向上を目指す［図2］。その際に近隣への配慮、法規の確認といったことも必ずすることが大切である。

◇図1　家族間でのプライバシーの確保例（マンションの場合）

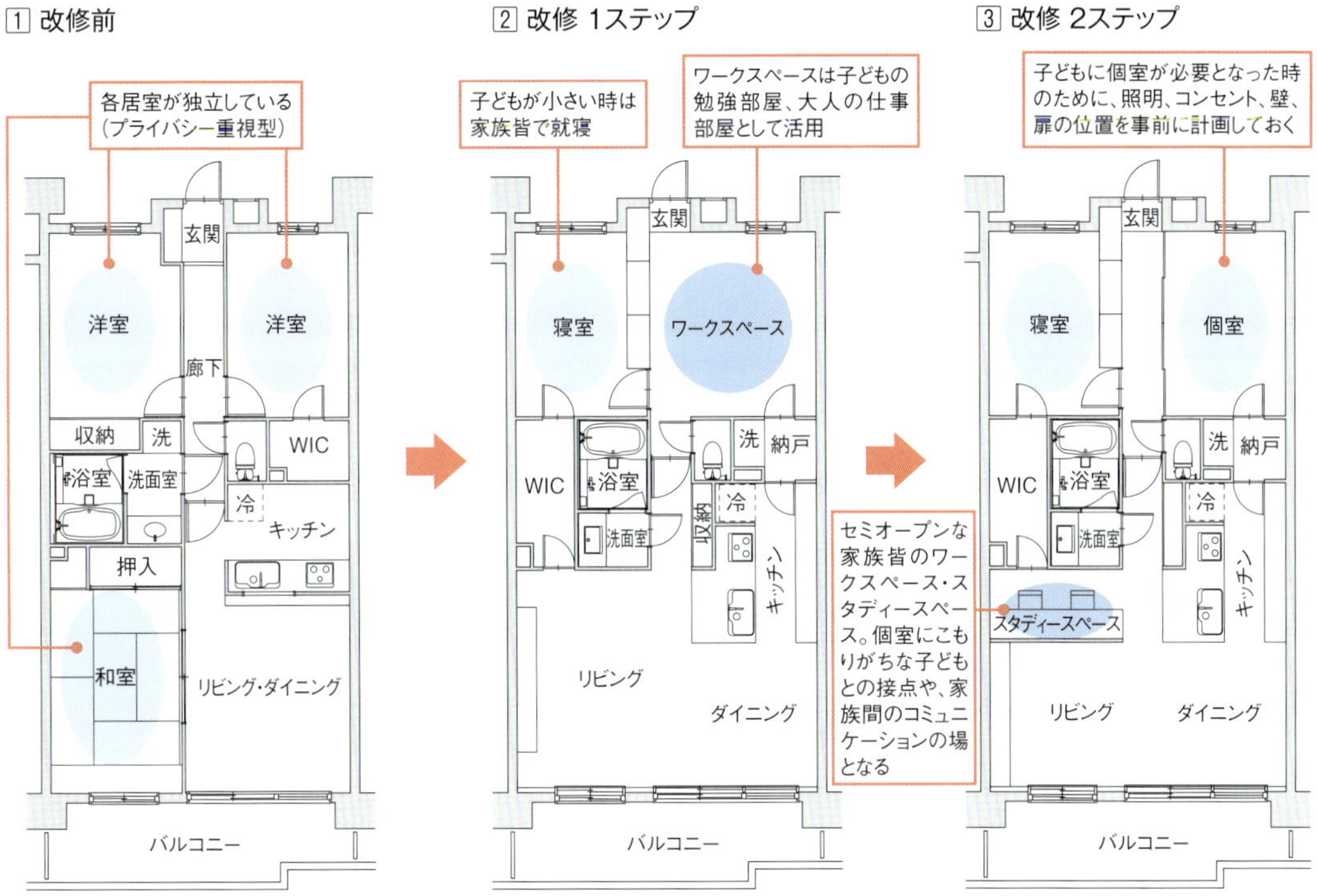

◇図2　周辺環境に対するプライバシーの確保（戸建・木造の場合）

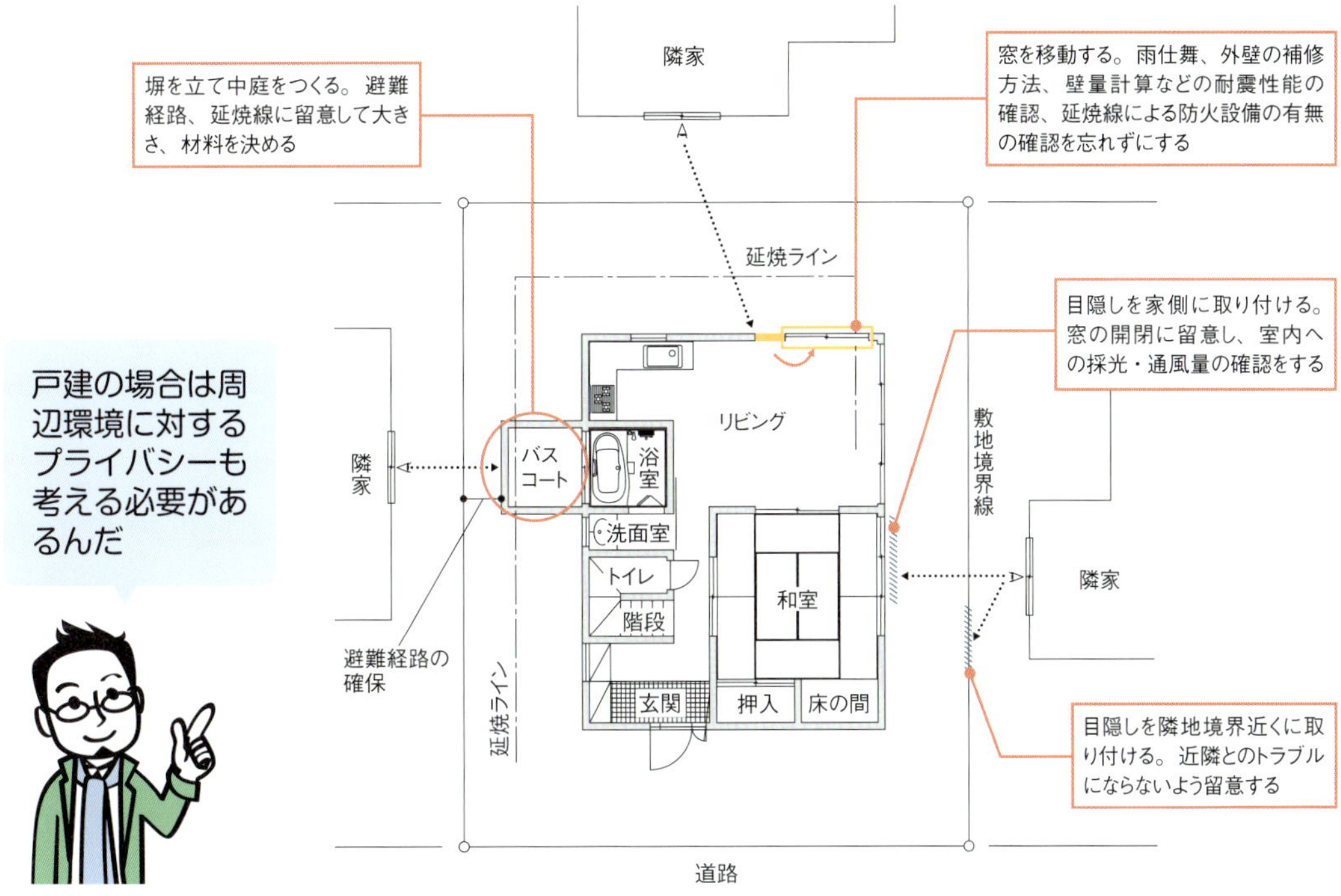

key word 031

リビング・ダイニング

Point

- 生活スタイルの変化に応じたプランニングをする
- 風の流れや生活動線を改善する
- 大型化する家電とインテリアの関係を改善する

LDKの一体化

住まいにおけるリビング・ダイニングは生活スタイルの変化に伴い、かなり変化してきている。一昔前までは居間はくつろぎの場所であり、台所は表には出てこない場所であった。しかし、キッチンがスタイリッシュに家具化され、オープン化するに伴いダイニングもリビングとの融合がされてきている[図]。現在ではリビング・ダイニングは空間として一体化されている場合が多く、広いスペースのなかで食卓を置く場所、ソファを置く場所程度の区別になっている場合が多い。それぞれの配置関係を変更する場合は、関連する箇所が非常に多くなるため、動線を十分に検討する。

また、生活時間の多くを過ごす空間であるため、天井を高くしたい、熱環境をよくしたいなどの要望が多く出る場所でもある。上階に居室がある場合は、梁型等を露しにして、天井高を上げることも可能である。また、減築する場合は、上階の居室を吹抜けにして開放感をつくることも可能である。

マンションの場合は、リビングにつながっている和室をリビングと一体的な空間に変更するなどのリフォームも、最近では多く見かけるようになった。ただ単に空間を広げるだけでなく、風の流れや、生活動線の改善など、住まいの中心であるリビング・ダイニングから検討することが重要である。

家電の存在感を薄める

リビングに置かれるTVもブラウン管から液晶の薄型に変わり、大型化され、視聴する際には画面からの距離の検討も必要となってきている。TVが大型化された結果、リビングの内装とのミスマッチや家電の威圧感なども生まれている。収納内に設置し存在感を薄めることも検討する必要がある。

◇図　リビング・ダイニングを一体化した例

子どもの独立とともに夫婦で就寝していた和室は不要となり、キッチンの横の部屋を妻、別の部屋を夫が使い、リビングを広くした事例

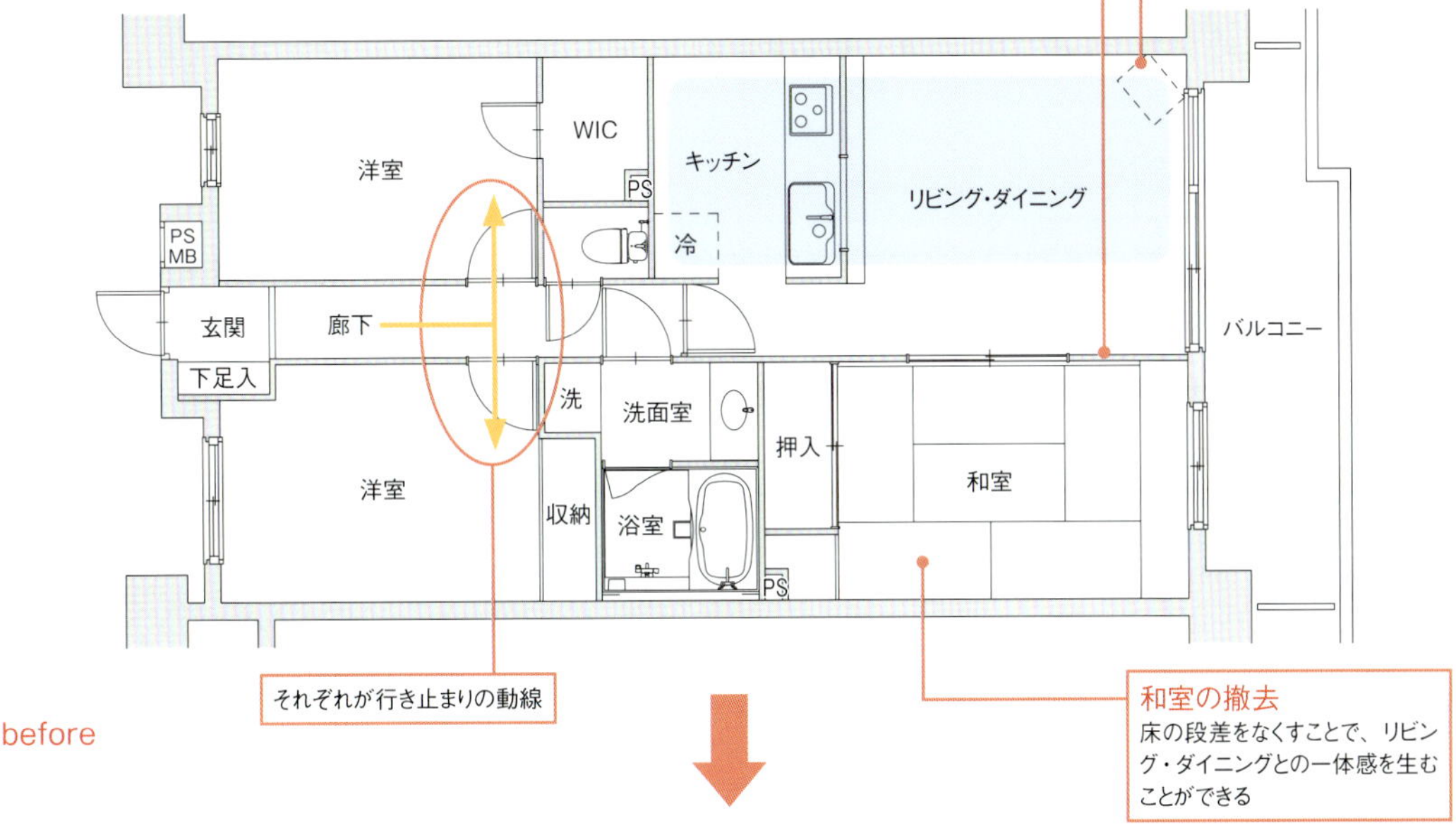

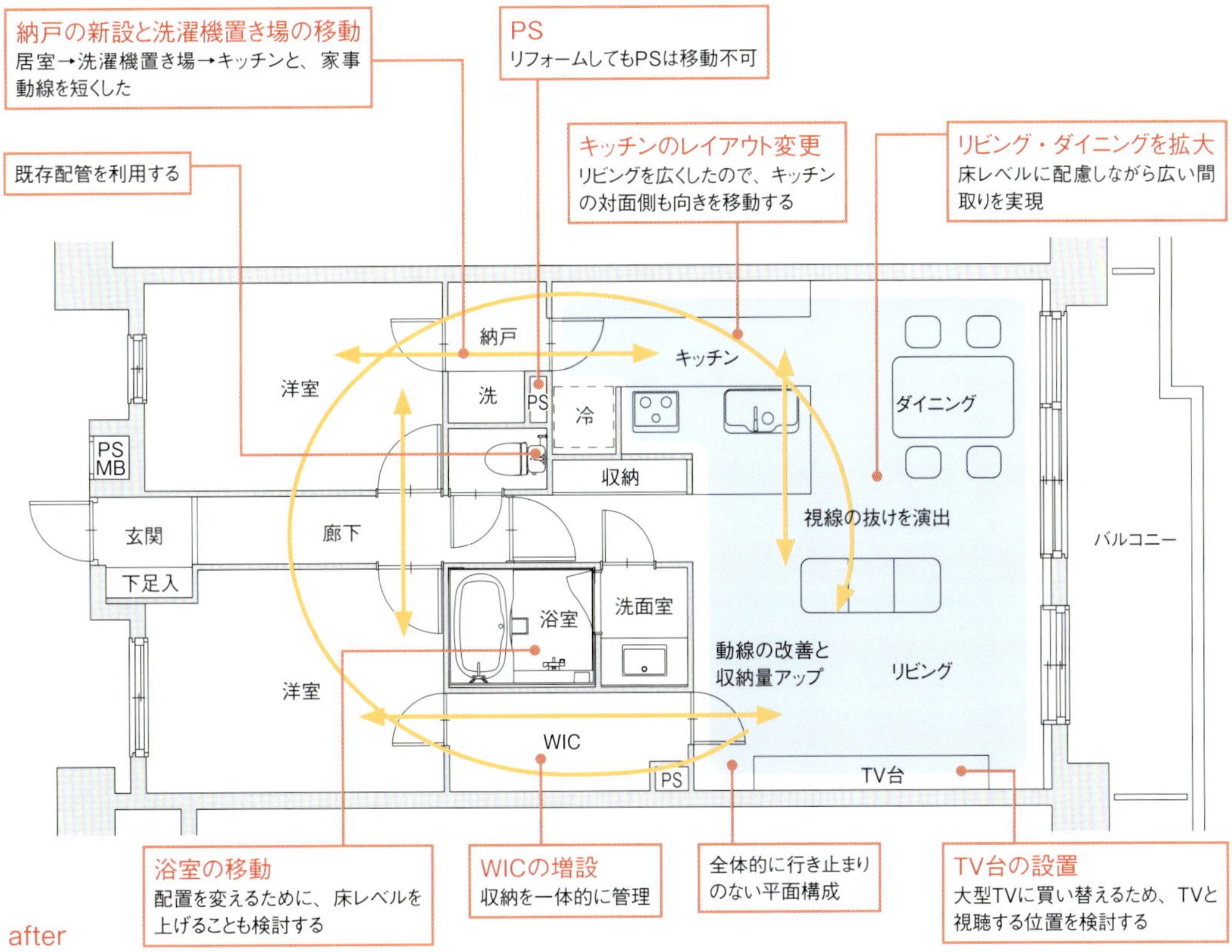

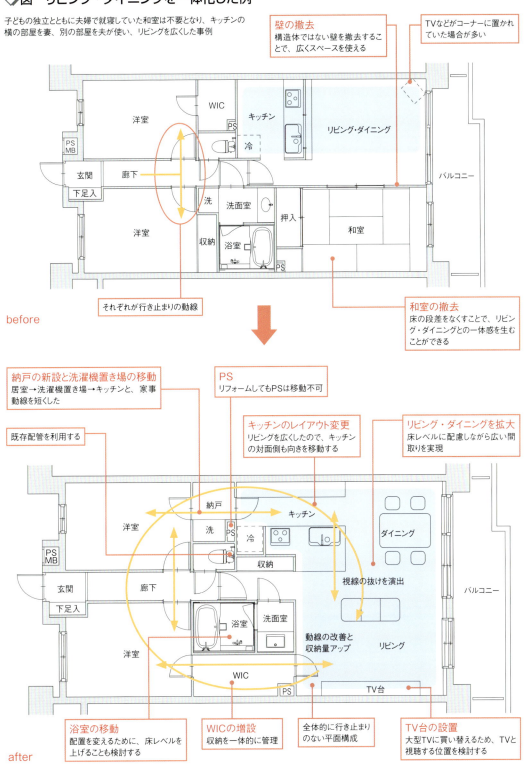

キッチン・パントリー

Point

- 生活スタイルによって形態も大きく変わる
- 近年では、家事コーナーや食品庫を併設するケースも増えているので、施主の意向を確認したい

生活に合ったキッチンレイアウト

生活スタイルの変化に伴い、キッチンのあり方や楽しみ方に変化が生じ、今までのレイアウトでは満足できなくなってきた。キッチンリフォームでは単に表面材の変更だけでなく、依頼主の生活スタイルに合わせたさまざまなキッチンレイアウトの提案が必要である［図1］。

最近、流行しているレイアウトにオープンキッチンがある。これはリビング・ダイニングに開放されているタイプで、キッチンでの作業を開放することで、家族との一体感を提案できる。ただし、調理の臭いや煙の処理を注意したい。

もう1つの代表的なレイアウトは、クローズキッチンだ。独立したスペースを確保できるので、視線を気にすることなく調理に専念することができる。調理の臭いや煙の制御も容易にできる。

その中間的なレイアウトとなるのがセミオープンキッチンだ。キッチンカウンターはリビング・ダイニングに出ているが、カウンターに立ち上がり壁や吊り戸棚等を設けることで、手元をある程度隠すことができる。上部の収納も充実させることができるため、比較的多くの事例がある。また、臭いや煙も処理しやすい。いずれも、レイアウト変更に伴う設備検討が必要である。

パントリー・食品庫・家事コーナー

これらに付随して検討したいのが食品庫と家事コーナーだ。食品庫は、宅配サービスなどで購入した大量の食材をストックすることができ、災害への備えとしても有効である［写真1、図2］。また家事コーナーは、主婦専用の空間として、PC・オーディオ等の設置やアイロンがけスペースの確保などの提案ができる［写真2、図2・3］。

◇図1　さまざまなキッチンレイアウト

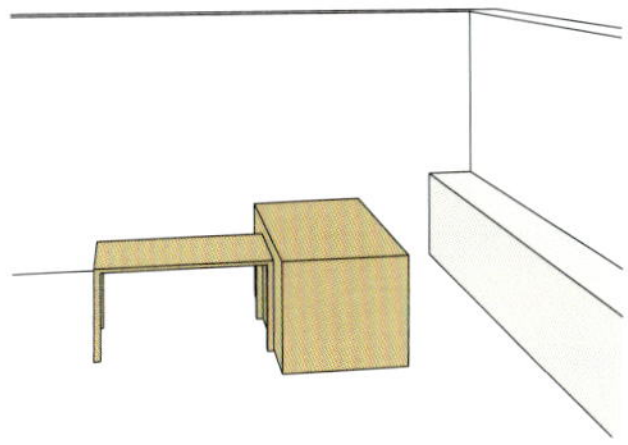

オープンキッチン
リビング・ダイニングに開放されているタイプで、キッチンでの作業を開放することで、家族との一体感を提案できる

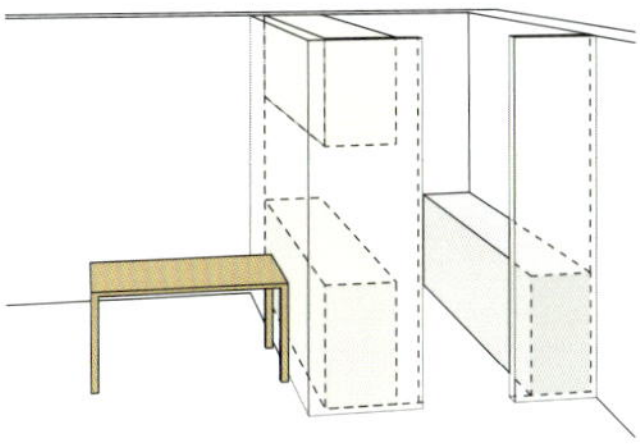

クローズキッチン
独立したスペースを確保できるので、家族以外の来客からの視線を、気にすることなく調理に専念することができる。調理の臭いや煙の制御も容易にできる

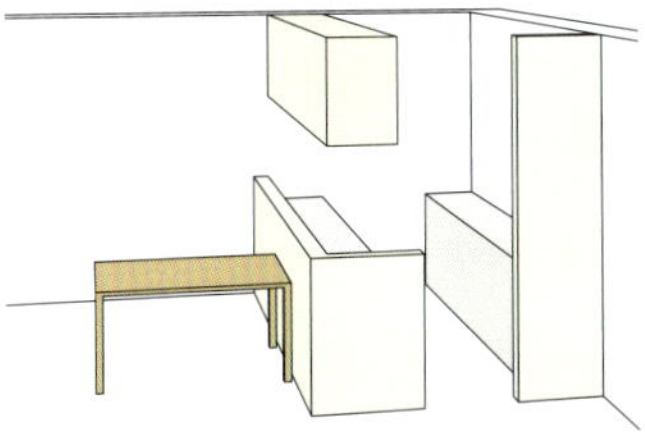

セミオープンキッチン
クローズからセミオープンにすることで、今までの収納量を確保しつつ、オープンなキッチンスタイルを実現できる。キッチンカウンターはリビング・ダイニングに出ているが、カウンターに立ち上がり壁や吊り戸棚等を設けることで、手元をある程度隠すことができる。上部の収納も充実させることができ、臭いや煙も処理しやすい。リフォームでは比較的多くの事例がある

◇写真1　キッチンとパントリー

パントリーと一体化したキッチン。配膳（パントリー）が隣接しているので動線がスムーズ

◇図2　ペニンシュラL型+食品庫+家事コーナー

7畳のスペースに収納量たっぷりの食品庫が付く

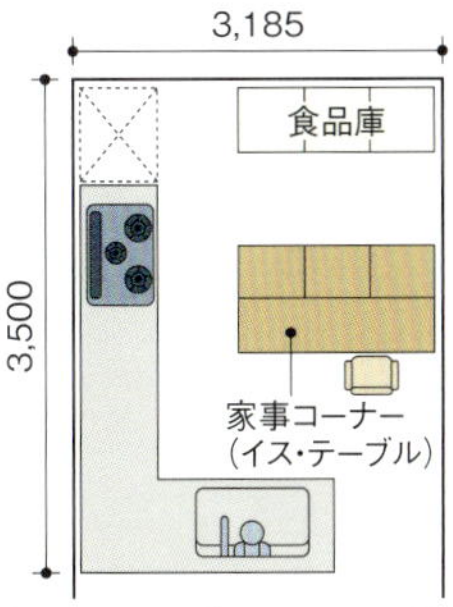

食品庫があれば、ウォールキャビネットは不要。食品類が一目で分かる使いやすさ。家事コーナーも併設リフォームした、生活感のないすっきりしたキッチン

◇写真2　キッチンに付属する家事コーナー

主婦専用のスペースとして多目的に使用可能。キッチン＋αのスペースを確保することで、キッチン生活の幅が広がる

◇図3　キッチンの脇に設けられたカウンター

家事コーナーのススメ

・PCを置いて料理をしながらレシピを検索
・料理の合間にアイロンがけ
・母親の料理中に子どもが横で勉強　　　など

↓

**新たな生活のシーンをつくる
きっかけの装置と成り得る**

key word 033

浴室

Point

- 浴室の選択肢はユニットバス、在来工法、ハーフユニットの3つがある
- 在来工法は自由度が高いが防水面のリスクがある
- ハーフユニットは、漏水の心配が少なく自由度も高い

目的に合わせて選ぶ浴室

近年の浴室は、ユニットを組み立てるユニットバスが一般に多く採用されている。さまざまな製品が開発されデザイン性や機能性、メンテナンス性も図られるようになってきた。設計側・施工業者も工期の短さや施工性のよさ、引渡し後の保証等を考慮して、ユニットバスを勧めるケースが多い。しかし、一方で画一化されたデザインではどうしても制約があるため、計画に無理が生じてしまう場合もある。また、価格面でもある程度のグレードになると在来工法より高くなり、結果、計画段階で自由につくれる在来工法へとシフトするケースも増えている。

在来工法の浴室

間取りの自由な設計を行う場合は、在来工法の浴室が適している。

ガラスの間仕切や外部への掃出し窓を設けることで、採光や換気といった機能的な面だけでなく、視覚的なつながりで広さや明るさを確保できる。窓についても制約があるユニットと比べ、自由な位置と大きさに設定できることも魅力である。仕上材も自由に選べ、コストダウンにもつなげられる。さらに、洗い場と浴槽の配置も自由なので部屋を有効に使える［写真1］。ただし、すべてが造作のため、防水面においては適切な施工が行われているかの確認が必要となる。

ハーフユニットの浴室

防水面のリスクを避けるのであれば、ハーフユニットという選択肢もある［写真2］。これは、床と一部の壁がユニット化されているため漏水の心配が少なく、かつ、開口部や壁・天井の仕上材は自由に選定できる。

新たな浴室の選択肢となるよう今後の展開が望まれる。

◇写真1　在来工法のメリット

ガラスの間仕切

浴室と洗面室を視覚的につなぎ、明るさと開放性をもたせることが可能

開口部の自由な配置

浴槽位置や構造体に合わせて、開口部を自由に調整することも可能

仕上材の自由な選定、洗い場と浴槽の自由な配置

縦長に配置することで、ほかのスペースの自由度を増すことが可能

◇写真2　ハーフユニットのメリット

漏水の心配が少ない、床と壁の一部のユニット化

浴槽の高さまでは防水が不要で、
壁・天井の仕上げは自由に選定
ができる

key word 034

洗面・トイレ

Point

- 洗面・トイレのリフォームでは、単なる器具や仕上材の交換から、趣向をこらした空間づくりまで幅広い
- バリアフリーや介護等、高齢化に応じたスペースの確保を検討する
- 海外製品の使用は慎重に検討する

毎日使う空間への配慮

洗面所やトイレは一般居室と比べて滞在時間は短い。しかし、毎日使う日常生活の一部であり、暮らしを豊かにする大切なポイントがここにある。家のなかで安易にとらわれやすいが、最も検討すべき場所である［写真］。

一般的にリフォーム理由の多くは、狭い・暗いが挙げられるが、近年では高齢化によるバリアフリー対応のスペース確保や、手すりなどの補助器具の設置の検討が必要である。

狭小スペースでの検討

洗面・トイレの空間を広げることは、介助等の面でも非常に有効である。

洗面やトイレではユニバーサルデザインが求められるが、小スペースな所では引戸や手すりなどは形状や設置に注意が必要である。

多くの家庭で洗面台の横に鎮座する洗濯機をキッチンやユーティリティその他の場所への移動することも、住まい方から考えると有効な場合もある。

洗面・トイレを明るく

洗面・トイレは明るい空間としたい。屋外への開口が難しい場合は、室内側に窓を設けることも有効な場合が多い。子どもや高齢者の見守りの観点や室内換気の点でも見直されている。

商品選択の注意

近年、国産メーカーの進歩は著しい。性能面、デザイン面、維持管理面の向上が見られる。世界のメーカーも多く市場に出回っており魅力的な商品も多い。しかし、10年以上のスパンで見れば、輸入元や販売会社は流動的であり、採用する場合は、将来的なメンテナンス部品の調達等注意が必要である［図］。

◇写真　洗面・トイレのさまざまなバリエーション

洗面所とバスタブをガラスで仕切り、視覚的に空間を連結させた例

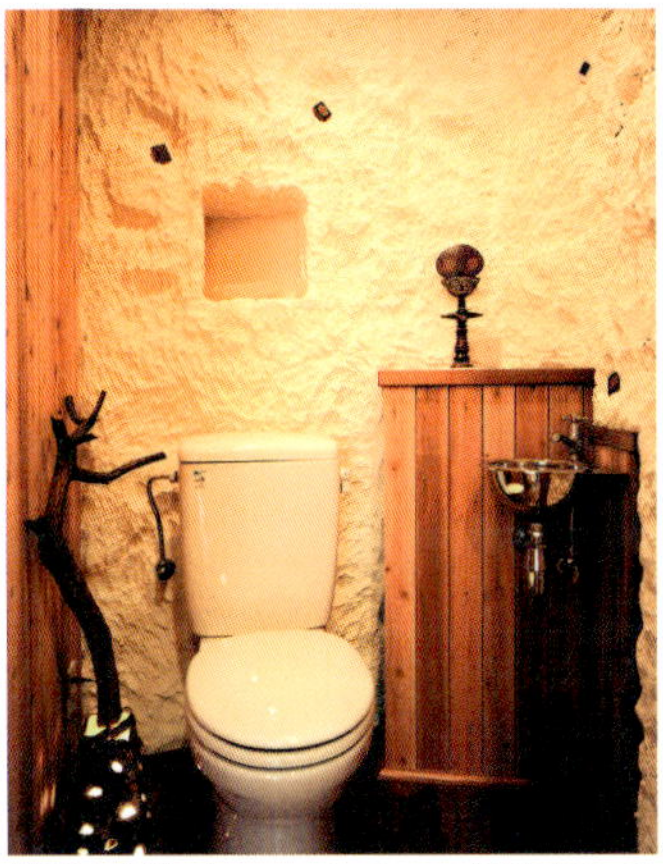

機器や素材がローコストでも、空間演出はできる。写真は廃材を使用した例

什器としてではなく、完全に室内の一部としてしつらえた洗面スペース。洗面化粧台と壁が一体化することで、空間の一体感が生まれた例

大きめのタイルを使うことで、シンプルさに個性を加えた例

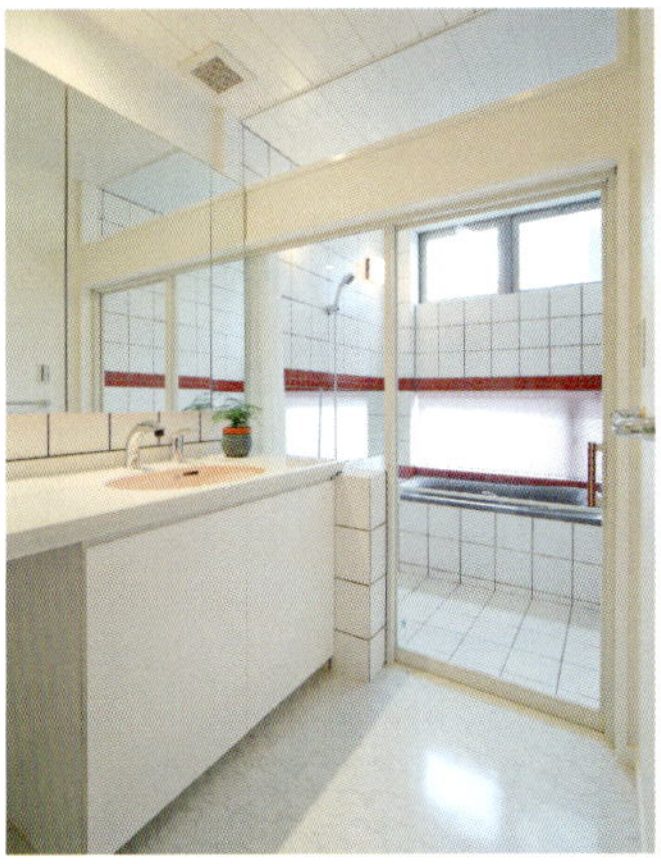

大きなスライド式の窓を設置することで、採光や解放感を工夫した例

木彫りの鏡に合わせて家具調に造作した洗面台。床や壁の仕上げを組み込み空間に溶け込む。色彩や面材にこだわり、家具との調和に成功させた例

◇図　機器による排水の違い

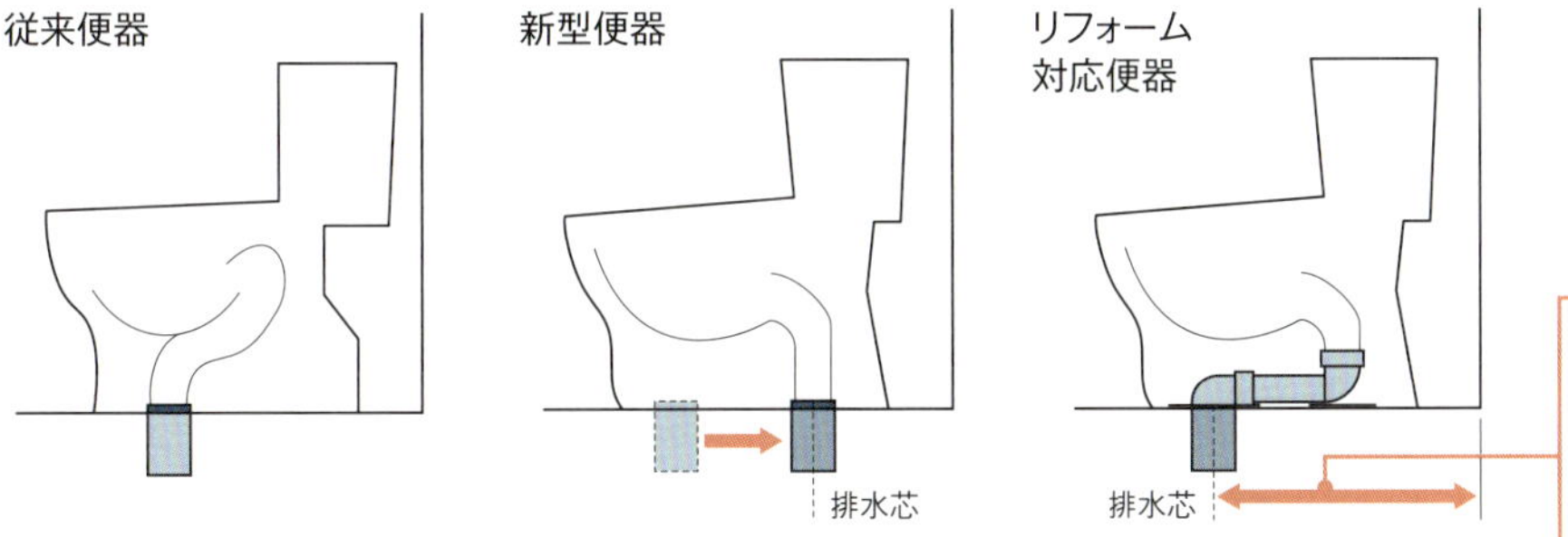

既存排水芯が200㎜でない場合は、近年の便器は直結できないので注意する

排水位置が合わない場合、配水管の移設工事が必要となる。床下の工事が必要となり、日数も費用もかかる

偏心の場合は配管位置調整用のアジャスターの調整で最新の便器に変更可能。床上の工事だけですぐに設置でき、費用も抑えることができる

出典：日本レストルーム工業会

key word 035

和室のつくり方

Point

- 大切なことは、自然素材を生かした豊かな空間づくり
- 特に畳は、自由にデザインすることが可能な床
- モデュールを考えて床・壁・建具・天井をつくり込む

四季と風情を盛り込むリフォーム

和室は、自然素材（木、紙、藁など）が使われる空間であり、外との線引きが曖昧な存在である。和室のリフォームで大切なことは、自然素材を生かした豊かな空間をつくることである［図1］。

畳を使う

和室は畳敷きである。藁どこでつくられたものを「畳」という。昨今のスタイロフォームにゴザが巻かれたものもある。換気がなく、湿気のたまりやすいコンクリート床下のような場所では、こうしたものの選択もある。もし、このようなケースで畳を選択するのであれば、周囲の換気について考えることが肝心だ。従来、畳は特注でつくることが一般的であったため、表の織り方、縁の付け方など自由にデザインすることも比較的行いやすい［図2］。

マンションに和室をつくる

コンクリートのマンションでは柱がないため、薄い付柱を壁に付ければ真壁の演出をすることができる［図3・4］。和室では、自然素材を楽しみたい。天井の素材、木目を見る時には、机の上の小さなサンプルではなく、小さくとも60㎝×60㎝以上のもので杢目の向き表状を寝転がって上にして見せておくとよい。

竿縁天井の刺し方向や、畳の縁の割付方向においては、床の間に刺すことを避けるのが慣例である。洋室と和室の仕切りに戸襖があるが、昨今では、洋室にも使用できる襖紙があるため、襖でつくることを勧める。裏、表が違う建具はおかしなものである。

壁の仕上材として和室用のクロスの種類も多彩なので、用途に合わせて選択する。いずれにしても、趣を生かすことが和室のポイントだ。

◇図1　和室の各部位の名称

和室の魅力とは、自然素材が使われる空間であり、四季の移り変わりとともに備えが変わり、庭先の自然な音や静けさを楽しむこともできる点である。また、さまざまな用途に使えるオールマイティな場所でもある。洋間や大壁の場所に真壁の和室をつくる時は、部屋が小さく狭くなることを考えておかなければならない

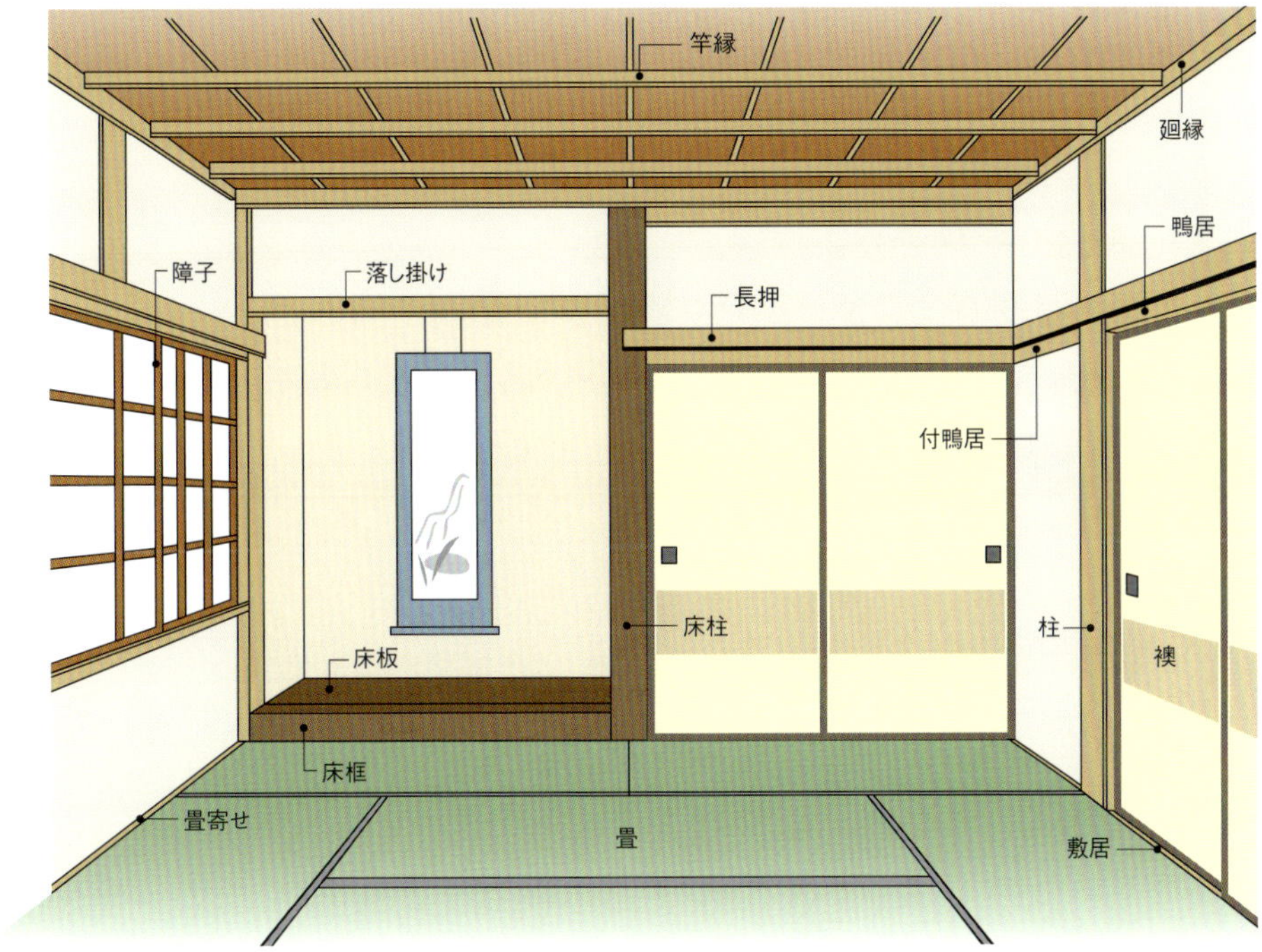

◇図2　畳の断面

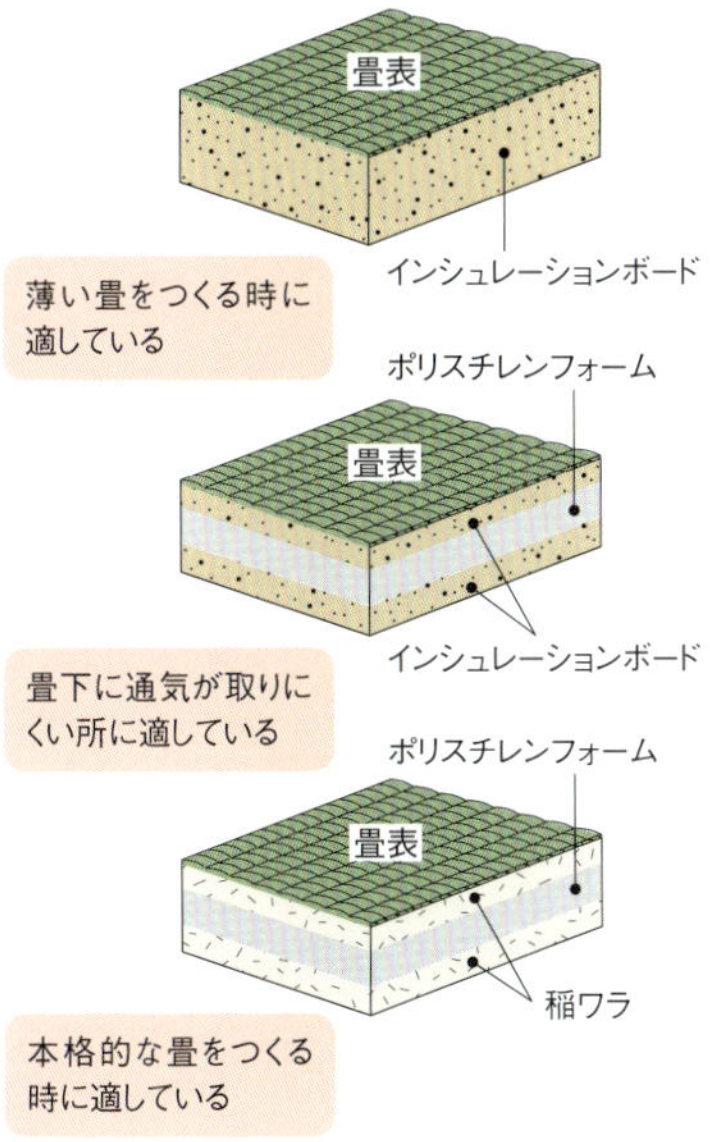

◇図3　真壁の構造

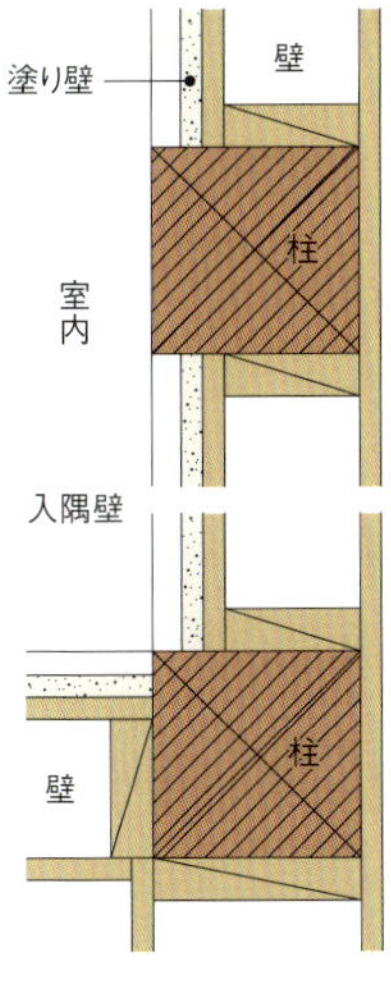

既存の柱を見せる時に、柱の表、裏をチェックし、付いていた壁の構成によって傷、傷み具合も確認しておく

◇図4　大壁の構造

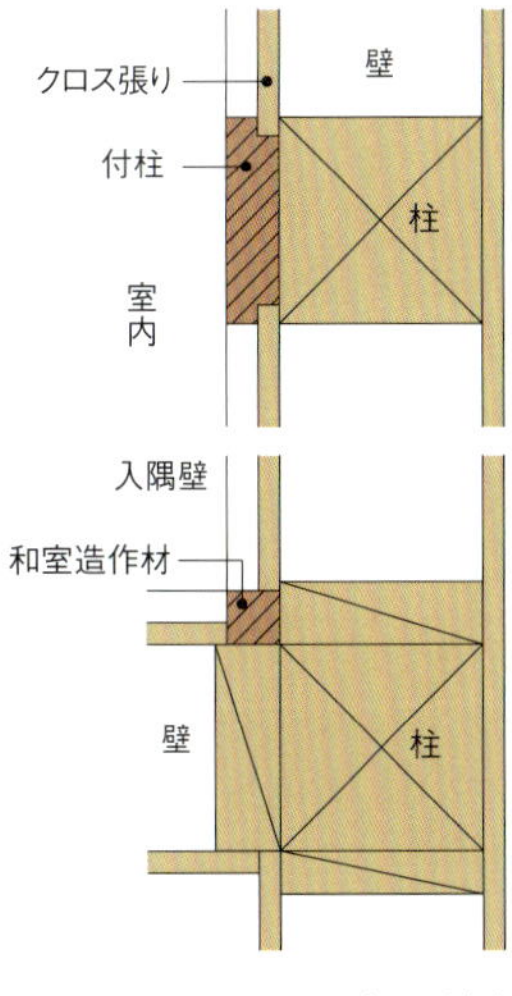

付柱にする場合、ひとまわり部屋が小さくなり、開口枠もすべてつくり込む必要があるので注意したい

key word 036

階段

Point

- 階段のリフォームでは安全面を重視すること
- 勾配への配慮が必要となるが、天井との取合いにも注意しなければならない

階段リフォームでは安全面を重視

築年数の古い戸建住宅では、昔ながらの尺寸モデュールにて住宅が計画されているため、階段幅が狭く、蹴上げ・踏面寸法も厳しい、極めて急勾配の階段が多く見られる。

そのため、人体寸法の変化に伴った適正寸法の確保や、高齢者や障害者の安全性の確保に対しての要望も増えている。

階段勾配の緩和

勾配のきつい階段で、それを緩和する方法として挙げられるのは段数を増やし蹴上げ寸法を小さくする方法である［図1］。既存の1段目の手前に踏面を1段追加する。全体の階高を既存+1段分にて割り付けることで蹴上げ寸法を小さくすることができ、既存の階段よりも緩やかな勾配をつくり直すことができる。

ただし、階段の出前に1段分の増設スペースがあり、階段頭上に高さの余裕があることが条件となる。また、段数を変えずに踏面のかかり寸法を増やすだけでも、安心感を得られる。

階段の安全確保

安全性を確保するために、手すりの設置が考えられる［図2］。特に高齢者や身障者にとって、階段の安全性を確保することは大切だ。手すりを後付けする場合は、つかんだ時の荷重に耐えられるだけの下地補強が必要となる。

また、廊下などで壁に直接手すりを取り付ける場合は、有効幅が狭くなることを依頼主に説明しておかなければいけない。

なお、階段壁の懐に若干の余裕がある場合には、壁面を彫り込んで手すりを設置することで、今までの階段幅の寸法を確保しつつ、安全確保ができる提案となる［写真］。

◇図1　段数を増やし、勾配を緩やかにした階段のリフォーム例

既存の手前に1段踏面を増やす方法

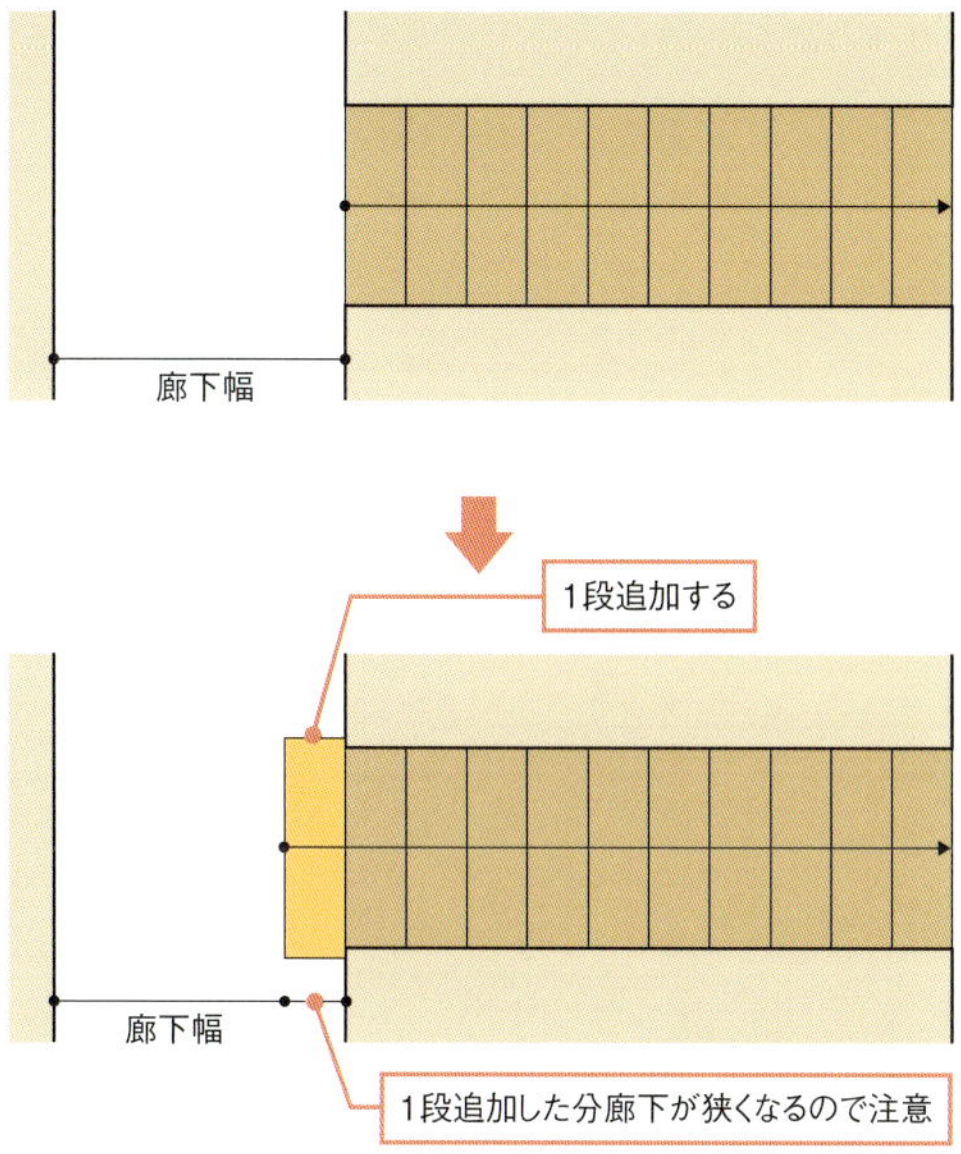

勾配を緩やかにする方法

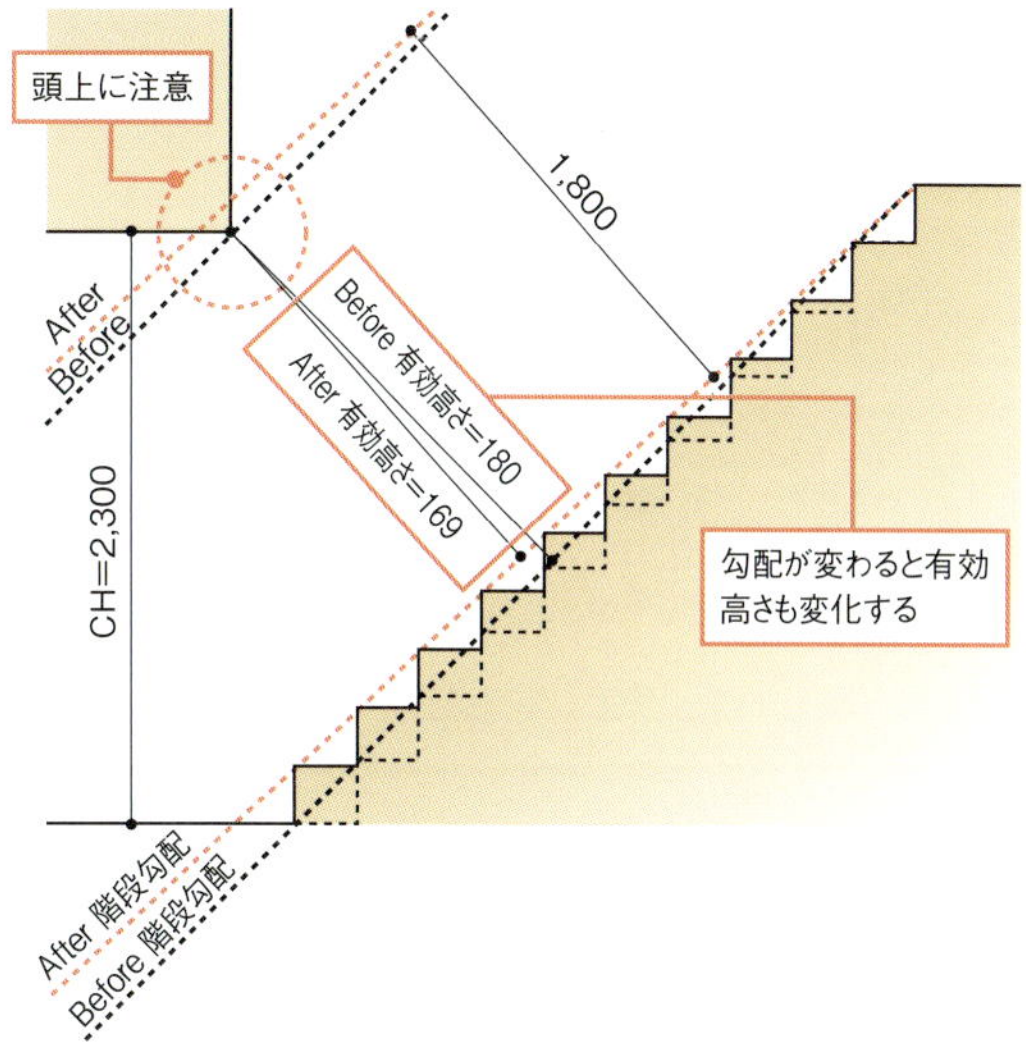

階段段数が増えると階段勾配が緩やかになるが、段鼻から梁下までの有効高さが変わる。頭上に高さの余裕があることが条件となる

◇図2　手すりを壁に直接取り付けた例

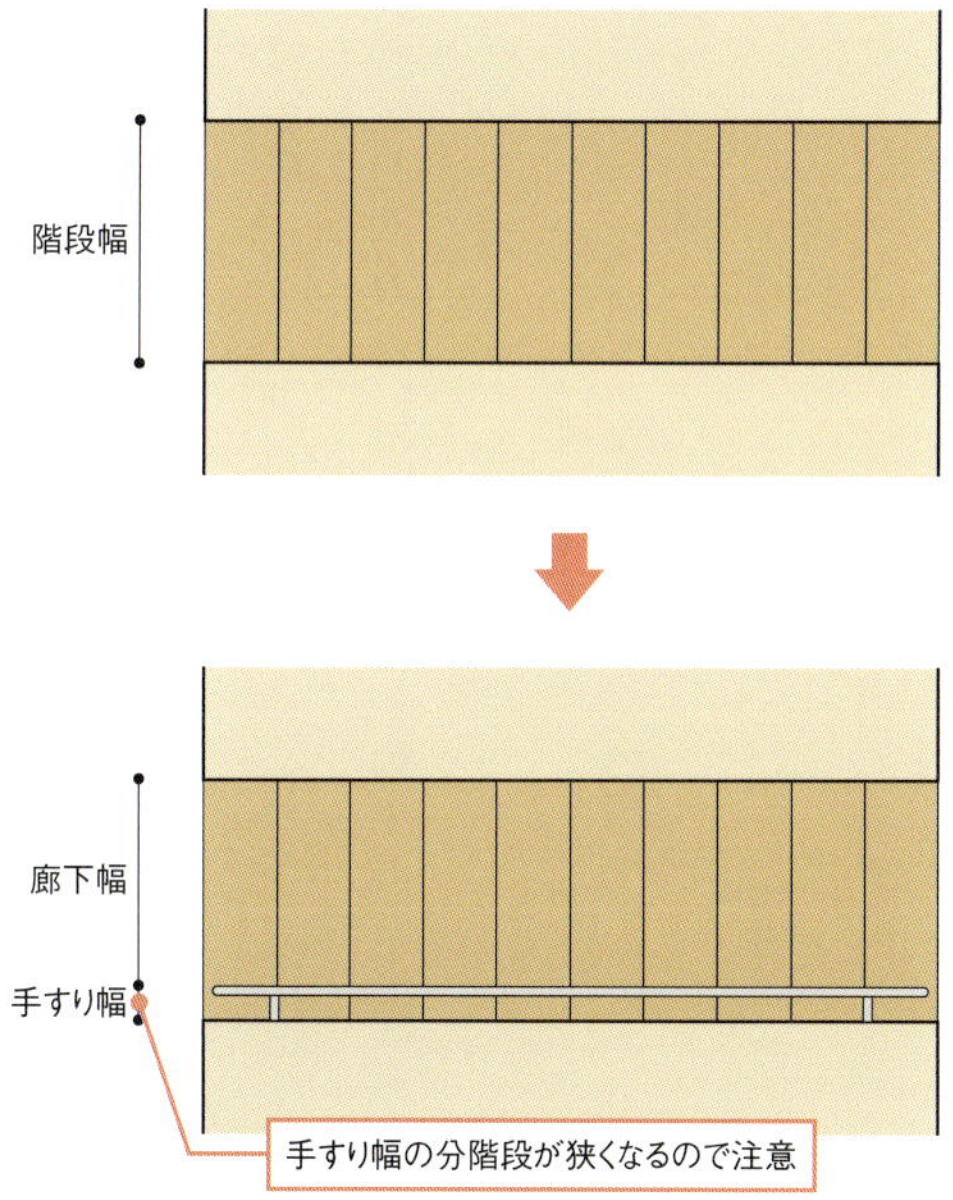

手すりを壁に直接取り付ける場合は、通常階段幅に余裕がないケースが多いので、取り付けた分幅が狭くなることの説明が必要となる

◇写真　壁厚を利用して手すりを取り付けた例

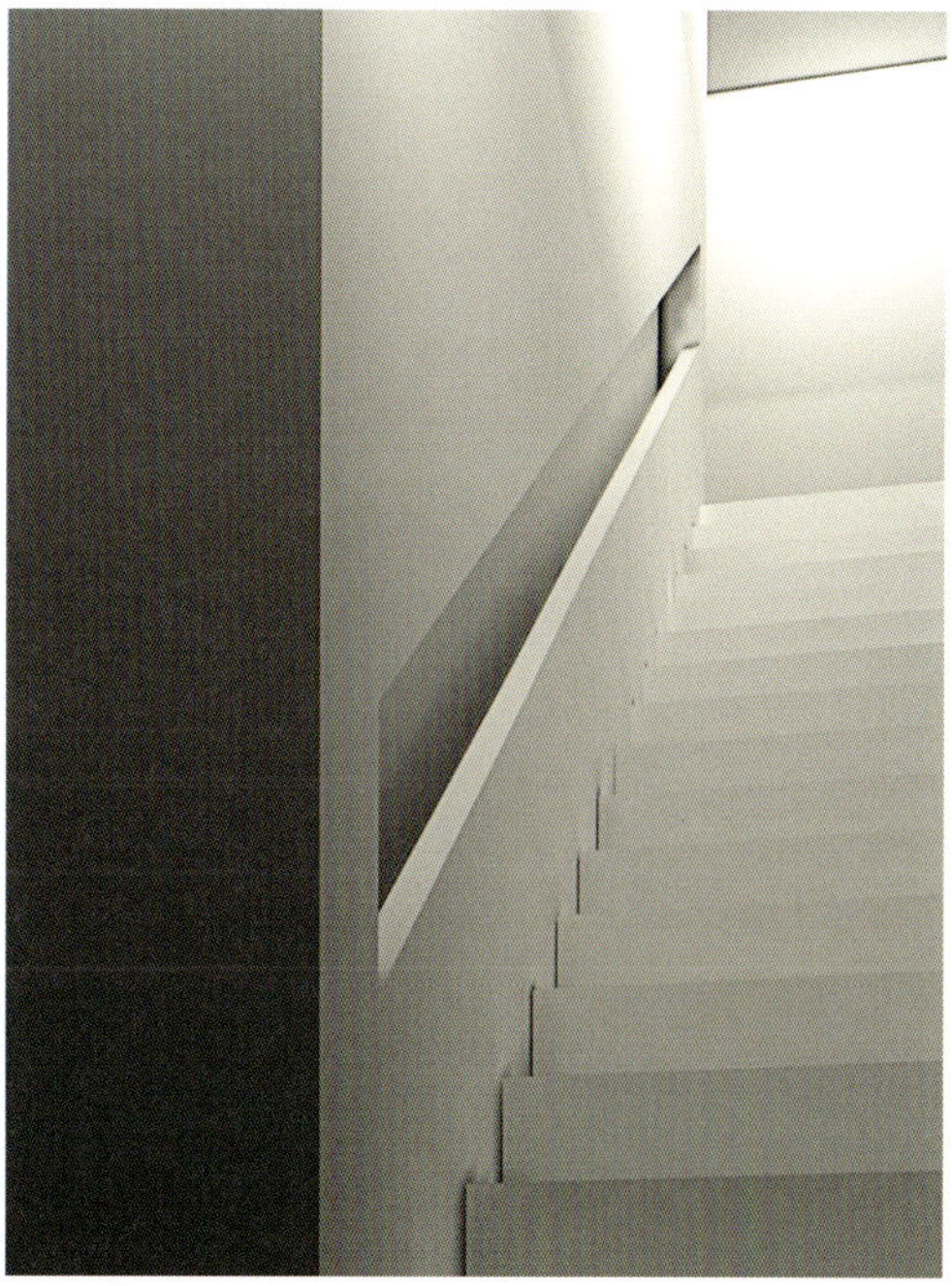

壁厚を利用して、階段幅を確保しつつ壁面に彫り込んだ手すりを設置した例。階段幅を確保しながらも手すりの設置が可能

keyword 037

外構

Point

- 外構は、その家の顔ともなる部分だ
- 周辺環境との調和だけでなく、防犯面・バリアフリーにも配慮する
- 庭や植栽の魅力も提案したい

防犯とデザインを求められる外構

戸建の顔ともいうべき外構部分は、敷地の状況や環境との調和が求められる。キッチンや浴室などの設備とは違い、ショールームのような実物が見られる機会も少ないため、プランニングが難しい。理想とするイメージがあっても、材料や機器の選定など細かな検討が必要となる。

なかでも道路と建物を結ぶアプローチは、イメージ面だけでなく防犯面やバリアフリーへの配慮をする必要がある[図]。特に敷地ギリギリに住宅の建つ都心部などは、照明の配置や外からの見通しなど配慮すべきポイントは多い。そして、アプローチと切り離せないのがフェンスだ。これは門扉と連続するデザインとするのが一般的だが、目隠し効果の強い塀の場合、防犯面で死角ができないように注意したい[表]。

駐車スペースも、連続したデザイン性と周辺環境との調和面からも検討する。屋根を取り付ける場合、建築物とみなされるために確認申請が必要で、建ぺい率に影響するため注意が必要となる。

庭と植栽の魅力

施主の楽しめる空間づくりという意味では庭の計画もまた、十分な配慮をしたいところだ。最近では、屋内との一体感から、ウッドデッキの施工例を多く見受ける。天然木を使用する際には、日当たりや湿気などを検討し、傷みにくい計画をすることが大切だ。もちろんメンテナンス面から材料を選ぶことも忘れてはならない。

外構リフォームをするなかで、植栽の選定はとても重要だ。四季折々の花を楽しめるような計画を立てたり、エコへの貢献ができたりするのも、植栽ならではの魅力の1つである。

◇図　外構リフォームのイメージ図

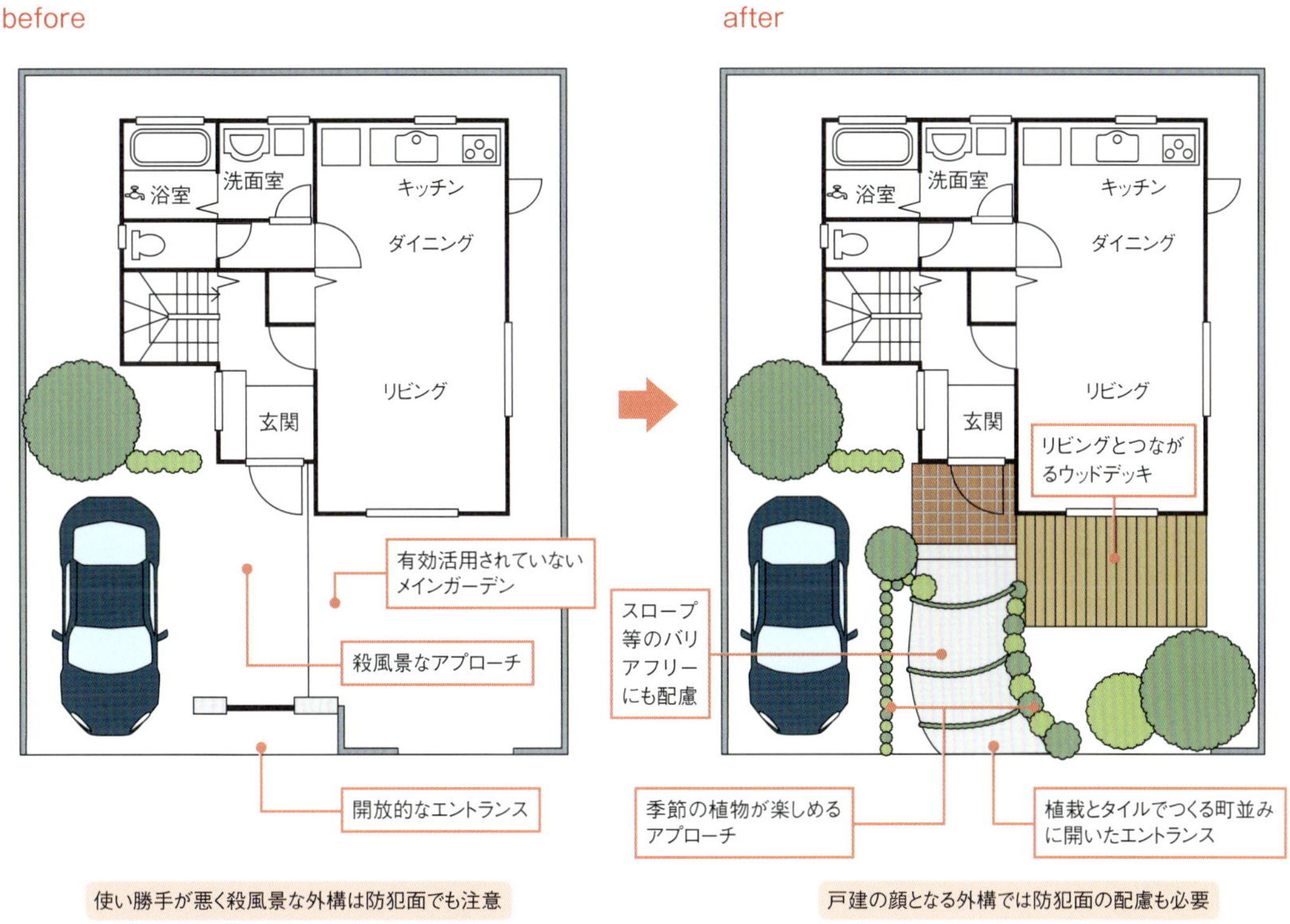

◇表　境界のつくり方による影響の比較

	プライバシー	防犯	特徴
フェンス	○	◎	塀との組み合わせが効果的
生垣	○	○	植栽も兼ねることができるが手入れが大変
塀	◎	△	プライバシーを高めると防犯がおろそかに

収納のつくり方

Point

- まず、施主の片付け方や必要な量を把握する
- 備蓄倉庫の増設も視野に入れる(延床面積から除外)
- 独立収納は転倒防止の措置が必要

必要な収納を見極める

まず現在の住まいを訪問し、施主の片付け特性や必要な収納量を確認する。難しい場合は、写真で確認し、持ち込み家具がある場合はその形状も確認することが重要である。

収納の方法と場所

収納には、納戸にまとめて収納するタイプ[図1]と、それぞれ使う場所の近くに個別に収納を設ける方法がある[図2]。納戸には季節外の家電、趣味の道具などを収納する。実際に使用する場所と必要な容量を確保し、取り出しやすい場所につくる。部屋に収納する場合は、分け方や場所など、綿密な打ち合わせで施主の生活に対応させることが重要である。また、建築基準法の改正により、備蓄倉庫の増設(一定規模に限る)が認められた。これによる計画の見直しも視野に入れたい。

AVやPC機器など電源の必要なものを造付家具に納める場合は、将来の増設も見越した電源と余裕電源の確保にも注意が必要である。

壁面収納と独立収納

収納には、壁に付ける収納と、間仕切にもなる独立収納(家具)がある。

壁面収納の場合、壁の前に付けて存在を見せる方法と、壁に埋め込み扉材を壁仕上げにそろえ、目立たなくさせる方法がある。両者共に素材の選定、つまみなどの金物によっても印象や金額が変わるため、設計時に、施主に仕様を確認しておくことが必要である。

独立収納では、間仕切を兼ねるものが多いが、自立させるための強度や転倒に対する十分な検討が必要である。その他、災害対策品のストックヤード、家族の衣類をまとめるファミリークロゼットを設けるなど、施主のスタイルに合わせた提案が大切である。

◇図　必要な収納のタイプを見極める

1 まとめて収納する

納戸
寝室に季節外の寝具や家電などをまとめて収納したい場合、奥行きのある納戸は有効

玄関収納
外で使う趣味の物や靴などが多い場合は玄関に大容量の収納を併設すると便利

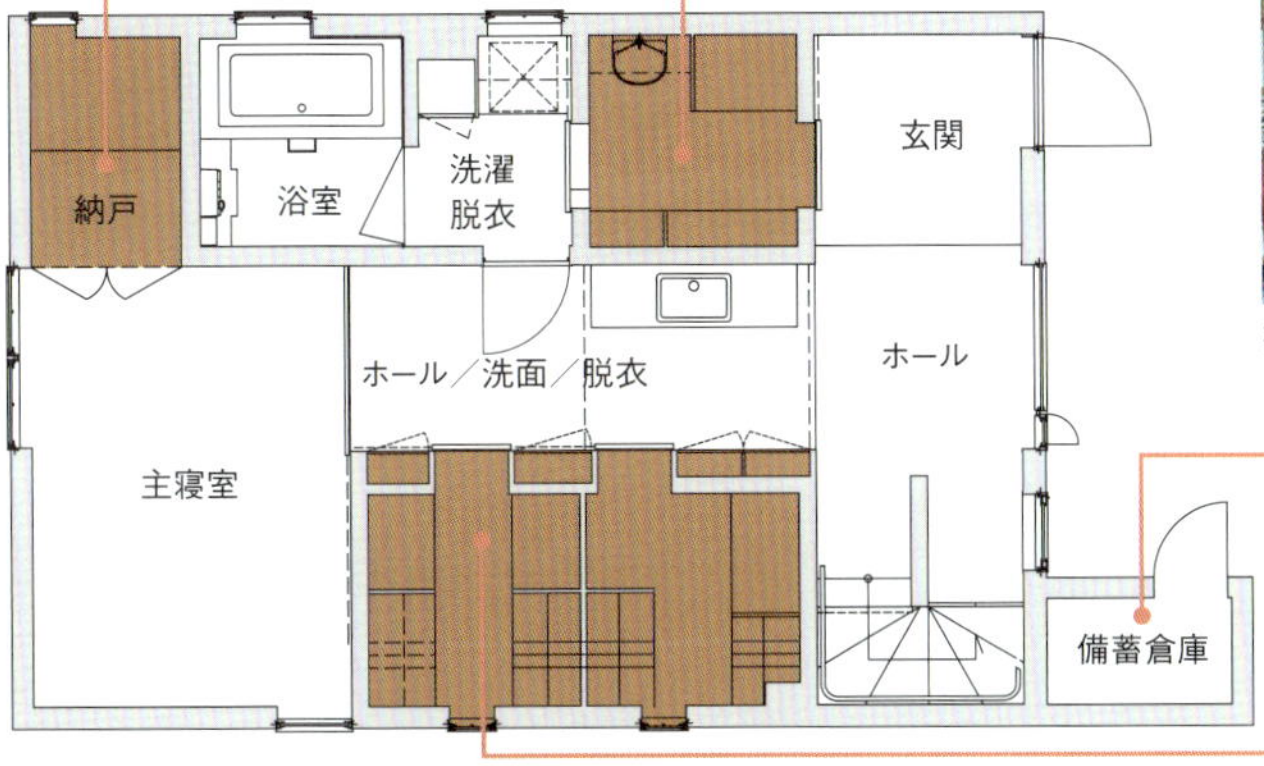

持ち物の量と、片付けのタイプを確認する

備蓄倉庫
防災用の機材や非常食の備蓄に限り増設が認められる

ファミリークロゼット
水廻りの近くに家族全員の衣類収納、ファミリークロゼットを設けると、個室がシンプルになり計画しやすくなる

2 収納を壁に造付ける例

壁面収納

写真提供：平剛

収納で仕切る

土間玄関
玄関を大きく取り、自転車やベビーカーを置けるスペースをつくると便利

洗濯機置き場
冷蔵庫や洗濯機を収納することで見え方をすっきりさせる

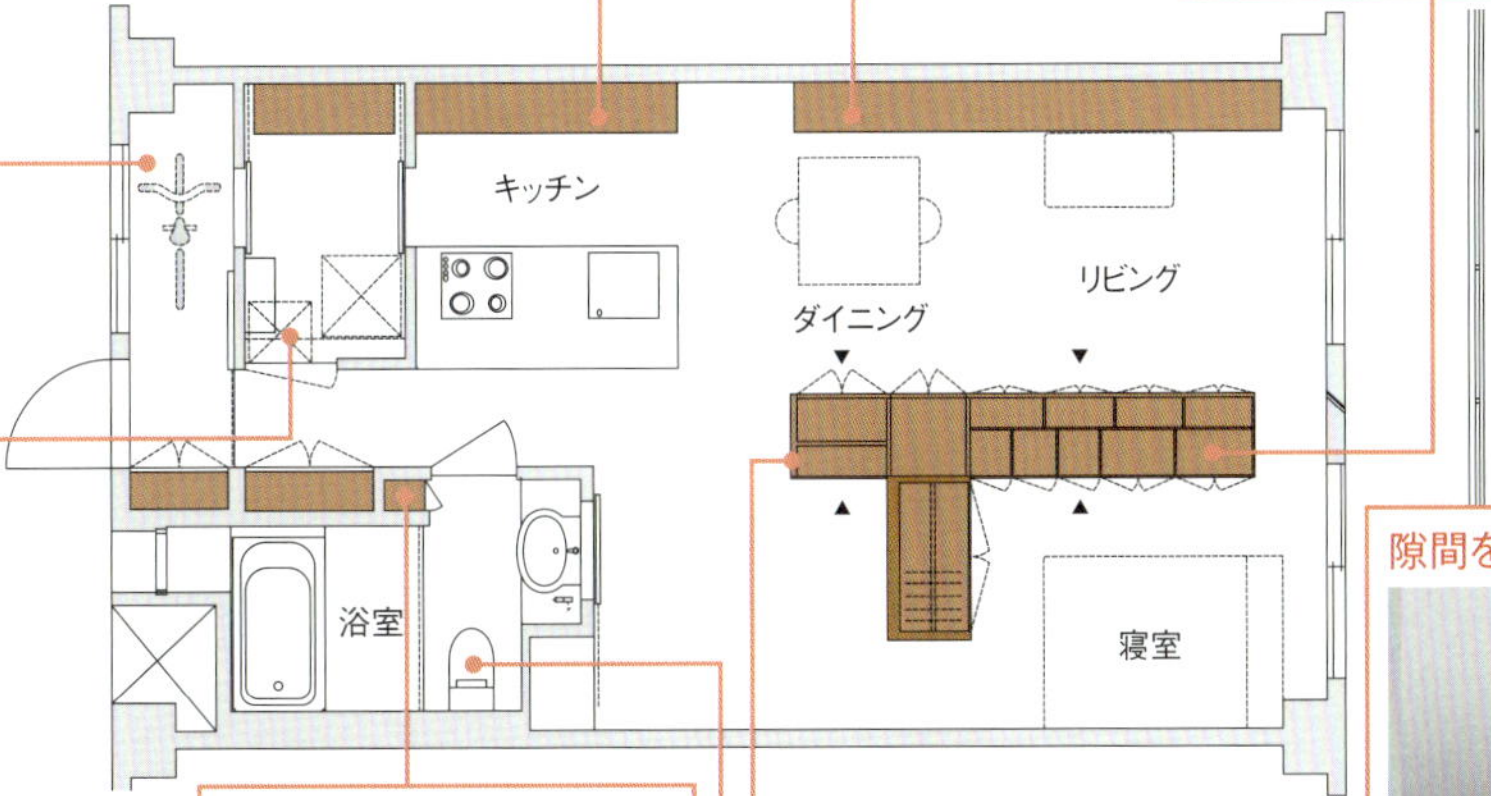

リネン庫
水廻りにはリネンやストックを収納できるリネン庫をつくると便利

家具収納
必要な所から使える収納をつくる

隙間を活用

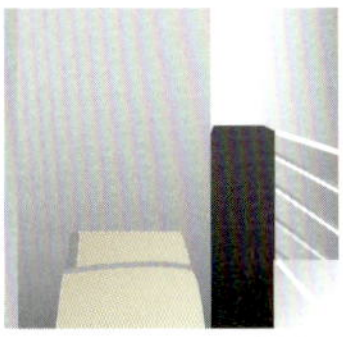

トイレ背面のPSと側壁とのわずかな隙間を間接照明と収納に利用している

施主の収納パターンを把握することでライフスタイルとマッチさせたプランが提案できる

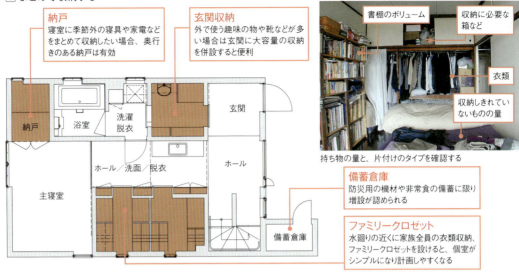

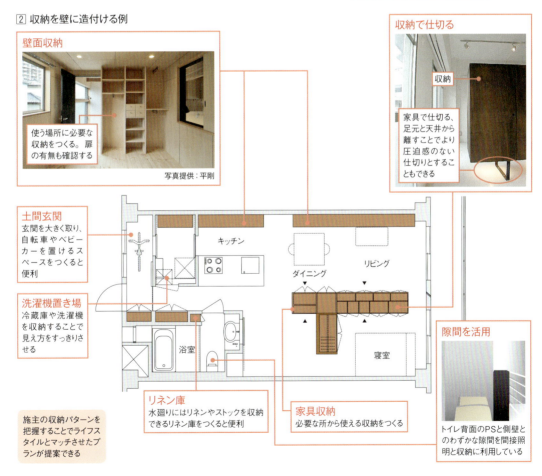

key word 039

老後に備える

Point

- 加齢に伴う身体的な衰えの対策として段差の解消、床と壁とのコントラストがある
- 照明器具やその照度にも十分な配慮が必要
- 将来のエレベーター設置も考慮して計画したい

加齢を考慮した計画

老後を考えたリフォームを計画するとき、基本となるのはバリアフリーだ［図］。足腰の衰えにより、床の段差につまずいて思わぬ事故につながる。階段やトイレには手すりが必要となるため、下地の検討も忘れないようにする。

滑りにくい床材へ

床材は滑りにくい仕上材を選択したい。ノンスリップのように抵抗のある仕上材だと、かえってつまずきの原因にもなるので、歩きやすく適度な抵抗の床材の選択をすることが重要である。

また、目の衰えによって色の識別がしにくくなる場合がある。壁と床などはコントラストを出して、分かりやすくし、段差のあるところも色を変えて明確に分かるようにしておきたい。

照度の確保も重要な要素となる。明るくするための器具の選定、配置計画など、電気設備の変更も検討したい。

動きやすく楽な動線に

高齢化に伴い収納上部のものが取りにくくなる。そのため、普段使うものや衣類などは、できるだけ低い位置で収納できるように計画しておきたい。

平面プランにもよるが、2階建ての場合、キッチンや洗面・浴室・トイレ・寝室など、1つの階での生活を想定したほうが、動線上快適に過ごせる。水廻りや寝室を移動できるのであれば、リフォーム時に検討しておくとよい。各部の寸法には余裕を見ておくことも必要である。

水廻りや寝室が複数の階に分かれる場合は、将来的なスペースの確保や導入も含めてホームエレベーターの設置も検討しておく。仮に設置しなくても、当面は収納や吹抜け等として利用できる。また、エレベーター設置予定下部の基礎は、補強を行っておきたい。

◇図　老後を考えたプランニングのポイント

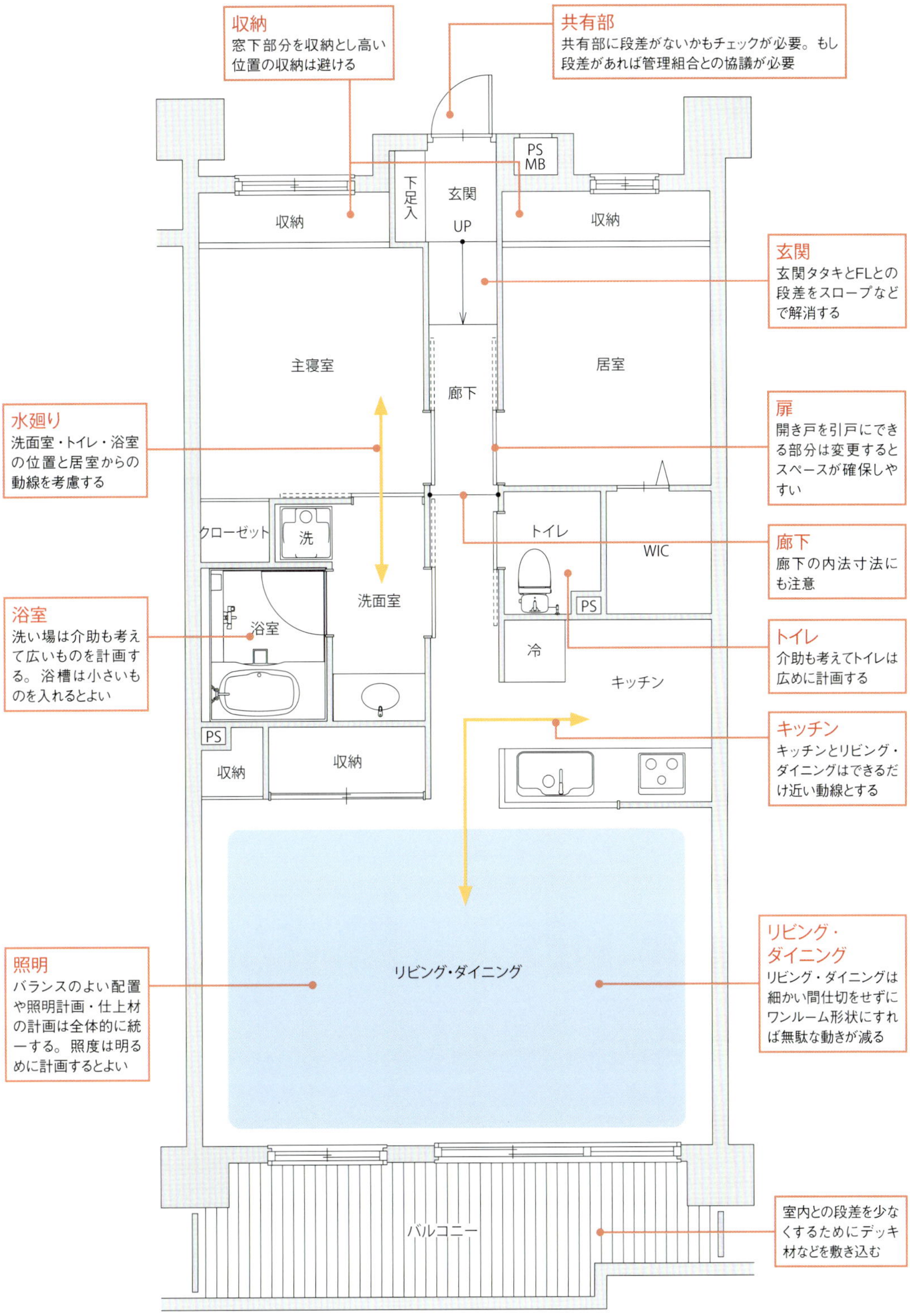

key word 040

ペット

Point

- 室内でペットを飼う場合は、トイレの場所やペット用品の収納場所を確認
- 床材や壁材は、ペットが歩きやすく傷付きにくい素材を選定
- 魚の水槽は、重量を確認する

これまで庭で犬を飼うケースが多かったが、近年室内で家族同様に暮らす家庭が増えている。ペットとの同居では、生活スタイルをあらかじめ確認して計画することが大切である[図]。

ペットのトイレの検討

犬の場合、留守の時はケージに入れる場合もあれば、室内では放し飼いで寝るのも一緒というケースもある。猫の場合は室内での放し飼いが多いが、行動範囲については事前に施主の考え方を確認しておくこと。この時、トイレの場所も決めるようにしたい。

しつけをした犬・猫は室内の決めた場所で排泄をすることができるので、トイレを決めることが家を傷めないことにつながる。トイレ用品のストックやゴミをまとめておく場所も必要である[写真1]。室内犬は散歩から戻って足を洗うため、玄関廻りに水場があると便利である[写真2]。

ペットの歩きやすさと傷の付きにくい素材の検討

ペットと同居の場合、家に傷が付くことについての許容度は施主による。床はペットの足触りを重視した無垢材など柔らかい素材を用いる場合と、滑りにくさ・掃除のしやすさを考慮したタイルなどの場合がある。傷や掃除はどう考えるかなど、施主の意向を確認することが大事である。

壁材は、ペットが身体を擦り付けて汚れることもあるため、拭き取りやすい素材とする。ペットの届く範囲のみ素材を切り替える方法などもある。

水槽の重量の検討

魚の場合、水の入った水槽はかなりの重量になるので、床の耐荷重、台の強度、水場との距離と、メンテナンス用品の収納場所を設計することが必要である。

◇図　ペット同居を考慮したリフォームのポイント

ペットの居場所を決める
犬や猫も自分の居場所があったほうが落ち着くため、家族の見える所に設けるとよい
・犬ケージを置く場合は場所を決める。犬種によっても適応サイズが異なるので、事前に確認する
・トイレの場所を決める。来客にも考慮した場所を決めることが必要

犬トイレ：既成の枠に吸収体の入ったシーツをセット（小～中型犬で450×600㎜程度）
猫トイレ：深めの既成枠のなかに市販の砂をセットする

水槽はメンテナンスを考慮し、水廻りの近くに配置
綺麗な状態を維持するためには、時々水槽を洗う大がかりなメンテナンスが必要になる。戸建の場合は外部の水場、マンションの場合は浴室などでも可能だが、動線は計画しておくことが必要

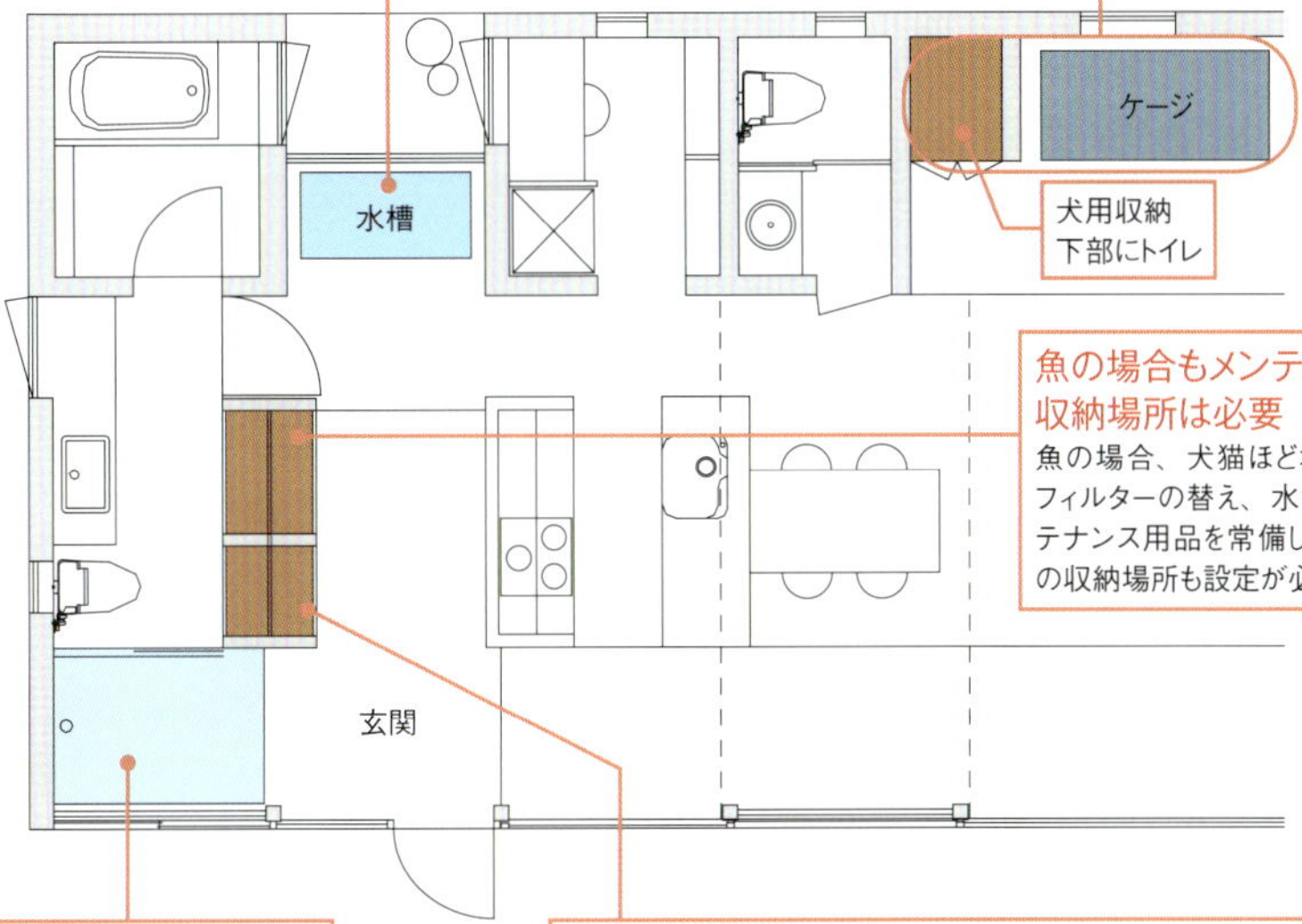

魚の場合もメンテナンス用品の収納場所は必要
魚の場合、犬猫ほど場所は必要ないが、フィルターの替え、水質調整剤など、メンテナンス用品を常備しているため、これらの収納場所も設定が必要

玄関廻りに足洗い場をつくる
排泄物の処理動線から、水廻りの近くが便利。外か内かペット用の掃除流しの有無も確認する

ペットのための収納を確保する
トイレ用品やフード、トリミング道具などの収納場所と、犬の場合はリードやカラーなどの散歩用品は玄関廻りに収納すると便利

◇写真1　犬用収納

写真提供：内村コースケ（french-off）

◇写真2　足洗い場から洗面につながる動線を確保

写真提供：平剛

key word 041

リビングシアター

Point

- リビングにホームシアターを設置する事例が多い
- 何で映像を見るかを確認する
- フロントスピーカーのみによるバーチャルサラウンド方式では、壁面の音反射を利用する

専用の部屋を設け、趣味で楽しむイメージの強いホームシアターだが、薄型大画面テレビが主流になり、高性能ながら安価なＡＶ機器も増えてきたことで、新築やリフォーム時にリビングに設置する事例が増えてきた。

リビングシアターを実現するうえで、まず考慮すべきことは、何で映像を見るかである。プロジェクタースクリーンが一般的だが、26～37型程度のＴＶでも十分に楽しめる。注意点は、部屋の大きさに適した画面サイズを選ぶことと、配管・配線のルート決定である［図1～3］。

配管・配線の注意点

最近は、ＨＤＭＩ端子等ヘッド部分が大きいため、先行配管を行う場合、管径のサイズに注意が必要である。

また、リビングで録画した番組を別の部屋で見るといった、ルームリンクができるようになり、家庭内ＬＡＮ（有線接続）の構築も考慮しておきたい。

無線ＬＡＮでの構築では、室内環境の影響を受け、速度が安定せず、視聴できない、途切れ途切れになる等の問題が起こる可能性があるが、最近品質は向上している。

スピーカーの配置と調整

ステレオ機器は左右2つのスピーカーで、横方向の広がりを再現するが、ホームシアターの場合は原則、5つのスピーカーでリスナーを囲み立体感を出し、重低音を受けもつサブウーファーによる空気感で臨場感を演出する［図4］。これが5・1チャンネルと呼ばれるものである。また、フロントスピーカーのみによるバーチャルサラウンド方式の場合は、特に配置を選ばず、壁面の反射を利用する。フロントサラウンド方式の場合は、自動調整機能で補正が利くため、左右どちらかが極端な位置にならなければ問題ない。

◇図1　画面サイズと視聴距離の「黄金比率」

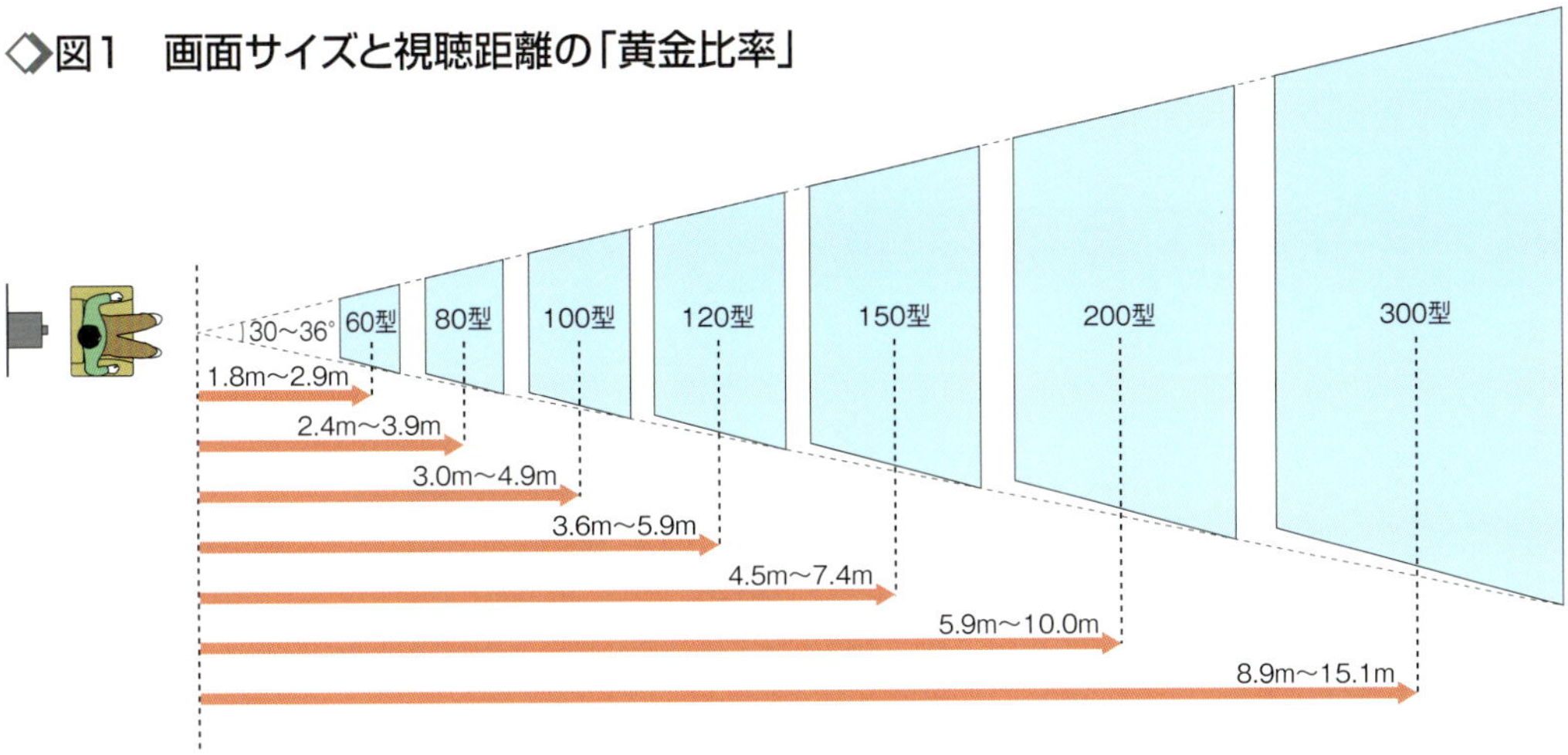

◇図2　部屋の広さと画面サイズ

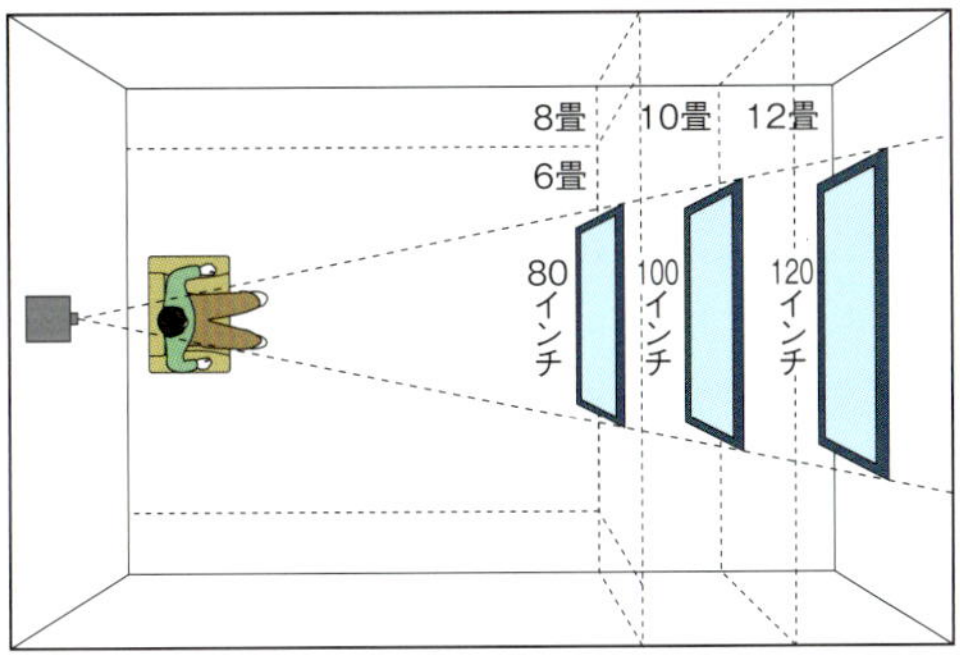

◇図3　プロジェクタースクリーンの設置角度

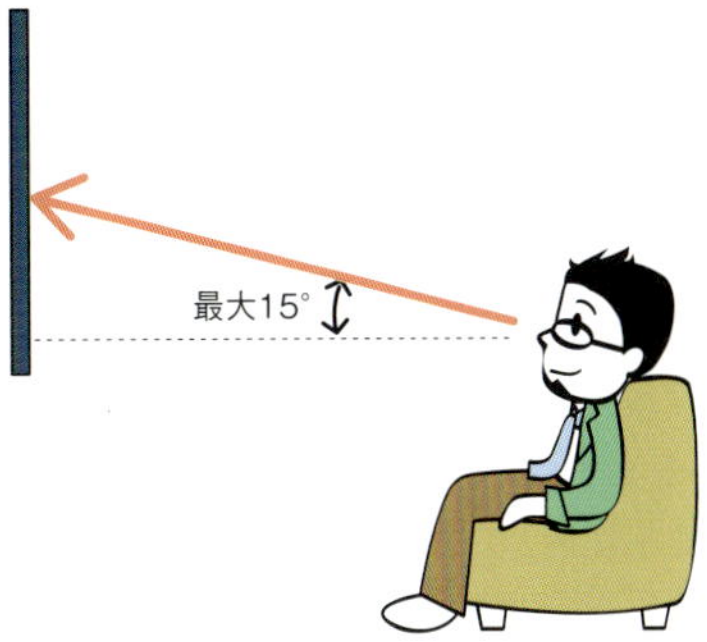

15°を超える仰角で長時間視聴した場合、首に負担がかかり、疲れの原因になる

◇図4　5.1チャンネルのスピーカー位置

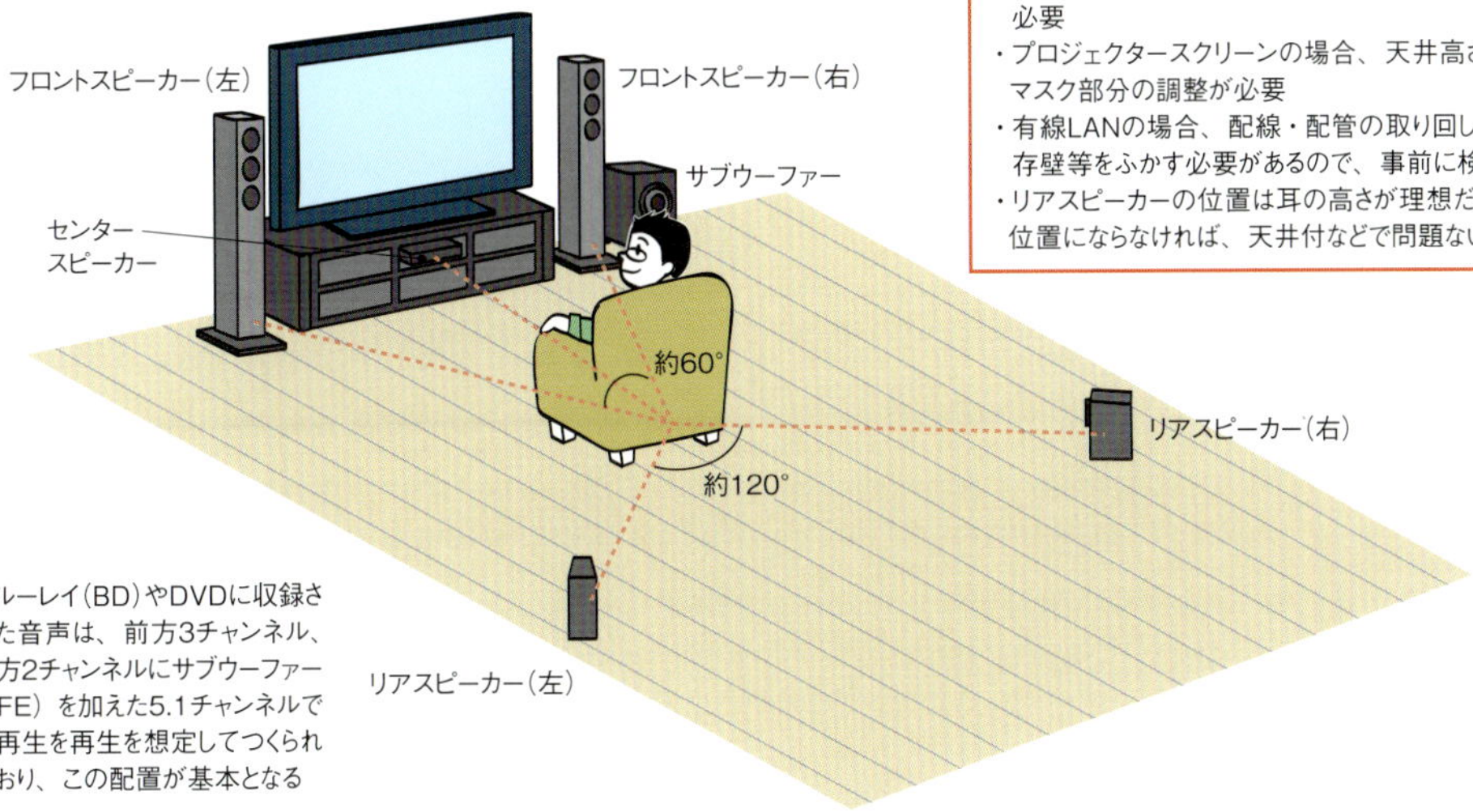

ブルーレイ（BD）やDVDに収録された音声は、前方3チャンネル、後方2チャンネルにサブウーファー（LFE）を加えた5.1チャンネルでの再生を再生を想定してつくられており、この配置が基本となる

ここがポイント

- TV等を壁掛にする場合、壁にベニヤ等の下地補強が必要
- プロジェクタースクリーンの場合、天井高さによって黒マスク部分の調整が必要
- 有線LANの場合、配線・配管の取り回しのため、既存壁等をふかす必要があるので、事前に検討しておく
- リアスピーカーの位置は耳の高さが理想だが、極端な位置にならなければ、天井付などで問題ない

column

プレゼンが伝える工事後のライフスタイル

◇写真1　模型写真

家具などスケール感のあるものも作成して上からのぞいたり、窓からのぞいて内部が分かるものがよい

◇写真2　コラージュ

いかに分かりやすい写真を撮るかがポイント。マンションリフォームの場合、建築主はスペースは理解している。どこに何がくるかを写真にコラージュすることで理解しやすいものになる。あわせてカラーコーディネイトも行うとなおよい

リフォームのプレゼン

リフォームと新築との大きな違いは、施主が住んでいた既存空間の改善であることにある。既に施主が部屋全体の大きさを理解しているため、新しいプランにおけるイメージの見え方、1日の過ごし方を、新たに理解してもらうようプレゼンすることが重要である。平面図、展開図を詳細に描き、住み手の1日の動き方を分かりやすく施主に伝えなくてはならない。

最近、3D、ウォークスルーの映像が手軽につくられるようになったものの、画面のなかを見ていることに変わりはない。施主に対し計画案を分かりやすく伝えられる方法としては、実際に模型をつくり、説明をすることも有効だ[写真1]。模型の縮尺は1／30以上の大きさのものとすることが好ましい。縮尺1／30の模型であると、家具も表現でき、壁紙、床の使用などの質感のイメージも伝えることが可能となる。間仕切や階段などをいくつか差し替えやすいものにしておくとプランの検討に便利だ。

戸建の場合は、外観、隣地との関係性も検討しなくてはならない。模型を使えば、計画建物と隣地の建物を同時に表現することができる。面積や敷地が広い場合は、模型を運ぶことのできる範囲内で縮尺を考えるとよい。また、外観、敷地の模型とは別に、縮尺の違う建物の模型をつくることも有効である。

屋根を外せば水平にプランがのぞけるものもある。断面（縦空間）を表したい場合には、外壁面を取り外し、断面を分かりやすく見せることも有効な手段だ。できればビフォーの模型もあるとなおよい。

もう1つ、コラージュという方法がある[写真2]。解体前の写真やスケルトン状態の写真を撮り込み、そこに新しい計画を張り付けて見せる方法である、デジタルカメラの普及により手軽になった。

いずれにしてもプレゼンにおいては、既存の状態を正確に把握しておくことがとても大切である。

第4章

設備計画とリフォーム設計

照明で空間を演出

Point

- 照明計画では、既存建物の不満を解消する照らし方を検討する
- 建物形状を生かして施主の望む生活を全体計画に反映させる
- LED照明への切り替えを検討する

住空間を演出する照明

リフォームでは、単に器具を選ぶのではなく、積極的に照明方式による住空間の演出をしたい。照明の要素は光と照らし方にあり、ただ明るさを確保するだけでは豊かな暮らしは得られない。一方、その光源は、省エネや効率の進捗により、電球からＬＥＤへと大きな変革期を迎えている。２０２０年以降には、日本国内において蛍光灯の生産が終了されるため、ＬＥＤ照明への切り替えの検討が必要である［表］。

リフォームでのポイントは、主照明と補助照明（ダウンライト、スポットライト、ブラケット等）、間接照明をいかに組み合わせるかである［図1］。主照明だけでは単調な空間となりがちであるが、補助照明をうまく配して作業用や動的な空間から静的なくつろぎ空間への対応や雰囲気をつくれる［図2］。そしてより演出効果の高いのが間接照明であり、特に落ち着いた空間の演出がしやすい。そして特に後者では、照明が照らす壁・床・天井などの仕上げがポイントとなり、その質感や凹凸、光の反射の仕方により雰囲気が異なるのである［図3］。

照明による雰囲気づくりの特徴は、主に夜間が主になるが、調光などを使って限られた時間のなかでも、趣に変化を与えることができるというところである。たとえば、リビングをくつろぎの空間にする場合、一般的に、全体の明るさを均一にせず、暗い所をつくるのである。リビングの照度は30〜75ルクス必要とされるが、本を読んだりする所で３００ルクスを配する。そしてこの範囲を目安に照明の配置や照らし方を工夫する。人は暗い所から明るい所を見ると落ち着いた気分になるといわれている。このように、照明で住空間を演出する際には、明暗をうまく使い分けることも大切となる。

◇表　白熱灯・蛍光灯・LEDの特徴

	白熱灯	蛍光灯			LED	
		昼光色	昼白色	電球色	昼白色	電球色
光の色	・赤みを帯びた、柔らかく温かみのある光色	・太陽光に近い光 ・青白い光色 ・すがすがしく爽やかな、洗練された雰囲気を演出	・太陽光に近い光 ・白っぽい光色 ・いきいきとした自然な活気ある雰囲気を演出	・夕日に近い光 ・やや赤みを帯びた光色 ・暖かくおだやかな落ち着いた雰囲気を演出	・蛍光灯と同様に太陽光に近い光 ・白っぽい光色 ・いきいきとした自然な活気ある雰囲気を演出	・白熱灯と同様に夕日に近い光 ・やや赤みを帯びた光色 ・暖かくおだやかな落ち着いた雰囲気を演出
特　徴	・落ち着いた雰囲気 ・陰影が付くため立体感を感じる ・色の再現性に優れている ・小型軽量で取り扱いが容易 ・瞬時に点灯する ・調光が容易にできる ・ランプの価格が比較的安い	・広い範囲を明るく均一に照らす ・光の色が多様 ・電球寿命が長い ・消費電力が少ない ・点灯までに若干時間がかかるものがある			・点灯したらすぐに明るくなる ・さまざまな配光の器具が選べる ・色温度の調光が容易 ・調光器との相性に注意が必要 ・熱線や紫外線をほとんど出さない ・電球寿命が蛍光灯より長い ・消費電力が蛍光灯より少ない ・虫を呼び寄せにくい	
寿　命	1,000～2,000時間	6,000～15,000時間			20,000～40,000時間	
発熱量	多い	少ない			少ない	
用　途	・頻繁に点灯・消灯する部屋	・頻繁な点灯・消灯には不向き			・さまざまな用途や場所への利用が可能	

◇図1　間接照明

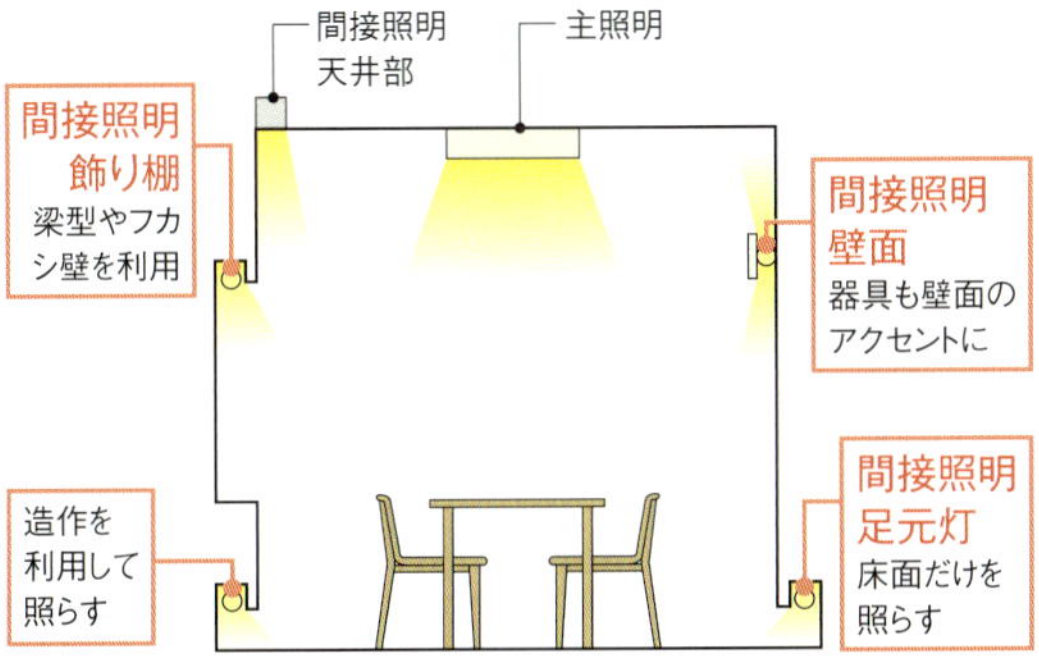

間接照明は、照明の光を天井や壁に反射させて利用する。全体に柔らかな印象を与え、リラックス効果もある。吹抜けや勾配天井など広がりのある空間では、天井を間接照明で明るくすると開放感が得られる

◇図2　補助照明

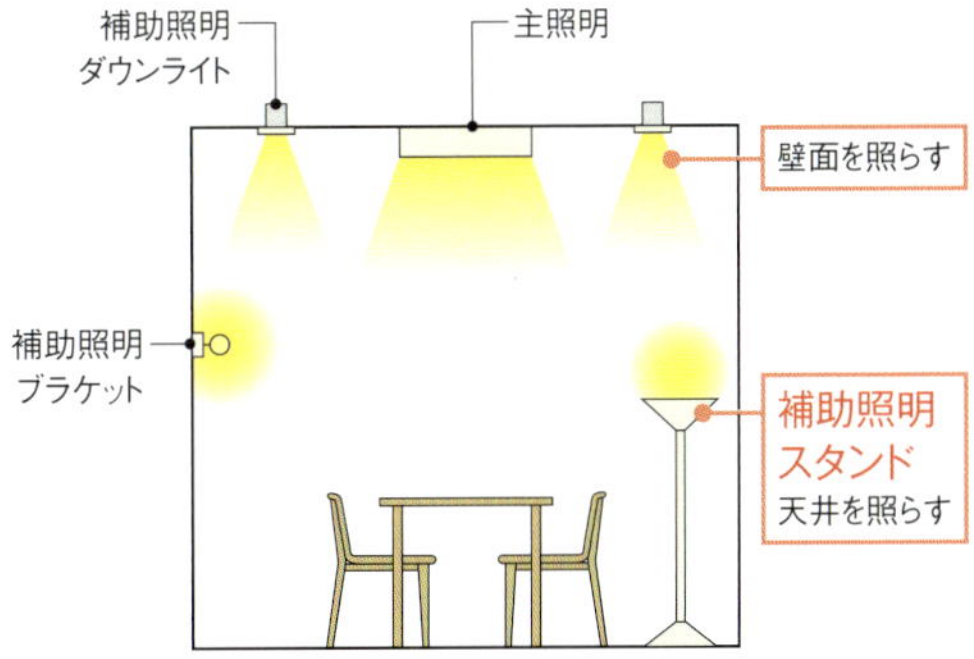

補助照明は、主照明を補助するための照明で、ダウンライトやスポットライト、ブラケット照明などを用いる。手元を明るくしたり、雰囲気を演出したり、部分的に照らすことで、部屋に明暗のアクセントを付ける

◇図3　間接照明の種類

コーブ照明

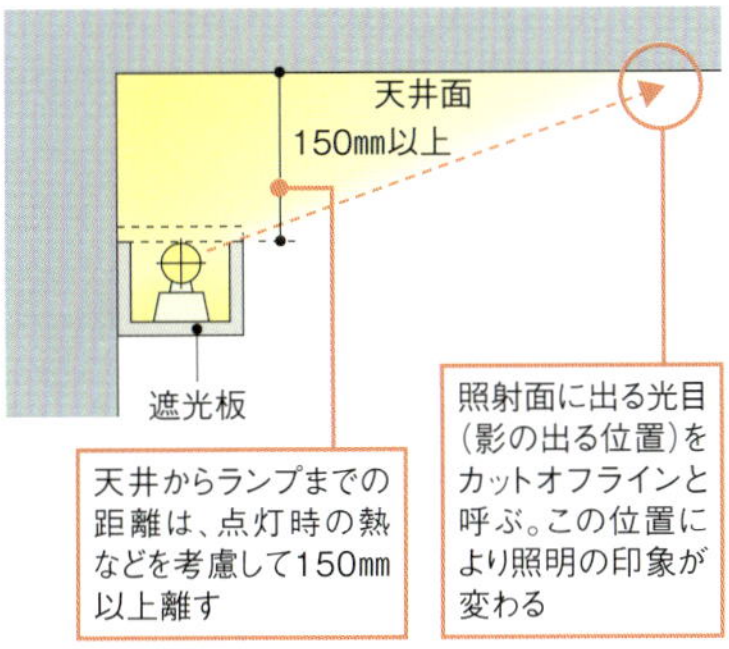

床の間接照明

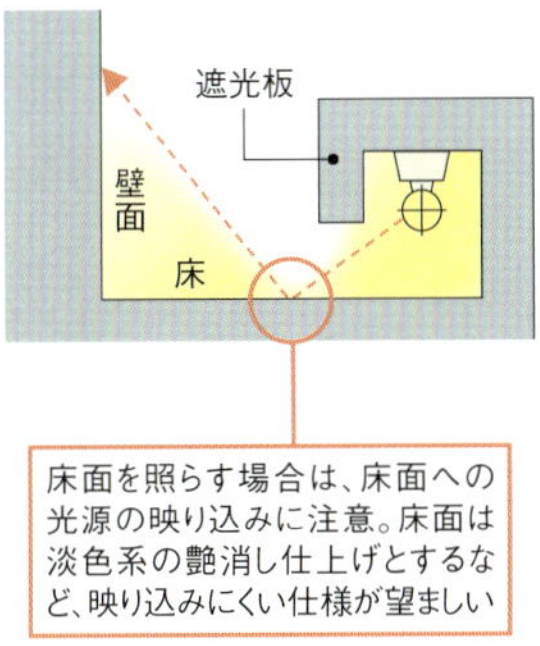

壁面間接照明

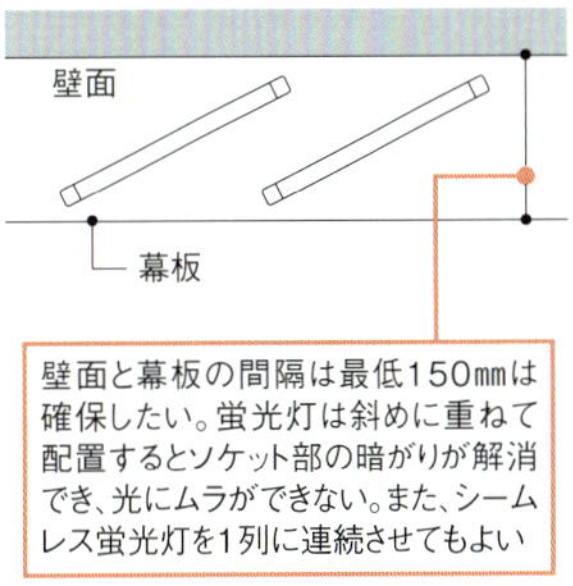

key word 043

電気容量の確認

Point

- 必要な電気容量を把握する
- 契約内容と引き込みの状況を確認する
- IH調理器やオール電化の採用はメリットとデメリットを十分に検討する

契約内容の確認

「電気容量」とは、同時に使用できる電流Ａ（アンペア）の総使用電流のことである。この数値によって、照明や家電がどのくらい同時に利用できるかが決まる。リフォーム時には、新しい生活に必要な電気容量が確保できているか、最初に確認したい［図1］。

まず、分電盤の位置と電気容量を確認する。大抵の場合は、分電盤が玄関近くの壁や靴箱内、洗面所の壁等に取り付いており、そこに現状の電気容量が記載してある［図2］。分電盤の位置を移動することは基本的には不可能なため、分電盤の位置も含めた計画をすることも重要である。

リフォーム計画ではまず、施主に現在利用している器具の電気容量をヒアリングすると同時に、リフォーム後に導入を希望する設備もヒアリングする必要がある。

オール電化住宅やＩＨ調理器の導入を望まれるなど、電気容量が不足する場合には、契約容量の見直しが必要になる。

また近年は自宅で仕事をするＳＯＨＯスタイルも増えつつある。職種によっては電気の使用量が増えるため、生活スタイルもヒアリングする必要がある。大きな変更がある時には、配線はすべてやり替えることを基本に考えておかなければならない。コンセントは、使用するものや場所によっては、容量の検討や専用回路、あるいは三相２００Ｖの引き込みをしなければいけない場合もある［図3］。

電気容量の変更が必要となった場合、電力会社へ申し込み変更することが必要となってくる［図4］。ただし電柱から入ってきている電線に電流許容量があり、場合によってはその電線ごと新設するケースが発生することもあるため、注意が必要である。

◇図1　電力と電圧と電流

水で考えると、電圧は水圧、電流は水流、電力は流れる水の量

VA電力＝V電圧×A電流

W※電力＝V電圧×A電流×力率

※：電気製品の消費電力はワット数で表示されている

◇図2　ブレーカーはココを見る

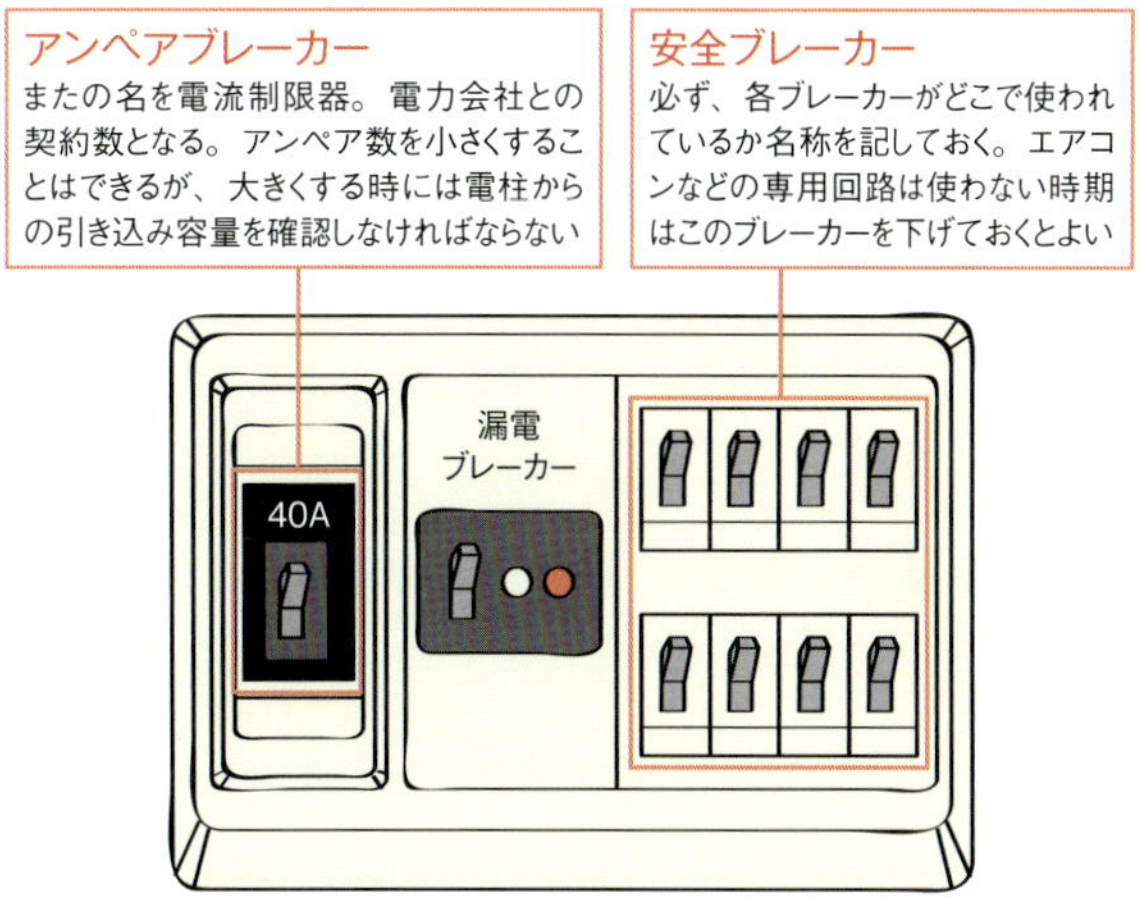

しばしばブレーカーが落ちるといった不満を施主がかかえている場合、分電盤の1回路当たりの電気配分と専用回路が必要な機器を確認し、回路数を振り分ける。それでも電気容量が足りない場合は、電気容量を増やすことを提案する。回路数は家族構成に応じて余裕をもたせて決定し、2～3回路の予備を用意していきたい

◇図3　専用回路が必要な主な機器

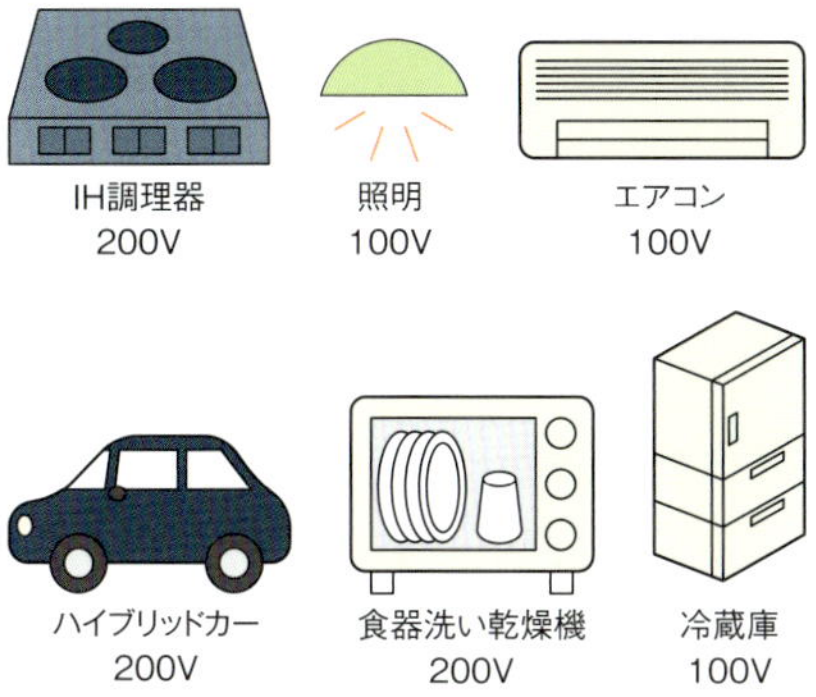

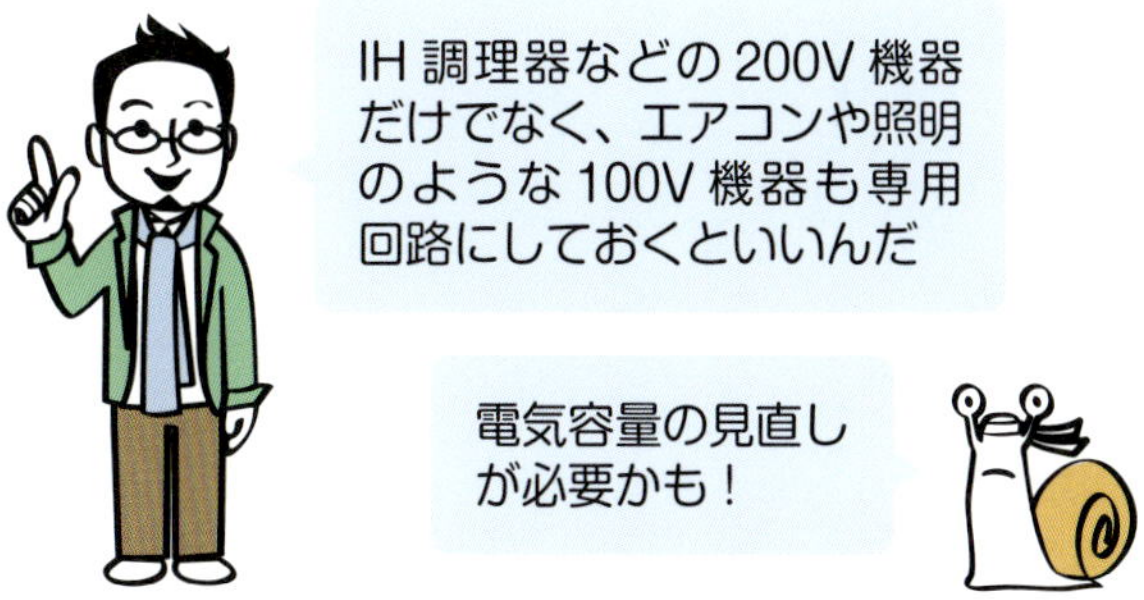

◇図4　電気容量の契約変更の流れ

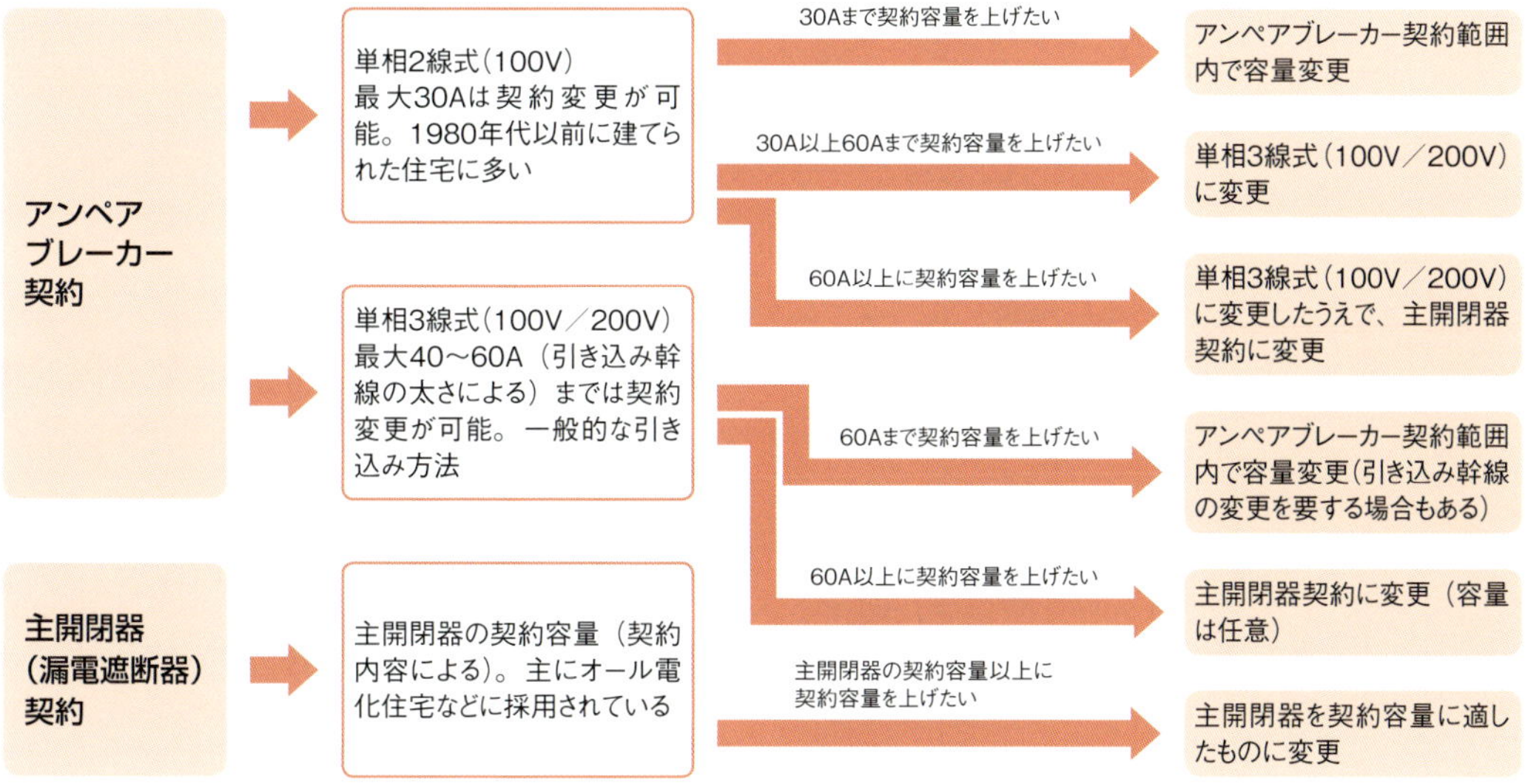

配管経路の確認

Point

- 既存図面をもとに現場を確認する
- 床下の懐寸法と排水勾配の関係を確認する
- タンクレストイレは水圧不足に注意する

床下、天井懐を確認する

浴室やトイレ、キッチンなど水廻りのリフォームを行う場合、排水管、給水管等の設備配管がどのような経路で施設されていて、外部もしくはPSに通じているか、既存図面をもとに現場を確認する必要がある[図1]。

一般的にマンションの場合、スラブ上と床下の懐に排水管・給水管、ガス管等が施設されている。特に配水管はある勾配をもって配管されているので注意深く確認する必要がある[表]。また、床暖房を温水で行っている場合は、温水チューブが床下に配置されているので注意する。

天井の懐には、換気・空調ダクトや排気ダクトなどの機械系のダクトが施設されている。配水管のような勾配は必要としないが、150～200φのキッチンの排気ダクトなど、スペースを必要とするものが比較的多いので、天井高さとの兼合いを注視しておく必要がある[図2]。

水廻りの位置を変更する場合は、配管経路を事前に確認しておくことが役に立つ。特に排水管については、1／50～1／100の勾配を要求されるため、床下の懐寸法にて計画の可能性を確認する。

また、給水配管については、さや管ヘッダー工法といった便利な施工方法もあるので確認しておくとよいだろう[図3]。

タンクレストイレへの交換では、水圧が足りるかの確認が必要だ。タンクレスは条件によっては下水の臭いが漏れ出すケースもある。施主に事前に説明しておく必要がある。

キッチンやトイレの配置変更は、換気や排気ダクトの経路変更が必要となる。特にキッチンダクトは基本的に外部へとつなぎ込む必要があるため、外壁貫通部の構造的な確認が必要となる。

◇図1　既存配管経路の確認

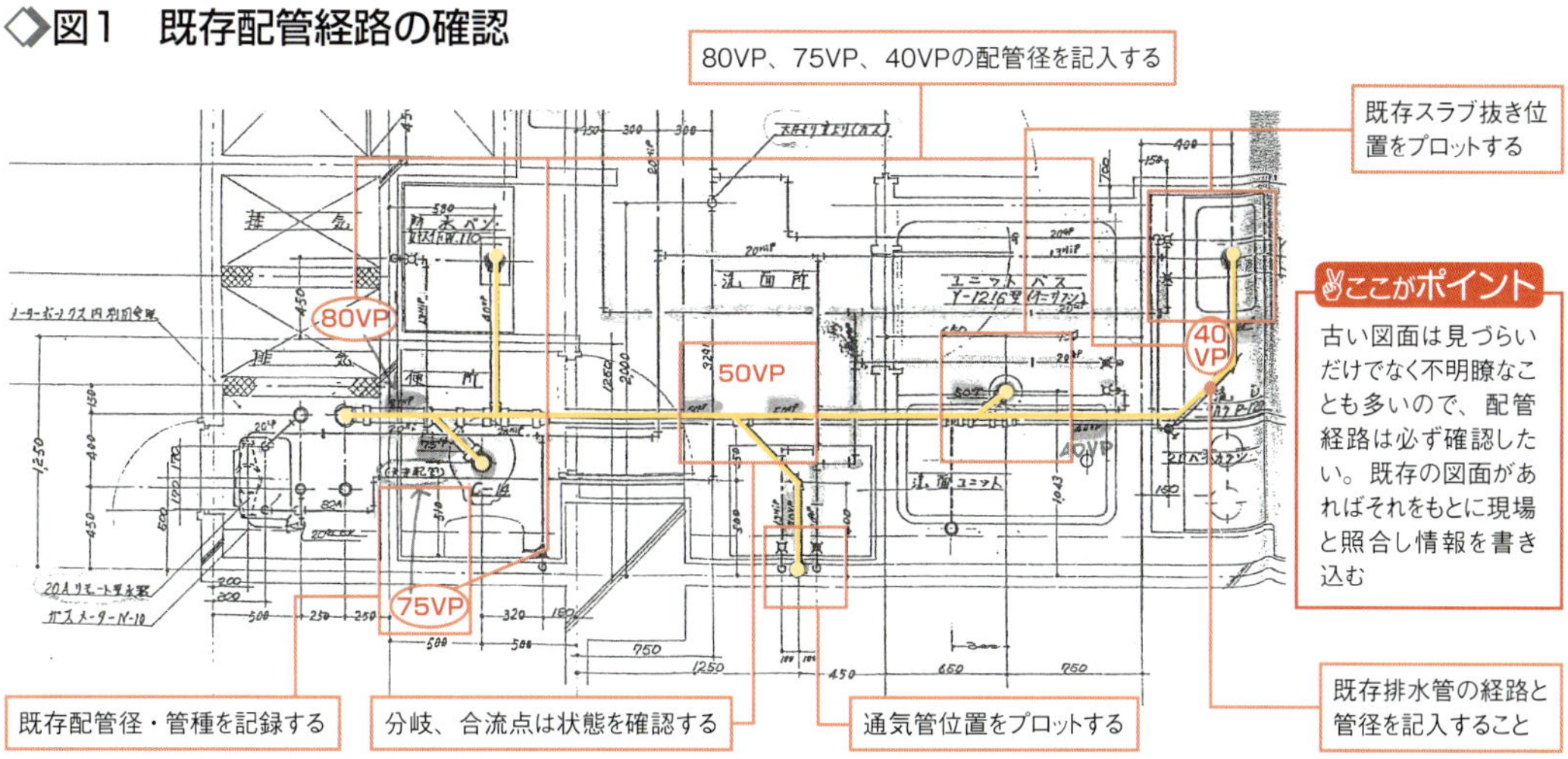

ここがポイント

古い図面は見づらいだけでなく不明瞭なことも多いので、配管経路は必ず確認したい。既存の図面があればそれをもとに現場と照合し情報を書き込む

◇表　排水管のサイズと勾配

管　径	最小勾配	主な用途
Φ60以下	1／50	キッチン・浴室・洗面器・洗濯機
Φ75 Φ100	1／100	大便器
Φ125	1／150	高層集合住宅（集合管）・屋外排水
Φ150	1／200	

出典：山田浩幸『世界で一番やさしい建築設備』エクスナレッジ刊

◇図2　パイプスペースの必要寸法

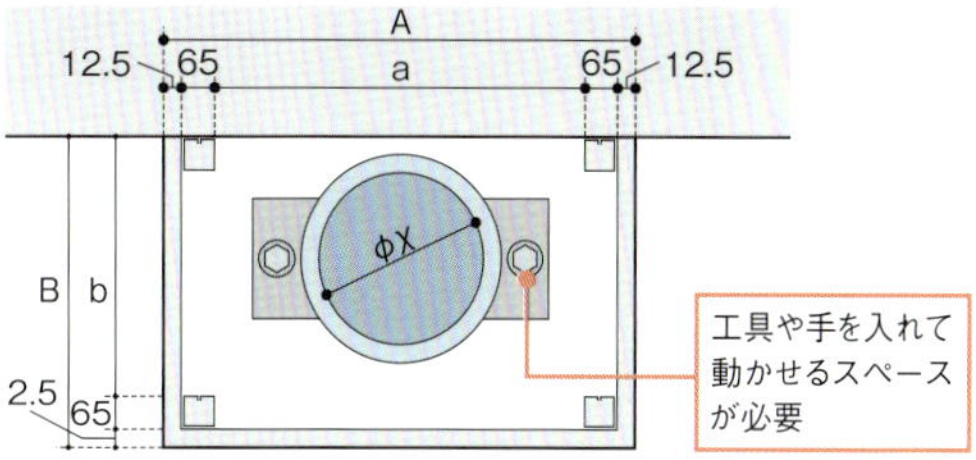

φχ+四周に75㎜※とすると

Φ150 →	a=300　A=455	b=300　B=377.5
Φ100 →	a=250　A=405	b=250　B=327.5
Φ75 →	a=225　A=380	b=225　B=299.5
Φ50 →	a=200　A=355	b=200　B=277.5

※：集合管の場合は100㎜（a=350　A=505）（b=350　B=427.5）

出典：山田浩幸『世界で一番やさしい建築設備』エクスナレッジ刊

◇図3　給水配管方式

従来の分岐工法

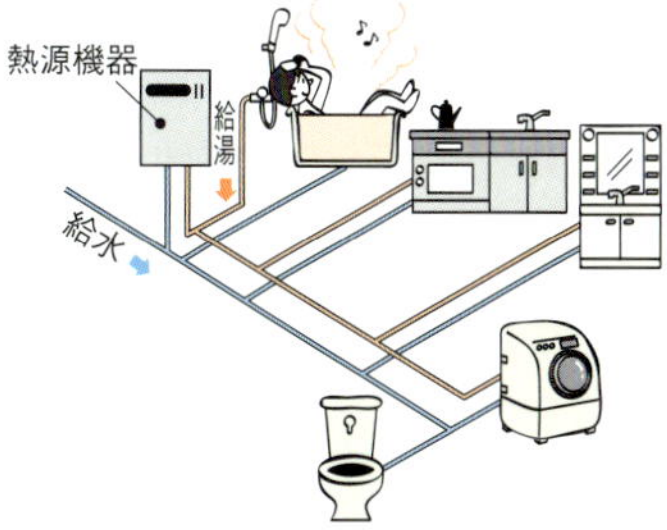

給水を直接各設備に接続する工法。途中で分岐させて接続する。メンテナンスには大幅な床工事を伴うことが多い

さや管ヘッダー工法

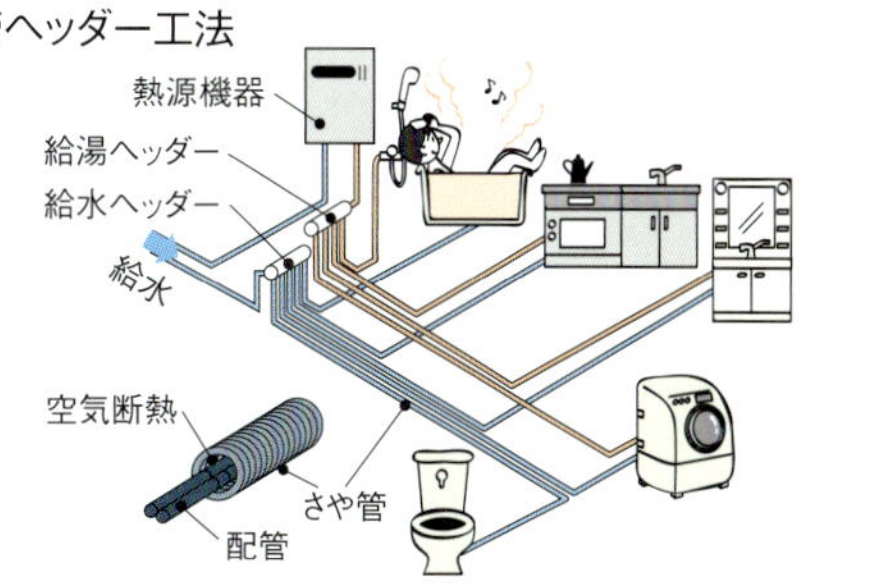

給水ヘッダーから各給水栓まで敷設したさや管に後から樹脂管を通す工法。交換やメンテナンスがしやすい

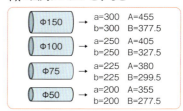

key word 045

床暖房の導入

Point

- 床暖房を計画する時には、ガスと電気の容量を確認する
- 床暖房の仕上げとなる床材の選択は慎重に行う

床暖房の種類とその特徴

床暖房の導入を検討する場合は、その種類や特徴、敷設する箇所や床料に適した施工方法を知っておく必要がある。床暖房システムには、電気の発熱を利用する電気ヒーター式と温水チューブからの熱源を利用する温水式の2つがある[表1]。リフォームにおいてどちらのシステムを選ぶかは、既存建物の電気容量やガス給湯器との兼合いによって決まる場合が多い。

電気ヒーター式床暖房とIH調理器を併用する場合は、電気容量の見直しが必要なケースが多い。温水式はガス給湯器や電気温水器の温水を利用するため、専用の給湯器や容量の増設をするなど、いずれも新たな熱源の検討が必須である[図1]。

また、床暖房の施工方法は、湿式と乾式の2つに分けられる[図2]。浴室等の水廻りに敷設する場合はモルタルに蓄熱させる湿式方法がよい。RC造では、コンクリートを蓄熱体として利用した湿式方法が多く採用されている。乾式工法は木造等の床下地合板の上に簡便に施工できるため一般的に使用されている。

また、マンション等の下階への影響を軽減できるシステム床材と組み合わせた床暖房システムは、床暖房の裏面に断熱材を敷設し、熱が無駄に逃げないようにすることが必要である[図3、表2]。

床暖房システムの選定にあたっては、床材に適したシステムや施工方法、メーカーの適合マークの根拠となる試験データがあるので事前によく確認しておきたい。特に温水式は運転開始時に高温水を流すので、即効性はあるものの、床材の裏面には高い温度がかかる。これが、床材のソリや浮きなどの原因となるケースもあるので、慎重な選定が必要である。

◇表1　電気ヒーター式床暖房と温水式床暖房

電気ヒーター式床暖房	温水式床暖房
・通電によって発熱するヒーターを床に敷き込む方式 ・フィルム式は薄く、既存床を下地として再利用できる場合がある。また、給湯器が不要で大規模な工事がしにくいリフォームでは施工しやすく導入しやすい	・温水パイプが埋め込まれたパネルを敷き込む方式 ・ランニングコストが比較的安く、広い面積や長時間使用する場合に向いている ・床暖房対応の給湯器を選択すれば、電気・ガス・灯油いずれの熱源も選択可能 ・ヒートポンプで水を温めるタイプもある

◇図1　電気とガスによる床暖房

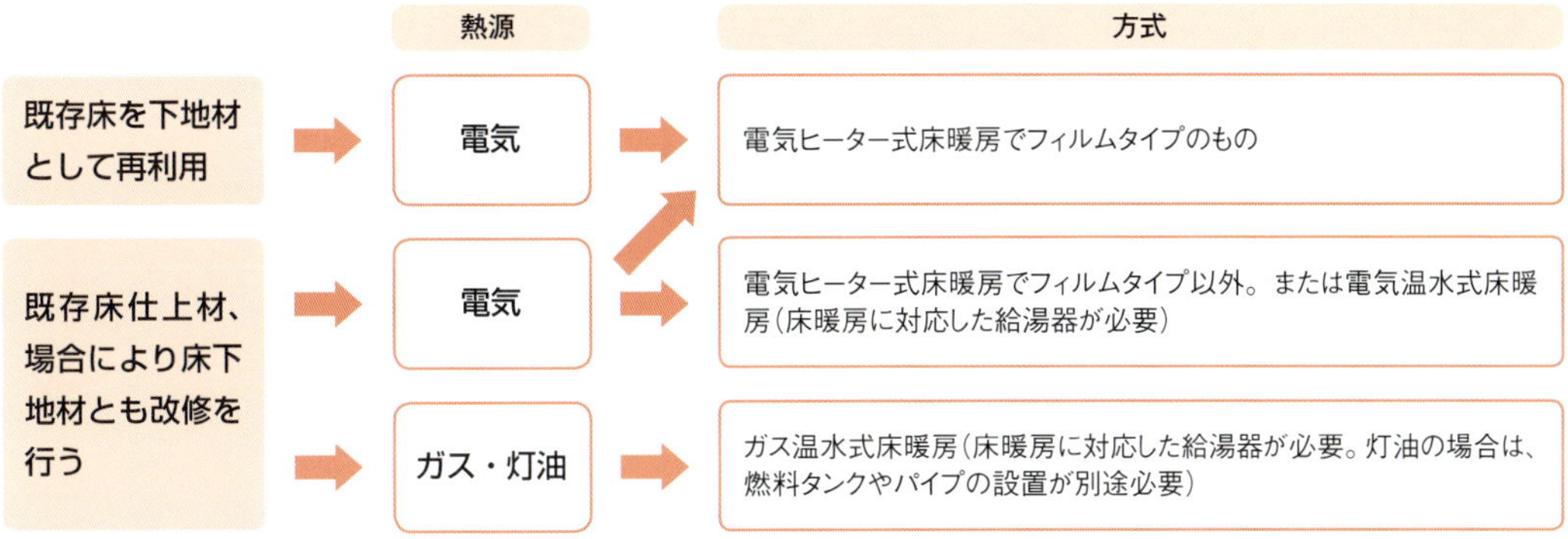

◇図2　湿式方法と乾式方法

湿式

床に敷き込んだモルタルなどに温水パネルやヒーターを埋設し、直接蓄熱する

乾式

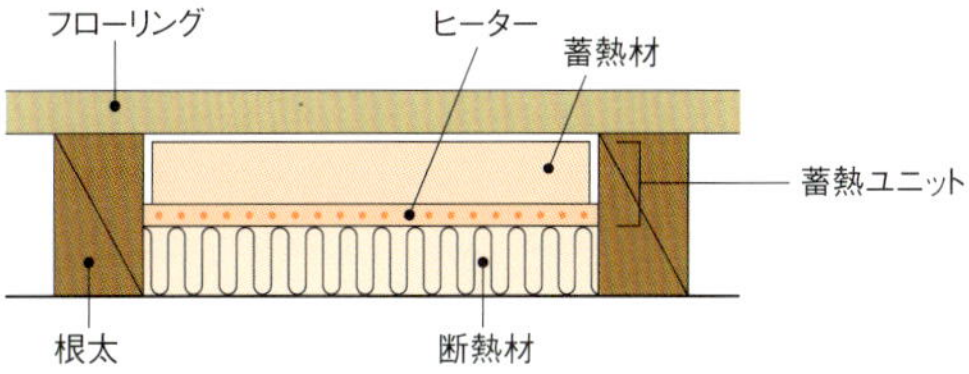

床暖房に適した蓄熱材・蓄熱ユニットを敷き込む

◇図3　既存床・床下地を利用した電気ヒーター式床暖房の納まり

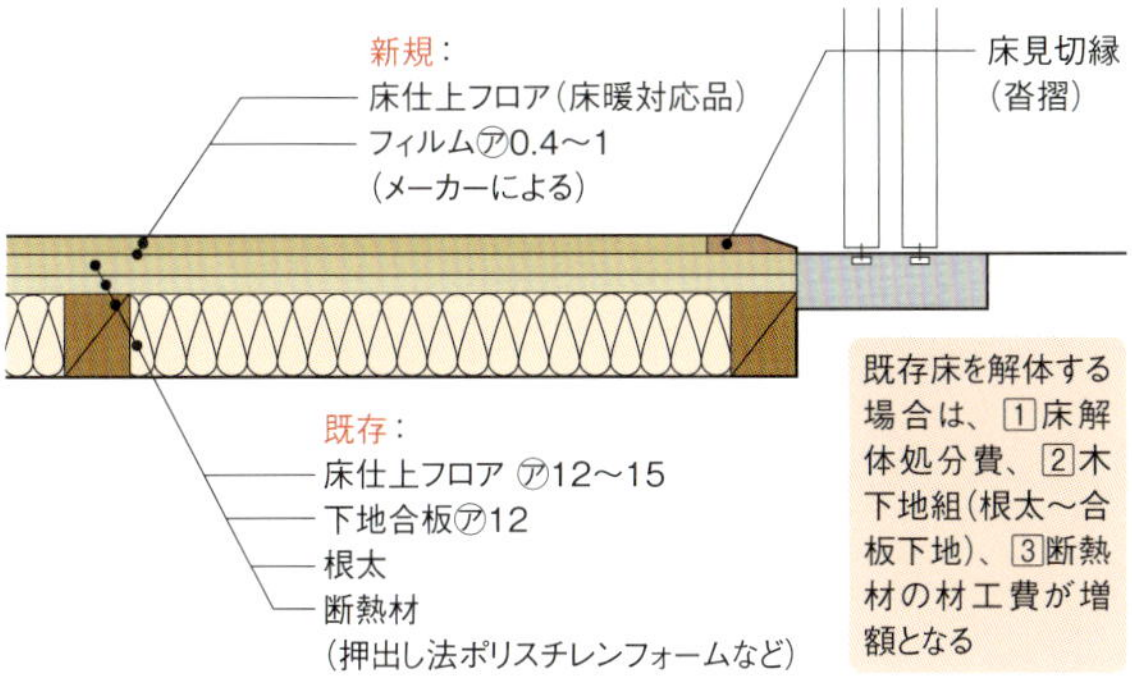

◇表2　床暖房を主暖房として利用する際のチェックポイント

- ☐ 住宅の断熱、気密性能が次世代省エネルギー基準レベルか
- ☐ 敷設面積が部屋面積の70%(少なくとも60%)以上か
- ☐ 熱が床下に逃げないように断熱してあるか
- ☐ ガス温水式パネル床暖房を計画する際は、事前にガスの供給があるかどうか

key word 046

宅内LANの構築

Point

- LANの方法には無線と有線の2つの種類がある
- 無線は場所を特定せず便利であるが、接続可能な距離が限られる
- 無線は、盗聴のリスクがある

無線か有線か検討する

住空間内のネット環境は近年必須の設備となっている。LANの構築方法には、無線と有線の2つの種類がある［表］。プラン変更を伴わない場合、有線の配線・配管を敷設するのは各所に点検口を設置することが必要となるため、現実的にはかなり難しい。無線でLANを構築する場合、建物の構造体や広さ、距離によって、届かない場合もある。使用場所を想定したうえで、ハブ設備の設置位置を検討することが必要である。

有線の場合、データの転送容量の多さなどによりケーブルが数種類ある。ケーブルは数年で容量の大きいものが出ると考えられるため、実線配線ではなくCD管内による配線とし、将来の引き替え工事にも対応できるように計画しておくことが望ましい。CD管にも種類があるので、その目的と合わせた配管の径を選ぶことが重要である。

無線ルータの活用

住宅内に無線LANルータを設置し、各設定を行えば、基本的にどこにいてもネット接続が可能である。無線は屋内であればおおむね30m～60mぐらい届くとされている。ただし、建物の構造や障害物の有無によって無線が届く距離は変わるので、設置場所には注意が必要である。

また、近年、携帯電話やタブレット型PCでも無線LAN接続が増えてきている。モバイル性や利便性を含めると無線LANの設置によるネット環境の構築のほうが発展性が高い。デメリットは設置にややコストがかかる点と盗聴などのリスクがある点である。十分なセキュリティ対策が必要である。さらに光TVなどLAN上でTVの配信もされているので、無線によるTVの視聴も可能である［図］。

◇表　無線LANと有線LANの違い

	無線LAN	有線LAN
概念図	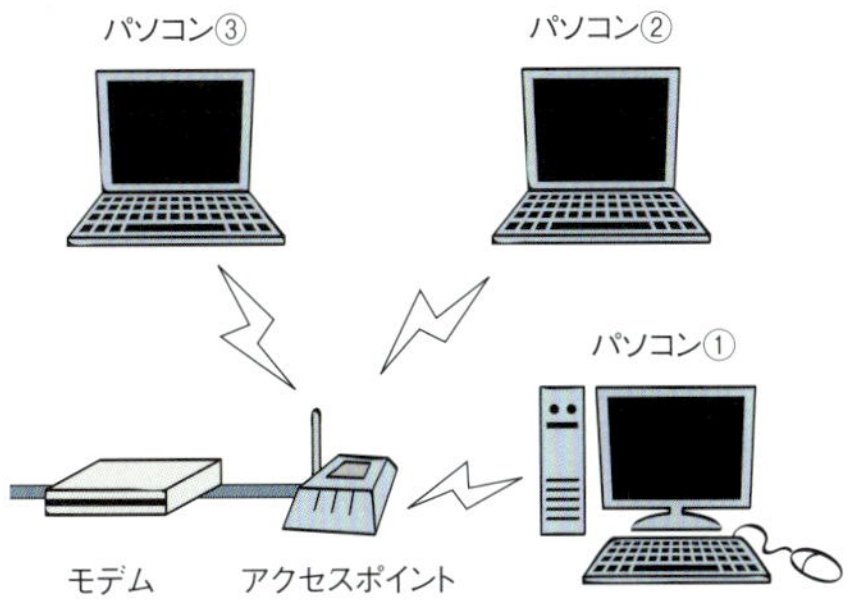	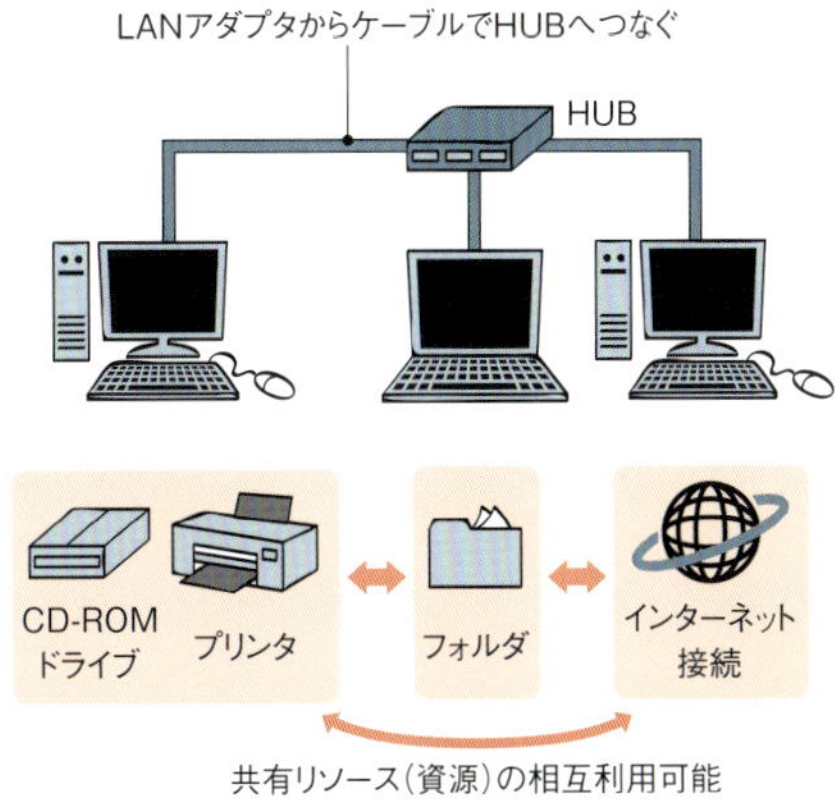
メリット	・LANケーブルが不要 ・多数のパソコンやプリンタなど接続可能 ・無線であるので、パソコンの移動が楽 ・近年主流になりつつある、タブレット型は無線	・通信が安定している ・比較的設定がしやすい ・通信スピードが速い ・セキュリティ面が比較的安心
デメリット	・通信状況が安定しない ・環境や場所によって通信の状況が変わる ・通信スピードが遅い ・セキュリティ面がやや不安 ・有線に比べ設定が多少面倒	・配線が大変 ・配線をきれいに隠せない場合がある ・接続台数がHUBのポート数によって決まる

◇図　家電製品のLAN対応

TVの設置場所をジャックに拘束されない

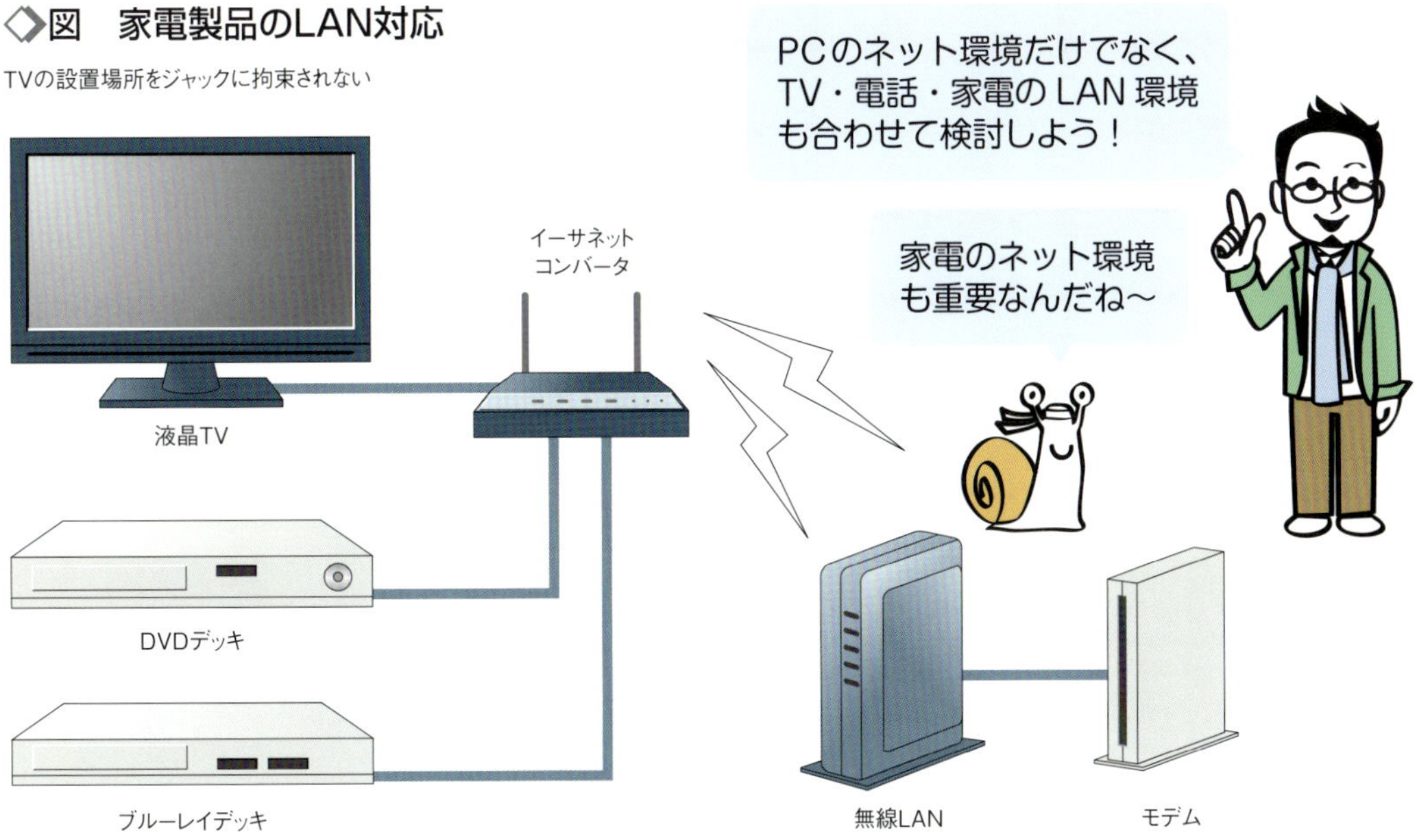

key word 047

水廻りのリフォーム
—キッチン・トイレ—

Point

- 既成のセットタイプかシムテムキッチン、造作キッチンのいずれを選択するのか検討する
- 給排水、ガス、換気ダクトの位置と形状も確認する
- 洗浄便座は、専用電源の有無を確認する

3種類のキッチン

水廻りのリフォームの代表ともいうべきキッチン［写真］。大別すると、既成のセットタイプ、システムキッチン、そして造作キッチンの3種といえる。

コストパフォーマンスが高いのは、キャビネット部が一体成型の既成セットタイプだ。各メーカーが廉価版を中心にバリエーションをそろえ、自由度は低いが完成度は高く、一般的な家庭向きである。

一方、オーダー志向、機能やデザインにこだわりがある施主向きはシステムキッチンである。レイアウト、扉やカウンターの色や素材、機能、器機等の選定が自由、価格は数百万円まで多岐にわたる。メーカー側が設置まで行うため、別途工事とする場合も少なくない。

特殊な要望やよりオリジナリティを求める場合は、造作キッチンでの対応となる。自由な発想で、空間全体とのコーディネートも容易である一方、製作業者や、建築士の手腕が求められる。

キッチン設置の注意点

計画段階では排水経路と勾配、マンションなどでは換気の排気先、業務用厨房器機の採用時にはガスの種類・吸気や排気量等の確認を行う。現場では、給水・給湯の止水栓の位置や排水の立ち上げ位置、ガス栓や食洗機のつなぎ方など事前の打ち合わせが必要だ。

トイレの選定と設置

最近の便器は多機種・多機能である。新しい機器の情報収取は必須だ。現場での排水管の位置や接続方向、止水栓までの距離等も機種選定に影響する。

洗浄便座等は意外と消費電力が高いため、専用電源の有無を確認する。木造の戸建では根太をかける方向や、補強等床下地の状態も確認が必要である。

◇写真　さまざまなキッチン事例

ダイニングテーブルも含めたコーディネートで造作する

ウォールナットで統一したオープンキッチン

アウトドア感覚の素材は、傷や汚れが趣になる

業務用の機能と合理性を暮らしに盛り込む

幼児やペットとの動線の仕切りもデザインするとよい

リビングの仕上げやデザインを取り入れ、空間に溶け込む

キャビネットを自由に選び周囲の収納や建具まで統一できるのはシステムキッチンならでは

シンプルなI型キッチンの既成セットタイプ

クラシカルな家具調のヨーロッパ製輸入キッチン

key word 048

ユニットバスの選び方

Point

- ユニットバスは、工期が短く機能も豊富である
- 2階に設置する場合は、高さと重量に注意する
- 発注後の変更が難しいため、施主への十分な確認が大切

ユニットバスの最大の特徴は、防水工事が不要で短期間で施工できることである。工場生産のため品質が安定し、滑りづらい床や掃除のしやすさなど、多機能な素材や設備も選べることである。昭和30年代後半に工期短縮と漏水リスクの軽減を目的に生まれた。

種類が豊富なユニットバス

商品開発が進み、性能・機能のみならず、デザインや素材も豊富である。機器や内装ばかりでなく、大きさや開口部、別室とのコンビネーションまでオーダー可能な商品もある。価格には、30万円を切る安価なものから300万円を超えるものまである。

住宅用の商品の多くには、1階用と2階用があり、床までの高さ、天井高の違いに注意して設置する。壁を壊さず搬入でき、組み立て可能なリフォーム対応の商品もある［写真］。

マンションリフォームの場合、配管や排気ダクトの経路の確認のほか、出入りに跨ぎが出たり、梁型加工が必要になったりと、据付寸法には十分気を付けたい［表1］。

発注時の注意点

窓や扉、浴槽の素材から水洗類から仕上げ、備品まで選択やオーダーが可能な商品がある一方で、各社ともシリーズにより選択肢が複雑なため、発注時にはオプション等含め、十分注意が必要である。内部の手すりなどは、発注時に指示をしないと後からでは付けられないものがある。

ユニットバスの交換では、据付寸法や搬入経路の確保に加え、各メーカー・シリーズ・年代等により、窓やドアの位置や寸法が異なり、開口や枠など工事範囲が増えることが多い。

上階へ新たに設置する場合、重量による構造の確認やユニットバスの脚部補強の有無に注意したい［表2］。

◇写真　ユニットバスの種類
浴室の壁を壊さずに設置できる「リフォームに」有利な構造のタイプ

マンション用、リフォーム用など、カテゴリーによってサイズや設置、組み立て方法が異なる　写真提供：TOTO

浴槽や機器、照明、仕上げ材などはリーズナブルなものから上質なものまでバリエーション豊富。メーカーやシリーズによって設定が異なるので、好みや目的に応じて検討が必要だ　写真提供：LIXIL

◇表1　ユニットバス設置時のチェックポイント

- □ 天井の梁型などを考慮した有効寸法の確認
- □ 工程のなかで、他工事との兼ね合い
- □ 木造2階に設置する時の脚部補強
- □ 既存の設備、換気、電気配線などとの取合い
- □ 手すりなど後施工不可のケースを考慮した発注のタイミング
- □ 取り付け業者の工事区分

リフォームでは、搬入経路や組み立てスペースの確認も大切！

◇表2　ユニットバスの長所と短所

長所	短所
・構造部分から独立した形で部屋をつくり、隙間が少ないつくりとなるために、浴室の湿気がほかの部分に影響を与えにくい ・あらかじめ工場で形をつくり、工事現場では組み立てるだけなので、工事期間が短縮できる ・防水上大切な床と壁のつなぎ目部分を一体型としてつくるので、防水性能が高くなる ・隙間が少ないために、断熱性能を向上しやすい ・加工の精度が高いので、断熱材を隙間なく配置できる	・仕上げとして使用できる材料が規格に沿ったものとなるので、バリエーションに乏しい ・枠材や下地がほとんどないため、後で手すりをつけるなどの追加での変更が行いにくい ・企画寸法での施工となるので、決まったなかからサイズを選ぶことになる ・喚起に気を付けないと湿気がたまり、カビの発生の原因になる

浄化槽の交換

Point

- 浄化槽の交換は大掛かりな工事となる
- 工事の搬入出経路、近隣を含めた既存建物との位置関係を確認する
- 浄化槽を別の場所に新設する場合は、建物基礎などへの影響に注意する

交換のタイミングを検討

浄化槽とはトイレや生活排水をきれいに処理してくれる下水道以外の衛生処理設備である。特に下水道設備が整備されていない地域に多く見られる設備である。

交換する場合は、大掛かりな工事になるため、リフォーム後の生活者人数の増加に伴い容量を上げる必要がないかを施主に確認する必要がある。

浄化槽本体の交換のタイミングとしては、定期点検で浄化槽が機能していないことが分かった場合や浄化槽の寿命の時期、汚水漏れの可能性が考えられる場合などである。一般的な浄化槽の耐用年数は、20～30年となる［表］。また地震の影響により浄化槽が故障・破棄するケースもある。

浄化槽設置の留意点

交換が必要な場合は、既存浄化槽を土中から取り除くことができる敷地条件かを検討する。地盤を掘る作業が可能か、撤去した浄化槽を搬出する経路が確保できるかなどの確認が必要である。

既存埋設場所が交換不可能な場所であれば、敷地内に新規浄化槽設置の新たな場所を検討する。

既存の浄化槽を敷地に残す場合は、浄化槽の劣化や破損によって敷地が陥没することを避けるために、浄化槽内に土やセメントを流し込み、敷地内に埋めてしまう。

土砂で埋却する場合は、くみ取り後浄化槽の底に孔をあけ、雨水が土中に排水するように処理する必要がある。

新たな浄化槽を設置する場所が確保できた場合は、近隣も含めて既存建物の基礎との位置関係を確認する。新たに設置する浄化槽と建物基礎との距離、擁壁への影響の有無等、配置の検討が必要となる［図］。

◇表　浄化槽各部位の耐用年数と費用

本体・部品	浄化槽本体	接触材・ろ材	エアー配管・散気バルブ等	マンホール蓋	ブロワー	ダイヤフラム交換	ディフューザー（散気管）交換
耐用年数	20〜30年	10年〜	10年〜	10年〜	6〜10年	1〜4年	2〜3年
交換 or 修理費	20万円〜	4万円〜	1万円〜	1万5000円〜	2万9000円〜	1万3000円〜	1本3000円〜
留意点	設置されている環境にもよるが、劣化によるヒビにより、槽内の水が漏れてしまう場合がある	必ず交換が必要となるものではないが、劣化により破損する場合がある		駐車場や歩行頻度が高いなど、設置条件による	環境やメンテナンス次第では長もちする	メーカー推奨の交換時期は1〜2年となっている。ブロワーの出力の低下を抑えることができる	交換しなければ、目詰まりにより、槽内の水に酸素を溶け込ませる能力が低下する

◇図　浄化槽と基礎の関係

設置場所が広く取れる場合

建築物等の荷重によって浄化槽の破損等を招かないように既存建物からは離して設置する

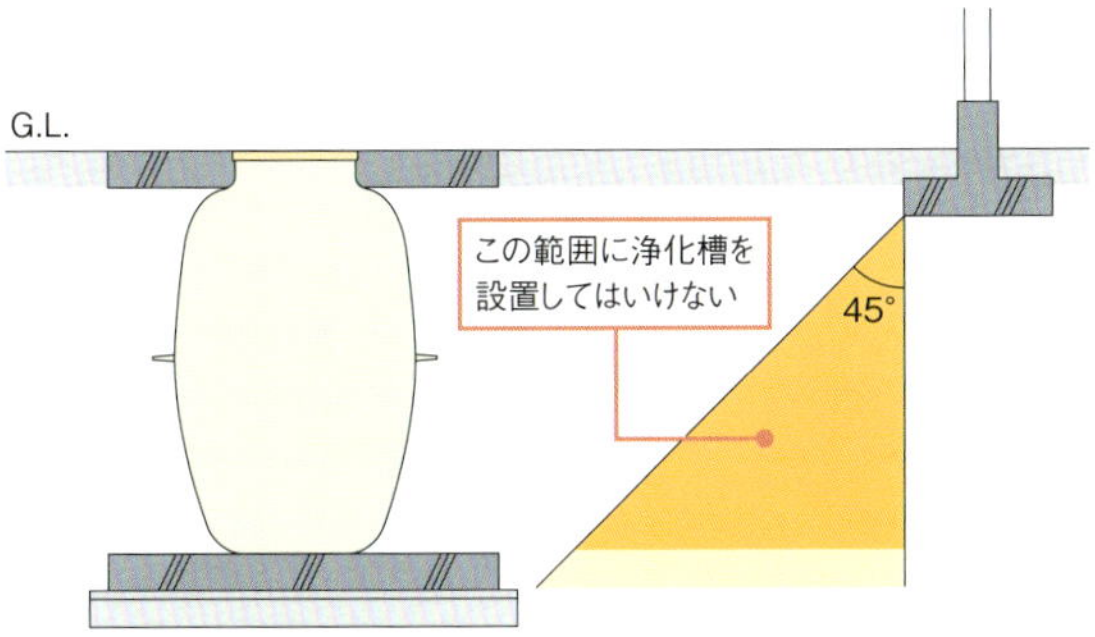

設置場所が狭い場合

建築物等の荷重によって浄化槽の破損等を招かないように擁壁を設ける

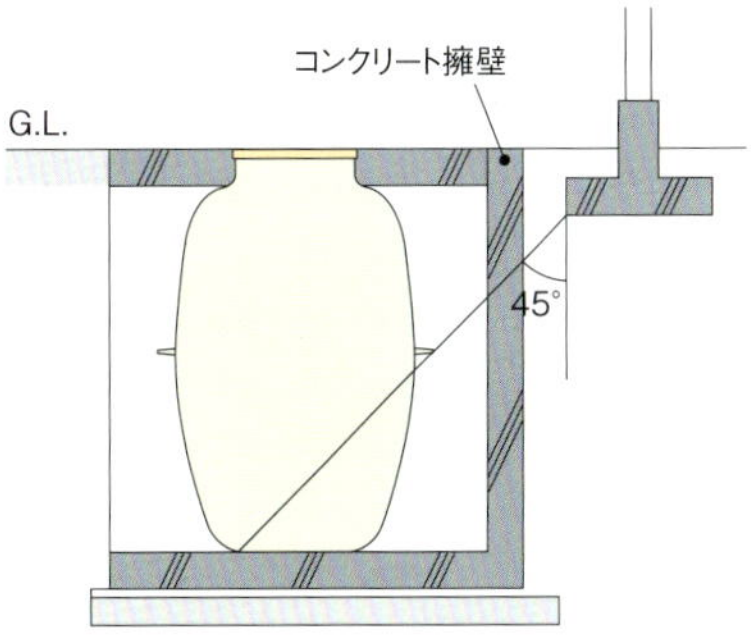

車両が通る所への設置の場合

車庫など普通乗用車が通る場合はスラブを鉄筋で補強する。荷重が槽に直接かからないように、スラブと基礎の間に支柱工事を行うこと

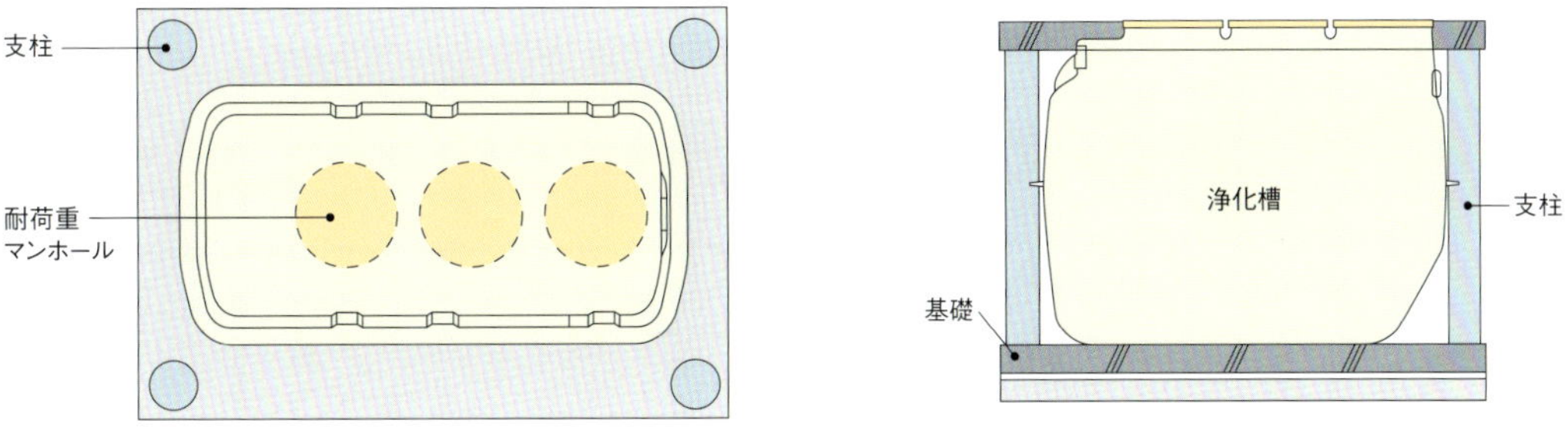

key word 050

省エネリフォームの方法
—戸建住宅—

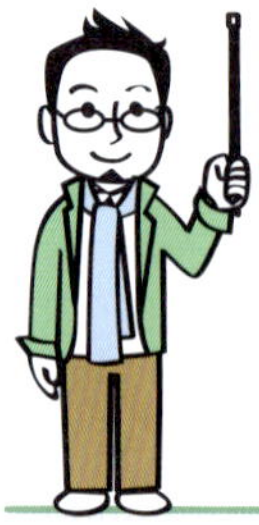

Point

- 断熱材・設備機器・自然エネルギーの活用などでエネルギー負荷を低減できる
- リフォーム計画ごとに適切な方法を検討する

高効率設備の導入

戸建住宅の省エネリフォームでは、断熱改修によってエネルギー負荷を低減したり、高効率給湯設備の導入や太陽光パネルを設置するなどが考えられる。給湯設備などは10年から15年ぐらいで交換時期がくるため、その時期に合わせて、ほかのリフォームも一緒に行うと効率的である。

設備面では、節水型トイレ、省電力型エアコン、また高断熱の浴槽に入れ替えることも有効である。その他に、小型風力発電システムの導入や薪ストーブの導入なども考えられる。ただし、これらは、コスト面が高額のため、導入の際にはメリットとデメリットをきちんと説明する必要がある[表]。

断熱改修

冷暖房の熱損失や季節による温度変化を少なくするには、建物自体の断熱性能を上げる方法がある。木造中古住宅の場合、一般的には壁躯体内や天井内の充填断熱工法が多い。スケルトンリフォームの場合は壁体内の断熱材を入れ替えることはできるが、外壁の内側を改装しない場合は断熱材の入れ替えが難しい。この場合は外壁に断熱塗料を塗る工法もあるが、足場なども必要となるため、工事費が高くなる。外廻りをリフォームする場合は、足場を共有できるので工事の内容に合わせて検討するとよい。

ペアガラスやLOW-Eガラスへの変更や、既存サッシの内側に内窓サッシを取り付けることも内部の温熱環境を向上に効果がある。

パッシブデザインの採用

パッシブデザインとは、敷地の自然環境を知りその多様な自然エネルギーを最大限に生かした家のつくりや配置を行うための設計手法である[図]。

◇表　省エネリフォームの種類とリフォーム時の注意点

種類	検討事項
断熱と結露	・結露は温度差と湿度によって起こるため、結露をできるだけ起こさないよう空気をとめない方法を検討
天井・床・壁の断熱強化	・内断熱にするのか　・外断熱にするのか ・断熱材は何にするのか
開口部の断熱強化	・内付けサッシ(2重サッシ)　・真空ガラス ・複層ガラス　・薄型断熱ガラス ・断熱フィルム・断熱塗料　・外付けブラインド
パッシブデザイン	・日射熱の利用と遮蔽 ・ダイレクトゲイン ・気密性・断熱性の確保 ・暖気や冷気を建物全体に回す　など
太陽光発電	・補助金(縮小傾向。地方自治体単位で補助事業あり)
高効率給湯設備	・エコキュート　・エコジョーズ ・エネファーム
自然エネルギー	・地熱発電　・風力発電 ・小水力発電　・バイオマス
屋上緑化	・荷重　・排水 ・植栽の種類

リフォームでもパッシブデザインを活用できることも多いね
よく勉強しなくちゃ～

◇図　自然エネルギーの活用方法

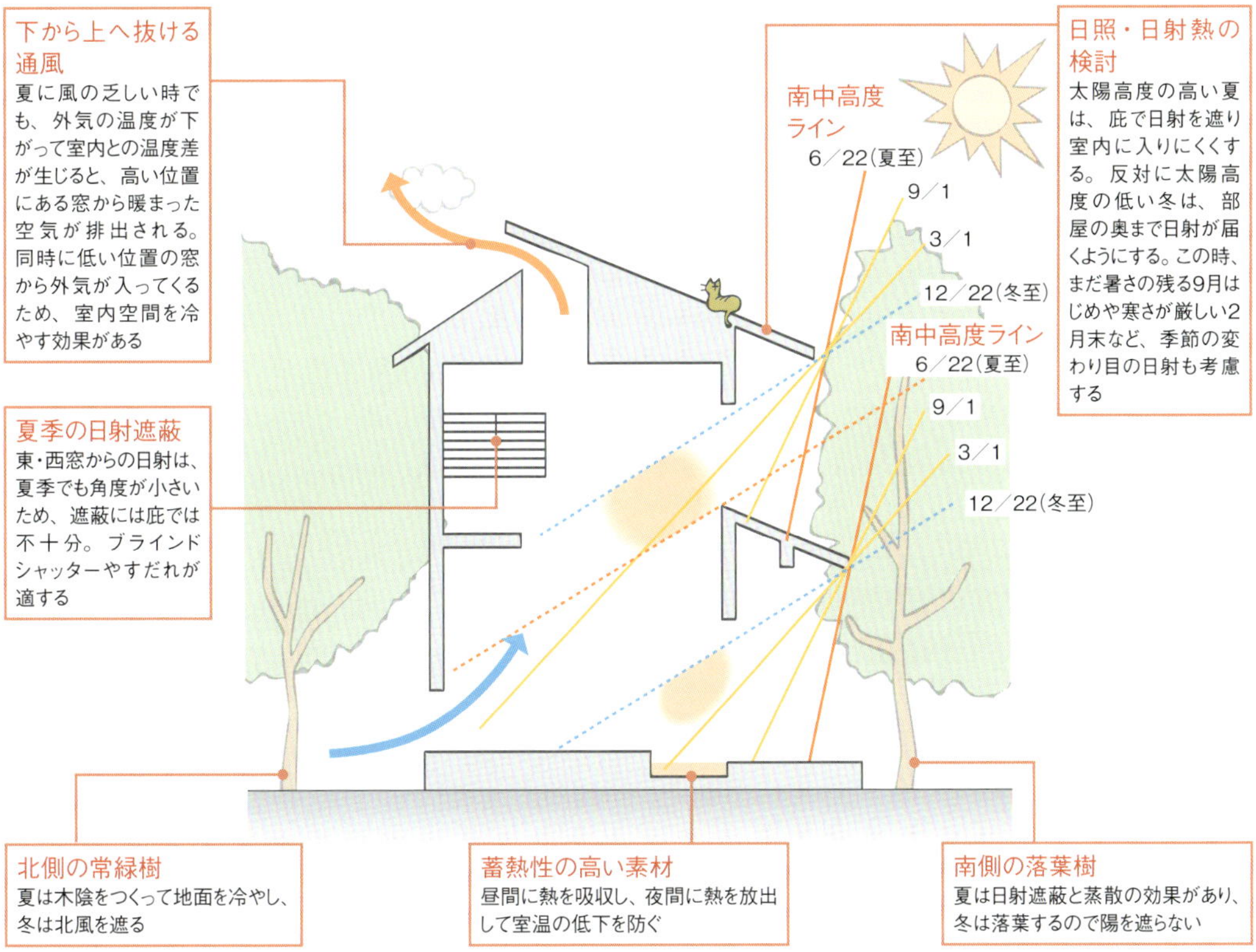

下から上へ抜ける通風
夏に風の乏しい時でも、外気の温度が下がって室内との温度差が生じると、高い位置にある窓から暖まった空気が排出される。同時に低い位置の窓から外気が入ってくるため、室内空間を冷やす効果がある
夏季の日射遮蔽
東・西窓からの日射は、夏季でも角度が小さいため、遮蔽には庇では不十分。ブラインドシャッターやすだれが適する
南中高度ライン
6／22(夏至)
9／1
3／1
12／22(冬至)
南中高度ライン
6／22(夏至)
9／1
3／1
12／22(冬至)
日照・日射熱の検討
太陽高度の高い夏は、庇で日射を遮り室内に入りにくくする。反対に太陽高度の低い冬は、部屋の奥まで日射が届くようにする。この時、まだ暑さの残る9月はじめや寒さが厳しい2月末など、季節の変わり目の日射も考慮する
北側の常緑樹
夏は木陰をつくって地面を冷やし、冬は北風を遮る
蓄熱性の高い素材
昼間に熱を吸収し、夜間に熱を放出して室温の低下を防ぐ
南側の落葉樹
夏は日射遮蔽と蒸散の効果があり、冬は落葉するので陽を遮らない

key word 051

最新省エネ設備の導入①
―太陽光発電―

Point

- 太陽光パネルの設置では、屋根の形状や耐荷重に注意する
- 助成金の活用や余剰電力の買取価格動向にも注意する
- 施工店の屋根工事・防水工事経験を確認する

補助金を有効活用

近年、太陽光発電の普及に伴い、売電価格の下落や設置に対する多くの助成制度が終了しているので注意が必要だ。その一方で、サスティナブルな社会に向けた環境対策や災害対策への主眼が色濃くなり、ZEH(省エネ、創エネ)やエコカーや蓄電システム関連との連動などといった新たな制度が始まり、太陽光の設置単体ではなく、建物全体の環境対策の1つとして捉えるように変化してきている。毎年、その種類や内容などをチェックして活用していきたい。

既存建物への設置

木造住宅の場合は、太陽電池自体が屋根面の断熱性に寄与する。一方で、耐荷重のチェックが必要となる。導入費用は1kW当たり60万円程度が目安となる。しかし、屋根形状や設置方法によって工事費が変わる。太陽光発電の設置には、南勾配が最も有利であるが、近隣との関係で十分な日射が得られる方向を検討する。

設備投資の回収計算方法は注意が必要である。余剰電力買取制度やオール電化契約により回収が進んでいるが、日中の不足電力の購入は割高となる。固定価格買収制度では設置10年間の買取価格が固定となるが、設置年度で価格は異なり、10年以降に変動する「表」。買取価格を年度ごとに低減させる発表に加え、大震災や原発の影響も踏まえ、今後の動向に注意したい。

各電気メーカーとも施工販売は代理店制で展開している。急速な普及に伴い、屋根工事や防水工事等ノウハウをもたない新規参入業者も一部に見られ、雨漏りや屋根・防水関連のトラブルも一部で発生している。現状では業者選定にも注意が必要である。

◇図　住宅用太陽光発電システムの仕組み

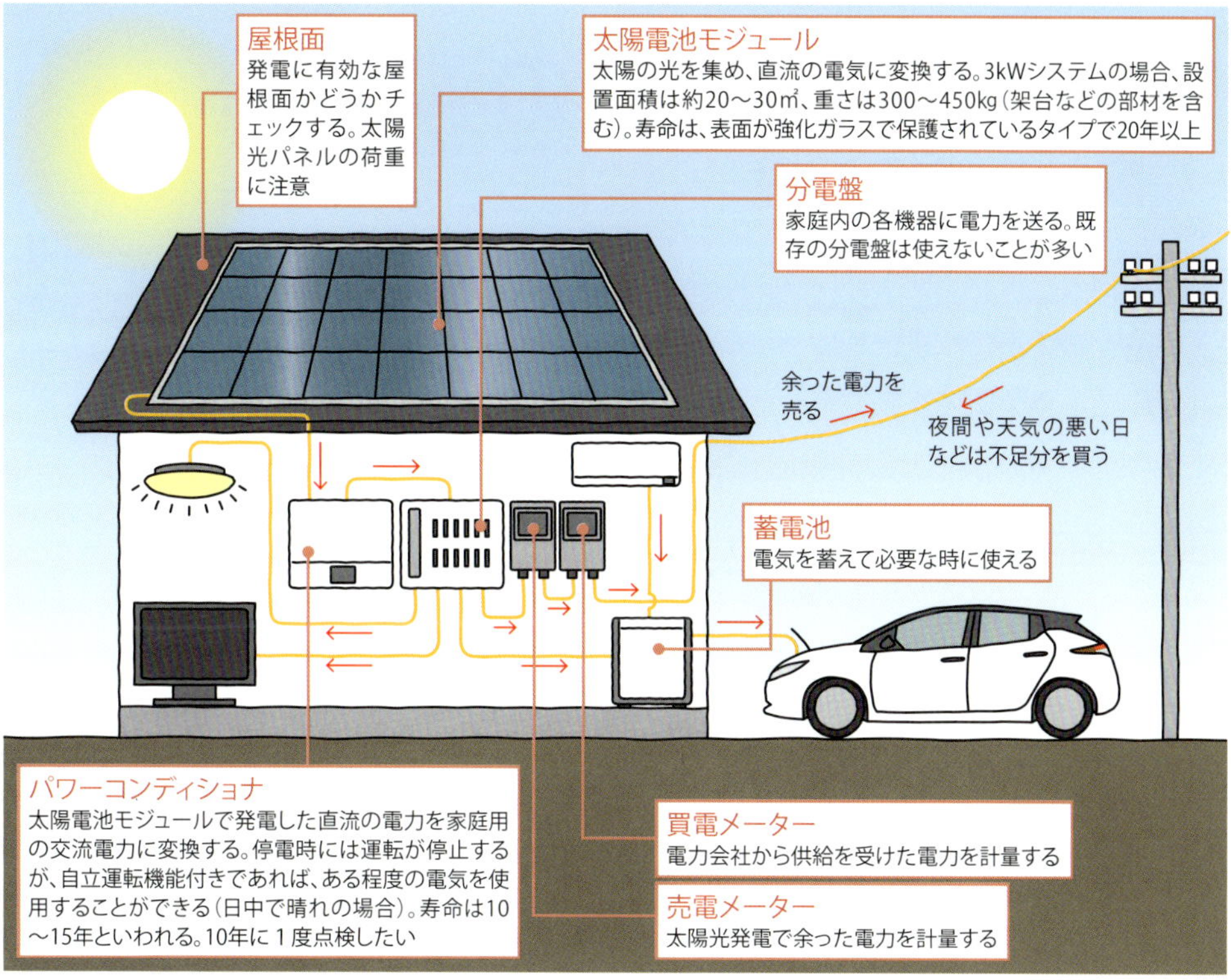

◇表　住宅用発電（10kW未満）の売電価格（1kW時につき）

種類	調達期間	2012年度	2017年度	2018年度	2019年度
太陽光発電 （出力制御対応機器設置義務なし）	10年	42円	28円	26円	24円
太陽光発電 （出力制御対応機器設置義務あり）	10年		30円	28円	26円
太陽光発電 （出力制御対応機器設置義務なし、ダブル発電）	10年	34円	25円	25円	24円
太陽光発電 （出力制御対応機器設置義務あり、ダブル発電）	10年		27円	27円	26円

出典：経産省HP　調達価格及び調達期間についての委員長案より作成

key word 052

最新省エネ設備の導入②
―高効率給湯設備―

Point

- 省エネ設備の導入では、機器のメリットとデメリットをよく理解して選択する
- 機器の使用頻度によって、効果も違ってくる
- 家族の生活スタイルに合わせて選択したい

最新省エネ設備の検討

最新省エネ設備の導入は、まず電気・ガス等の熱源をどうするかによって変わってくる。設備によって機器の設置スペースや耐用年数に違いがあり、メリット・デメリットもある。また、家族の生活スタイルによって高効率が期待できない場合もあるので、導入前によく検討したほうがよい。

エコキュート

エコキュートは大気中の熱エネルギーをヒートポンプユニットに取り込み、自然冷媒（CO_2）で圧縮することで高温化し、その熱を水に伝えてお湯をつくる自然エネルギーを利用した給湯器である。

エコジョーズ

エコジョーズは、排気ガスの熱を再利用をして給湯するもので、無駄を無くすことから注目を浴びている。正式には、潜熱回収型ガス給湯器と呼ばれる。従来廃棄していた約200℃の排気ガス中の熱を2次熱交換器で回収してお湯をつくることで、熱効率を飛躍的に高める［図］。

高効率化に伴いガス使用量が減るメリットがあるが、ドレン水の排水処理が必要となる。

エネファーム

エネファームは、水の電気分解の逆の原理を用いて、都市ガスやLPガスから取り出した水素と空気中の酸素を化学反応させて、電気をつくり出すシステムである。発電の際に発生する熱も廃棄せずに利用する。

給湯時に一般家庭の約50％程度の電気代を発電できるので電気代が安くなるが、貯湯タンクの設置スペースが必要となる。ほかの給湯器に比べ高額である。

◇図　エコジョーズ概念図

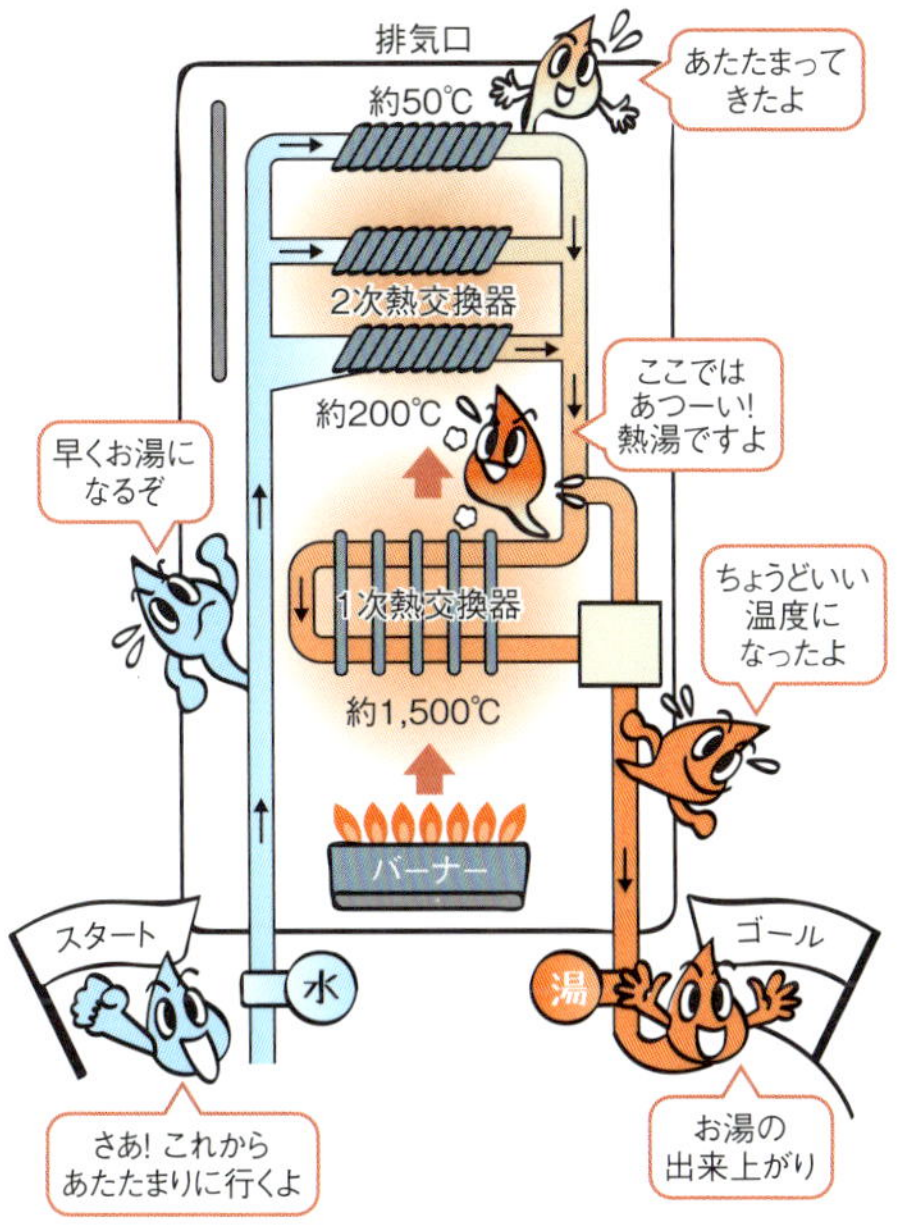

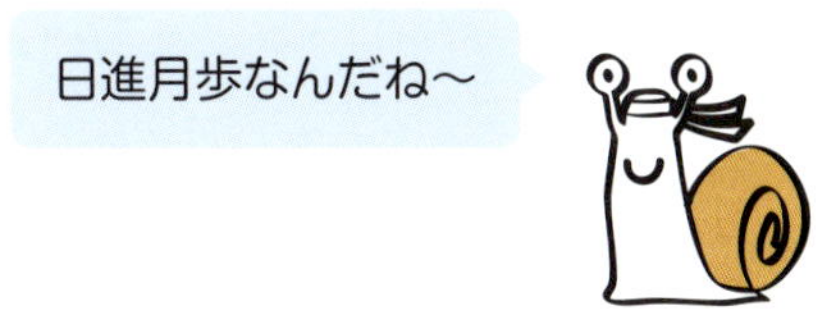

◇表　高効率給湯設備の種類

	エコキュート（家庭用自然冷媒（CO_2）ヒートポンプ給湯機）	エコジョーズ（潜熱回収型ガス給湯器）	エネファーム（PEFC）
			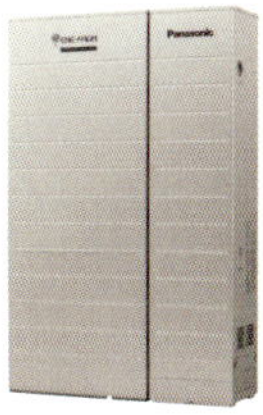
設置費（メーカー希望小売価格）	60万～100万円台（タンク容量が300～370リットル）	30～40万円台（給湯能力24号の場合）	200万円台（給湯能力24号の場合）
CO_2削減量（年間）	従来型ガス瞬間式比 約400kg CO_2 ※1	従来型ガス瞬間式比 約225kg CO_2 ※2	従来型ガス瞬間式比 約1.0t CO_2 ※3
性能	年間給湯保温効率（JIS）2.9～3.9	給湯熱効率95%（従来型ガス瞬間式は80%）	エネルギー利用率97%
耐用年数（設計標準使用期間）	10～15年	約10年	10年間フルサポート
保証・点検	①コンプレッサーは3年間、②タンクは5年間、③その他1年間、無料保証	設置後約2年間はメーカーが無料保証	設置後10年間フルサポート

※1：給湯負荷：日本工業規格JIS C 9220の年間給湯保温モード熱量　※2：給湯器側、LPガスの場合
※3：120㎡の木造戸建住宅、4人家族、年間給湯負荷17.1GJ、床暖房も使用しての試算
写真提供：エコキュート・エネファーム／パナソニック、エコジョーズ／ノーリツ

key word 053

最新省エネ設備の導入③
—その他自然エネルギーの活用—

Point

- 自然のエネルギーを利用した発電は、二酸化炭素を出さないなど空気を汚しにくいメリットがある
- 雨水の再利用や地中熱ヒートポンプは比較的採用しやすい

実用化されている自然エネルギー

全国的に普及し、実績を重ねてきた太陽光発電だが、高緯度地域や多雪地域、また都心の狭小地などの屋根面積が小さい建物では効率が落ち、万能ではない。近年では、そういった地域を中心にほかの自然エネルギーの活用も実践されてきている。

地熱と蒸気を利用した発電

火山国の日本では、地中に豊富に蓄えられた地熱をエネルギー源として取り出し、タービンを回すことで発熱し、その熱をエネルギーに変える地熱発電が可能である［図2］。身近なものでは、1年を通して水温の安定した地下水をくみ上げ、冷暖房などに使用する地中熱ヒートポンプがある［図3］。地下水は外気温の変化に影響されにくいため、少ないエネルギーで利用することができる。これらは二酸化炭素の排出が少ないため、空気を汚しにくい。

風の力を利用した発電

風の力を使って風車の羽根を回し、その回転力をエネルギーに変える風力発電もある［図4］。地熱同様、国産として永続して供給可能な資源であり、熱を発生する過程で二酸化炭素を発生しない、クリーンな熱源である。風力から電気エネルギーへの変換効率もよく、期待される方法といえる。ただし、設置場所の確保や、設置にかかる初期の設備投資費用など、十分な調査と見極めが必要である。

今後期待される発電手段

ダムほどの流量ではなくとも、さまざまな水流の落差エネルギーを使って発電する、小水力発電がある［図5］。クリーンな熱源として実用化されているが、設置場所など、住宅レベルでの実用にはまだ少し課題がある。

◇図1 雨水を再利用する

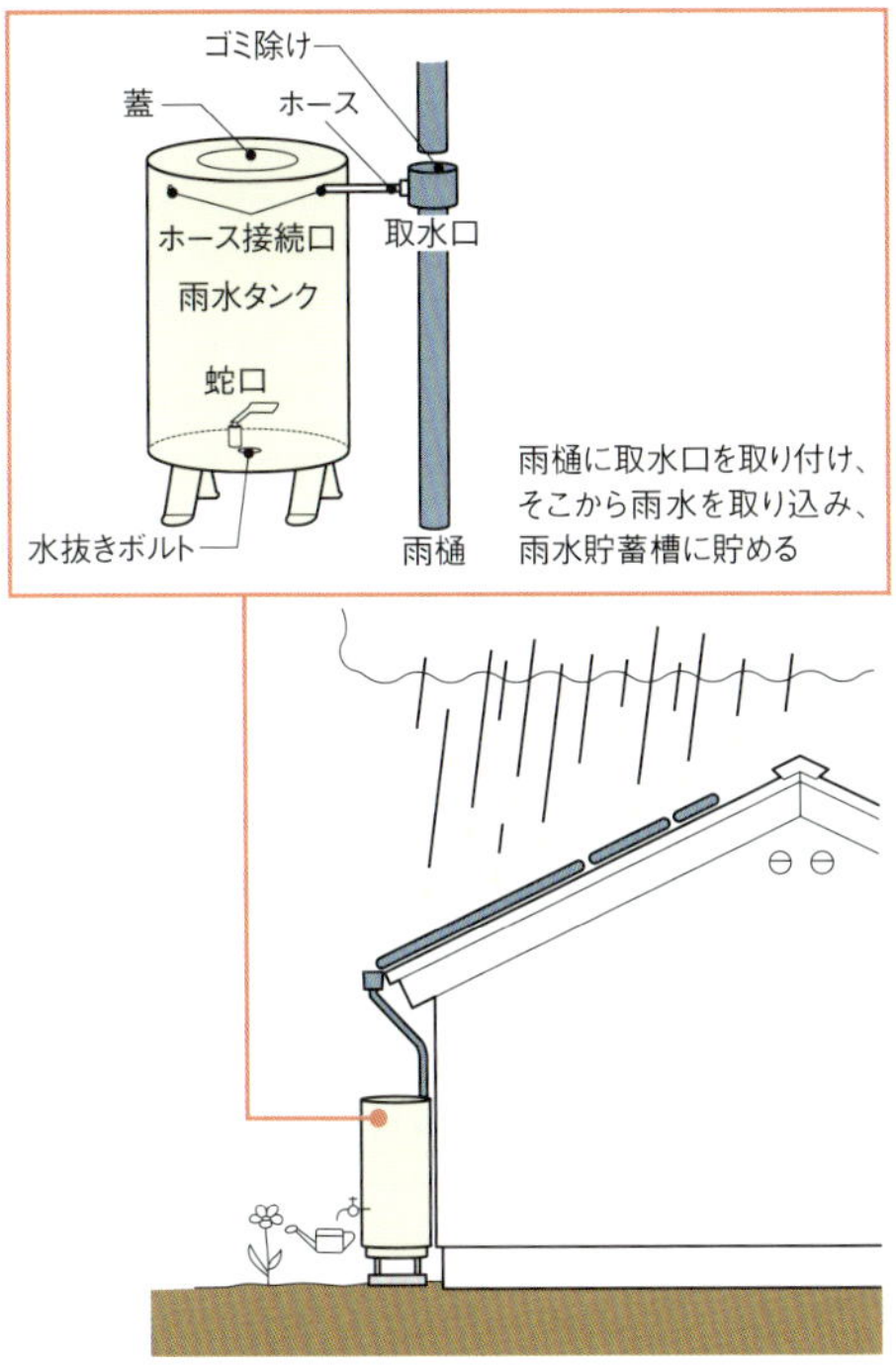

雨樋に取水口を取り付け、そこから雨水を取り込み、雨水貯蓄槽に貯める

◇図2 地熱発電の仕組み

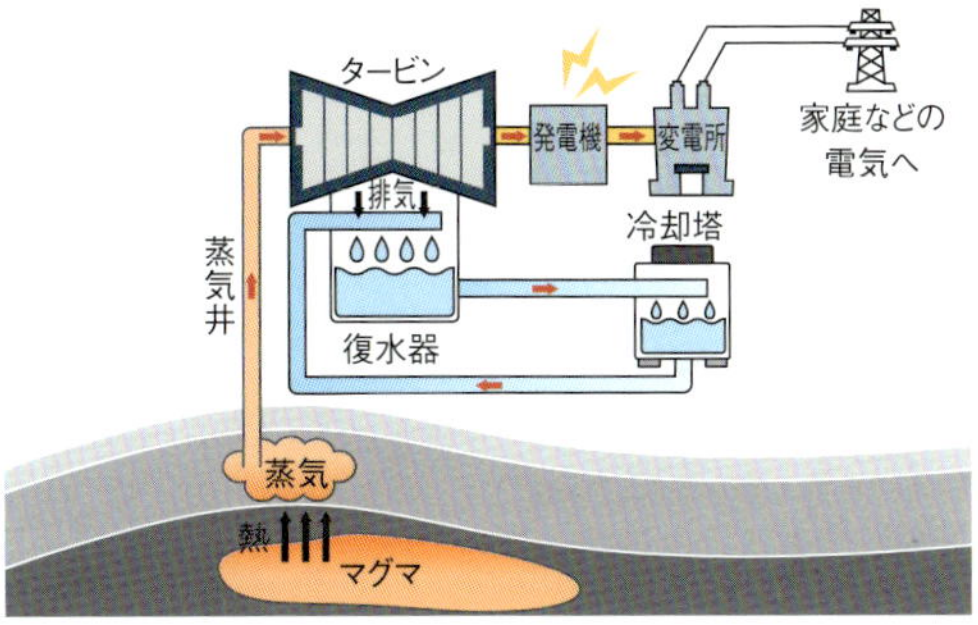

マグマの地熱で発生した蒸気でタービンを回す

◇図3 地中熱ヒートポンプの仕組み

地中熱15℃と安定した温度の地下水を、冷暖房に利用する

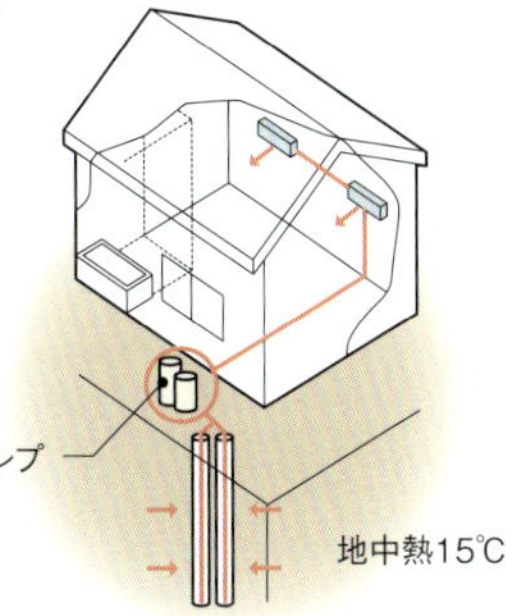

◇図4 風力発電の仕組み

風の力を受けて風車が回る

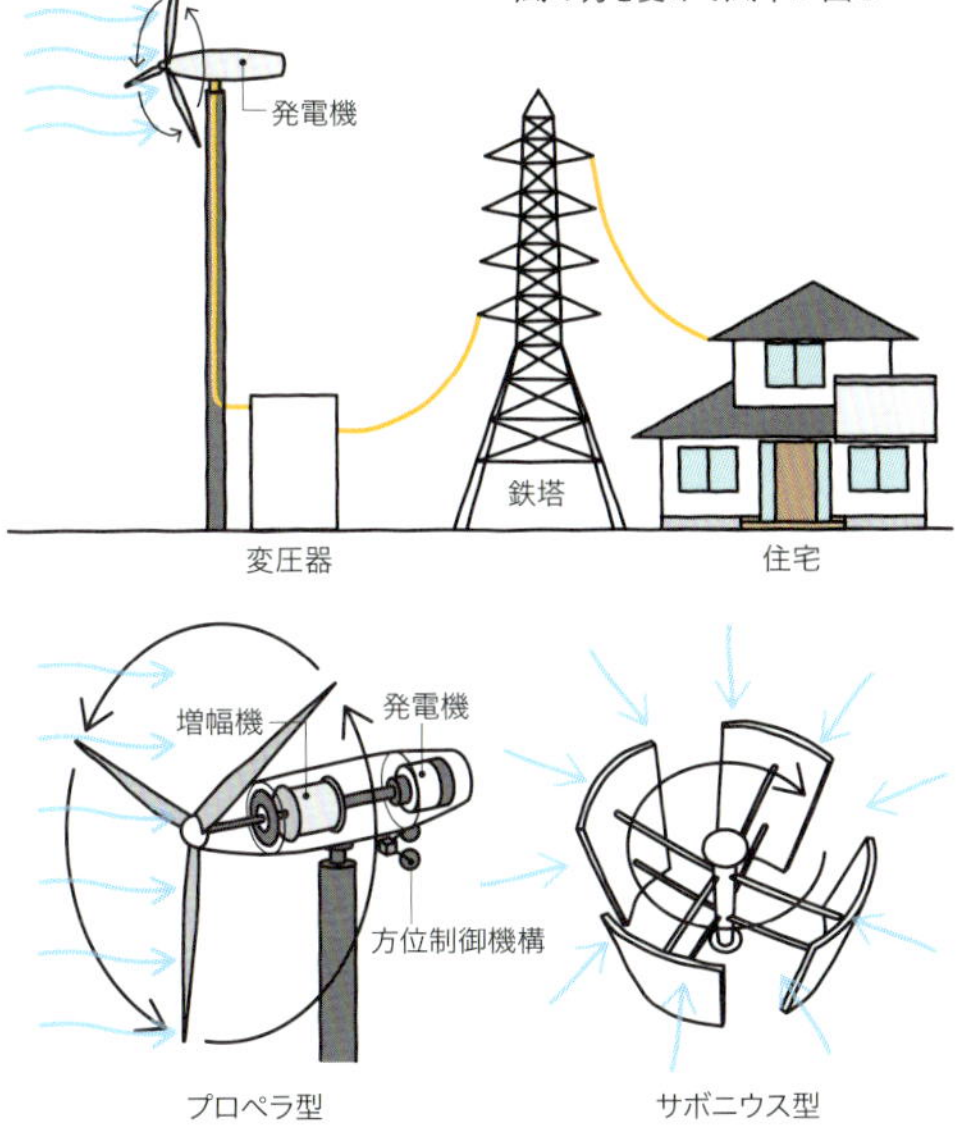

◇図5 小水力発電の仕組み

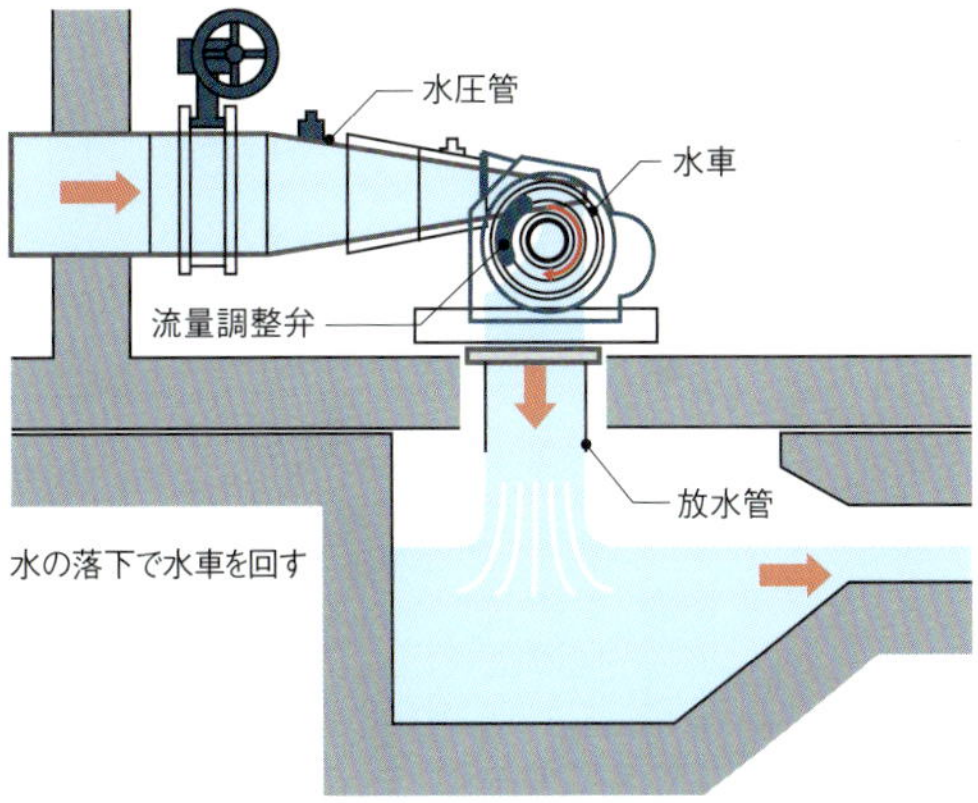

水の落下で水車を回す

これらの発電はCO_2を出さないから地球に優しいんだね！

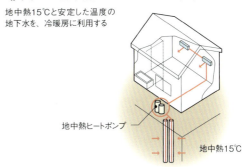

key word 054

最新省エネ設備の導入④
―エネファームで創エネ・自家発電―

Point

- エネファームは燃料電池を利用した自家発電システム
- 発電で発生したエネルギーを有効利用して給湯も行う
- 創エネ型住宅への採用を検討したい

発電で生じる熱を有効利用・創エネ

エネファームは燃料電池という技術を利用した自家発電システムである[図1]。都市ガスから水素を取り出し、空気中の酸素を反応させることで電気をつくる[図2]。また発電時の熱を回収して、貯湯ユニットの水を約60℃のお湯にして使える。つまり、電気とお湯を同時につくることができる創エネシステムである[図3]。このように１つのエネルギーから２つのエネルギーをつくるシステムは「コージェネレーションシステム」と呼ばれ、工場やビルなどでも幅広く利用されている。

エネルギーの可視化

エネファームでは、使っているエネルギーが可視化されるので、家庭の省エネ&エコの意識も自然と高まる効果がある。なお、家庭用燃料電池の設置には初期費用がかなりかかるので、国の補助金制度にも注視しておきたい。

設置スペースとコスト・回収年数

エネファームは、専用の貯湯ユニットと燃料電池ユニットの両方が必要であり、メンテナンススペースと合わせると、Ｄ９００×Ｗ２３００×Ｈ２３００の設置スペースが必要となる。そして、約４００kg（運転時）の荷重を固定する基礎の施工とそれを搬入する経路（将来的交換経路）を含めた検討が必須となり、戸建住宅における敷地内の設置にはさまざまな検討が必要となる。コスト的には、初期投資が１台当たり３５０万円程度かかり、国からの補助金制度はあるものの、それを差し引いても導入には約２００万円前後とコスト高であることは否めない。初期投資額を回収するには、約20年はかかると考えられる。なお、マンションでの利用は、設置スペースや給湯系統等の検討がさらに必要である。

◇図1　エネファーム概念図

都市ガスから水素を取り出し、空気中の酸素を反応させることで電気をつくる。また、発電時の熱を回収して貯湯ユニットに貯めてある水を約60℃のお湯に変えることができるシステム

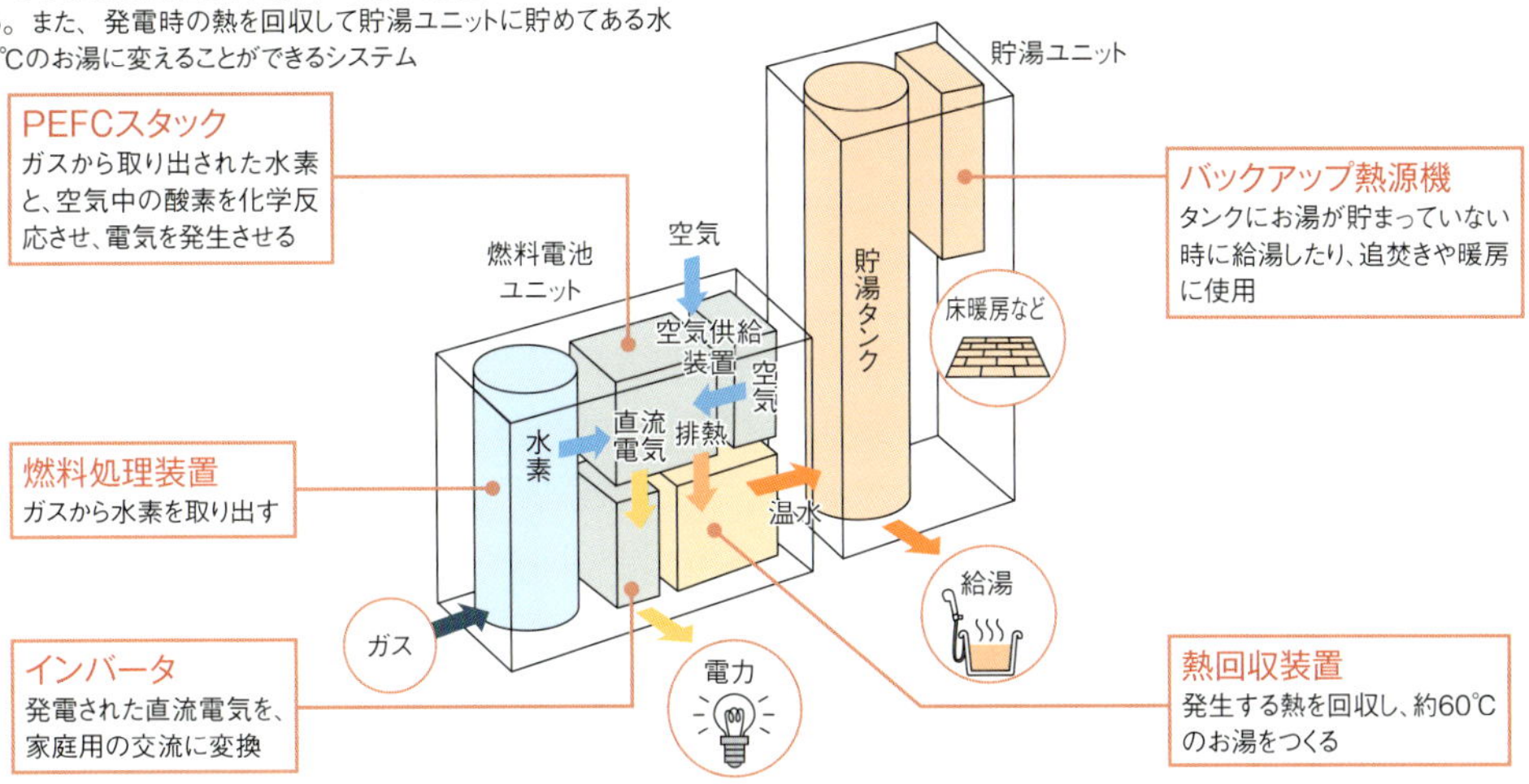

◇図2　発電の原理

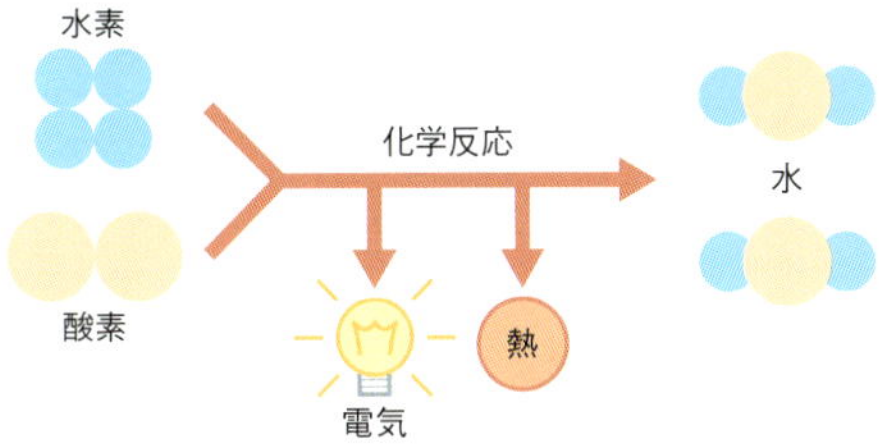

空気中の水素と酸素の化学反応から電気をつくり、その時発生する熱からお湯をつくる

◇図3　ライフスタイルに合わせた運転パターン

ライフスタイルに合わせて、生活に必要な電気をつくりながら、その時に出る熱を利用して必要な分だけお湯をつくることができる

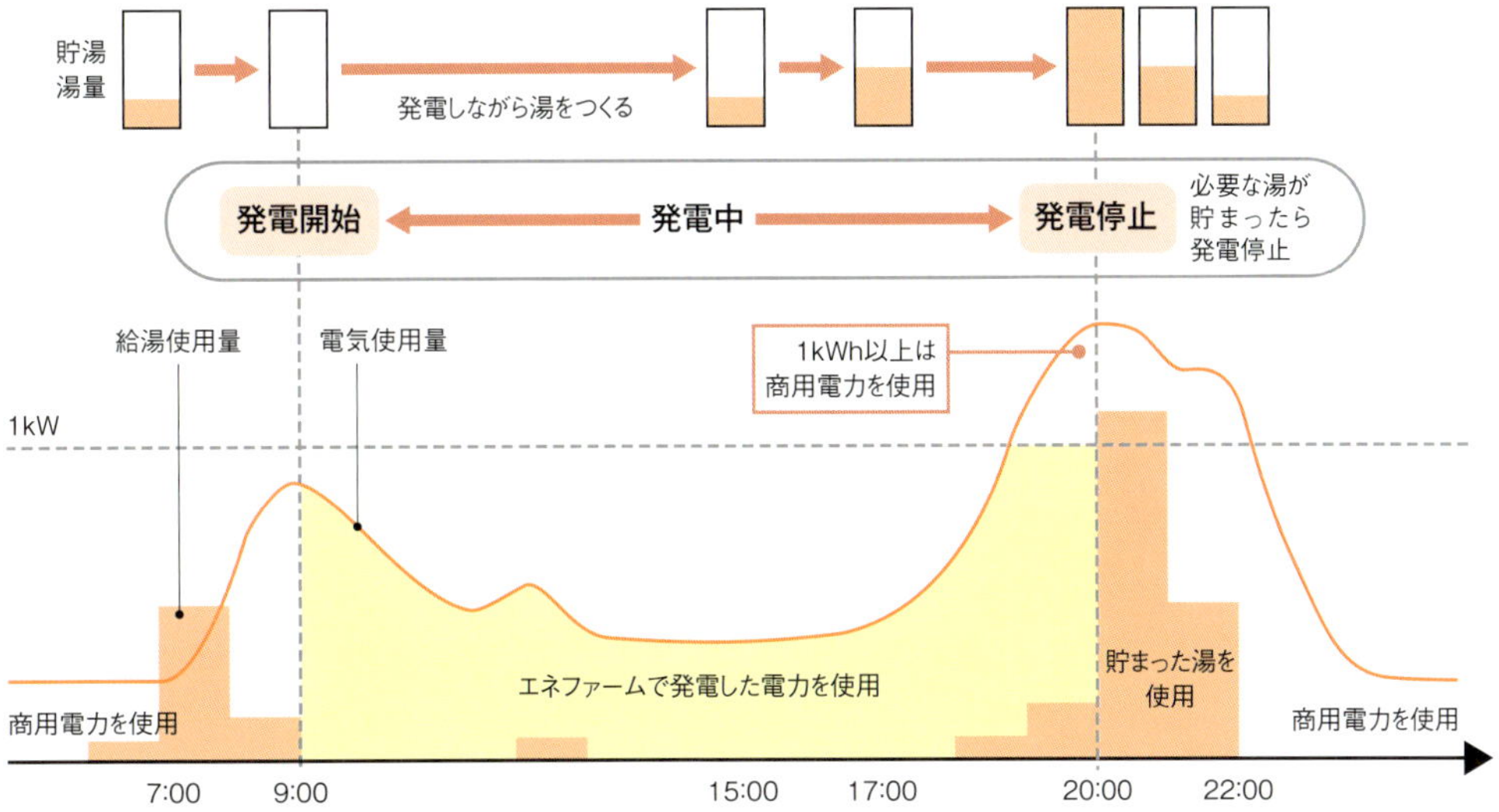

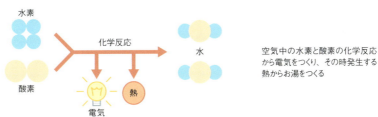

屋上緑化

Point

- 屋上緑化の計画で大切なのは、建物への荷重の検討と排水計画だ
- 軽量化するためのシステムを検討しつつ計画したい
- 風の強い地域では、地被類を勧める

荷重と保水の検討

戸建住宅での屋上緑化を計画する際、最も注意すべき点は建物への荷重である［図1］。屋上緑化の土壌には、適材を植え込む自然土壌、軽量化土壌システムなどがあるが［図2］、どちらも長時間保水しなければならないため非常に重くなる。

自然土壌では1㎥当たり1600kg程度になり、屋上に10cm敷き込むと1㎡当たり160kgの荷重がかかることになる［表1・2］。最近では自然土壌に替わる無機質系の軽量化土壌システムもあり［図3］、従来の軽量化土壌システムの半分以下の荷重でつくり込むことができるので検討したい。リフォームの場合は、既存の建物の構造確認と耐震性の検討が必要となる。

屋上からの排水

近年では集中豪雨が起こることが多く、排水にはより注意し計画しなければならない。

公共建築協会では排水基準を240㎜／時間以上としているが、余裕をもって計画する。排水溝・排水口がふさがれないようにし、防水の立ち上がりは200㎜以上取る必要がある。既存の防水のままでは難しいことが多いので、やり替えることを前提で考えておかなければならない。

植栽の検討

軽量土壌であっても種類によっては背の高い植栽も可能であるが、一般的には、戸建では160㎝程度を限界に考えておく。風の強い場所ではセダム、天然芝などの地被類を勧める。

夏場は水やりやメンテナンスをこまめに行う必要があり、自動散水システムが有効である。植栽の楽しみ方を建主とじっくり話し合いながら決定していくことが大切である。

◇図1　屋上緑化のポイント

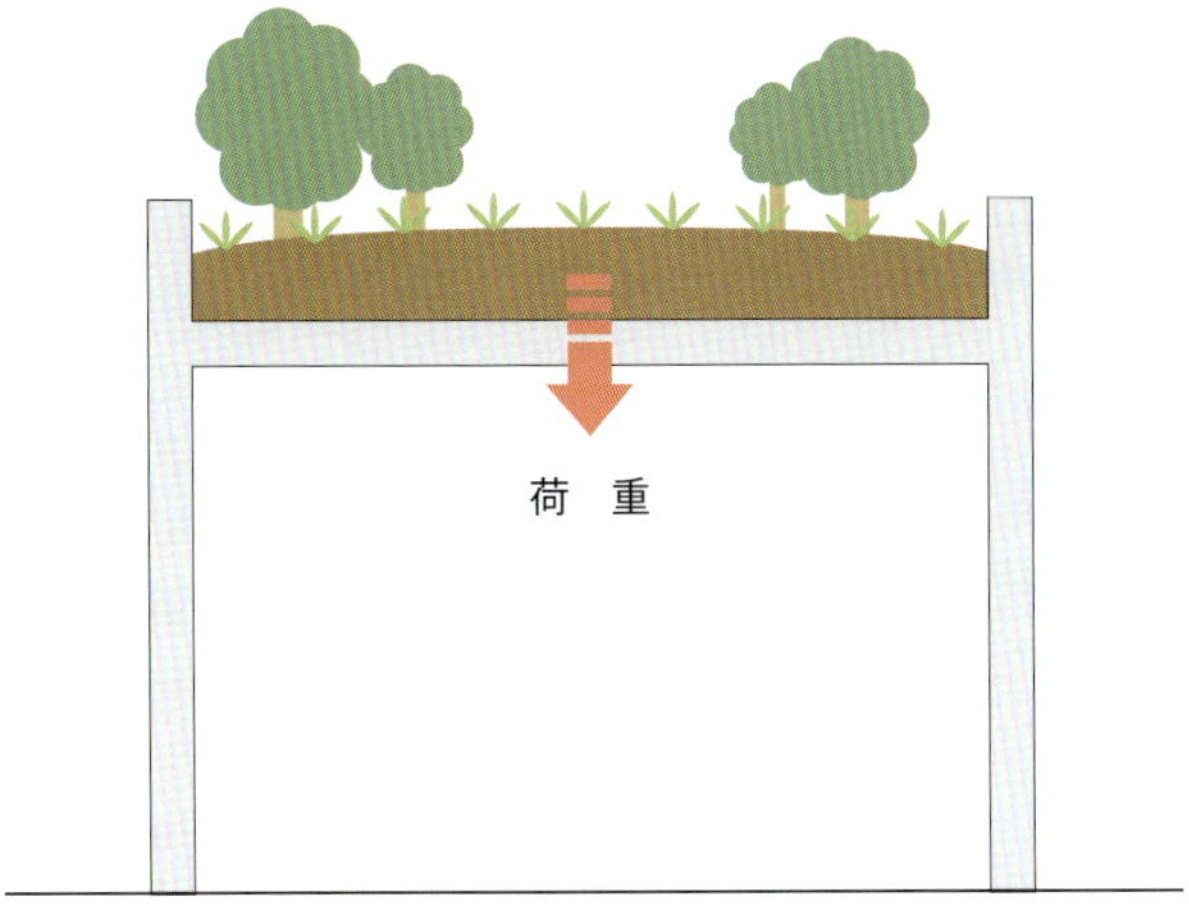

荷重に建物が耐えられるかどうかチェック

◇図2　一般的な施工方法

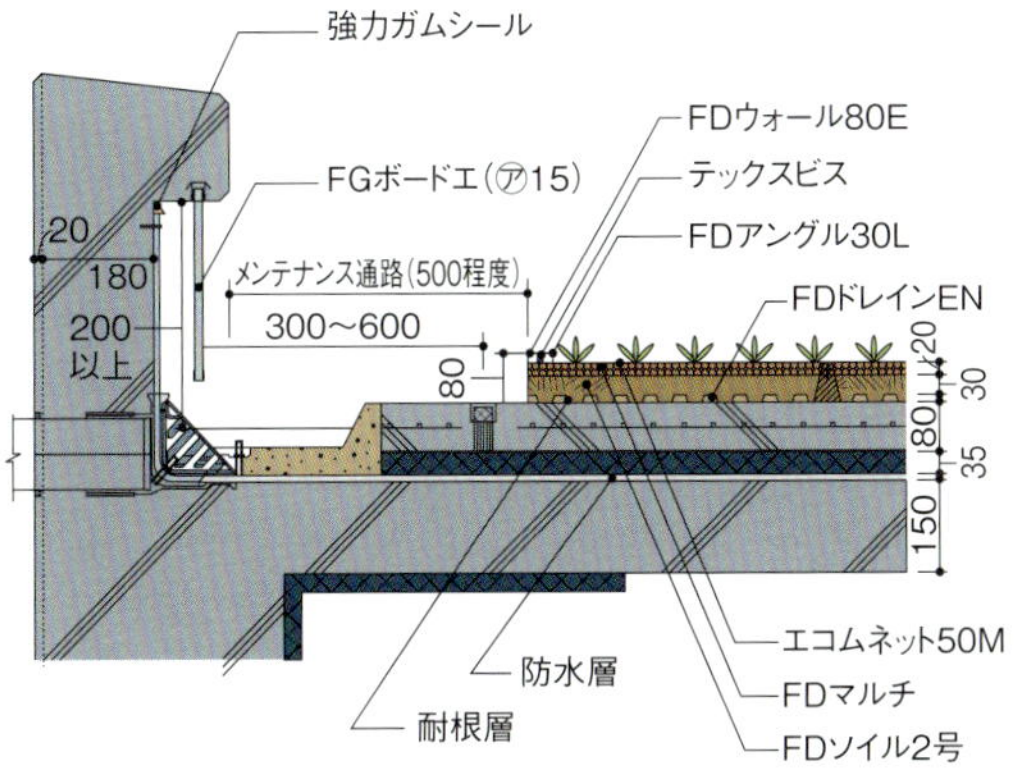

◇図3　無機質軽量土壌を利用した方法

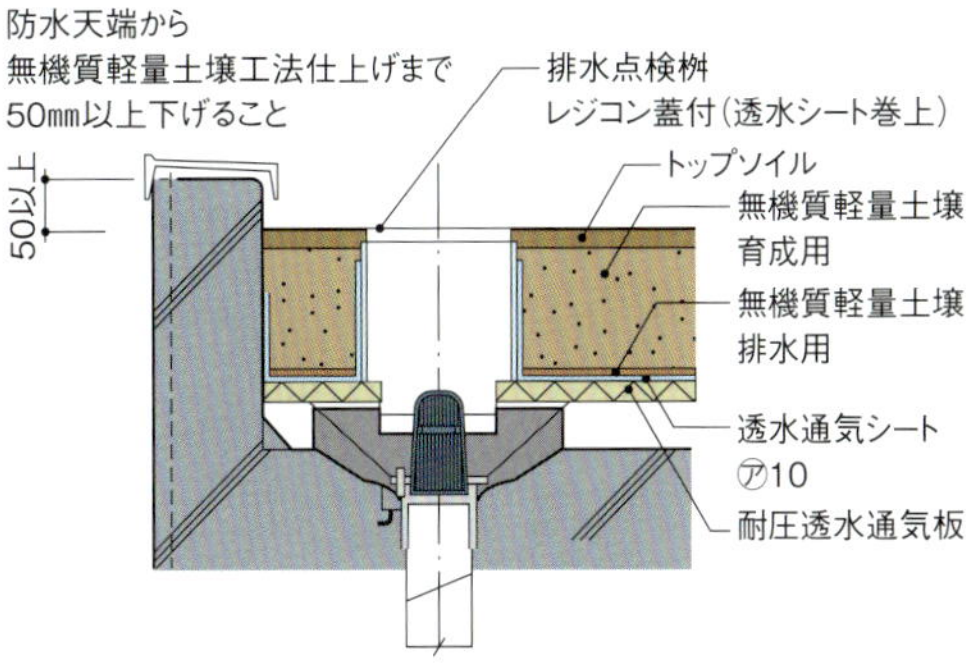

メリット
- 経年変化が少ない
- 保水性・排水性が高い
- 2m程度の植物を植えることができる
- 手入れがしやすい

デメリット
- 土壌の厚さは20㎝は必要なため、出入口ではさらに15㎝以上は必要
- 小さな植物しか植えられない

◇表1　土壌による比重の違い

土壌の種類	比重
黒土	1.6〜1.8
軽量化土壌（パーライト・ピートモス等混合）	1.0〜1.2
無機質軽量土壌	0.65

◇表2　土壌による㎡当たりの荷重の違い

（単位：kg）

土厚（㎜）	黒土	軽量化土壌	無機質軽量土壌
250	400〜450	250〜300	162.5
300	480〜540	300〜360	195
400	640〜720	400〜480	260
500	800〜900	500〜600	325
600	960〜1,080	600〜620	390
700	1,120〜1,260	700〜840	455
800	1,280〜1,440	800〜960	520
900	1,440〜1,620	900〜1,080	585
1,000	1,600〜1,800	1,000〜1,200	650

key word 056

オール電化とエコキュート

Point

- 時間帯によって異なる料金システムが生活スタイルに合うかチェックする
- 貯湯タンクの設置には転倒防止措置が必要
- 料金体系が変わる可能性やデメリットについても十分説明する

ライフスタイルに合うかチェックする

オール電化では、従来の電気とガスの併用熱源に比べ、使用する電気容量は増える。オール電化契約では、時間帯によって料金単価が異なる。割安となる夜間に比べ、昼間の料金は割高となるため、施主の生活スタイルに合っているか、注意が必要である。

エコキュートの施工

エコキュートとは、貯湯タンクとヒートポンプユニットの組み合わせをいう。タンクは平面で80㎝角、高さ2m近くあり、満水時は4t近い重量となる。タンクには本体より少し大きい90㎝角ほどの基礎を要し、転倒防止のための措置も必要となる［図1］。

エコキュートの設置では貯湯タンクと室外機の設置場所、それに伴う配管と外壁への貫通孔の確保が必要となる。室内に設置する場合は換気扇の設置やオーバーフロー対策が必要で、ベランダ等に設置する際には耐荷重と避難経路の妨げになっていないか確認する［図2］。

オール電化では電気容量の見直しが必要

これまでに比べ使用する電気容量が著しく増加するため、電気の契約容量の見直しが必要になる。集合住宅の場合は全体の引き込み総量が決まっているため、まずは変更可能か、管理組合や管理会社へ確認する。

設計では、熱源を電気としたＩＨ調理器は火気を使用していないため、火気使用室の内装制限は対象外となる。

オール電化では、緊急時にエコキュートの貯湯タンクを非常用水源として使用できるなどのメリットもある。将来のメンテナンスや交換の可能性などの条件も施主に説明し、理解を得たうえで決定をすることが重要だ。

◇図1　オール電化住宅に利用される設備

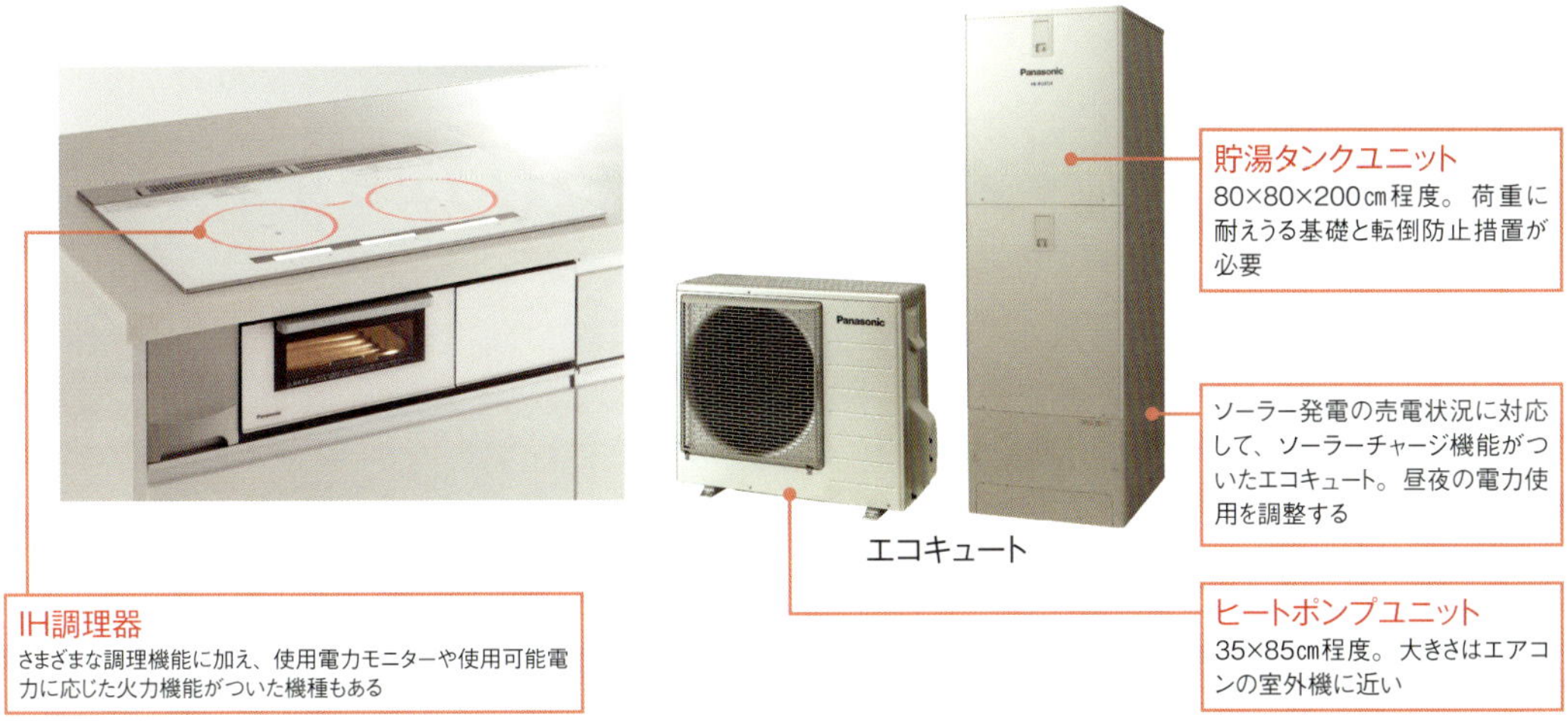
貯湯タンクユニット
80×80×200㎝程度。荷重に耐えうる基礎と転倒防止措置が必要
ソーラー発電の売電状況に対応して、ソーラーチャージ機能がついたエコキュート。昼夜の電力使用を調整する
エコキュート
ヒートポンプユニット
35×85㎝程度。大きさはエアコンの室外機に近い
IH調理器
さまざまな調理機能に加え、使用電力モニターや使用可能電力に応じた火力機能がついた機種もある

写真提供：パナソニック

◇図2　室外機の設置例

貯湯タンク転倒防止対策として、平成12年建設省告示第1388号および平成20年国交省告示第285号が改正され、平成25年4月に施行されている

ここがポイント

貯湯タンクの奥行きは、80㎝程度が一般的である。設置場所の確保が厳しい時は、奥行き45㎝程度の薄型タンクもある。転倒防止のための基礎または壁への固定をしっかりする必要がある

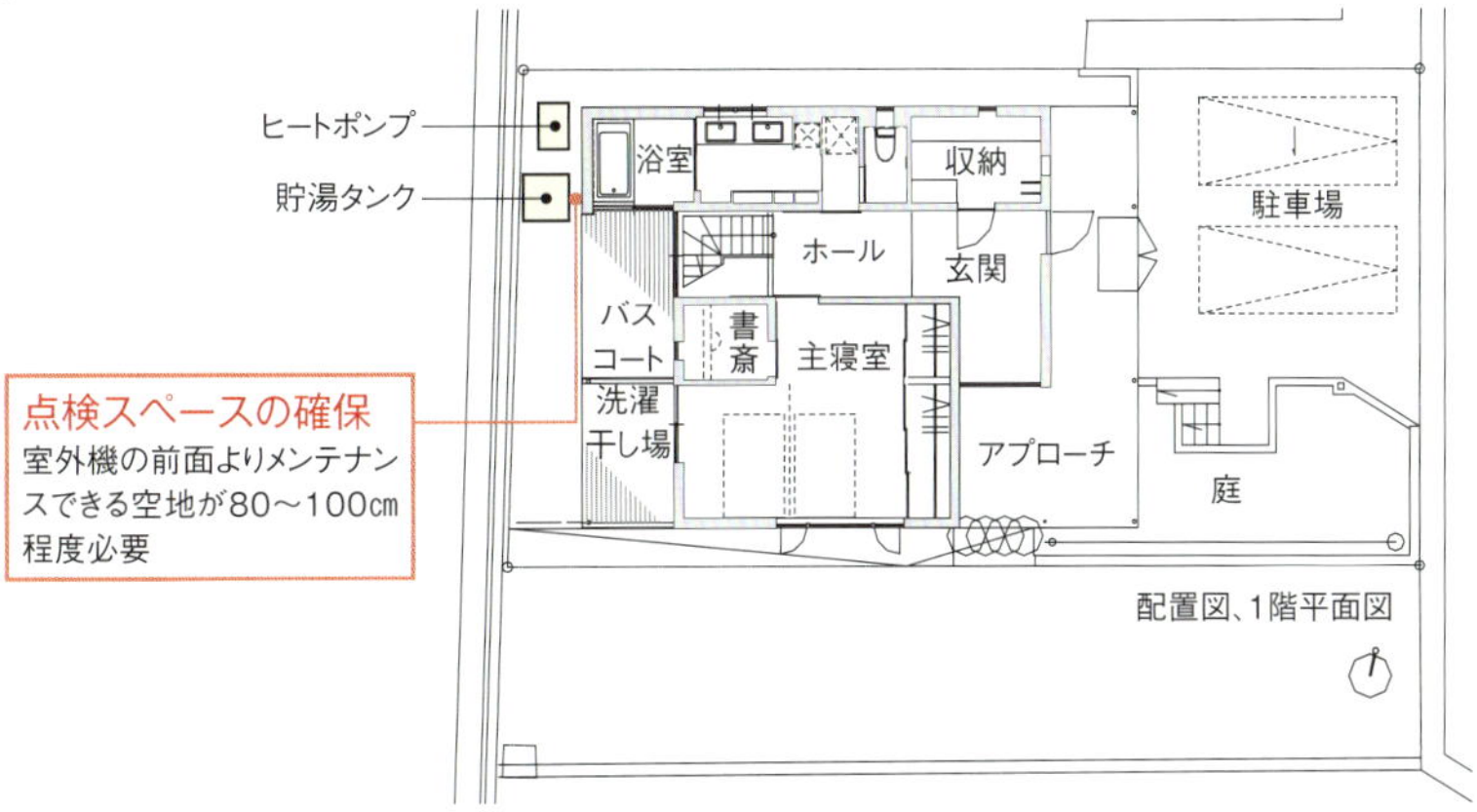
ヒートポンプ
貯湯タンク
点検スペースの確保
室外機の前面よりメンテナンスできる空地が80〜100㎝程度必要
浴室
収納
ホール
玄関
駐車場
バスコート
書斎
主寝室
洗濯干し場
アプローチ
庭

配置図、1階平面図

室外機を設置するときは、メンテナンス面も考えよう！

ヒートポンプユニットと貯湯タンクユニット

写真提供：平剛

key word 057

ホームエレベーターの設置

Point

- ホームエレベーターは、目的に応じた機種の選定が重要となる
- 設置スペースだけでなく構造的な検証も必要となる
- エレベーター設置では、確認申請が必要となる

機種の選定

ホームエレベーターには、利用目的に合わせて以下の3つのタイプがある［図1］。床面積に余裕があり、荷物の上げ下げもでき、家族で利用できる3人乗り。畳1帖分という最低限のスペースで設置でき、木造なら半間を利用できる薄型。介護者と車いすのスペースを確保し、座りながらの操作も可能な車いす対応型が大きなくくりとなる。すべてのタイプに、最少18㎝の段差を解消する機能が付いていて、高齢者のバリアフリー対策としても利用できる［図2］。また、地震対策として地震波の感知、火災時の煙をシャットできる扉の機能、省エネの観点から待機時間帯に節電モードになる機能などの付随しているタイプもある［表］。なお、すべてのホームエレベーターは2方向の出入口を上下階で変更できることが最大の特徴である［図3］。

構造的な検証を行う

ホームエレベーターの設置には、既存建物の床に開口をあける改築と、新たに建物の外に設置する増築がある［図4］。

一般的に既存建物の水平剛性は、床の火打材やベニヤで確保される場合が多く、新たにエレベーターシャフトを設けることによる床の断面損失は、ほかの部分で補強しなければならない。また、壁面にエレベーター開口をあける場合も同様で、筋交い等の耐力壁となっているかの検証が必要である。

いずれも、既存建物に負担がかかるため必要に応じて補強を行う。特に昭和56年6月以降※か否かで、構造的な検証は異なる。

ホームエレベーターの設置には昇降機確認申請が必要となるため、申請には、現在の住まいの検査済証が必要になる。

※：昭和56年6月以降に建築確認をした建物は、新耐震基準に適応している

◇図1　エレベーターの種類と基本寸法

エレベーターの利用目的や、設置スペースと既存構造体との両方から検討する

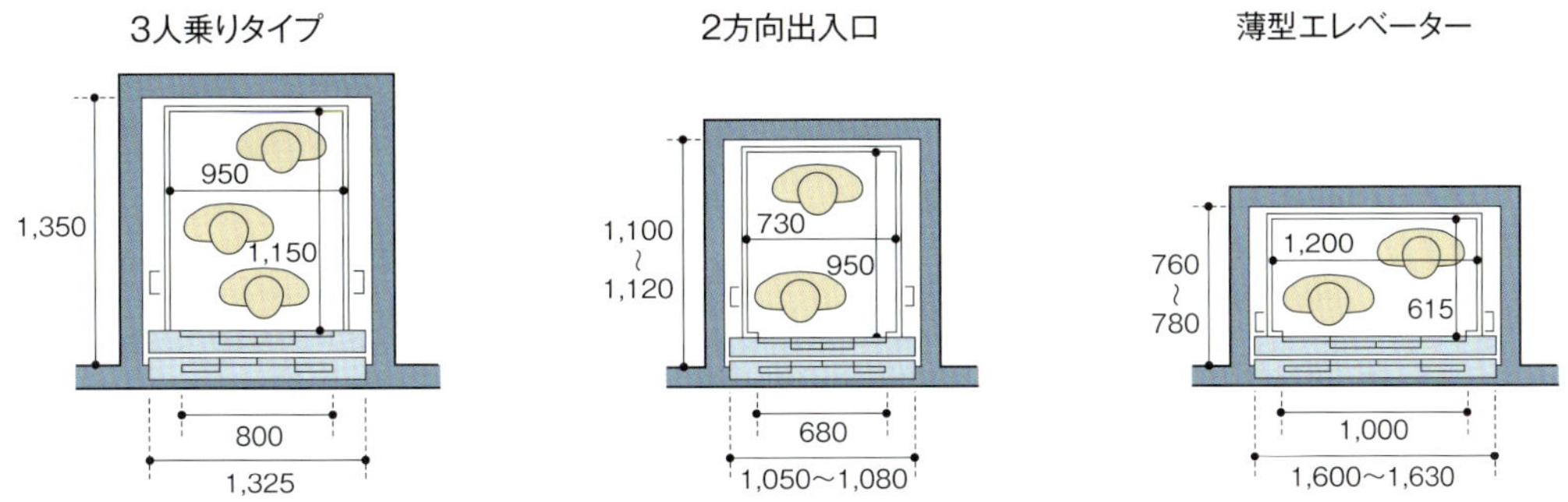

◇図2　車いすの対応例

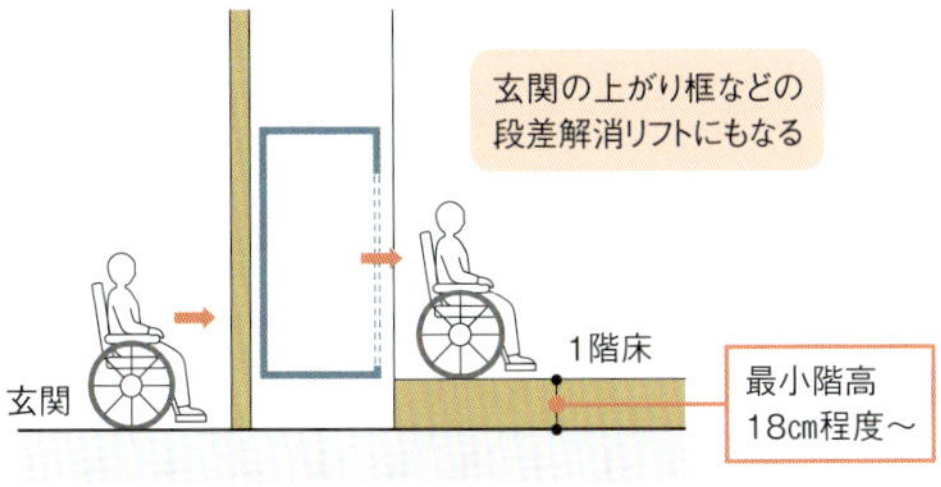

◇図3　2方向出入口の計画

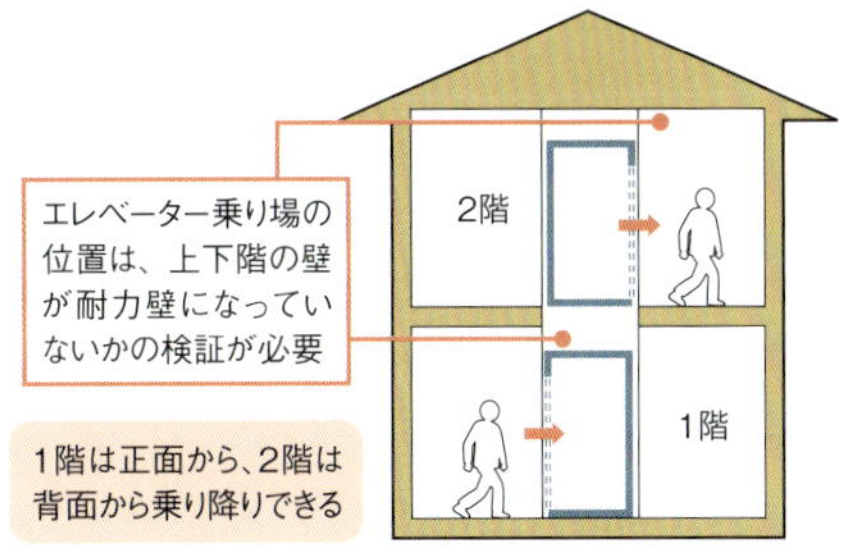

◇表　ホームエレベーターのさまざまな機能

扉開時間延長機能	・所定のボタンを押すことで扉の開放時間を3分延長できる ・1人で多くの荷物を持っての乗り降りが楽になる
P波センサー付地震時管制運転	・運転中に地震が発生した場合、自動的に最寄り階にて停止させドアを開く
省エネモード	・一定時間の使用がない場合、ルーム照明、換気装置等が自動停止
遮煙乗場ドア	・昇降路へ侵入しようとする煙をシャットアウトする ・防火設備を併設しなくてよい

◇図4　既存建築へのホームエレベーター設置例

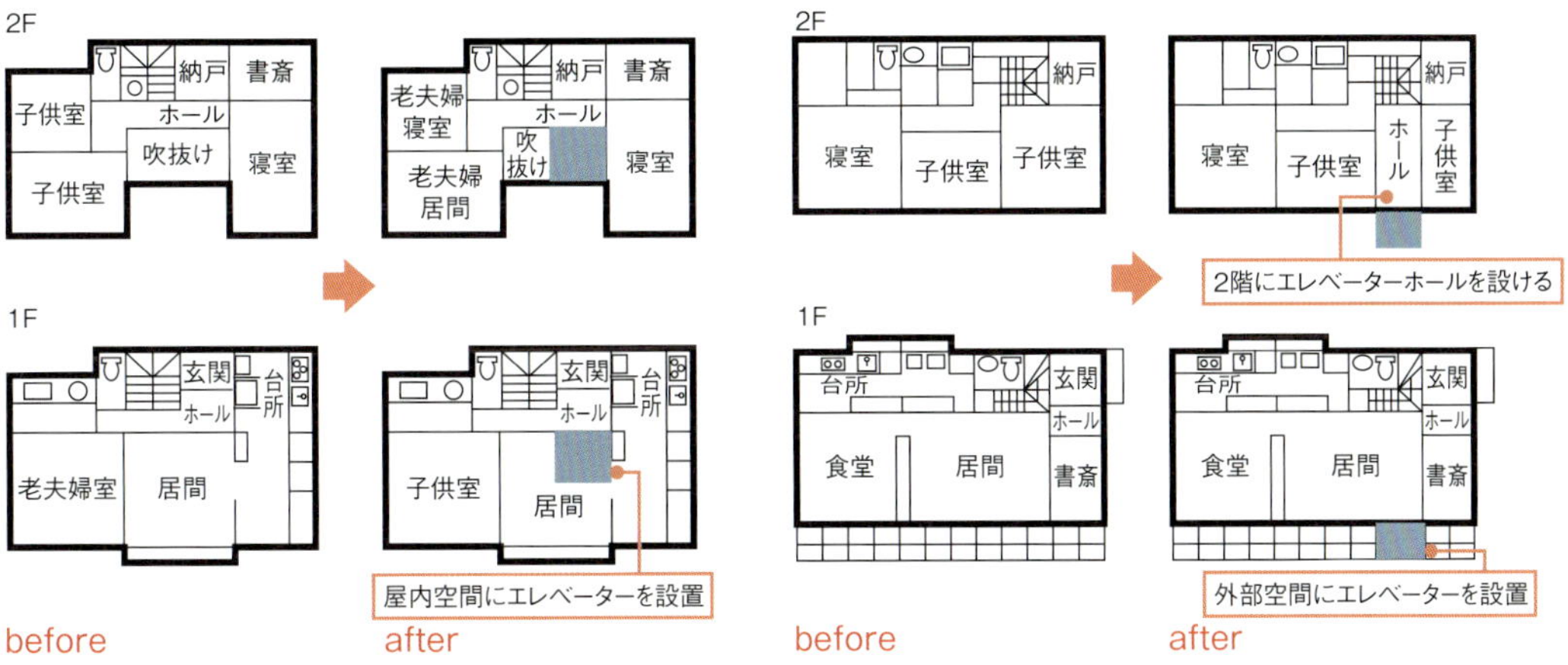

既存配管の再生（メンテナンス）

Point

- 既存の配管を使用する時には、劣化状況の確認が重要となる
- 特に、給水管の劣化は健康への影響がある
- 配管の設置場所の環境によっても、その状態は大きく変わる

現状確認と再生・再利用のポイント

既存配管を再生・再利用する際には配管の使用年数、材質、水漏れ、詰まり、さび、腐食などの劣化状況や、特に近年の節水型トイレの普及から、勾配やエルボの数などの状況確認が必要だ。同時に点検、補修・修繕記録にも目を通したい。ポイントは、管の劣化は内面であり外面からは目視ができない点。ただし、地中埋設管では埋め戻し土壌の性質による劣化もあることを知っておきたい。

給水管は健康への影響も大きいため、劣化状況の確認は怠れない。現在使用禁止の管材の交換はもとより、15〜40年の耐用年数に応じた交換が必要である。メンテナンスや補修、部分的な交換で対応可能かを検討し判断する。次にメンテナンスの選定や部分的な交換箇所の確認を行う。リフォーム後のメンテナンスも行えるように、新たな点検口の設置なども検討することが必要となる。

◇表　メンテナンスの目安

設備機器			一般的耐用年数	メンテナンスの目安
配管類	給水 排水 消火 ガス	亜鉛メッキ鋼管	10〜20年	劣化箇所の部分補修 5〜10年 管更正を行う場合 10〜15年
配管類	給水 排水	塩ビライニング鋼管	20〜25年	劣化箇所の部分補修 5〜10年
配管類	給水 排水	硬質塩化ビニル管	15〜30年 （設置場所により異なる）	劣化箇所の部分補修 5〜10年 外部配管は塗装 10〜12年 振動等による故障都度
配管類	給水 ガス	ポリエチレン管	15〜30年	劣化箇所の部分補修 5〜10年
配管類	排水 ガス	コーティング鋼管	20〜25年	劣化箇所の部分補修 5〜10年
配管類	給湯	銅管	15〜20年	劣化箇所の部分補修 5〜10年
配管類	汚水	鋳鉄管	25〜30年	劣化箇所の部分補修 5〜10年

第5章

構造計画と
リフォーム設計

key word 059

構造躯体のチェックポイント

Point

- 木造では、土台と基礎の締結を確認する
- 水廻りの土台は腐朽していることが多い
- マンションでは壊せない壁をチェックする

調査は内から外へ

戸建の木造軸組工法の場合には、構造材である柱、梁、土台が劣化していれば入れ替えることは可能である。ただし、施工方法、工期、予算等を考えたうえで、計画を進めることが大切である。

建物は建物全体のバランスで、強風時の風圧、地震発生時の揺れなどに耐えるようにできている。そのため新しくやり替えた部分だけを構造的に強くしてしまうと、もとの部分との全体のバランスが悪くなり、かえって建物全体の強度が弱くなってしまうこともあるので注意したい。

床下の確認

基礎は外周部だけではなく、必ず床下へ入り、内部の布基礎がつながっているか、ひびはないか、湿気はないか、土台は腐っていないか、シロアリの被害はないかなどを確認する。

特に浴室が1階にある場合は、脱衣所から浴室に入る扉の下にある土台をよく注意して確認する。湿気で腐朽していることが非常に多い。何においても建物を支える基礎や土台から確認することが重要である[表・図]。

マンションの構造チェック

マンションの場合、鉄筋コンクリートでつくられた部分は基本的には壊せない。内部に鉄筋の入っていない場所やコンクリートブロックの部分を解体したい場合は、マンションの図面および構造計算書で確認、チェックを行い、管理規約を確認したうえで、マンションの管理組合に相談・報告をしなければならない。

また工事の際、躯体のコンクリートに異常があったり、鉄筋の露出やさびが見られるようであれば、管理組合に報告をしなければならない。

◇表　チェックリスト

項目		調査目的	確認内容	確認手法
構造	基礎	強度、劣化状況	鉄筋の有無 コンクリート強度試験 （シュミットハンマー）	床下調査
	柱・梁	強度、劣化状況	割れ、腐れ、大きさ	小屋裏調査
	筋交い	強度、劣化状況	耐力の有無 取付け方法※1、割れ、腐れ	小屋裏調査
	地盤調査	土地の強度	地耐力	床をめくってSWS試験（4カ所以上）※2
設備		配管の劣化状況	桝の改修の有無 床下配管	床下外部調査 竣工時期
電気		配線の劣化状況	床下、天井配線の改修の有無	床下、小屋裏の調査 竣工時期
仕上げ	床	強度、劣化状況	きしみ、たるみ、割れ	目視
	壁	強度、劣化状況	割れ、腐れ	目視
	天井	強度、劣化状況	割れ、腐れ	目視
	下地	強度、劣化状況	割れ、腐れ	目視
水漏れ		水廻りおよび屋根の劣化状況	水漏れ箇所の特定	散水試験 通水試験
シロアリ		水廻りなどのシロアリの有無	水廻り、屋根などの被害状況	床下、小屋裏、水廻りの調査

※1：現在は、平12建告示1460号により金物が指定されているが、昔の建物ではせいぜい釘打ち程度。筋交い自体に割れや腐食がなければ、所定の金物で補強できる
※2：住宅瑕疵保険責任保険第4条で建築物の四隅付近を含めて、調査箇所は4点以上とされている

現地調査に欠かせない道具とその使い方

・レーザー測量器：水平、垂直を測定
・メジャー（5m以上）：天井高、部屋の寸法、開口部の寸法
・ドライバー、脚立、懐中電灯：床下、小屋裏調査
・常時微動測定器：建物の固有振動により剛性の調査

◇図　構造調査のチェックポイント

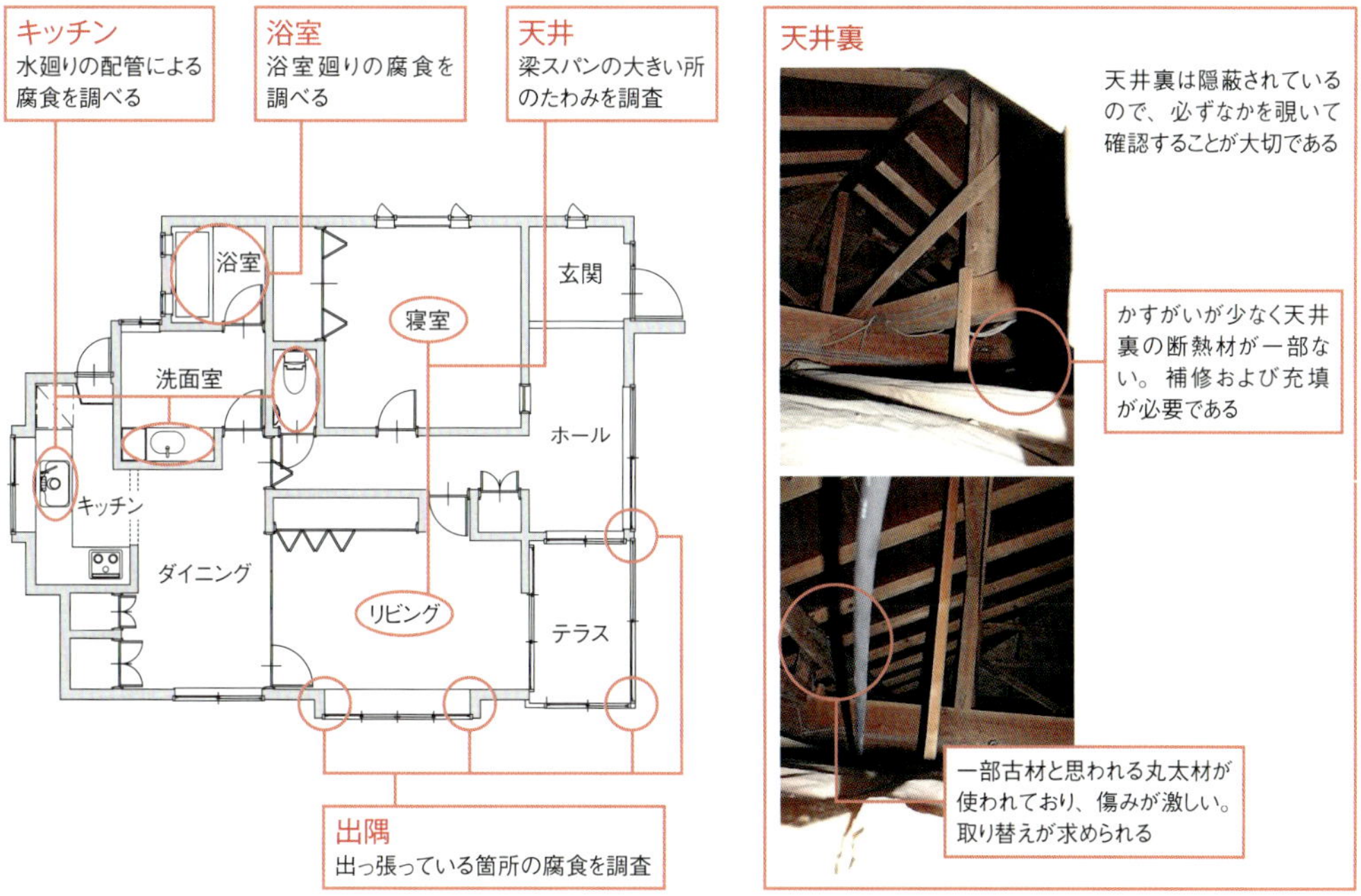

key word 060

耐震リフォームする場合の現地調査

Point

- 木造住宅の基礎チェックでは鉄筋が入っているかを確認する
- 構造体では、耐力壁の配置と金物の設置が重要
- 屋根材の重さにより耐震性能の確認が異なる

現地調査では、目視や下げふり・水平器など簡単な道具で経年変化の状況や建物の劣化を判断できる。

基礎と土台の確認

まず、基礎の形状が、ブロック造、玉石などの石積み、布基礎なのか、ベタ基礎なのか、独立基礎なのかを床下から点検調査を行う。

この時、併せて土台や柱脚部の蟻害や腐食具合の調査を行う。特に浴室等の水廻りでは腐食がある場合が多いため、入念にチェックする。腐食などがあると耐力は著しく低下するため、注意が必要である[表]。

さらに基礎に鉄筋が入っているか、入っていないかを専門の鉄筋探査機を用いて調査を行う[写真]。機器が高価であれば、レンタル等を利用するとよい。鉄筋が入っていれば、基礎の評価としては安全側の評価ができる。無筋であるとひび割れの確認が重要であり、基礎の補強が必要となる。地盤に関しては、近隣データや近隣の状況も併せて判断する。

構造体の確認

柱・梁に関しては小屋裏点検口から小屋裏を検査できるのであれば、各部の経年変化状況、もともとの施工状況、梁の組み方が適正かどうかを確認する。耐力壁の配置と必要な部分に金物がきちんと入っているかなどの調査を行う。

屋根・外壁の確認

屋根や棟の破風が波打っていないか、外壁に著しいひび割れが入っていないか。また外壁に変色がないか、柱や壁が傾いてないか、建具の立て付けが悪くないかなどを確認する。屋根材料のチェックでは瓦などの重い屋根なのか、金属板に代表される軽い屋根なのかも耐震計画上必要な情報となる。

◇表　耐震診断で問診したい10個のチェック項目

- □ 建物の建築時期
- □ いままでに大きな災害に見舞われたかどうか
- □ これまでに増築しているかどうか
- □ 傷んでいる箇所や改修の有無
- □ 建物の平面形状
- □ 大きな吹抜けの有無
- □ 1階と2階の壁面が一致しているかどうか
- □ 壁配管のバランス
- □ 屋根の仕上材と壁の数
- □ 基礎の形状

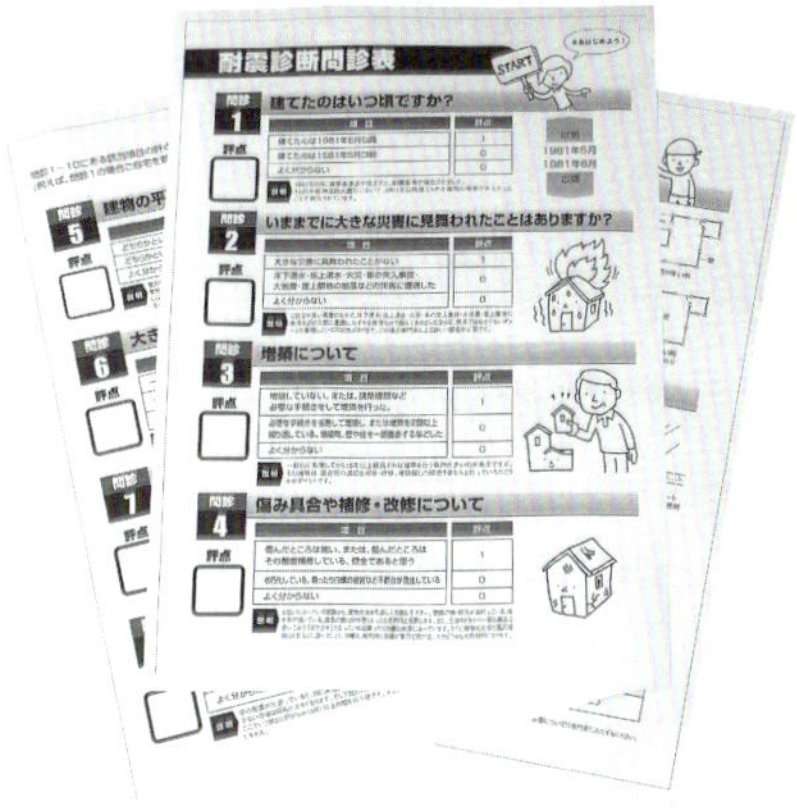

個人でも比較的簡単にできる耐震問診票
出典：㈶日本建築防災協会

◇写真　現地調査で使用する道具

1 含水計

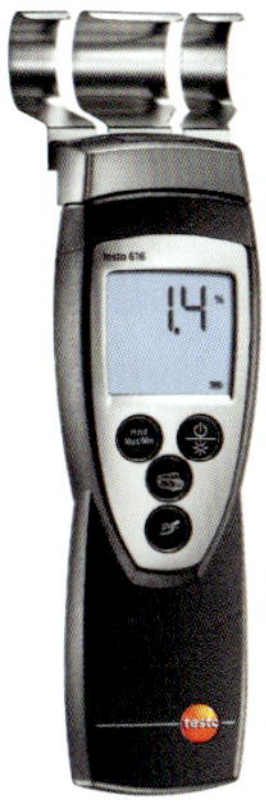

雨漏り探査にも効果を
発揮する木材含水計
写真提供：テストー

2 鉄筋探査機

基礎の配筋などコンク
リート内の鉄筋探査で
重宝する
写真提供：日本無線

3 マルチ探査機

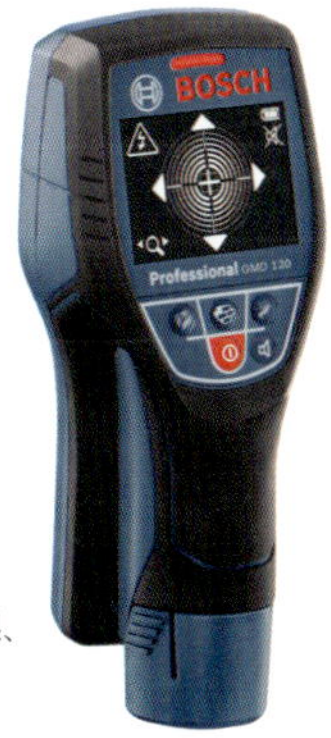

壁の中の木、金属、配線、
樹脂配管を探知する
写真提供：BOSCH

4 水準器

傾きや勾配を確認する必需品
写真提供：マイゾックス

木造住宅の地盤と基礎

Point

- 建物の耐震改修を行う前に、地盤の確認が必要
- 地盤沈下対策にはさまざまな地盤改良の方法がある
- コンクリートブロックに荷重をかけない基礎をつくる

地盤の強度を確認

木造住宅の耐震性を考える際、基本的なことにもかかわらず見落としがちなことが地盤の強度だ。新築時に地盤調査がされていたとは限らないため、耐震リフォームをする場合は、まずは建物の地盤がしっかりとしているかを確認する[図1]。万一、十分な耐力がなく、液状化現象のおそれなどがある場合には、地盤改良を行うことが大切である。

たとえば不同沈下が予測される場合は、地盤改良・杭工法によって建物を支える。柱状改良は、セメント系固化材を地盤に注入し、原地盤を柱状固化して地盤強化を図る工法。砂質・粘性土の地盤に適している。

表層改良は、地盤とセメント系固化材を混合して固化することで、地盤の耐力を増し不同沈下を防ぐ。

また、ＲＥＳＩＰ工法は、細い鋼管を数多く地盤に管入する工法で、狭い場所、換算Ｎ値が2以上の周面摩擦が比較的に取れる所に適している。

地盤沈下が起きてしまった時の対策手段として、アンダーピニング鋼管圧入工法などで建物を支えるという方法がある。基礎下の支持層に鋼管を挿入してその反力によって建物をもち上げる[図2]。

基礎の確認

基礎の確認では、立ち上がりを構成する梁のクラックに十分注意する。外周部の確認をする場合、古い建物でコンクリートブロック基礎の上に建物が載っている場合がある。

その場合は、建物をジャッキアップして基礎をつくり替えるか、コンクリートブロック(ＣＢ)基礎の外または内側に新しく基礎土台をつくり、建物の荷重がＣＢ基礎にかからないようにすることが大切だ。

◇図1　地盤の調査

地盤の確認 → ・液状化 ・不同沈下 のおそれ → 地盤改良

（地盤改良方法の検討）

基礎の確認 → ・基礎にクラック ・コンクリートブロック の場合 → ・エポキシ樹脂注入 ・カーボンファイバー補強 ・補強基礎新設　など

（基礎補強の検討）

◇図2　地盤沈下が起きてしまった時の対策

1 アンダーピニング鋼管圧入工法

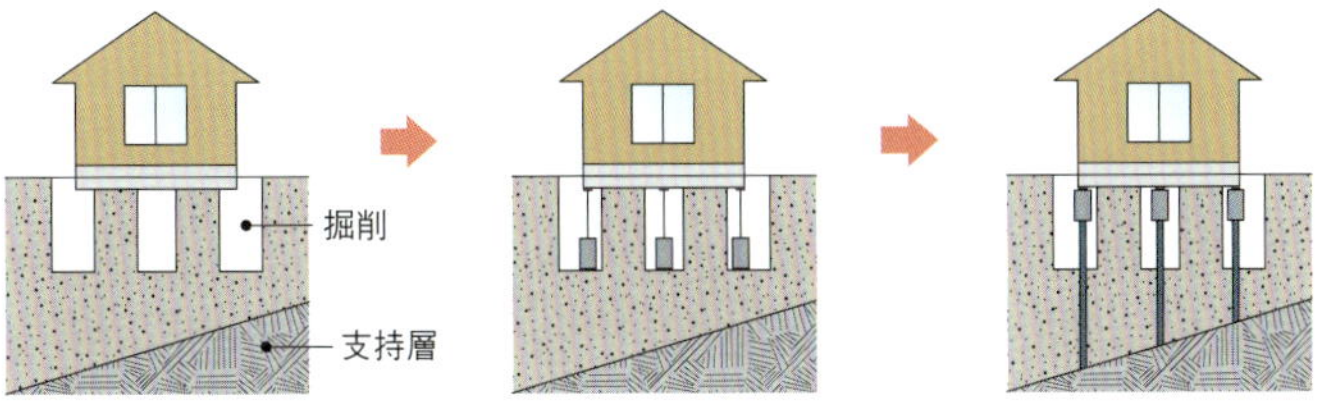
掘削
支持層

基礎下を掘削

油圧ジャッキを設置

油圧ジャッキ下へ鋼管を支持地盤まで挿入する。埋め戻し

建築面積：60㎡程度
工期：3～4週間
価格：500万～800万円
特徴：
・固い地盤の反力を利用するため、再沈下のリスクが少ない
・仮住まいの必要なし
・ベタ基礎、布基礎ともに適用可能
採用条件：
支持地盤が深く、高さが違う時に有効

2 アンダーピニング耐圧版工法

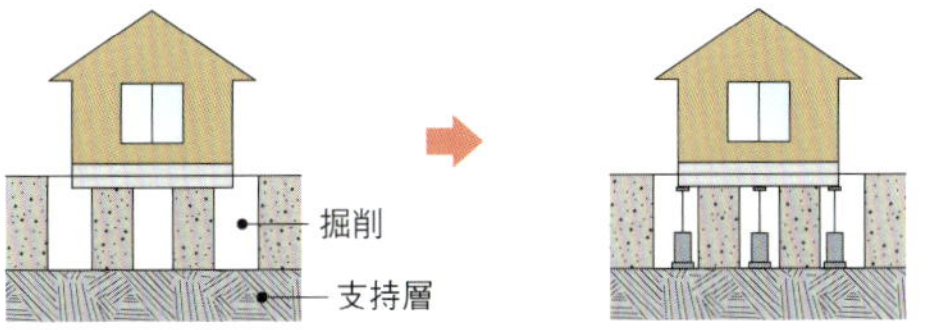
掘削
支持層

基礎下を支持層まで掘削

耐圧板を設置し、そこに油圧ジャッキを設置。埋め戻し

建築面積：60㎡程度
工期：2～3週間
価格：450万円程度
特徴：
・仮住まいの必要なし
・工期が短い
・ベタ基礎、布基礎ともに適用可能
採用条件：
支持地盤が浅く、高低差がない時に有効

3 薬液注入（グラウト材）工法

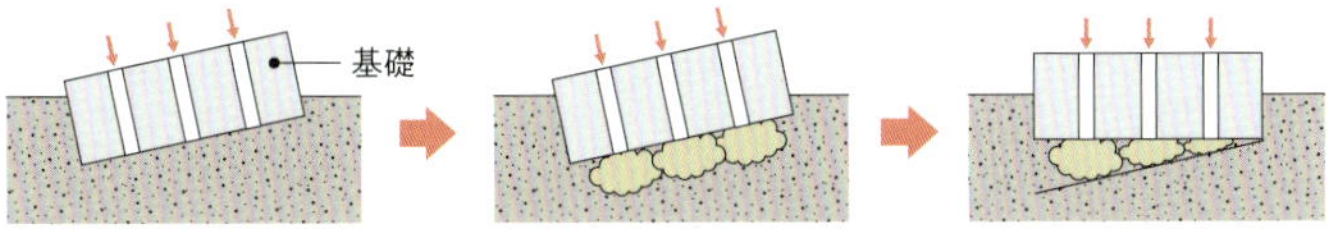
基礎

基礎下部の地盤に複数の注入管を設置

注入管にグラウト材を油圧式高圧ポンプにて注入

ミリ単位で復元が可能

出典：サムシング

建築面積：60㎡程度
工期：1週間程度
価格：450万円程度
特徴：
・構造物の外周掘削が不要
・無騒音、無振動
・仮住まいの必要なし
・ベタ基礎が条件
採用条件：
一部の地盤が沈下した時に有効

地盤の質、支持層の深さによって工法が異なるので、適切な工法を選ぼう！

耐震計画木造編①
―在来軸組工法―

Point

- 木造住宅の耐震計画を立てる場合、まず既存の基礎を確認する
- 基礎に問題があれば補強を行う
- 耐震壁を増設する場合はバランスよく配置する

在来軸組工法での基礎補強

基礎に問題が発覚し、補強をしなければいけない場合、ジャッキアップ等を行わない限り、一般的には新たに基礎をつくり直すことは難しい（061参照）。そこで通常行われるのが、既存基礎に抱き合わせて新たに新規の基礎をつくる補強方法である［図1］。この場合、既存基礎の側面を十分に目荒らしして、コンクリートどうしの定着をよくするようにする。ほかには、炭素ファイバーやグラスファイバーを基礎に巻く補強方法もある［図2］。また、地耐力が弱い場合は、コンクリートの耐圧盤をつくって基礎面を広くすることにより耐力を上げる。

耐震壁の補強

耐震壁の補強には筋交いで行う場合と構造用合板で行う場合の2通りがある。間仕切の変更や外壁の改修、窓の位置の変更を伴う場合は、新規壁面に筋交いを入れたり外壁面に構造用合板を入れ、耐力壁とすることが望ましい［写真］。古い住宅の床面については根太による下地の組み方が多い。根太組であると、床の面剛性が弱いので、構造用合板で補強を行い、床組の耐力を上げる。既存の梁せいが小さければ、下から新規の梁を入れて補強する。

平成12年以前の建物であれば、偏芯率のチェックや金物のチェックなどを行い、ホールダウン金物や筋交いプレート等の新規設置を行うことことが望ましい。壁量に関しては耐震等級1～3の基準［表］がある。壁量を増やすと間取りも制約されるのでバランスよく壁量を追加することが重要である。

屋根の耐震性への影響

屋根は、耐震上は瓦などの重たい屋根でなく、金属板などの軽い屋根に変更することが望ましい。

◇図1　抱き合わせによる基礎補強方法

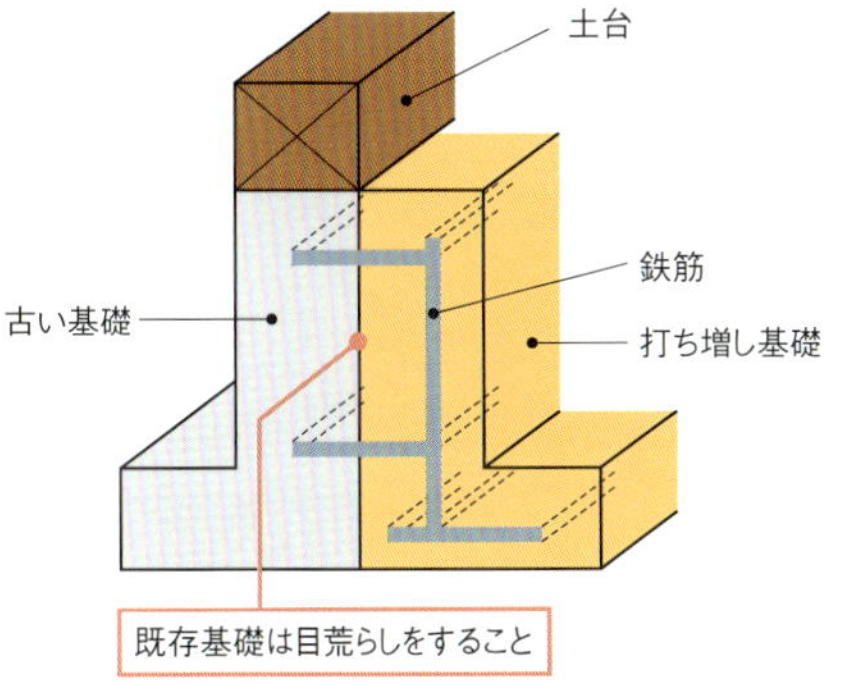

◇図2　炭素ファイバーによる基礎補強方法

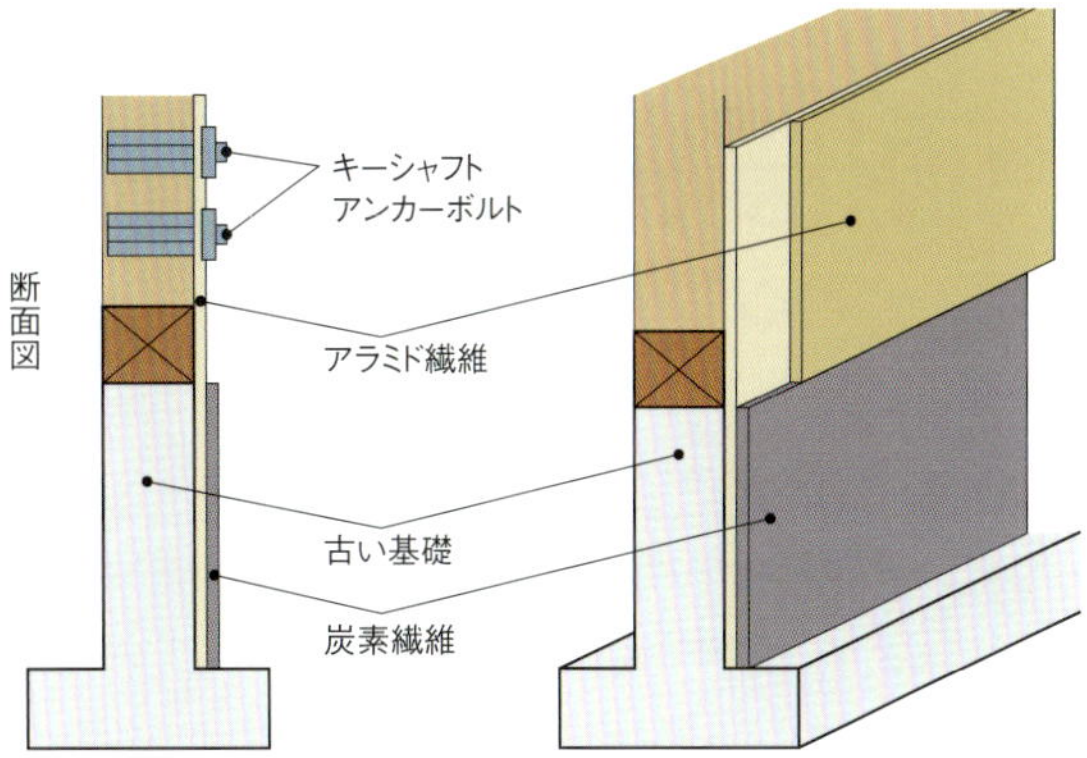

◇写真　補強の例

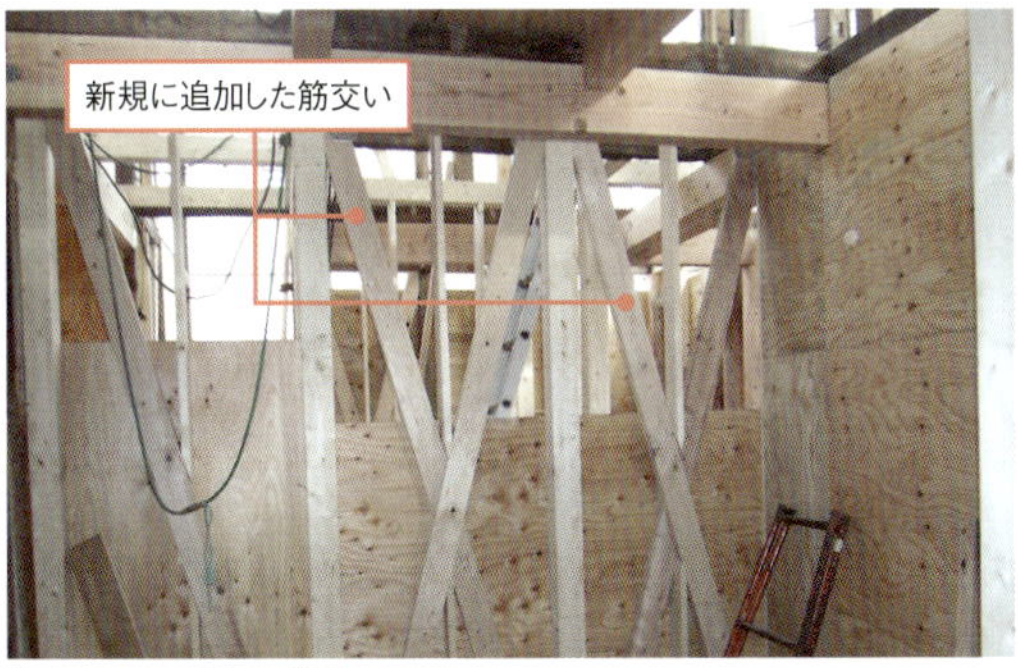

筋交いによる壁量の補強

構造用合板による補強

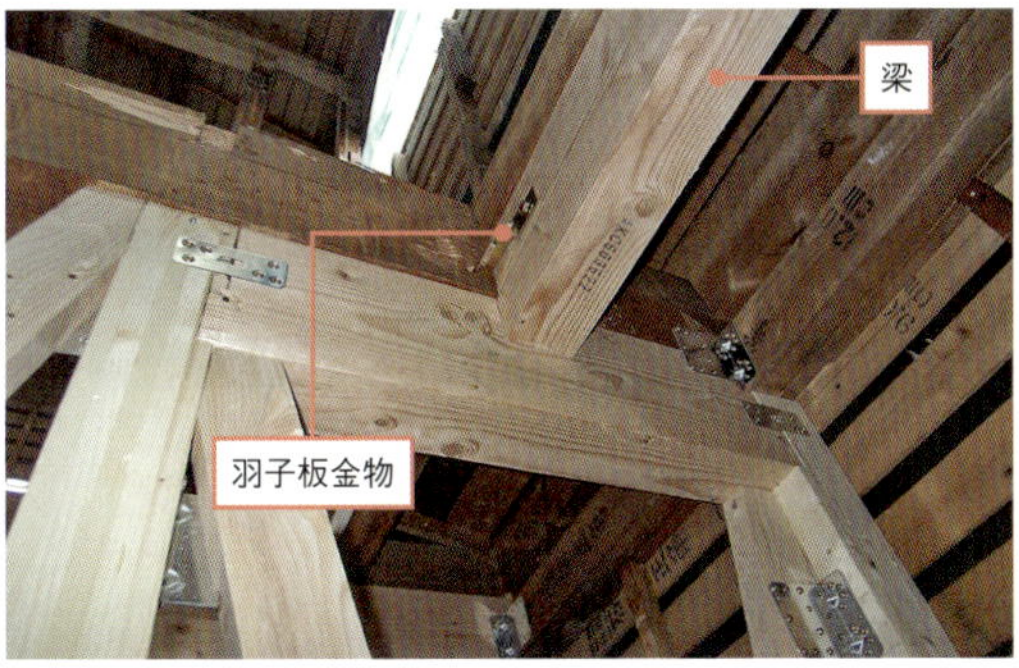

既存梁の下に新規梁にて補強

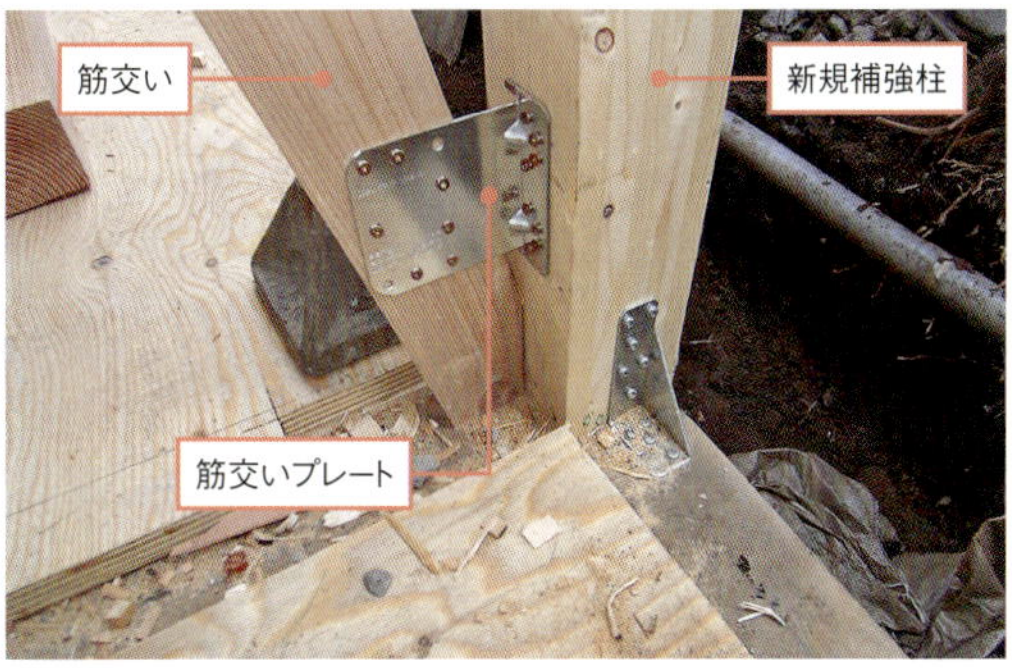

筋交いプレートによる緊結補強

◇表　品確法・耐震等級の目安

等級1	数100年に1度発生する地震（東京では震度6弱から震度7程度）の地震力に対して倒壊、崩壊せず、数10年に1度発生する地震（東京では震度5強程度）の地震力に対して損傷しない程度（基準法同等）
等級2	上記の地震力の1.25倍の地震に対抗できる壁量
等級3	上記の地震力の1.5倍の地震に対抗できる壁量

耐震計画木造編②
―2×4工法―

Point

- まずは、基礎のチェックと基礎と建物の接合を強化する
- 耐力壁はバランスよく追加し、床の補強も忘れずに
- 金物で補強する場合は、外壁の防水にも注意する

基礎の強化と基礎と建物の接合強化

2×4工法が軸組工法に比べて地震に有利と思われる理由は、床、壁、屋根などの6面体でつくられていることが挙げられる。また、それぞれが構造用合板と根太・スタッド・垂木等からなる箱状で構成されるため、軸組工法よりも剛性が強いと同時に、細部まで告示で仕様が規定されていて（細部の釘の種類本数まで）施工状態によるばらつきが少ないことにある。長期優良住宅の一般基準にのっとった場合、耐震等級は2または3となる。

このように、剛性が取りやすい工法の場合、耐震リフォームでは、基礎の強化および基礎と建物の接合部の強化が重要となる［図1］。

耐力壁のバランスと床の補強

次に大切なのは、構造壁の配置のバランスである。たとえば耐力壁を追加する時は、それを緊結する上下の床根太（添根太等）の補強も同時に必要である。また、内張りの石膏ボードを構造用合板に替え耐力を増すことも多い。その他、梁やまぐさの断面寸法不足については、添え梁等を施すが、その場合は、その荷重を受けるスタッドの補強を忘れずに行う［図6・7］。

金物による補強

その他、帯金物等による部材の緊結の補強を行うことも多いが、多くは外壁合板に施すため、外壁仕上げの除去が必要で、復旧での雨仕舞に注意すること。また、腐れやシロアリ等で損傷している部材は、完全に除去してから補強材を施す。

住宅では金物による補強以外に、制震装置や免震装置など、特定の企業が対応を始めている。しかし、耐久性や価格の面では発展途上といえるため、十分な検討が必要だ。

◇図1　両面開口部詳細

1階に両面開口を設けた場合

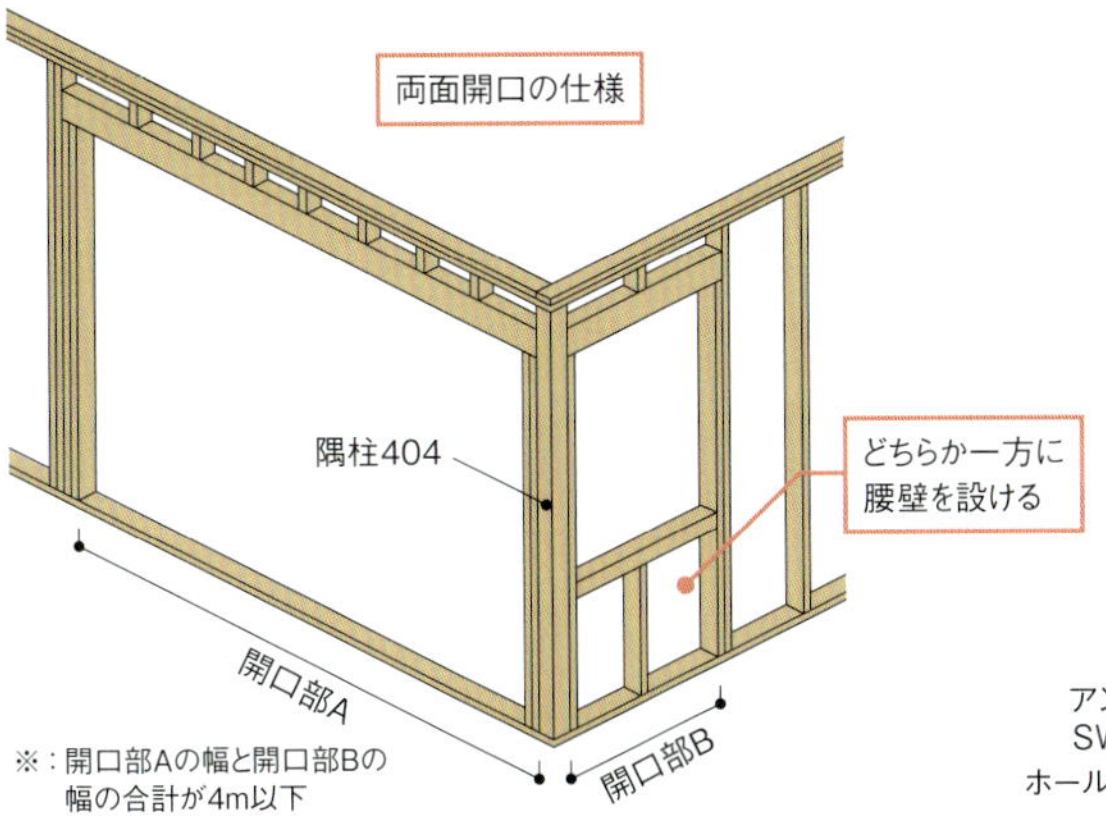

2階部分に両面開口を設けその直下に
掃き出し窓を設けた場合

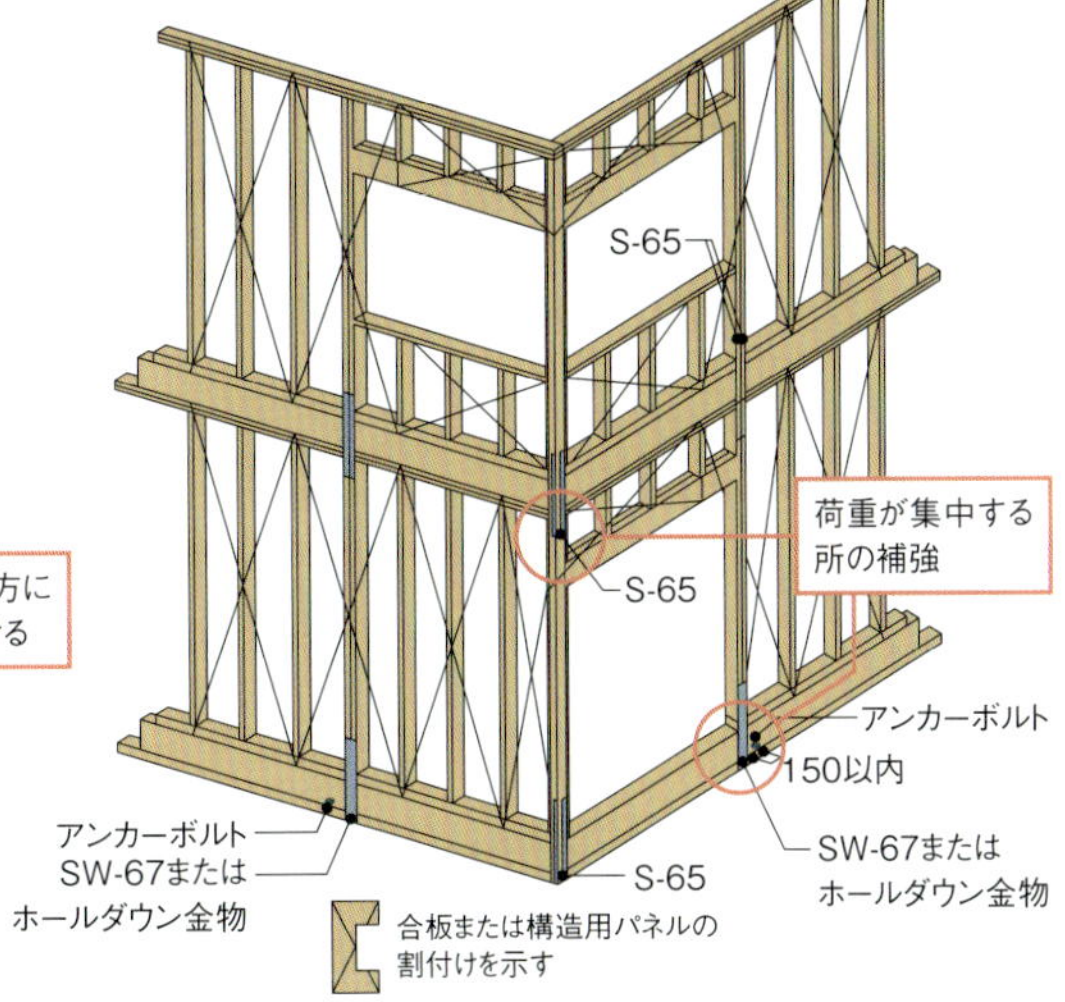

◇図2　上枠、頭つなぎの補強

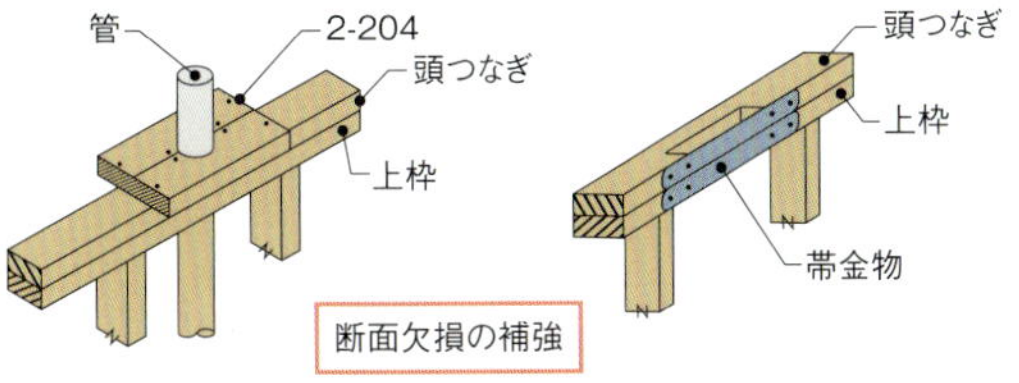

◇図3　筋交いの釘打ち

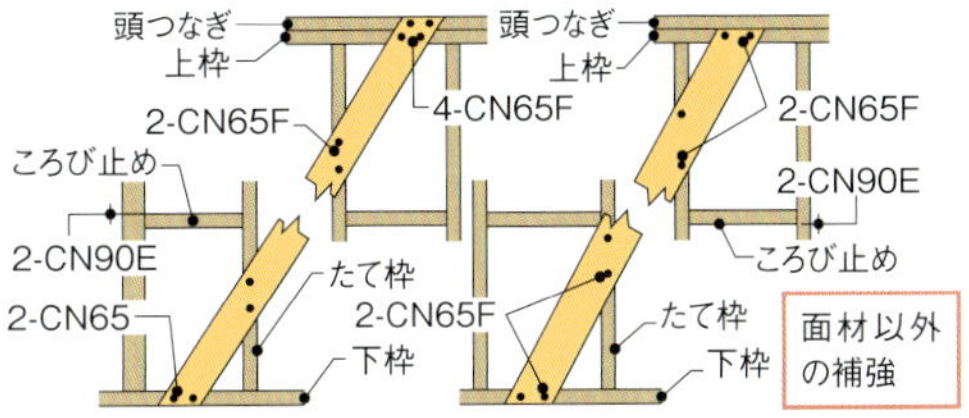

◇図4　たて枠の欠き込みと穴あけ

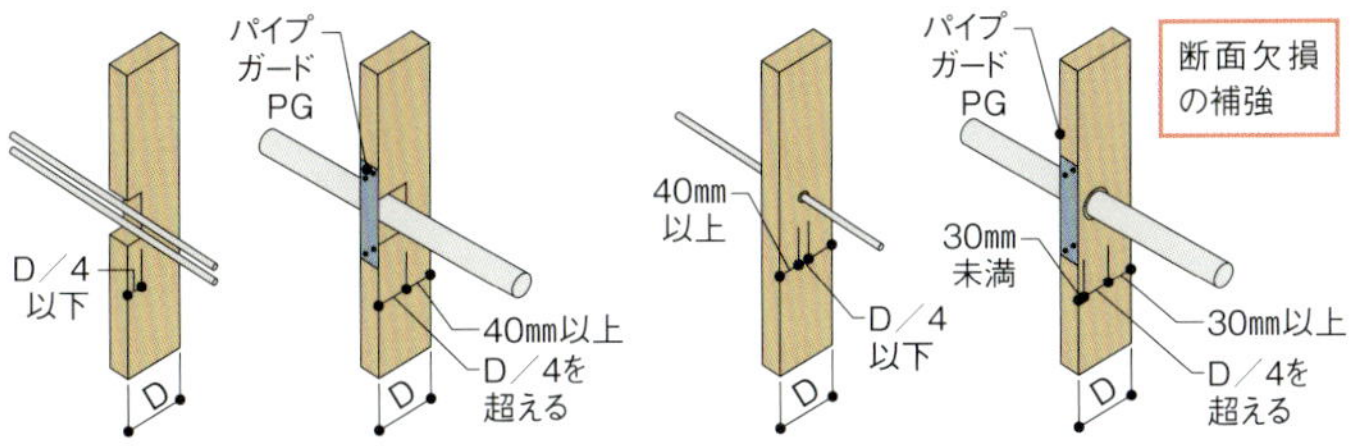

◇図5　太い管を壁中に配する方法例

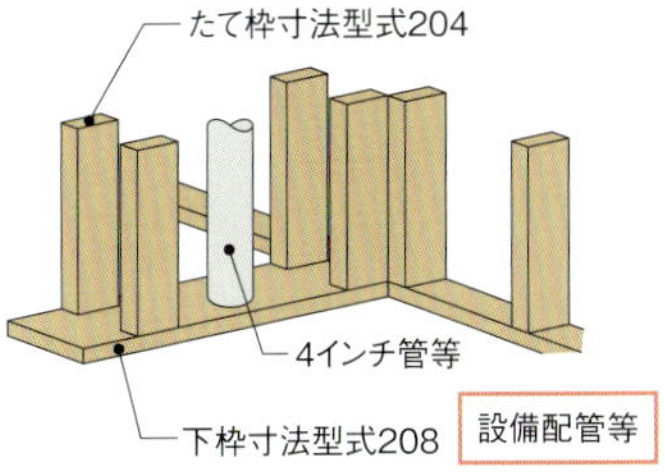

◇図6　床ばりの支持

床ばりの支持（壁の上）

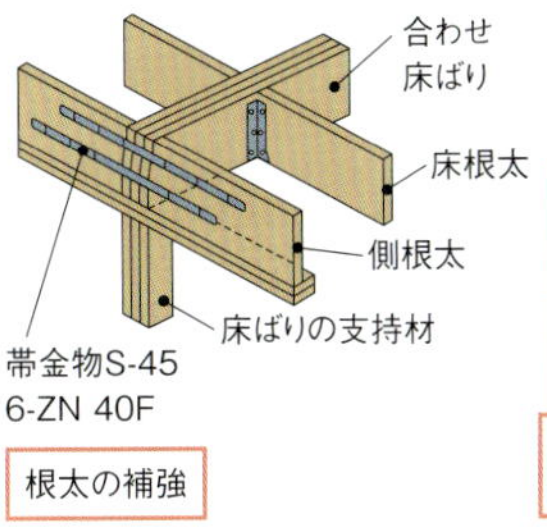

床ばりの支持（壁のなか）

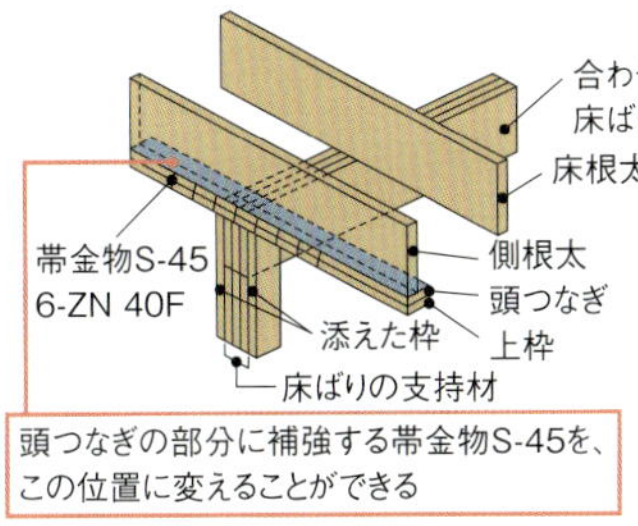

◇図7　合わせ床ばり

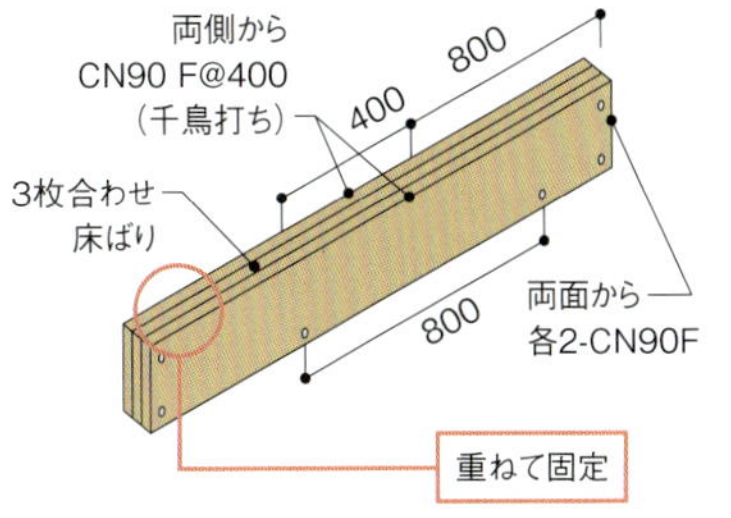

出典：「枠組壁工法住宅工事仕様書」（発行：住宅金融普及協会）

耐震補強の方法
—耐震・制震・免震—

Point

- 耐震は、耐力壁で揺れに耐える
- 制震は、振動エネルギーを吸収し揺れを軽減する
- 免震は、免震装置を組み込み揺れから逃れる

耐震補強の方法としては、「耐震」、「制震」、「免震」の3つに分類される。

これらは、地震により発生したエネルギーが伝わった時に震動エネルギーにどのように耐えるかである。

リフォームの場合、いずれの方法も可能であるが、免震工法については、工事費が非常に高くなる。

耐震

地震のエネルギーに「耐える」建物へと強化することであり、主要構造部である壁や柱といった構造体をバランスよく配置し、補強・追加することで建物自体の強度を上げ、地震による振動エネルギーに耐える建物へと強化することである。建物は頑丈になるが、振動はそのまま建物に伝わる[図1]。

制震

地震のエネルギーを「制御」することであり、ダンパーと呼ばれる振動エネルギーを吸収する制振装置を壁や柱のなかに設け、建物に伝わる振動を軽減する方法である。ダンパーの種類による差はあるものの、耐震に比べると建物内部に伝わる振動は弱くなるが、耐震よりは費用がかかる[図2]。

免震

地震のエネルギーから「免れる」ため建物に振動が伝わらないようにすることである。建物と地面の間にゴムやローラー方式による免震装置を介することで揺れを装置が吸収し、地震の振動エネルギーが伝わりにくい、揺れない建物とすることができる[図3]。

建物と地面の間に装置を組み込むため、既存建物を免震構造にリフォームするには大掛かりな工事が必要となり、住宅レベルでの採用は難しい。

制震、免震は建物に伝わる地震エネルギーを軽減するが、建物自体の強度が確保されていることが前提である。

◇図　地震エネルギーに対するしくみ

地震によるエネルギーに対し、耐える「耐震」、力を制御する「制震」、エネルギーから免れる「免震」の、大きく3つに分類される

1 耐震工法

耐力壁をバランスよく配置し、地震に耐える建物へと強化する

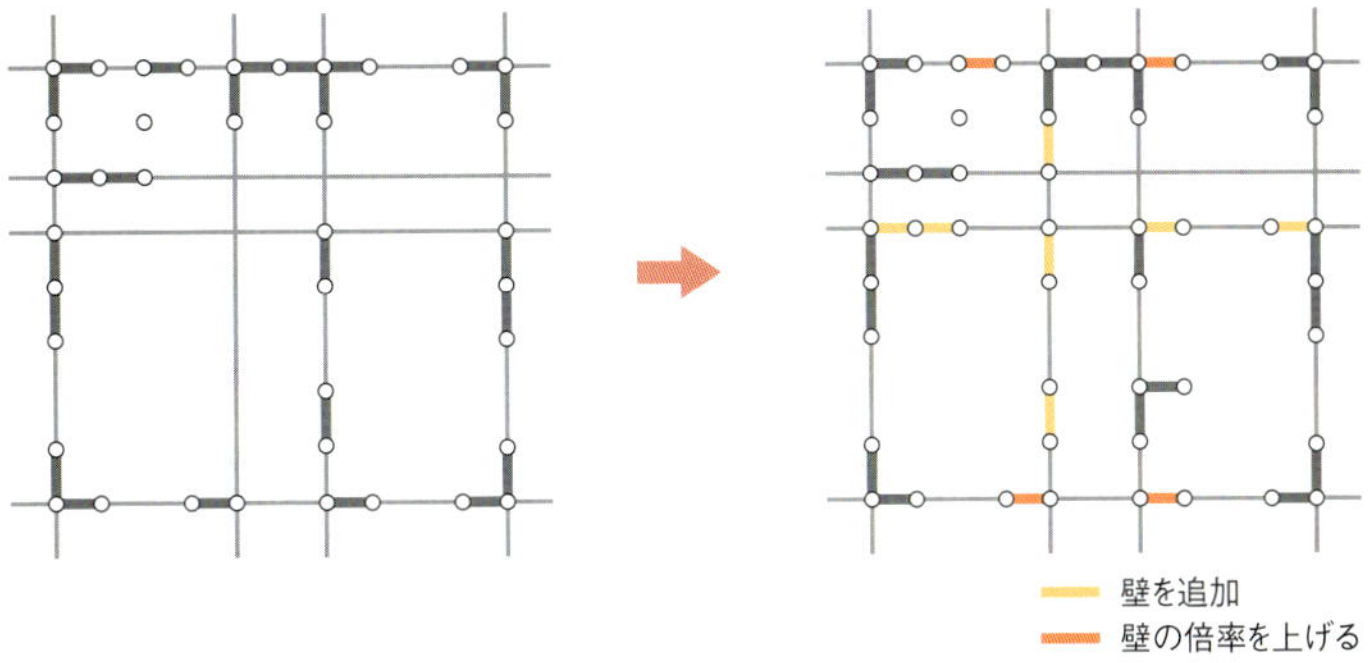

ここがポイント

全体のバランスをみて、必要な所に壁を追加する。壁量の確保だけでなく、全体にまんべんなく、バランスよく配置を計画することが大事である

2 制震工法

壁のなかに設けた制震装置が振動エネルギーを吸収し、建物に伝わる揺れを軽減する

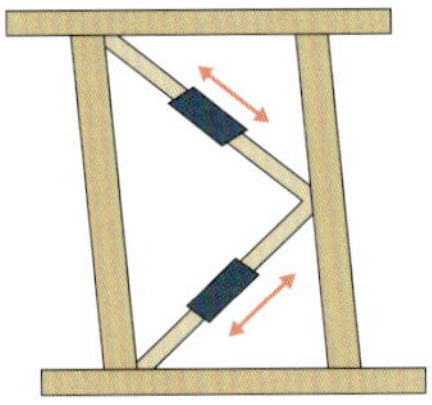

筋交いの伸び縮み部分に制振装置が付くタイプ

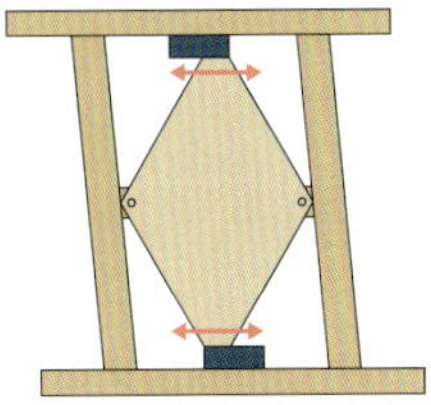

上下の軸材のずれる部分に制振装置が付くタイプ

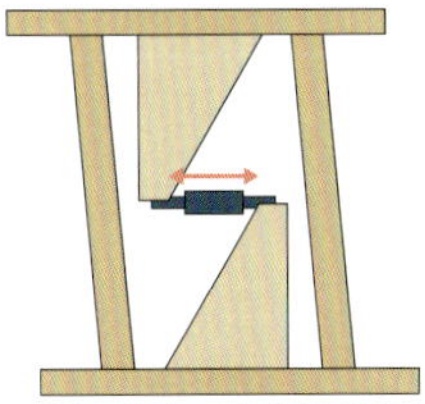

壁の中央の伸び縮み部分に制振装置が付くタイプ

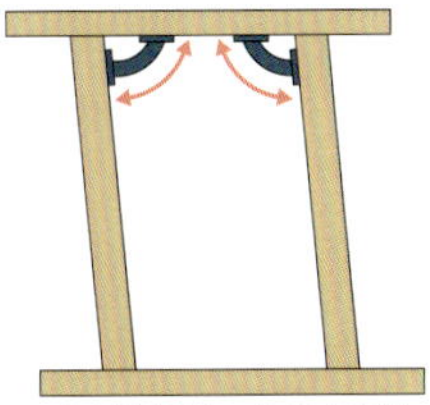

柱と横架材の変形を摩擦パッドで吸収するタイプ（パワーガード）

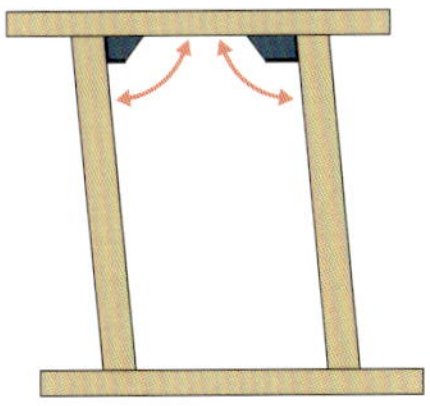

柱と横架材の変形を粘性体で吸収するタイプ

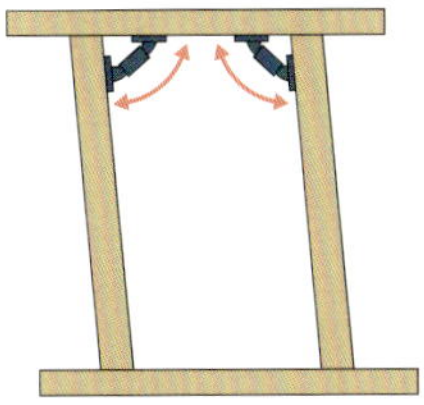

柱と横架材の変形をジャッキで吸収するタイプ

ここがポイント

取り付ける場所にかたよりがないよう設計・配置することが大事である。部材の選定にも注意が必要である

3 免震工法

建物と地面の間に免震装置を組み込むことで、地震のエネルギーを建物に伝えない、揺れない建物とする

積層ゴム方式

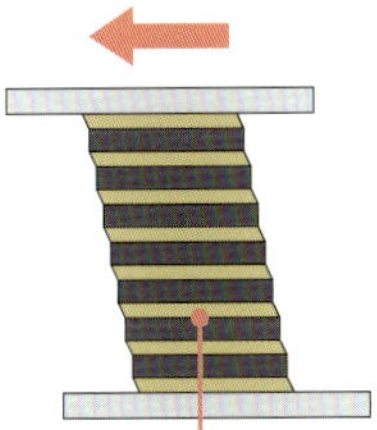

なかに鉛の芯等が入っていて、急激な反発力が働かないようになっている

ローラー方式

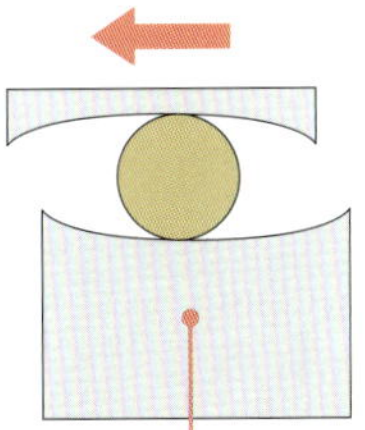

もとの位置に戻す部分や小さな揺れに敏感に反応しないように工夫されたものがある

滑り方式

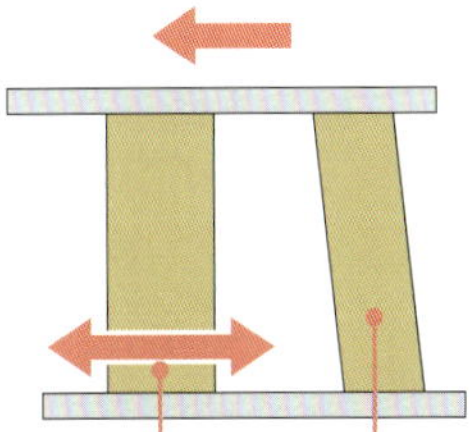

素材に滑りやすい材料を用いていて上からの荷重を支える

ゴム等が伸びることで揺れを吸収。完全にもとの位置に戻す工夫もある

ここがポイント

基礎の下に設けるが、その下の地盤が信頼できることと、建物の強度が確保されていることが大事である

key word 065

シロアリ・腐朽菌対策

Point

- 木造戸建の場合、シロアリの侵入口をふさぐことが大切
- 高温多湿の場所は腐朽菌による被害も心配される
- リフォーム前には床下を点検して確認する

シロアリ

建物を害するシロアリは主に在来種のヤマトシロアリとイエシロアリである。日あたりが悪く、暖かく湿気が多い場所を好むため浴室の床下は格好の棲家である。土中に巣をもたず、住宅の外壁や軒先など、木製部分であれば、何処からでも侵入する。

リフォームを行うことで床下の環境が変わり、被害にあうケースもある。シロアリを防ぐ効果的な方法として、建物の基礎の内側や束石の周囲、シロアリの通過するおそれのある土壌に薬剤を散布する土壌処理や、木材に薬剤を塗布・注入する木部処理がある。薬剤処理を行う際は、まず人体への安全性を考慮し選定する。

リフォーム前には床下を点検し、被害がないことを確認してから工事を行う。シロアリの被害が確認されたら防蟻剤の塗布を行う。被害のひどい土台などがあれば交換する。

木片などの破片はシロアリの餌になるため、リフォーム工事でも必ず撤去することが重要である［図］。

木材腐朽菌

木材腐朽菌とは、木材を腐らせる菌類の総称である。菌が木材の主成分を分解、木材は強度を失っていく。土台や柱などが菌に侵されると、建て替えが必要となるケースもある。被害が発見された場合は、薬剤等による消毒を行う。木材腐朽菌は、白色腐朽菌と褐色腐朽菌の2種類に大別される［表1］。

初期の腐れは、見た目には被害が小さいように見えるが、木の強度を半減させるスピードはシロアリよりも速く被害は拡大する［表2］。木材腐朽菌は土壌に生息し、胞子が発生して土台などの床下構造材に付着する。発生しやすい条件は、カビと同様に、高温多湿の場所である［写真］。

◇図　シロアリ対策の流れ

シロアリ対策として

1. シロアリの通過する恐れのある土壌に薬剤を散布（土壌処理）
2. 木材に薬剤を塗布・注入する（木部処理）

出典：城東テクノ

➡

シロアリ被害にあっていたら

1. シロアリ調査のプロを呼ぶ
2. 調査を行い、対処方法を検討する
3. 被害状況に応じて、工事規模を決定する

➡

リフォーム後にシロアリ被害にあわないように

1. リフォーム前に床下を点検し、被害がないことを確認する
2. 工事中に通気をふさいで密閉状態をつくらないようにする
3. 隠れてしまう基礎の装飾や仕上げモルタルは必ず撤去する

床下木部に形成された蟻道。シロアリに侵入された部分の材料をすべて入れ替え、薬剤散布を行う

喰い荒された構造部。周辺の木材料をすべて確認し、一部ではなく1本ごと入れ替えを行った

◇表1　白色腐朽菌と褐色腐朽菌の特徴

木材腐朽菌	分解成分	主な種類	発生箇所	被害状況
白色腐朽菌	リグリン（主に広葉樹を分解）	カワラタケ カイガラタケ スエヒロタケ ホシゲタケ	多湿で通風・換気・日照の悪い羽目板・濡れ縁・板塀・窓枠など	木材表面に繊維状のほつれが生じる
褐色腐朽菌	セルロース ヘミセルロース（主に針葉樹を分解）	イドタケ ナミダタケ イチョウタケ オオウズラタケ	多湿で通風・換気・日照の悪い、床下・地下室・水廻り・モルタル壁内部・雨漏りのしている箇所など	亀裂が生じ、木材表面を指でつまむと粉状になる

◇表2　木材腐朽菌が活性化する4つの条件

湿度	3～45℃、特に30℃前後が適している
水分	大気中の湿度が85％以上、木材含水率が25～150％
酸素	空気がなければ生息できない
栄養	木材の主成分であるセルロース・リグリン等

◇写真　木材の腐朽

小屋裏の腐朽

木材腐朽菌対策として

1. 腐朽性の高いヒバ材、ヒノキ材の芯材に交換する
2. 薬剤による防腐処理をした木材に交換する
3. 土壌の入れ替え処理を行う
4. 床下換気口に換気扇を取り付けて換気を行い、湿度の管理に注意する
5. 床下点検口よりコンクリートを流し込み、打設する

column

建物の施工方法の傾向

1960年代のマンション。9mスパン小梁なし、スギ板型枠、周辺にハンチが付いている

1970年代のマンション。設備配管は大胆に躯体をはつっていることが多い

1970年代のマンション。コンクリートの打ち継ぎがあり、全体に荒い印象

1970年代のマンション。断熱材は壁・天井とも打ち込み、比較的きれいな事例

1980年代のマンション。床上で設備配管を引き回すためのダウンスラブが確認できる

基準に適合した1980年代のマンション。スラブ中間に小梁が確認できる

年代によって違う施工方法

1981年の新耐震以前の建物（いわゆる旧耐震）が現行法規の基準を満たさないことはあまりにも有名だが、同じ旧耐震でも年代によって差があることはご存知だろうか。

旧耐震といわれる時代は日本が飛躍的に成長を遂げた高度経済成長期にあてはまり、1964年の東京オリンピックごろを境に、同じコンクリート造でも施工方法の改善や効率化も進み、都内でもRCマンションの建設が相次いだ時期でもある。

ただ建設ラッシュと、確かな技術とプライドをもった施工者の確保が上手く両立するとは限らないものである。工事では、効率化を考えるが、同時にいかに手を抜くかも考えてしまうものである。

実際にさまざまな年代のリフォームにかかわってきて、高度成長期を境に効率化を求めすぎた代償か、解体時の躯体の姿が美しくないと感じるものが多いのは気のせいであろうか。

新耐震基準以降であっても、バブルといわれた1990年頃までは著しい建設ラッシュであり、確かな技術とプライドをもつ施工者の確保が難しかったことは容易に想像できる。

実際、床下に前回リフォームの屑が隠してあった、天井をあけたら火事跡で黒焦げ、などの事例に直面したことがあるが、これらはたまたまであり、別の建物はまじめな施工者かもしれない。ただ、リフォーム工事に着手して初めて分かることでもある。

さまざまな可能性を秘めた中古住宅を手に入れるのは施主の決断によるところが大きいが、まさかのトラブルに出会ってしまった場合でも、冷静な対処をすることが建築士の仕事である。

第6章

性能アップ計画とリフォーム設計

key word 066

断熱と結露

Point

- 断熱をする際は温度差による結露に注意する
- 壁体内結露の防止には、室内側の防湿層と外壁通気工法が有効
- 結露は、木材を腐らせるだけでなくカビやダニの原因にもなりやすい

中途半端な断熱・気密が結露の原因

従来の真壁から大壁づくりの建物が増え、建物の断熱性向上のため柱幅のあいた壁の間に断熱材を入れるようになった。そのため、建物の隙間が少なくなり、湿度や気温を適度に調整していた木造の建物は、内と外にはっきりと環境が分けられた。

アルミサッシや樹脂サッシの普及もあり、冬に暖かい建物になってきたが、室内外の通気が少なくなっただけで、隙間なく断熱する重要性が理解されていなかったことが結露の原因である。

壁体内結露の仕組みと影響

結露は、温度差と湿度によって起こる。飲み物のグラスの外側につく水滴がいわゆる結露だが、ガラス面の水滴は処理できるので問題はない［図1］。

しかし、これと同じことが建物の壁のなかで起きていることがある［図2］。これにより断熱材が濡れてしまい、木材が腐る［表］。壁体内結露を防止するためには、室内の湿気が壁内に侵入しないように、防湿層を設けることである。また、万一壁体内に湿気が入った場合に、外壁の外に抜けるように、外壁通気工法とする［図3］。

断熱リフォーム時の注意点

1980年代以前に建てた戸建は断熱材がないものが多い。断熱材が入っていても、結露のため壁のなかで断熱材がたれ下がってしまっているものを多く見かける［写真1・2］。

リフォーム時に、断熱材がどのような状態になっているか再度確認して施工方法と断熱材の材料を検討する。

マンションの場合は、外壁の内側に断熱材がある場合が多い。リフォーム工事によって外れたり欠けてしまったりした断熱材は必ず復旧しておかなければならない。

◇図1　結露の原因

空気は水分を含んでいる（湿度）。空気中の水分が、気温によって限界に達した時を露点と呼び、結露が発生する。コップのなかが冷やされ、表面で空気中の水分がその表面で水に変わった例だ。冬には建物の内部が暖かくて外は寒いため、室内側の水分が窓ガラスに水となって付く。これが結露だ

キンキンに冷えたビールのグラスの表面に水滴が付く

単板ガラスの場合、外部が寒い時、窓ガラスの室内側に水滴が付き、文字が書けたりする

◇図2　木造外壁内断熱の温度分布

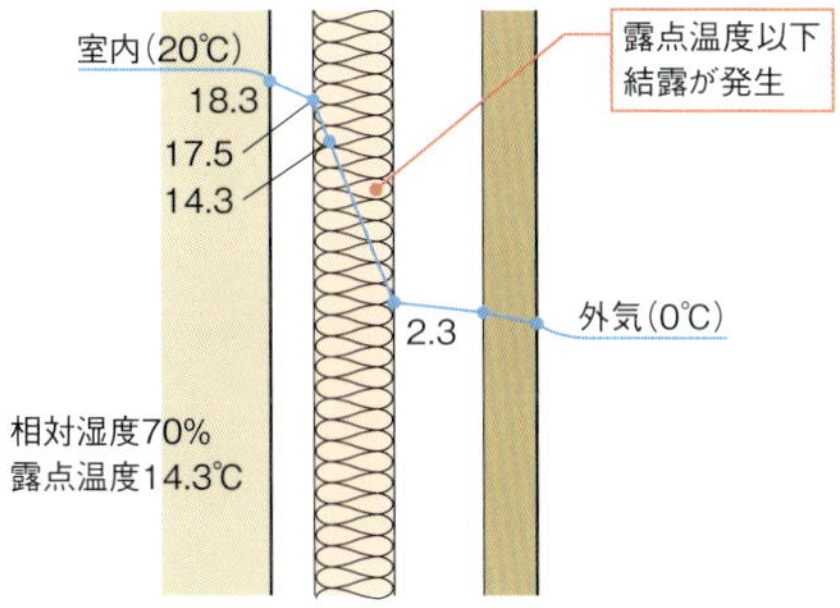

◇表　木材腐朽菌と木材含水率・温度・湿度の関係

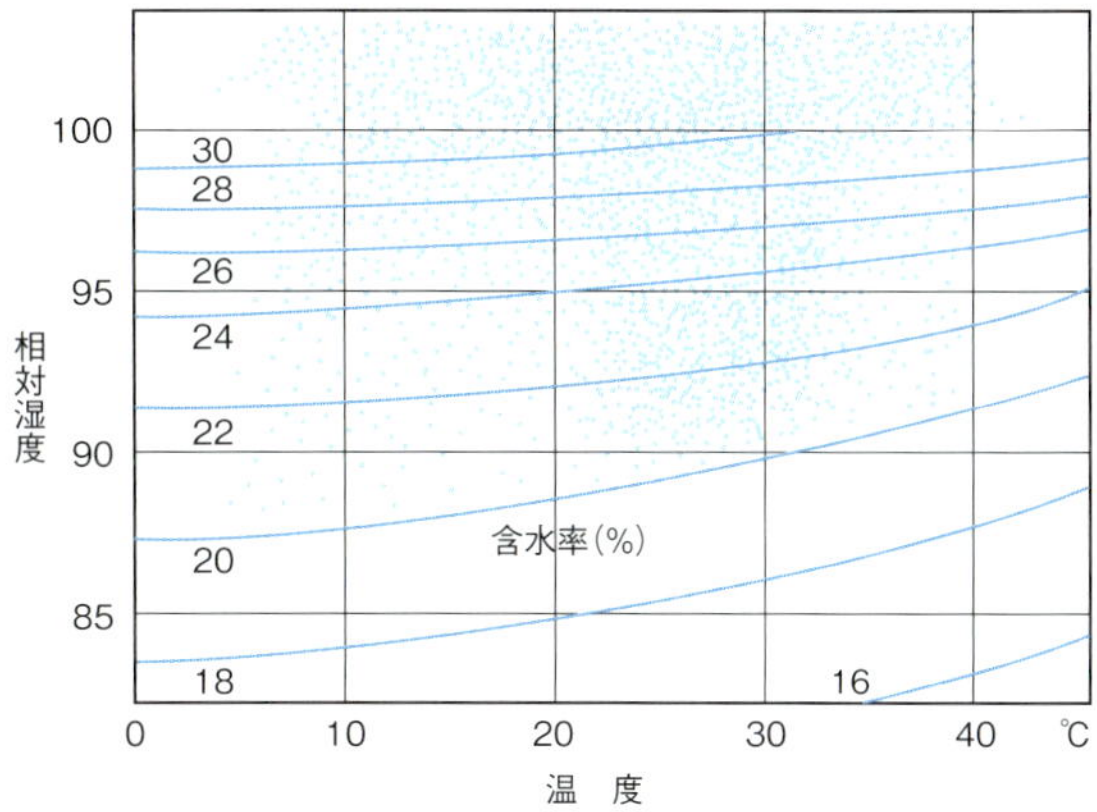

◇図3　外壁通気工法設計のポイント

断熱層を通過する空気の状態の変化

木造外壁外断熱の温度分布

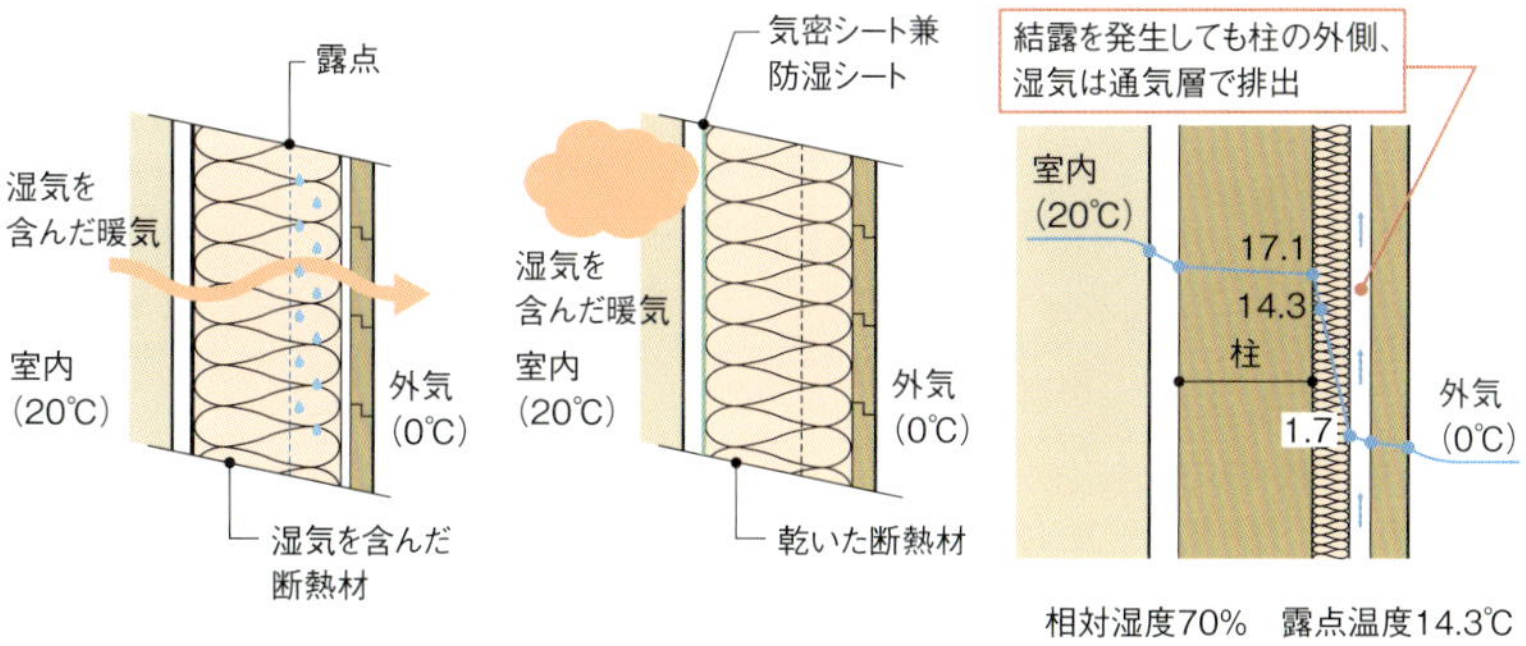

ここがポイント
断熱を施すことで、外気温と内気温の差を減らし、結露の発生を防ぐ工夫が大切なポイントとなる

◇写真1　湿気でカビた断熱材

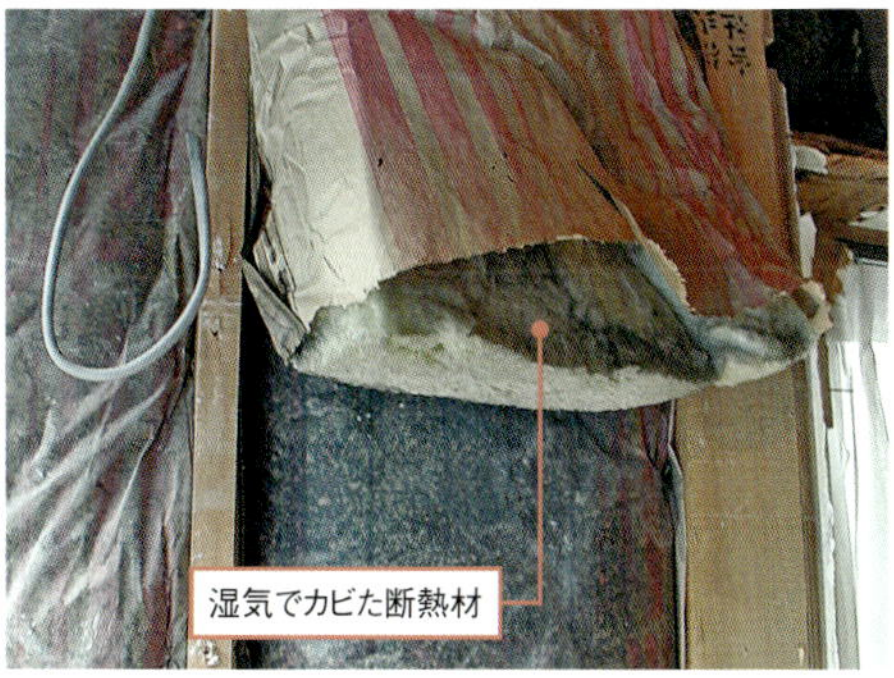

◇写真2　小屋裏に広がるカビ

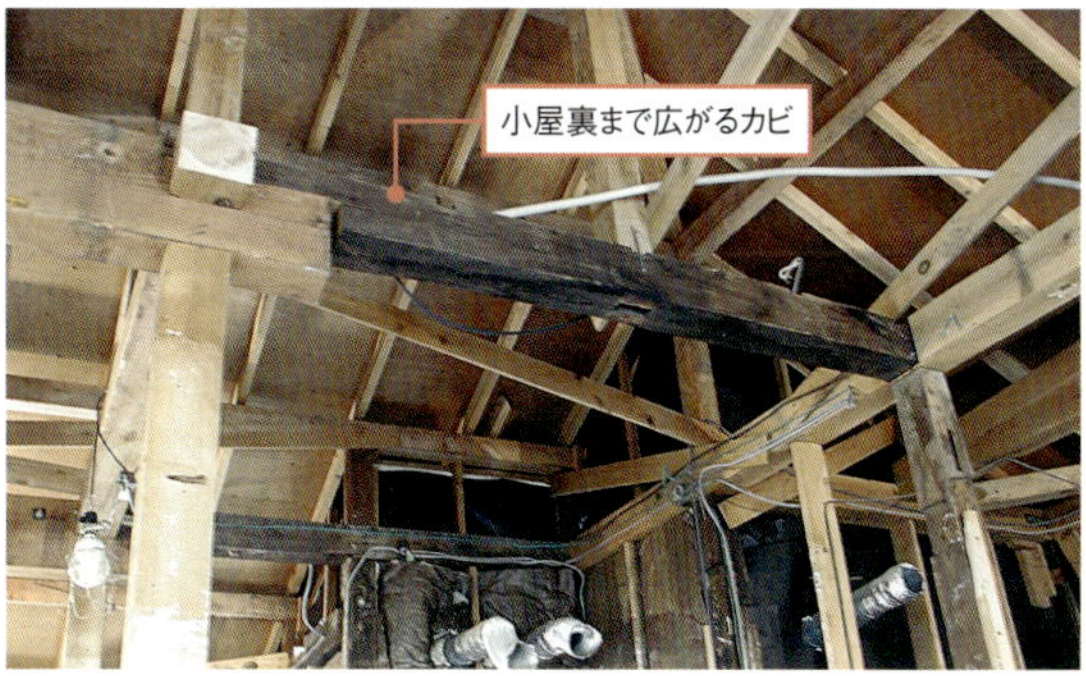

key word 067

天井・床・壁の断熱強化

Point

- 断熱性能が低いとエネルギーロスだけでなく健康への悪影響もある
- 床・壁・天井を張り替える場合は、断熱強化を行うチャンスである
- 床下や天井への気流止めも忘れずに施工する

断熱強化のポイント

断熱が不十分な建物は、夏は暑く冬は寒い……と、住み心地の悪い住宅となってしまう。

また外部への熱損失が大きいため、暖冷房機器の使用が多くなり、光熱費も多くかかることになる。

その他、冬場に各部屋の温度差が大きくなることによって起きるヒートショックによる体への負担や、結露によるカビの発生やダニの繁殖など、人にも建物にも悪影響を及ぼす結果となる。こういった問題を解決し、少ないエネルギーで快適な住空間を実現するためには、住まいの断熱を強化することが必要となる[表2]。

リフォームでの断熱改修

リフォームで床・壁・天井・屋根を張り替える際は新たな断熱材を入れ直したり、強化することができる絶好の機会でもある。まずは、施主に現状の住み心地を聞き、住まいの断熱強化への要望や必要性の有無を検討する。さらに、床下・天井裏・または壁の一部破壊した所から既存の断熱方法や状況を目視し把握することが重要である。

リフォームの工法によっては、床・壁・天井・屋根の張り替えや解体を極力抑えながらも、断熱を強化させる方法もある。予算と工事範囲と今回のリフォームの目的に応じて、断熱強化の方法を検討する[表1]。

気流止めの効果

充填断熱で、壁のなかに断熱材を入れても、間仕切壁等の下部や天井と2階梁の隙間などから空気が漏れることがある。このような部分が外気に通じていれば、断熱効果が下がるだけでなく、結露の原因にもなる。そのため、壁と床下や天井との取合い部分に気流止めを施工する[図]。

◇表1　天井・床・壁の断熱強化

部位	部位の張り替えあり	部位の張り替えなし・直張り	
床 ・床下からの冷気の侵入を抑え、底冷えを防止	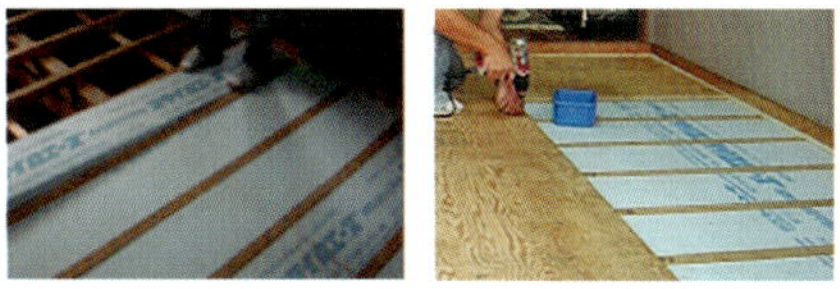 床仕上材の張り替え工事と同時に大引きや根太間に断熱材を施工	 床下から大引きや根太間にマット状やボード状の断熱材を施工	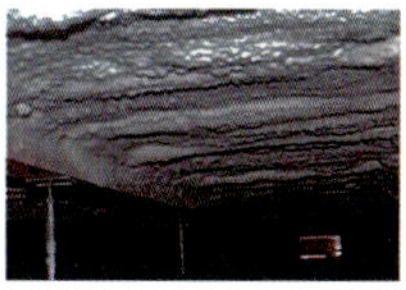 床下から床材の下面側に断熱材を吹き付け施工※
壁 ・熱損失を低減 ・冷暖房の効率化 ・表面結露の防止にも効果	壁の内装工事に合わせて、繊維状・ボード状の断熱材を間柱間に充填  押出法ポリスチレンフォーム	 外壁の外装工事と同時にボード状断熱材を外張り断熱	 既存の内装材の上から、あるいは、躯体の室内側にボード状の断熱材を内張り施工
天井 ・熱損失を低減 ・冷暖房の効率化 ・表面結露の防止にも効果 ・夏の室内の火照りの抑制	 野縁材の施工　断熱材の敷設　防湿気密シートの施工	 小屋裏側から断熱材を吹き込む	 天井の下側からボード状断熱材を張り上げ
屋根 ・日射熱の侵入を防止 ・屋根の火照りの抑制 ・冷房の効率化	 屋根の改修に合わせて、屋根の外側断熱を改修	 屋根の垂木間にボード状の断熱材を施工  野地板の下面に断熱材を吹付け	 垂木間に遮熱材や遮熱断熱材を施工

※：発泡ウレタン断熱はグラスウールに比べて熱伝統率が低いうえ、接着性が高いため、グラスウールのようにずれたりすることがない。
　そのため、床下や屋根裏に侵入することができるのであれば、発泡ウレタンを吹き付けることも効果的である

◇図　気流止めの設置

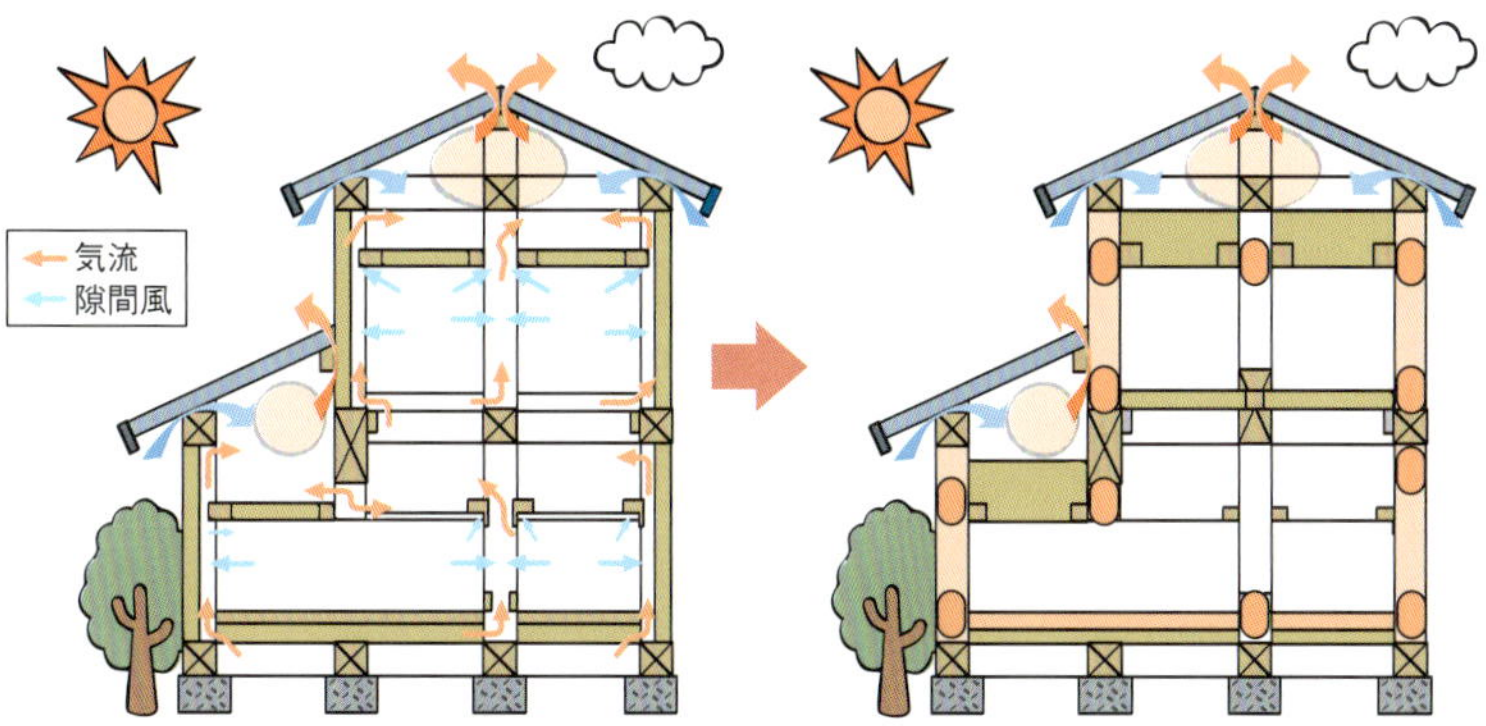

木造では外壁と内壁の隙間にグラスウールを敷き詰めて断熱しているが、長年にわたる壁面内の上昇気流によってグラスウールに埃などが付着することによって断熱性能を低減させている

壁と床下や天井との取合い部に圧縮グラスウールによる「気流止め」を施すことで既存のグラスウールを残したまま、壁体内の気流（空気の対流）を防止して、冷気の侵入や熱損失を低減し、断熱性能を上げることが可能

◇表2　断熱等性能等級の概要

2013年に見直されたエネルギー基準により、以下のように分類された

等級	基準相当
等級4	平成25年基準相当
等級3	平成4年基準相当
等級2	昭和55基準相当
等級1	その他

屋根

Point

- 屋根は建物の耐久性を左右する部位である
- リフォームによってその後の建物の寿命に大きく影響する
- リフォームの目的を明確にしたうえでの材料選びが重要

厳しい自然環境である雨風や太陽光から建物を守るのが屋根である。住環境の快適さは屋根に依存するところも大きく、それ故にこまめなメンテナンスやリフォームが必要となる。

リフォームの内容を決める

調査時には、屋根が傷んでいる箇所を把握しておく［図］。入念にチェックすべき場所は、屋根の一番高い場所である「棟」の部分や、異なる屋根面がつながる場所のため弱点となりやすい「隅」や、水の通り道となっている「谷」である。

谷部分には金属板等の下地を使っているので、屋根材だけでなく下地の傷みがあるかどうかもチェックする。

その他、室内側からの天井の雨漏りや結露の有無を確認する。雨樋についても曲がりや土や落ち葉がたまっていないかチェックが必要である。このような問題は雨漏りの発生につながる。

屋根交換のポイント

屋根を交換する際には、屋根の形と材料がポイントとなる。

雨漏りの原因が屋根の形状によるところであれば、リフォームを機に屋根の形状を変更することも可能である。また、屋根材料によって耐震性、耐久性、断熱性、防音性も変わってくる。たとえば軽量な金属系の材料を選べば建物全体の耐震性は上がるが、断熱・防音の問題が出てくるため対策が必要であり、材料の特性を踏まえた計画が重要となる［表2］。

足場の設置費用を忘れずに

屋根材料は、高価な物から廉価な物まであるが、屋根全体を葺き直す場合、足場設置費や既存屋根材の撤去費がかかる。それなりのコストが発生することを踏まえての計画が必要である［表1・2］。

図　瓦屋根のチェックポイント

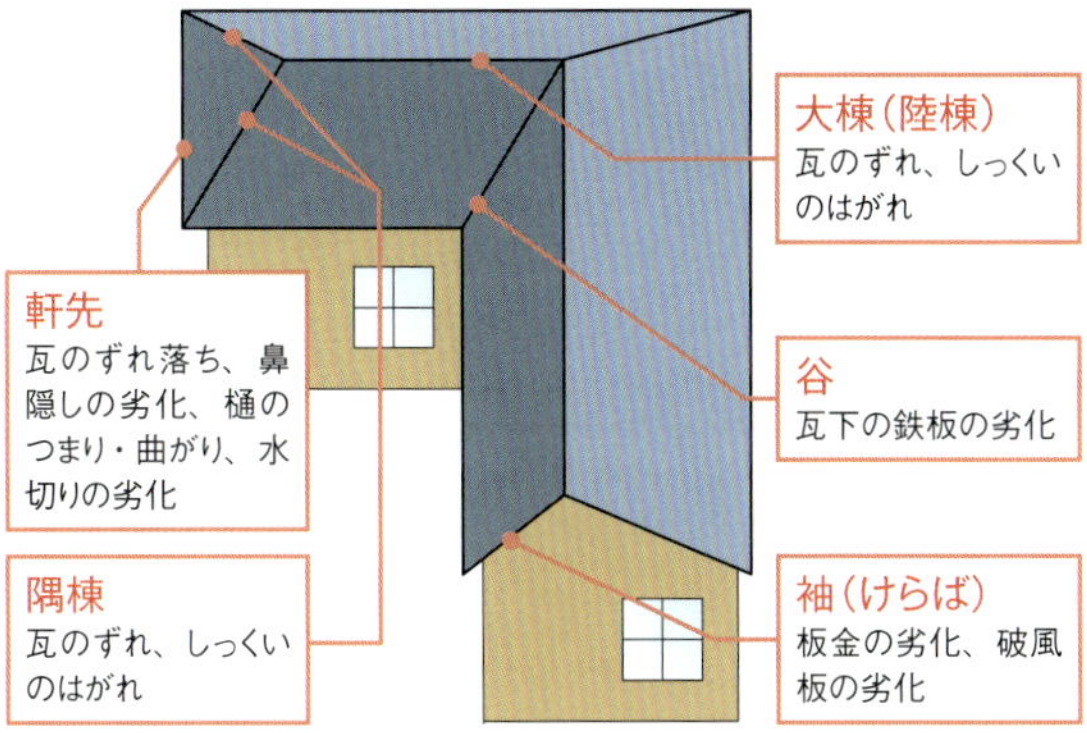

表1　工事金額例

工事種	材料	参考工事費
瓦を葺き直す	陶器瓦	200万円
	ガルバリウム鋼板	180万円
屋根材を再塗装	スレート瓦の屋根用塗装	80万円
	スレート瓦の屋根用塗膜防水材	140万円

建物例：温暖地域　戸建住宅　2階建て　屋根面積100㎡

ここがポイント

- 足場の設置費、既存撤去費がかかるため、材料の違いによるコスト差が小さい
- 再塗装でも足場を設置するとコストはかかる
- 通常の塗装の耐用年数は5〜10年であるので、先を見据えた計画が大切である
- 古いスレート屋根はアスベストが含まれている場合があり、その場合は処理費用も必要となる

表2　屋根の材料比較表

	材料	寿命	価格	メリット	デメリット	診断ポイント	リフォームのポイント
金属系屋根	トタン※	10〜30年	低価格	・瓦に比べ1／10の軽さ ・施工性に優れる	・さびの発生 ・耐久性が低い ・防音（雨音）必要 ・断熱対策必要	□屋根の一部または全体がさびている □塗料が剥がれている部分がある □屋根材が浮いたり、波打ったりしている □屋根全体が色あせていて変色している □屋根材を手で触ると白い粉が付く（チョーキング） □雨の時や強風時に金属音がし、屋根材が飛びそう □釘が抜けていたり、抜けそうになったりしている	軽量のため耐震性を上げることも望める。防音・断熱対策が必要である
	ガルバリウム	25〜40年	高価格				
スレート系屋根	カラーベスト	15〜35年	低価格	・瓦に比べ1／3の軽さ ・施工性に優れる	・踏み割れやすい ・防水性が低い ・断熱性が低い ・コケが発生し、傷みが早い ・アスベストが含まれている場合がある	□釘が抜けていたり、抜けそうになったりしている □屋根材が剥がれて下地が出てきている □屋根全体の塗装の剥がれ、変色がある □軒先や棟板金が飛びそう、またはさびがある □屋根材の表面にコケやカビが発生している □屋根材の一部が色あせしており変色が目立つ □屋根材がひび割れてたり、割れてしまっている □屋根材を手で触ると白い粉が付く（チョーキング） □屋根材が浮いたり、波打ったりしている	耐久性が低いため、今後どのくらい建物を維持していきたいかの確認が必要となる
	コロニアル		高価格				
瓦系屋根	釉薬瓦	30年〜	高価格	・日射や雨音の影響を受けにくいため、室内は快適 ・耐久性に優れる ・重厚感がある ・壊れた部分のみの交換可	・焼物のため品質がまちまち ・重いため地震に弱い ・固定しない場合が多い ・割れやすい	□瓦が割れている □瓦がずれている □棟の部分の漆喰が崩れている □防水塗料が剥がれていて、色あせや変色している □築30年以上経過している	重量のため建物全体の耐震性の確認が必要である。瓦の葺き方次第ではすぐに雨漏りするため、施工精度の確認が必要である
	セメント瓦	15年〜	低価格	・断熱性がある ・陶器瓦より割れにくい ・寸法が安定している ・壊れた部分のみの交換可	・重い ・防水性能は表面の防水塗料に頼っている		

※：現在は屋根材には使用されない

key word 069

外壁

Point

- 外壁の劣化は、風雨や紫外線による要因が大きい
- リフォーム時は、見栄えだけでなく断熱・遮熱性能の改善も検討したい
- 外壁下地に通気層を設けて湿気が残らないようにする

外壁の性能を確保する

建物が建築された時代によって、外壁の構成はかなり異なる。特に築1980~1990年代以前の住宅と現在の住宅では、外壁の性能には大きな差がある。

リフォームでは、外壁を完全に撤去して、新たな建材を張り直す方法もあるが、取り換えるだけではなく、シーリングなどの防水もすべてやり替えなくてはならない。その結果、高額なリフォームになり工期もかかる。

そこで、防水の保全を重視して、既存外壁の上から新たな外壁材を張る後張り工法を選ぶのが一般的である［表］。

外壁通気工法

築年数が古い住宅では、外壁の通気が取れていないため、室内に結露が生じているケースが多い。その場合は、外壁通気工法を選ぶとよい［図1］。

断熱工法と遮熱塗料

外壁リフォームでは、断熱材付きのセメント系ボードを後張りして塗装をかける断熱工法がある。

また、太陽光による影響を制御する方法として、遮熱塗料を外壁に塗布する工法もある［図2］。

コンクリート造の外壁に蓄熱した熱が夜室内に影響を与えるケースには断熱工法が効果的だ。

防汚塗料

外壁の経年変化を極力避け、メンテナンス費用を軽減したいという要望がある。特に外壁の汚れは建物の雰囲気を壊し、見栄えもよくない。そこで、昨今の科学技術から生まれたのが光触媒を用いた塗料である［図3］。既存外壁に塗布することで雨天時に汚れを洗い流す効果がある。

◇表　後張り工法の特徴

コスト	窯業系・金属系外壁 約4,500円／㎡～
メリット	・比較的、工期が短い ・廃棄物が少ない
デメリット	・外壁が分厚くなってしまう ・サッシ廻りなどの収まりが悪くなる

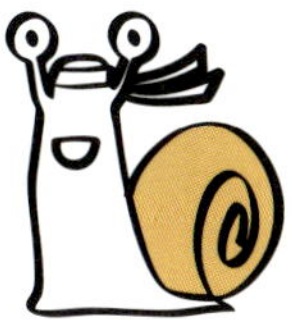

メリットとデメリットを知らないと計画に影響しそうだな～

◇図1　後張り工法にて外壁通気工法を行った例

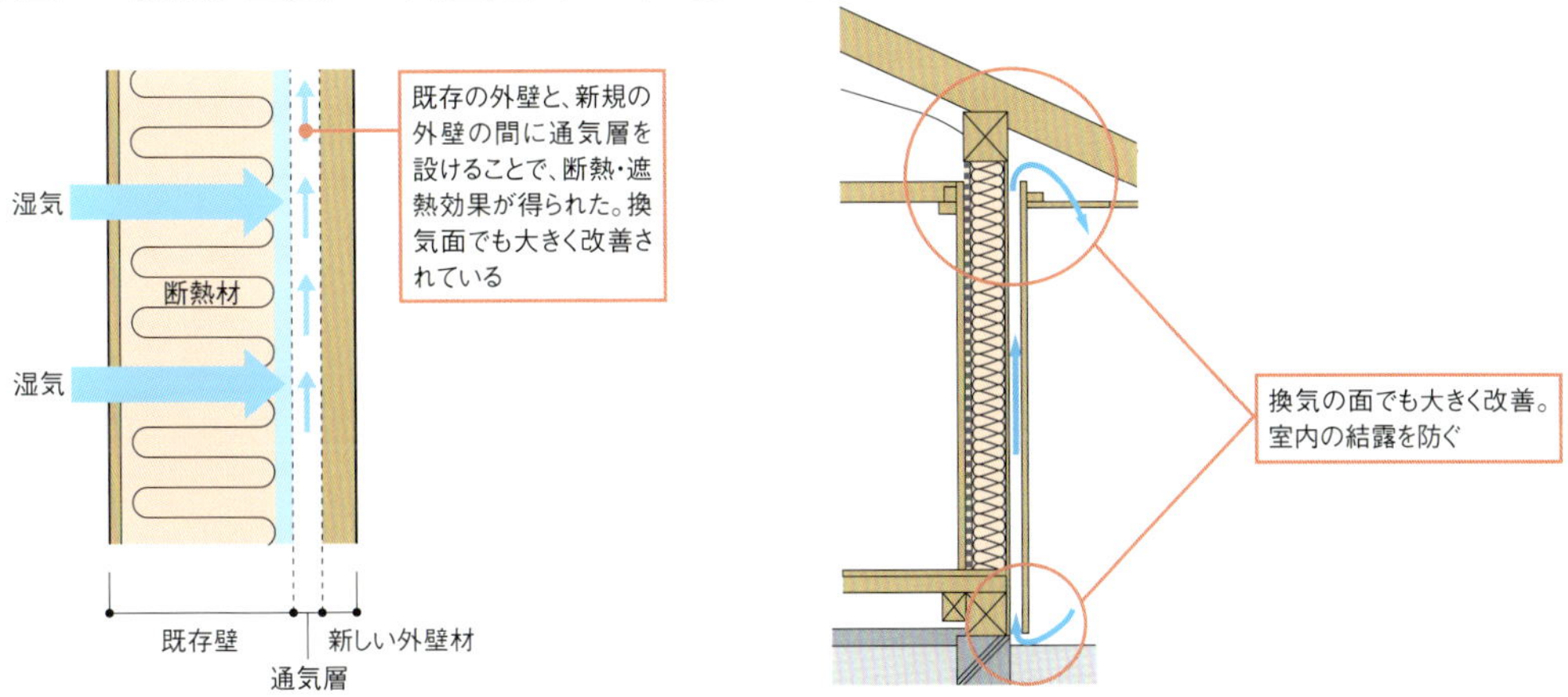

◇図2　外壁・屋根の遮熱・断熱

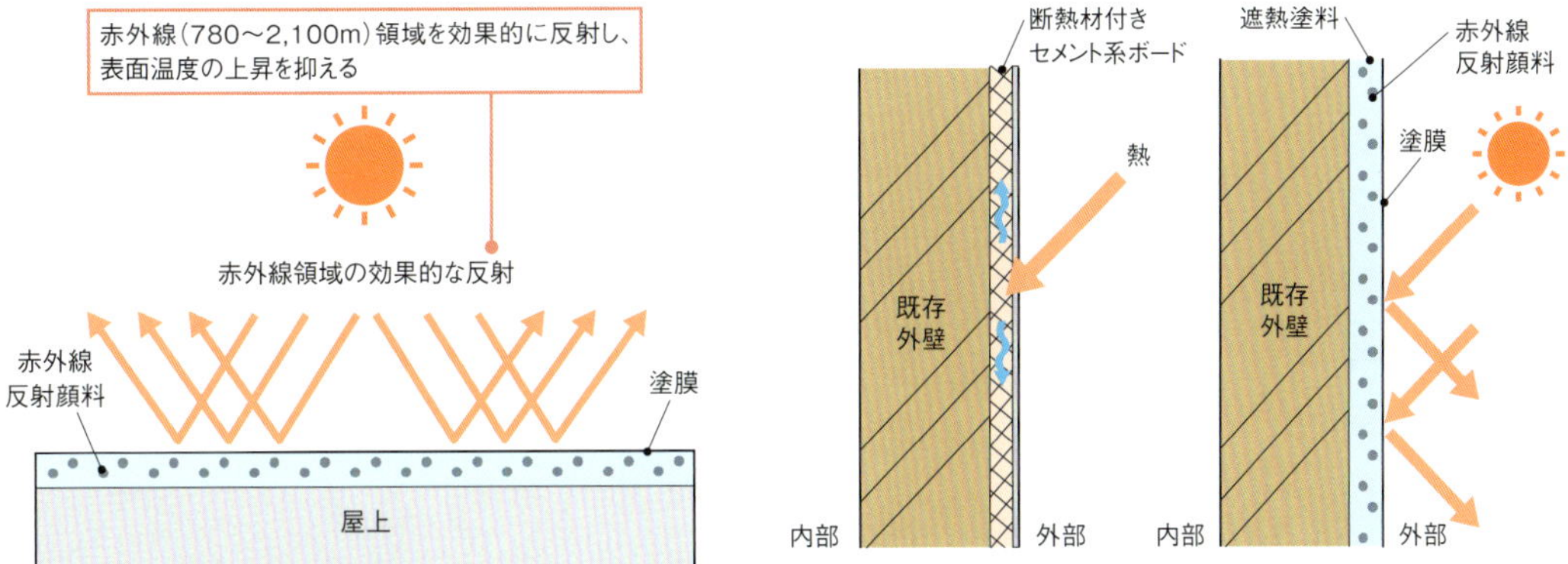

熱を断熱材にて吸収し拡散することで、躯体に入れない

熱を表面塗膜にて反射することで、躯体に入れない

◇図3　光触媒の仕組み

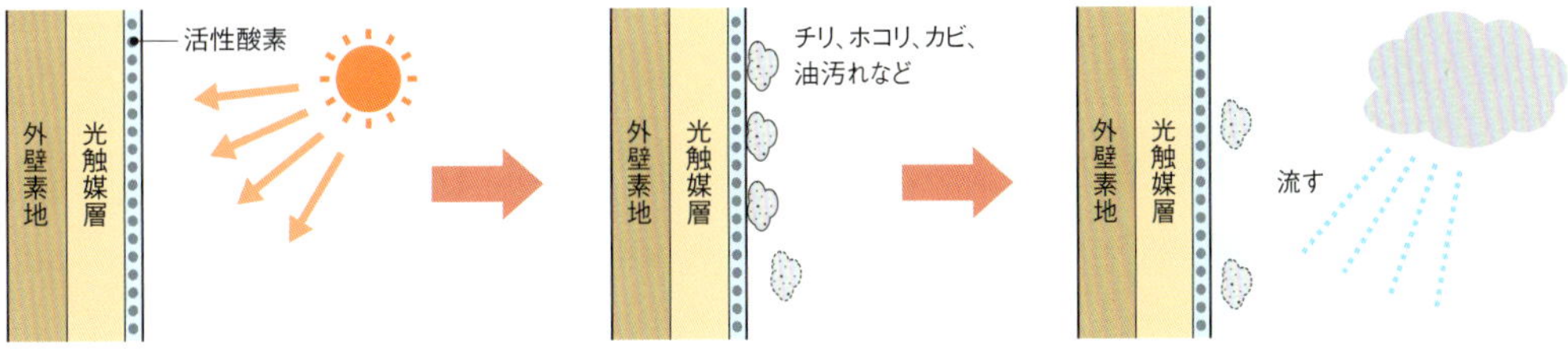

光(紫外線)があたると光触媒の表面に活性酸素が発生

付着した汚れを活性酸素が分解し、付着力を弱める

付着力の弱くなった汚れは雨により流される

key word 070

開口部

Point

- 住宅の形態によって開口部のリフォーム方法には制限がある
- ガラスの種類を把握することで、開口部リフォームの制限に対応する

住宅の開口部変更のチェックポイント

リフォームを行う住宅が防火地域等に指定されている場合は、防火設備に関する技術的基準を満たさなければならない。戸建住宅では基本的にすべて所有財産だが、共同住宅と同様に防火地域等を確認し、出窓やバルコニーなどを設置する際は敷地境界線との離隔距離や面積等を確認する必要がある。

サッシの種類ごとの特徴

サッシは主に木製とアルミ・複合樹脂に分かれ、それぞれに長所・短所がある［図、表1］。木製サッシには現場製作品と工場生産完成品がある。現場製作品は気密性・水密生で劣るが、工場生産完成品はアルミサッシや樹脂サッシ同等以上の性能がある。風合いと高級感を演出できるのも、木製サッシの特徴であり、建具をすべて引き込む設計や、広々とした開口部のデザインが可能となる。ただ、塗装等のメンテナンスが必要で、重量があり、価格も高価なものが多い。

アルミサッシは風合い・質感等で劣るが、耐久性が高くメンテナンスの必要性も少なく、コストも割安に収まる。デザイン的には枠の見付寸法を小さくでき、すっきりとした印象を与える。アルミ自体は柔らかい素材のため傷も付きやすく、サッシ自体よりも戸車などが先に傷んでしまうケースが多い。サッシ枠の外側がアルミ、内側が木製や樹脂といった、それぞれのよい点を集めた複合サッシもあるためコストなどを含めて総合的に判断し選定する。

なお共同住宅では、窓ガラスは現状と同じ種類としなければならないが、違った種類のガラスへの変更が可能な場合もある。一般的に、外壁に面するサッシは共用部扱いになるので撤去は難しい。既存サッシを活かした工法を選択するのが無難だ［表2］。

◇図　木製サッシのメリット

木製サッシ引込み戸

引込み戸に変更することにより開放的な空間となる。また、断熱性が高いだけでなく、高級感の演出に役立つ

◇表1　主なサッシの種類

アルミサッシ		複層ガラスをセットできる広いガラス溝をもつスタンダードなアルミサッシ。耐久性が高く、軽量でデザイン・色ともに豊富
アルミ樹脂複合サッシ	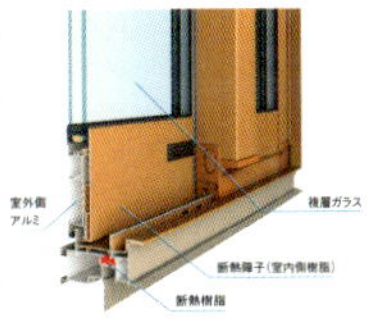	室外側にアルミ、室内側に樹脂を採用したアルミ樹脂複合構造のサッシ。室内の結露を防ぐ。アルミ・樹脂ともに色が豊富で組み合わせを楽しめる。防火戸としての使用は要注意
樹脂（プラスチック）サッシ	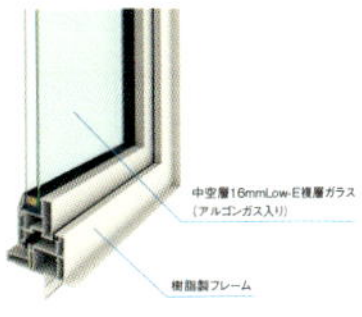	熱伝導率がアルミの1,000分の1の樹脂製で、熱を伝えにくいため寒冷地に最適。製品によっては防火戸の使用が規定されている箇所に用いることができない
木製サッシ		熱伝導率がアルミや樹脂より低い（1,750分の1）ので断熱性能が高い（工場生産完成品、三重ガラスの場合）。そのため結露しにくく、気密・水密・防音性にも優れ、インテリア性や高級感も演出できる。ただし、2〜3年ごとのメンテナンス（塗装）が必要

写真提供：（上3枚）三協立山（株）　三協アルミ社、（下）TRANS

◇表2　リフォームで活用したいサッシ工法

	既存サッシを残す工法		既存サッシを撤去する工法
	オーダーメード工法	カバー工法	はつり工法
工法概要	既存枠の上下レールにのみ新規のレールをかぶせる工法	既存枠を残し、既存枠の4方に新規のサッシ枠をかぶせる工法	既存枠の周囲の壁をはつり取って既存サッシ枠を撤去し、新規のアルミサッシを取り付ける工法
騒音	ほとんどない	ほとんどない	かなり大きい
施工性	室内から施工できる。ただし、施工できるレールの幅に制限がある。引違い窓しか対応できない	室内から施工できる。FIX窓、一本引き窓にも対応可能。サッシの色も選ぶことができる	バルコニーに面する窓以外は、外部足場等が必要になる。溶接火花の養生が必要
躯体への影響	ない	ない	かなりある
外部仕上げへの影響	ない	ない	補修が必要
内装への影響	ない	ない	額縁工事、窓廻りの壁の補修。内装工事が伴う
窓開口の大きさ	ほとんど変わらない	幅・高さとも小さくなる	基本的に変わらない
必要工種	サッシ工、シール工	サッシ工、シール工	解体工、サッシ工、シール工、左官工、外部塗装（タイル）工、大工、内装工
工期	半日〜1日	1〜2日	1週間程度
コスト	比較的安価	やや高い	高い（サッシ工事以外の費用がかかる）

※：耐風圧の関係で、オーダーメード工法は高層マンションの場合10階以下しか設置できない。いずれの工法も発注から3週間程度かかるため、発注時期に注意が必要

key word 071

開口部の断熱強化

Point

- 断熱では、開口部における熱損失対策が重要である
- ペアガラスへの取り換えや内窓の増設を行う
- ガラスに直接断熱フィルムを張る方法や断熱塗料を塗る方法もある

快適な住宅の実現

外部環境が1年を通じてさまざまに変化する日本の自然環境において、快適な住宅環境をいかにして実現するかが重要である。

特に検討をしなくてはならない項目として開口部の断熱強化が挙げられる。外壁は内部に断熱材を施工することで断熱性能はかなり向上しているが、一般的に開口部の断熱性能はまだ十分ではない[図1]。築15年以上の住宅において、現在流通している高性能な断熱サッシや樹脂サッシが使用されているケースはまれである。そのため、夏季に室内に入る熱の7割、冬季に室内から逃げる熱の6割はいずれも開口部からといわれている。開口部における断熱強化が非常に重要である。

開口部の断熱リフォーム

そこで既存サッシの内側にもう1つ別のサッシ（樹脂サッシ）を取り付ける、内付けサッシ工法がよく使われている。これは既存と新設サッシの間に空気層を設けることで、熱を伝わりにくくするものである。また外部からのヒートブリッジを防止することで、ガラス面の結露を防止する効果もある。特にマンションでは、共用部に面するサッシは共有物で取り替えができないため、内付けサッシ工法が一般的に計画されている[図2]。

既存サッシを利用して断熱性能の高いガラス（複層ガラス・真空ガラス）に交換し、開口部の断熱性能を向上させる方法がある[図4]。ただしガラスが厚くなるため、既存サッシにアタッチメントを取り付けて適正なガラス溝を確保する必要がある[図3]。また、2枚分のガラス重量により、開閉の感覚が変わることを施主に説明しておく。

ガラスに直接断熱フィルムを張る方法や断熱塗料を塗る方法もある。

◇図1　熱の流入部分の割合

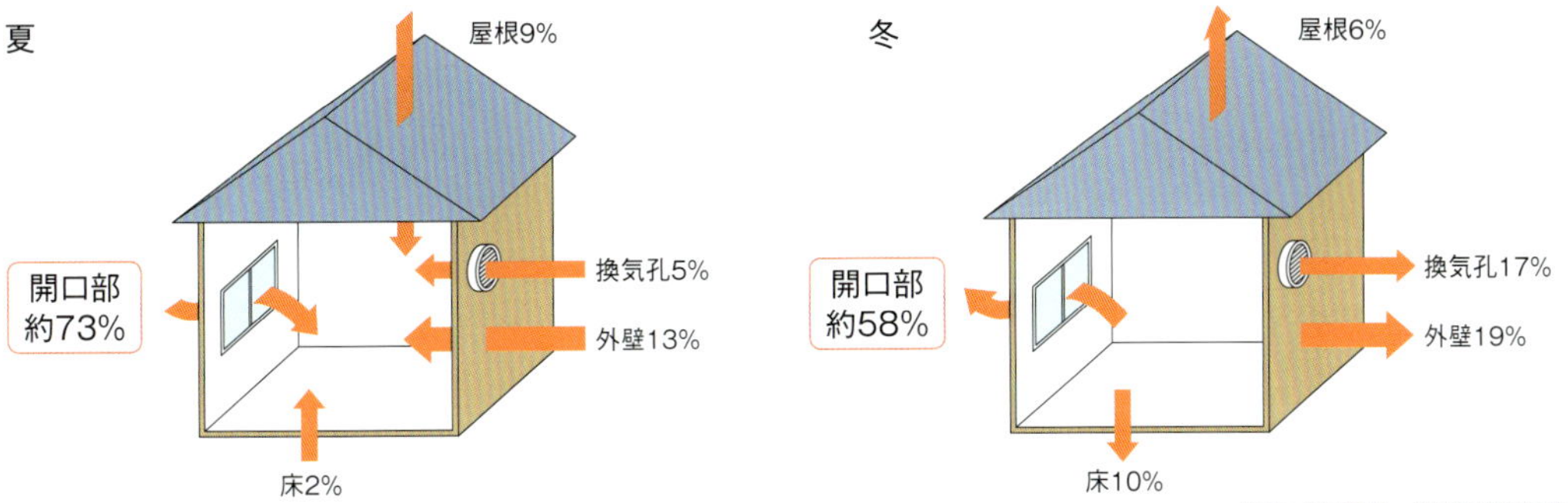

出典：日本建材・住宅設備産業協会

◇図2　内付けサッシと断熱の仕組み

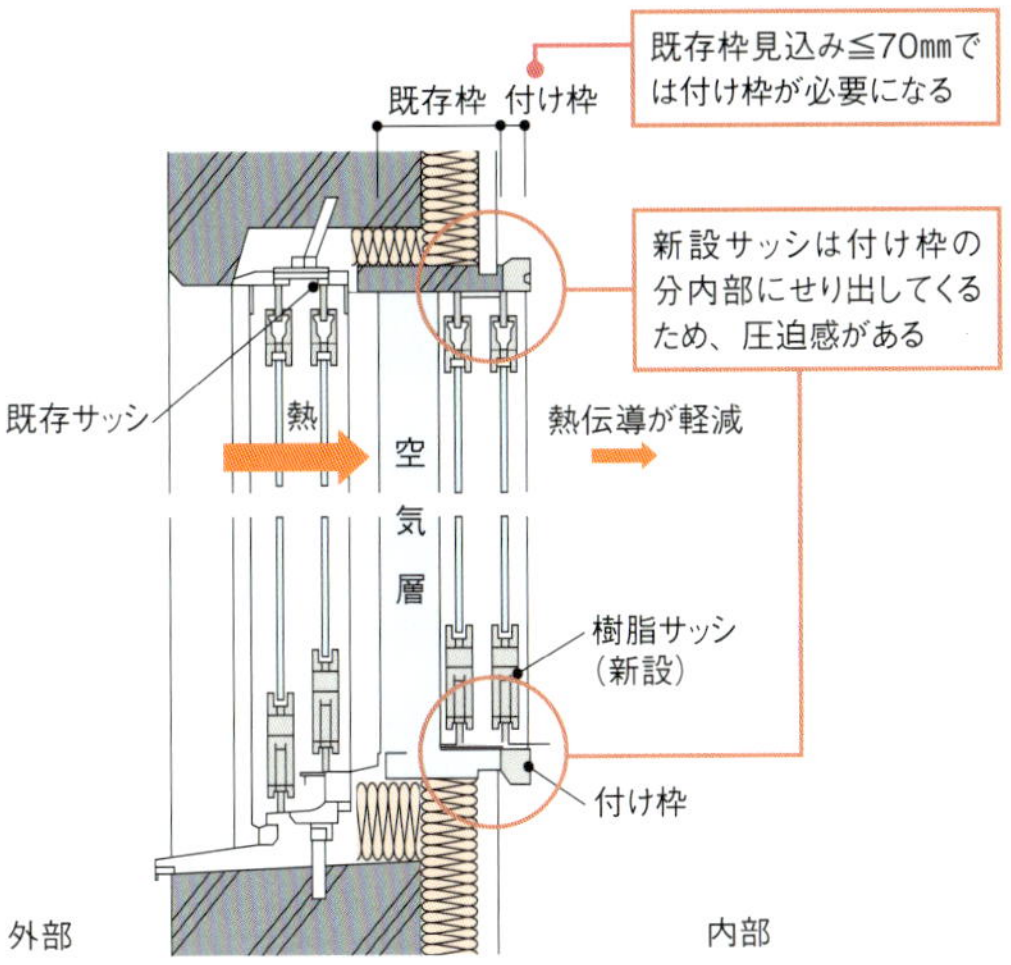

◇図3　アタッチメントによる複層ガラスのはめ込み構成

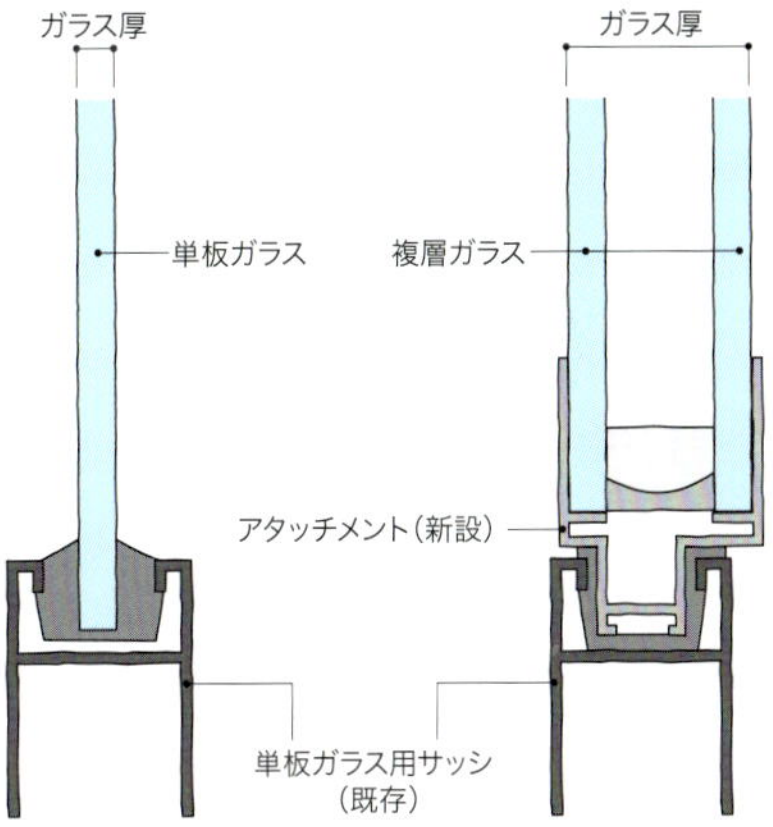

◇図4　ガラスの仕様と性能の比較

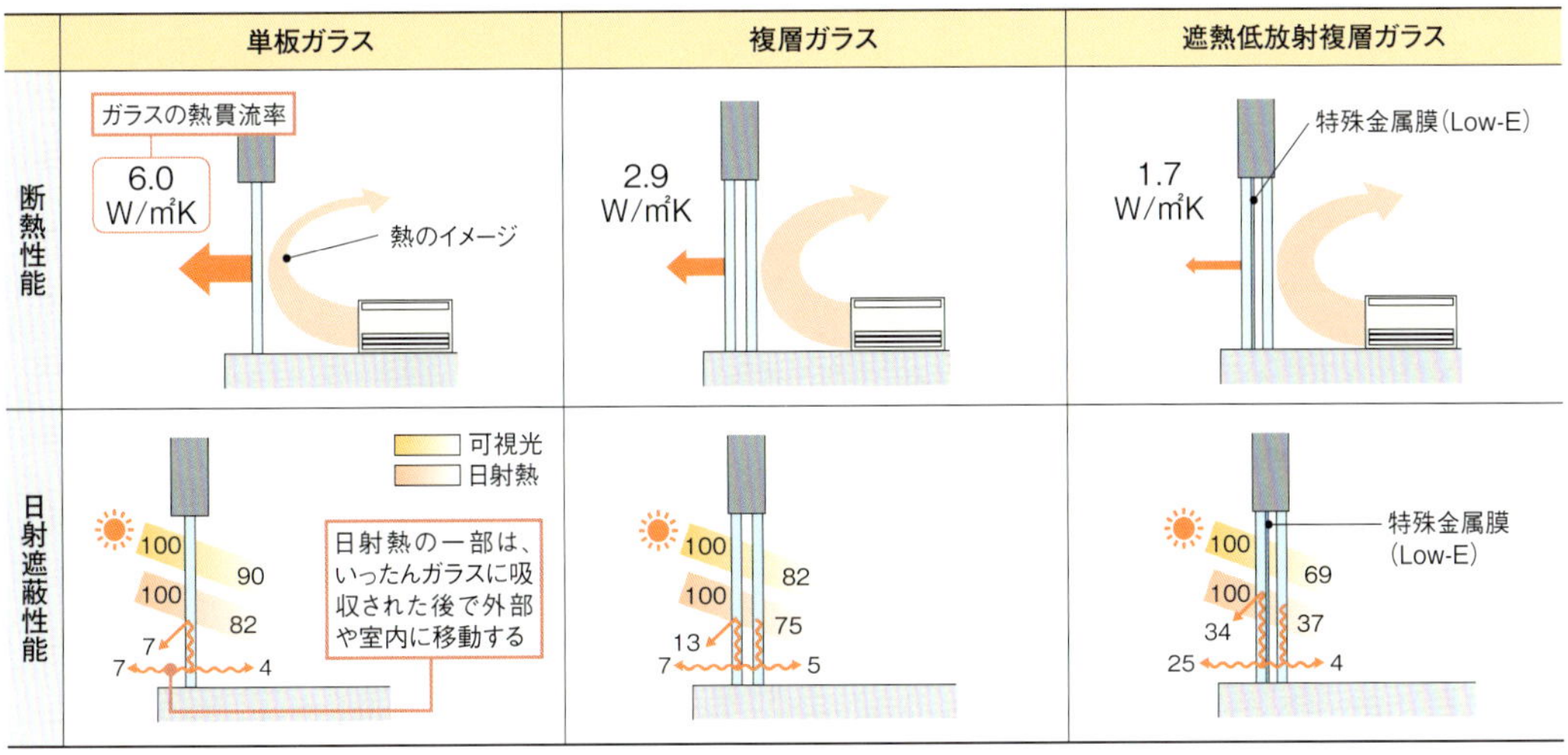

key word 072

内装材

Point

- デザインや風合いだけでなく、施工方法や施工時間も確認する
- 既存仕上げの上に再仕上げをする方法もある
- 内装材で覆わずに露しとする仕上げもある

建築材料のなかでも内装材は、種類や選択肢の多さで群を抜いている。その選定においては、さまざまな観点からの検討が必要であり、建築士の知識やセンスが最も求められる［写真］。

法規制や性能に注意したい内装材

内装材は法規制を受けるケースが多く、シックハウス・防火対策による制限など確認が必要である［表1・2、図］。また近年、単なるデザイン要素としてではなく、地球環境への配慮や住空間の環境改善に向けての機能や性能を求める場合も増えてきている。具体的には、耐火性や断熱性、防音性、耐摩耗性、防滑や耐薬品、調湿効果や浄化性能等である。

自然素材の見直しや技術革新による新素材の登場など、選択肢は多いが、デザインや価格だけでなく施工方法や施工業者、施工時間の確認が重要となる。指定業者のみの取り扱いであったり、養生に時間が必要な場合は、全体の工期やコストにも影響を及ぼす。また、下地の確認も重要である。既存下地を利用する場合は、その仕上材に適した下地であることを確認する。

既存仕上げを残す

既存仕上げの上から新たな仕上げを施したり、塗装などを再仕上げする方法もある。この場合、廃棄物を減らすとともに、撤去や処分費の節約になるが、既存の仕上げの膨れや剥離が起こらないよう、既存の補強を施すこと。

覆わない仕上げ

室内空間を考える時には、「内装材＝表層仕上」という画一的な認識を捨てた効果的なリフォームもある。たとえば、既存の天井や柱、壁などを覆っている仕上げなどをはがし、構造体や躯体を露出させたり、直に塗装などを施すなどの方法である。

◇写真　内装材のさまざまな仕上げ例

スタッコ塗(壁)

網代天井／竹竿縁(天井)

天然葦製クロス(壁)

塗装用クロス(壁・天井)／板張り(天井)

RC打ち放し／板張り(壁・天井)

これからは、環境やエコに配慮
した素材が求められるね！

◇表1　内装材や家具に含まれているおそれのある化学物質の例

化学物質	発生源	注意点
ホルムアルデヒド	接着剤の原料	・F☆☆☆☆取得のものを選ぶ
トルエン	接着剤の溶剤、塗料の溶剤	・総称してVOCと呼ばれている ・自主規制のため統一した表示などはない。樹脂系塗料で、厚生労働省のガイドライン値を下回っているものは「低VOC」とうたっていることが多い ・MSDS(化学物質安全データシート)を取り寄せて確認することもできる
キシレン		
パラジクロロベンゼン	防虫剤、木材保護剤	
スチレン	樹脂原料	

◇表2　内装の仕上げ

建築材料の区分	ホルムアルデヒドの発散	JIS、JAS等の表示記号	内装仕上げの制限
建築基準法の規制対象外	少ない	F☆☆☆☆	制限なしに使える
第3種ホルムアルデヒド発散建築材料		F☆☆☆	使用面積が制限される
第2種ホルムアルデヒド発散建築材料		F☆☆	
第1種ホルムアルデヒド発散建築材料	多い	旧E_2、Ec_2または表示なし	使用禁止

◇図　告示対象建材表示マーク※

建材表示マークには、規格番号などのほか、ホルムアルデヒド放散等級などが記入されており、健康を考慮した住宅づくりの材料選びの目安となる

・日本工業規格番号
・日本工業規格による種類
・認定番号
・製造年月
・製造業者名
・ホルムアルデヒド放散等級等

日本接着剤工業会登録
登録番号：JAIA−○○○
放散量区分：F☆☆☆☆
製造者名：○○○㈱
問い合せ先：http://・・・・・
ロット番号

㈳日本塗料工業会登録	
登録番号	
放散等級区分表示	F☆☆☆☆
製造者等名称	
問い合わせ先	http://・・・・・
ロット番号	○○に表示

JAS

品　名	複合1種フローリング
用　途	根太張り用
材料名	合板
ホルムアルデヒド放散量	F☆☆☆☆
化粧加工の方法	天然木化粧
摩耗試験の方法	摩耗A試験合格
寸　法	厚さ12.0㎜ 幅303㎜ 長さ1818㎜
入り数	6枚
製造者	□□□フローリング㈱工場

社団法人　日本建材産業協会	
発散等級	F☆☆☆☆
登録番号	K−○○○
製造業者等名称	㈱○○○
ロット番号	梱包に表示
問合せ先	http://・・・・・

※：紹介したマーク以外にも、その他業界(事業者)団体のマークもあり

key word 073

床

Point

- 根太の腐食や劣化を確認する
- スケルトンリフォームの場合は、根太を撤去して構造用合板で剛床とする
- 既存仕上げ材の上に重ね張りをする場合は、レベルチェックが大切

床のリフォームでは床レベルを検討

リフォームには、下地から工事をする場合と、仕上材のみを張り替える場合がある。古い木造住宅は一般的には梁の上に根太を並べて、その上に12〜15㎜程度の合板を敷いて、その上に仕上材を張っている場合が多い。

さらに古い場合は、下地がなく直接仕上げのフローリングが敷かれていている場合もある。また、根太が経年変化や腐食等で劣化して、床のきしみや抜けが起きていることもある。

スケルトンリフォームで下地から工事を行う場合は、根太まで撤去して24㎜以上の構造用合板を敷いて面剛性を高めるとよい。ただし、床レベルが20㎜程度下がる可能性があるので、階段や開口部等の取合いに気を付けること。また、1階の床については下地の下に断熱材があるかどうかのチェックも併せて行うとよい。

仕上材だけのリフォーム時の注意

仕上材のみをリフォームする場合、既存の仕上材をいったん撤去してからやり直す場合と現在の仕上材の上からそのまま張る場合がある。工事費は後者が廉価であるが、仕上材分床レベルが上がるので、同様にほかの箇所との取合いの注意が必要である。

古いマンションをリフォームする場合、構造躯体に直接仕上げをしている場合がある。また、排水経路の確保やその他の取合いから、床レベルを200㎜程度上げなくてはならない場合もある。下地材にはパーティクルボードを使用し、クッションゴムの付いた支持脚で床上げを行う。クッションゴムで下階への振動を低減させる。また、音鳴りの原因にもなるので、パーティクルボードの壁際は隙間をあけたり、突きつけで使用せずに、目透しで使用する。

◇写真1　床材の種類

複合フローリングとは、合板の上に薄い突き板を加工した材料。無垢フローリングのような暴れはない

無垢フローリングとは、天然木からつくられたフローリングであり、さまざまな種類がある。最近ではソリの少ない堅木タイプの無垢フローリングもある。床暖房を敷設する場合は要注意

◇写真2　根太組

根太組の床

◇図1　床暖房を入れる場合

床の張り替えと同時に床暖房を敷設する例

◇図2　さまざまな下地のつくり方

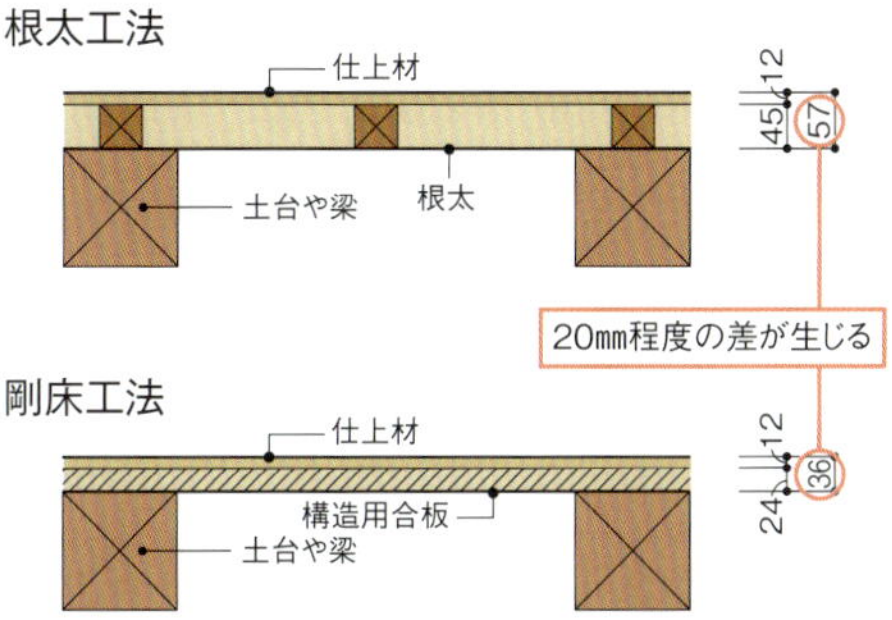

◇図3　床組のバリエーション

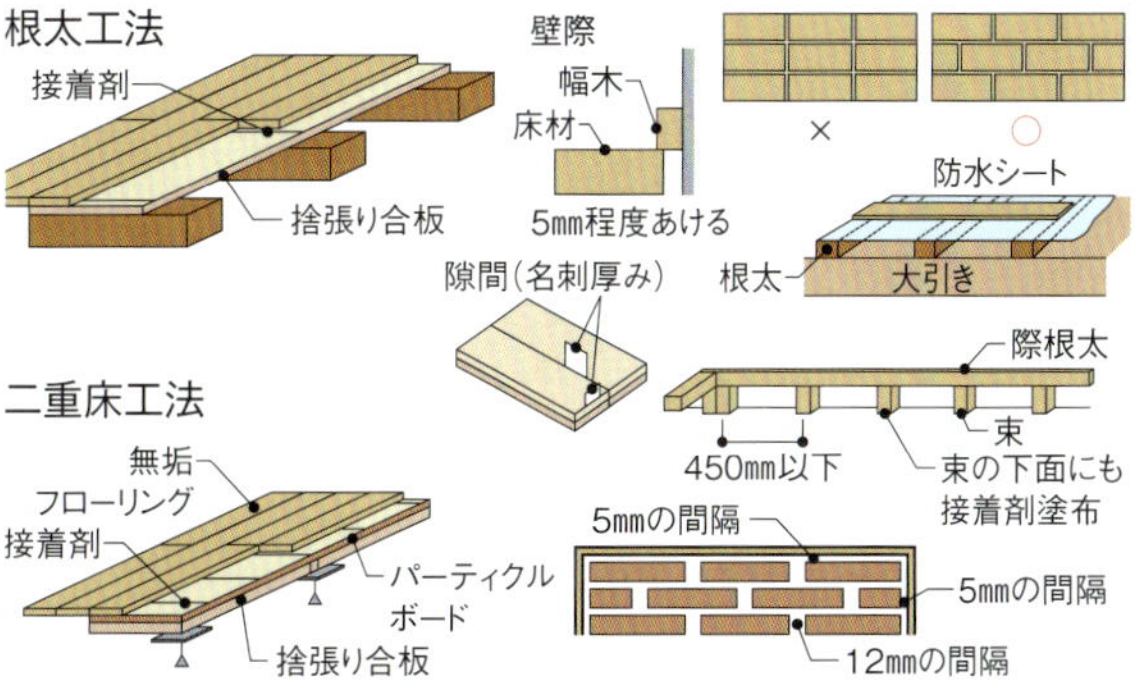

◇図4　掃き出しサッシとの納め方

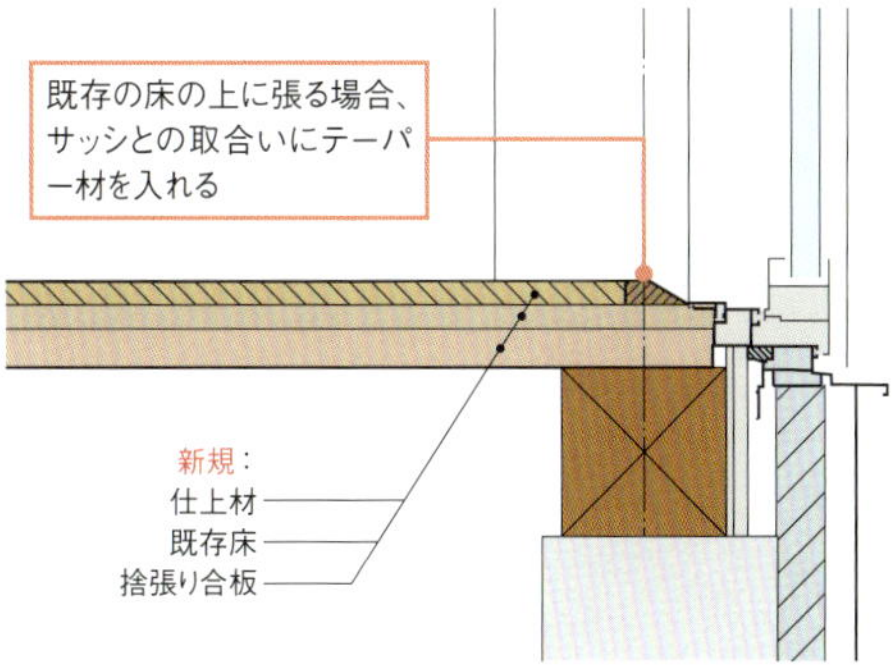

◇写真3　床下断熱材

床の断熱材も併せて強化

key word 074

建具

Point

- 建具の塗り替えや紙の張り替えは比較的安価にできる
- 周辺の壁を壊せば、開口幅を大きくする付け替えも可能
- 建具を追加する場合は、下地を確認する

建具のリフォームには、既存部分を生かした更新や、建具の取り替えのほか、建具を追加する方法などがある【図】。

建具の更新

建具の更新では、表面の塗り替えや取っ手・金物の付け替えなどを行う更新と、障子紙からワーロン紙への交換や光触媒を用いた襖紙への張り替えなど、新しい材料を使って性能まで更新する方法がある。これらの更新は比較的容易で安価に行うことができる。

建具の付け替え

建具の歪み、ソリなどの不具合による交換や、バリアフリーリフォームにより開き戸から引戸に交換するなど要望に合わせた方法がある。

開口幅を大きくしたい場合には、耐力壁でなければ周辺の壁を壊して間口を広げることも可能だが、建具の動きしろに設備機器やスイッチなどが取り合う場合は、それらの撤去・移動が必要となる場合もある。このようなことを含めて可能かどうかを確認する。ドアストッパーの位置にも注意が必要である。

建具の追加

広い部屋を仕切る、隠したい、空調効率を上げたい、などの目的に対し、建具を新たに追加することで解決する方法もある。この場合は、サイズや開き勝手から、引戸か引込み戸かなど建具自体の収納方法の検討をはじめ、デザインや質感はもとより光の透過性や通風の有無、新設する枠の下地の確認等が必要となる。下地が不十分な時には、建具を追加する箇所に下地を入れることが必要になる。

幅や高さなどが大きな建具の追加を計画する場合は、搬入経路も十分に確認すること。

◇図　建具更新のポイント

開き戸→引戸に交換※

開き戸から引戸への変更は引き込みしろが必要となるが、金物を使って壁の外に扉を付けるアウトセット方式が簡単である。ただし廊下などの有効幅は小さくなるので、目的を達成しているか確認することが必要である

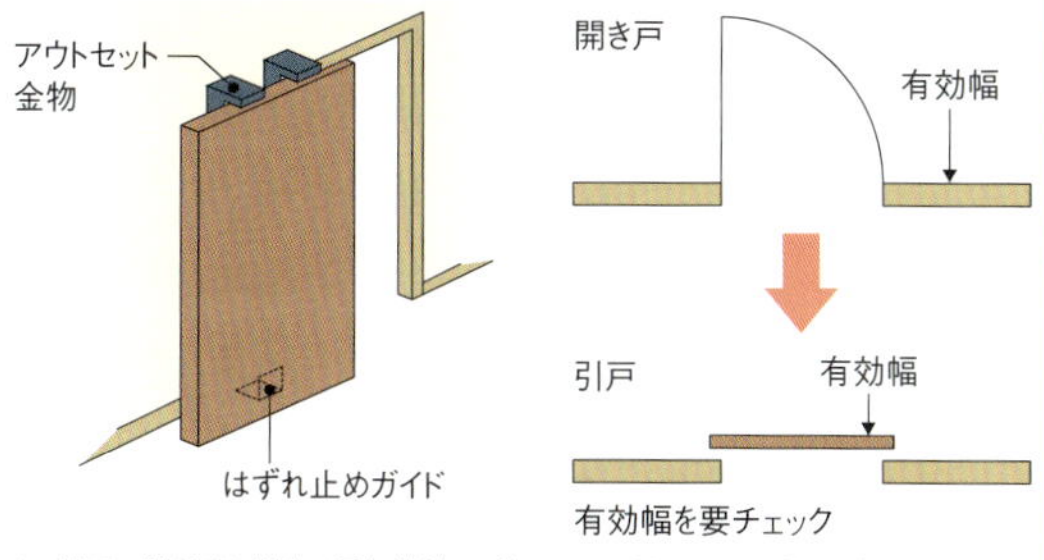

※：引戸→開き戸の場合は回転軌跡にダウンライトがないかなど確認が必要である

窓の熱損失を軽減するため室内側に障子を追加する

床に掘り込みでレールを付けられるか、天井に下地はあるかなど、新設の場合は下地の確認が必要である。張り替えの手間や育ち盛りの子ども対策にワーロン紙を用いた障子の例。触ると少し硬いので分かるが、見た目の風合いや透け具合は和紙である

写真提供：木村直人

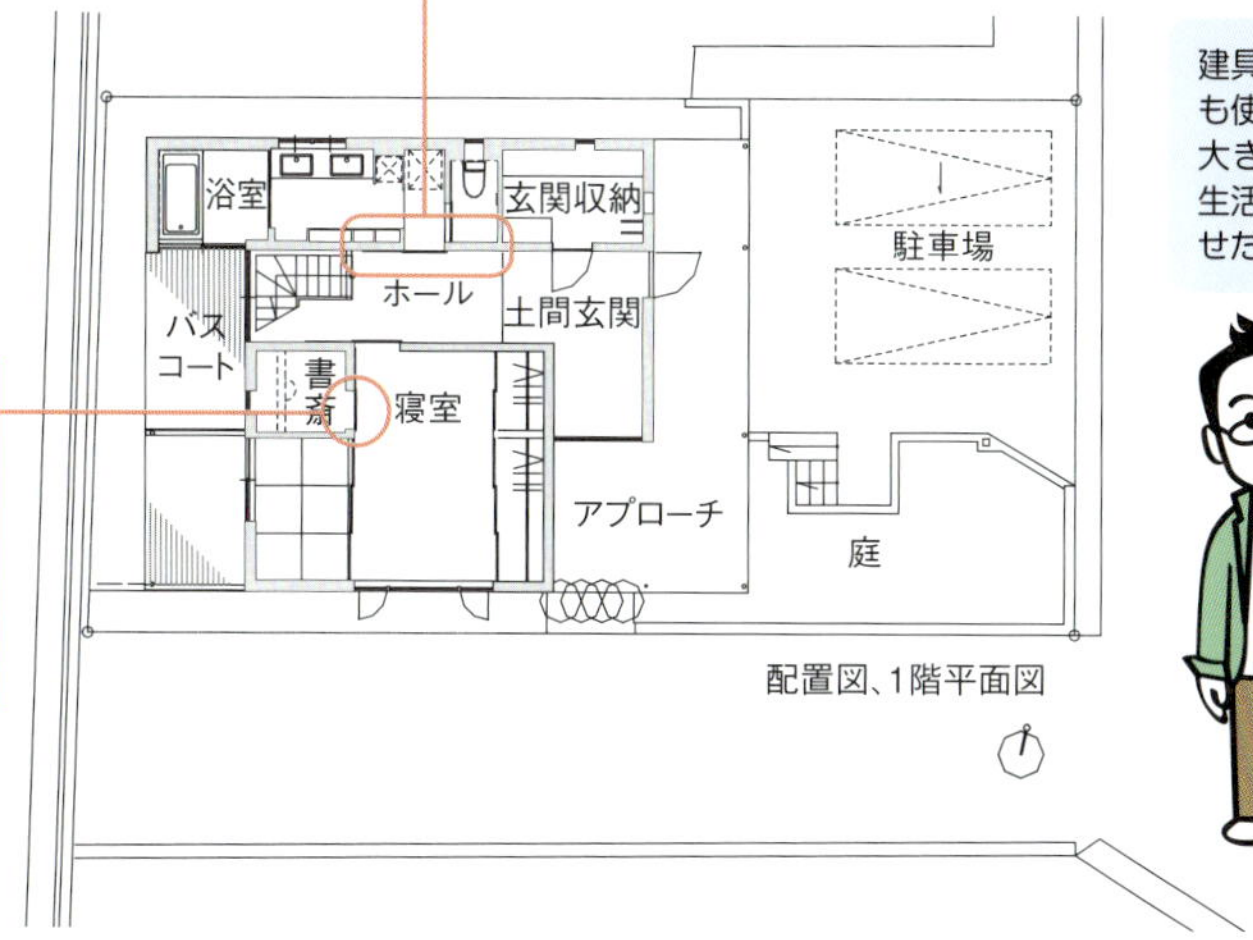

建具の付け替え

がたつきやソリなどの不具合による交換やバリアフリーリフォームで、大きくする場合は、周辺の壁は構造壁ではないか、建具の動きしろに入るスイッチはないか、引き込みしろは十分か、周辺の確認が必要である

周囲と調和させる

部分リフォームで一部のみ更新する場合、周囲の壁になじむよう、表面だけ更新する方法もある。建具は交換せず、新設の壁に合わせて塗装した例

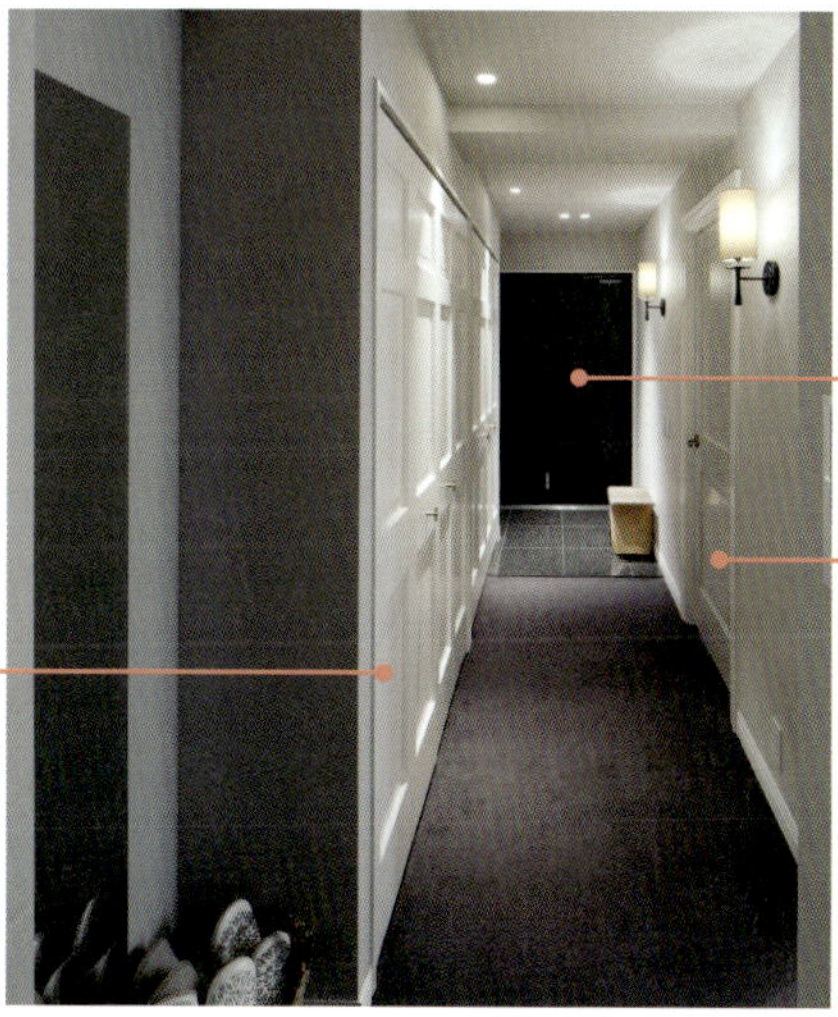

既存玄関ドア
内側だけ色を合わせてシート張り

新設の建具
色、塗装のツヤをそろえて一体感を出す

既存建具を塗装

写真提供：石田篤

key word 075

浴室廻りの移動・床の懐・配管経路

Point

- 浴室の移動では、床下の配管経路を確認する
- 既存の配管経路をできるだけ変更しないほうがコストを抑えられる

入浴という行為が見直されている現代において、浴室と生活空間とのつながりはより重要となっている。外部と連続する位置への移動や、居室と連続性をもたせる位置への移動など要望はさまざまあるが、浴室廻りは床の懐や配管経路による制約があるので、計画にあたっては早期の検討が重要である。

床下空間の現状を把握する

配管経路を確保するためには床下の空間が必要となる。古い建物は排水経路を下階の天井裏で取っているケースもあり、この場合は床を上げないと浴室廻りの移動は難しい。最近では二重床が一般的であるが、移動には、床下空間がどうなっているかを図面と現場調査で事前に確認する必要がある［図1］。また、リフォームでは、機器の施工時に設置する場所までの運搬経路が確保されているかも重要なポイントとなるので注意したい。

排水勾配から床の懐を確保する

浴室排水の排水勾配は配管径にもよるが、詰まり防止を考慮して1／50とすることが一般的である。50A～65Aの排水管が必要になるため長さによって最低限の床下懐が必要になる［表1］。たとえば、PSから50Aの配管を直線で5m延長するためには、床下に約200㎜以上の懐が必要となる［表2、図2］。また、メンテナンス用の点検口や掃除口を設けることも重要となる。

費用対効果を考えて計画する

水廻りの移動をする場合、既存の配管経路はいじらないほうがコストを抑えられるが、変えることで経路が短縮されより無駄のない配管が確保できる場合もあるので、計画時には配慮が必要である。また集中配管や劣化が著しい配管がある場合には、経路を変えない場合でも配管の交換が必要となる。

◇図1　既存配管の確認

before

古い建物は下階天井裏を使って配管していることもあるため、漏水の危険性あり

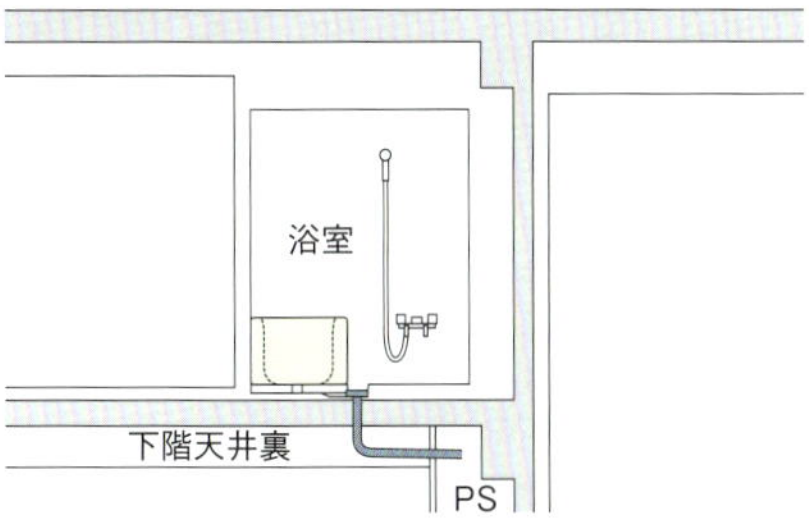

リフォーム時

after

床の懐を確保して専有部からPS配管へ接続

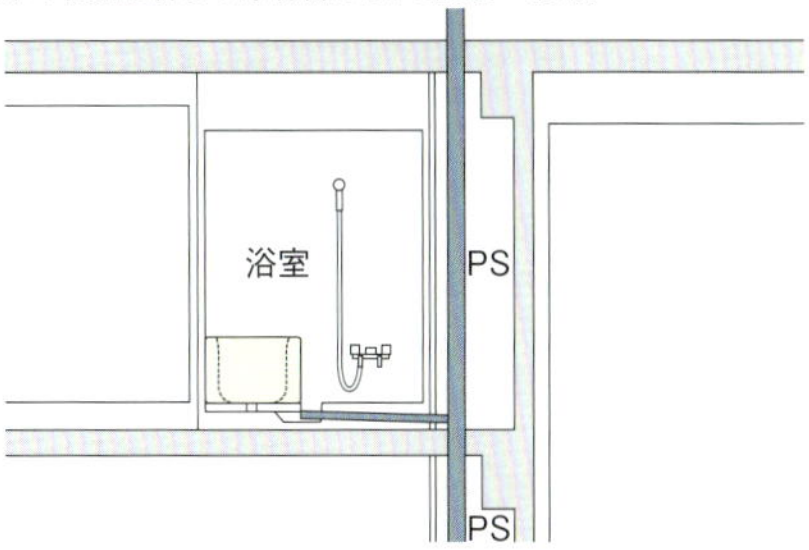

◇図2　配管延長による床下高さの目安

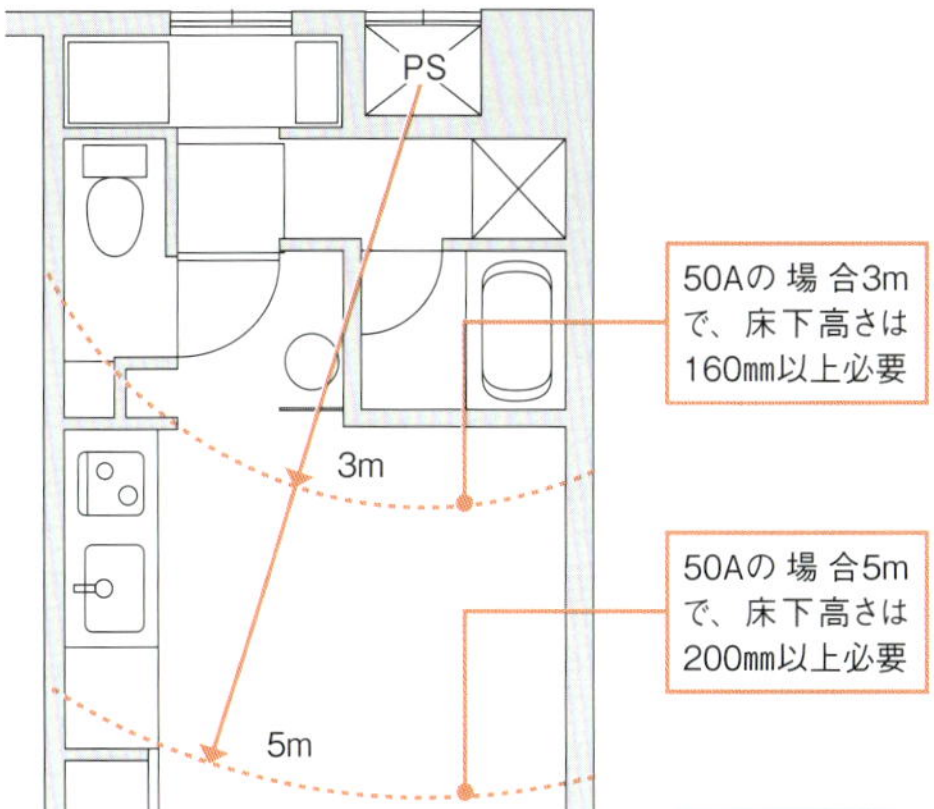

◇表1　衛生器具の接続口径(トラップ口径)と勾配

器具	接続口径(mm)	排水勾配
大便器	75	1／100
小便器	50	1／50
洗面器	40	1／50
手洗器	30	1／50
キッチン	50	1／50
洗濯機排水	50	1／50
浴室床排水	50〜65	1／50
浴槽	40	1／50
シャワー	50	1／50

ここがポイント

勾配とは

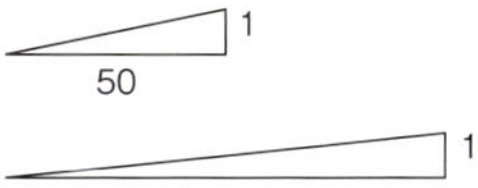

1／50の勾配は、1／100に比べて急勾配になる

配管は、勾配を取らないと異物が詰まりやすくなる。小口径の管や詰まりやすい管は、より勾配を取る必要がある

◇表2　配管必要スペース

配管仕様 名称	配管仕様 サイズ呼び径	曲部寸法R(mm)	排水管路(床下)高さの必要寸法H(mm)
塩ビパイプ(VU)	50A	58 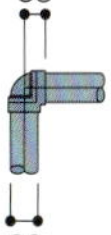 60	X(横引の距離) 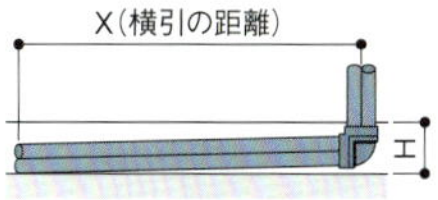 H=X／50+100 (断熱材厚さ10mm見込み)
	65A	77 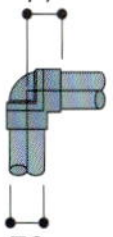 76	X(横引の距離) 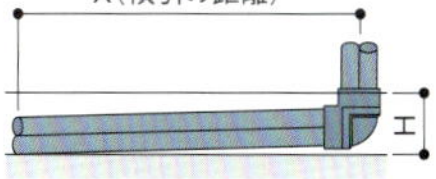 H=X／50+130 (断熱材厚さ10mm見込み)
	75A	88 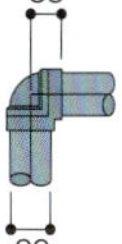 89	X(横引の距離) 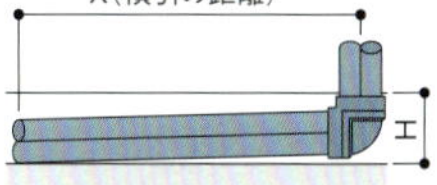 H=X／50+150 (断熱材厚さ10mm見込み)
	100A	112 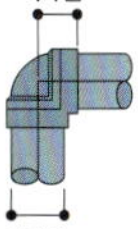 114	X(横引の距離) 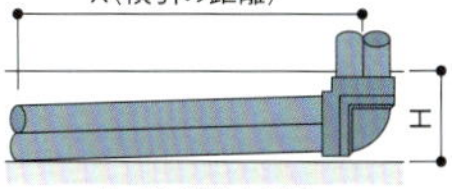 H=X／50+180 (断熱材厚さ10mm見込み)

出典：山田浩幸『建築設備パーフェクトマニュアル』エクスナレッジ刊

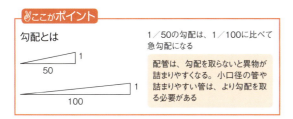

key word 076

遮音・防音

Point

- 騒音は、隙間を少なくして重量のある材料で遮音する
- 衝撃音は、ゴム質のものなどで衝撃をやわらげる
- マンションでは上下両隣への配慮が重要となる

騒音と衝撃音の違い

生活のなかで遮断したい音には騒音と衝撃音の2種類がある。騒音とは不快な音量と、不快な音質をいい、衝撃音とは固体音で物質に与えた振動が聞こえるものをいう。

住宅とマンションを比べると、住宅の場合、外部からの騒音と内部の家族内での衝撃音がある。マンションでは外部からの騒音は小さいが、上階や隣接する住戸からの衝撃音がある。

戸建の遮音・防音

戸建住宅のリフォーム時に外部からの騒音を小さくする方法は、建物全体の隙間を少なくすることである。外部廻りをより強固なものにするか、または2重につくることが考えられる。外壁の断熱材をより密度の高いものにし、内部のプラスターボードを2重張りにすると効果がある。さらにガラスをペアガラスや2重サッシにする。

上階の衝撃音はカーペット、コルクタイル等で衝撃をやわらげる仕上げとする。フローリング等を使う場合は、ゴム性の遮音マットをフローリングの下に敷き込む。近年では遮音マットの機能性が高まり、床の上にマットを直張りし、その上に無垢フローリングを使えるものも出てきた[図1〜3、表]。

マンションの遮音・防音

マンションでの音の問題は、周辺環境からの音よりも、上下両隣との間で問題になることが多い。

マンションでは戸建住宅に比べて、普段気にならない音が就寝時には耳につくこともある。排水管が通るパイプには、排水管遮音シートを巻くとよい。

浴室がユニットバスの場合、シャワー音が響きやすいので、廻りに遮音壁を計画する。隣や下階が寝室の場合は、特に配慮が必要である。

◇図1　床の工法選択

RC造の床は、二重床の場合と直床の場合がある。二重床の場合は大引根太組工法が多い。仕上材や下地材で遮音性能を確保できないため、共同住宅では乾式遮音二重床工法を提案したい。直床の場合でも、梁下の高さを確保できれば二重床を提案する

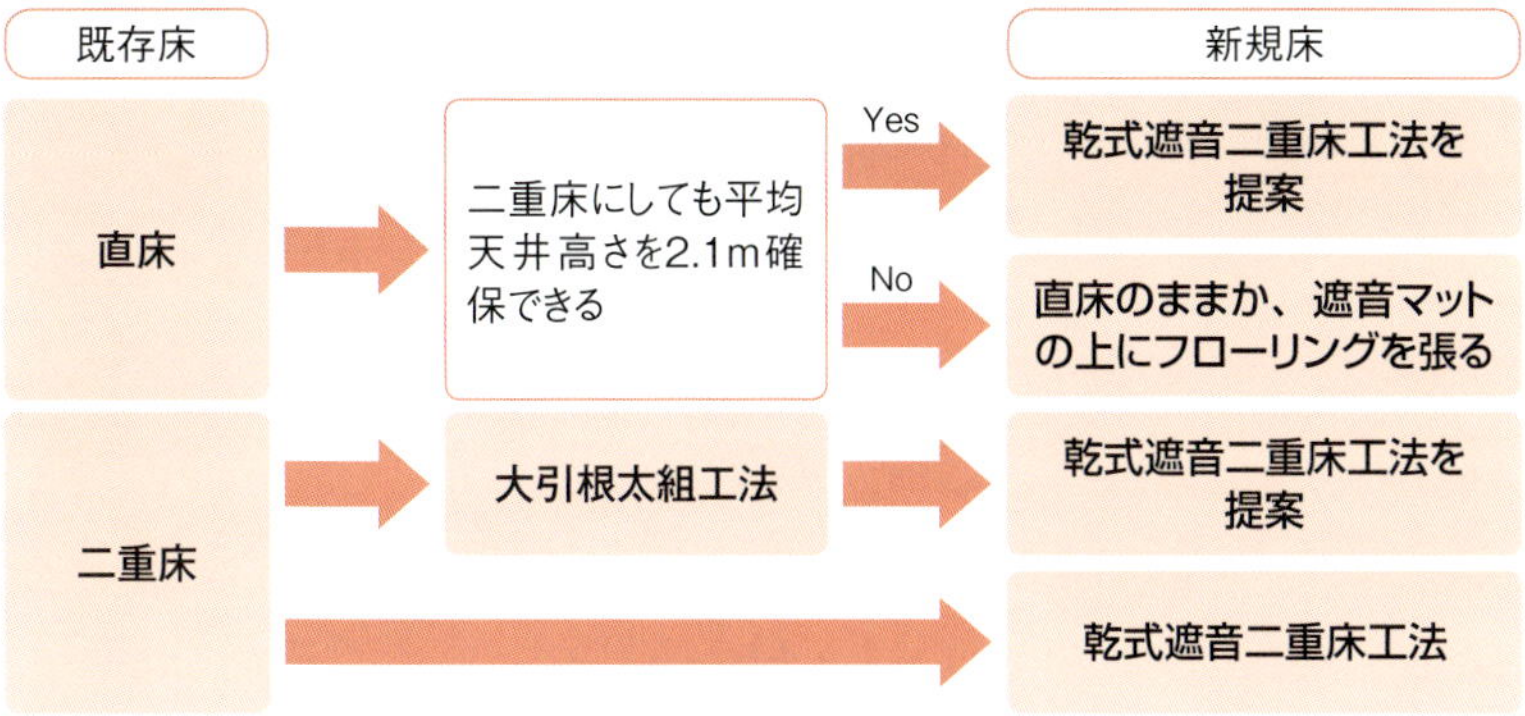

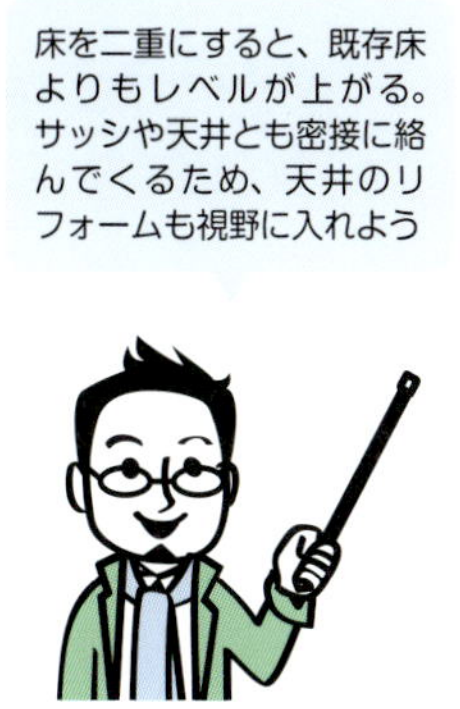

◇図2　床の構造

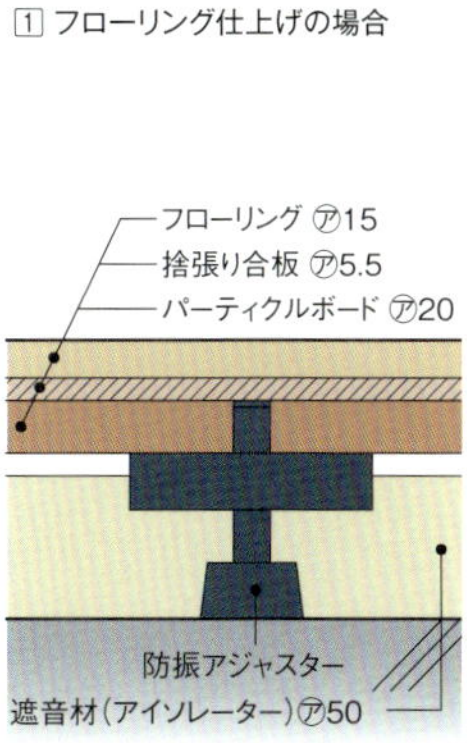

1 フローリング仕上げの場合

スラブにたわみのあるマンションでは、防振アジャスターを使い、乾式遮音二重床を採用したい

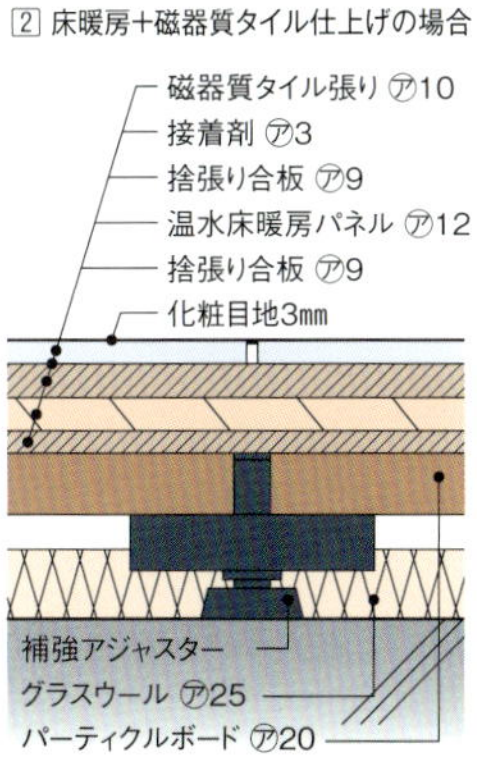

2 床暖房＋磁器質タイル仕上げの場合

スケルトンリフォームの場合は、しっかりとした床をつくりたい。床暖房を検討する時には専用のフローリングを使用すること。また、タイルや石の時には、下地のたわみを考慮したい

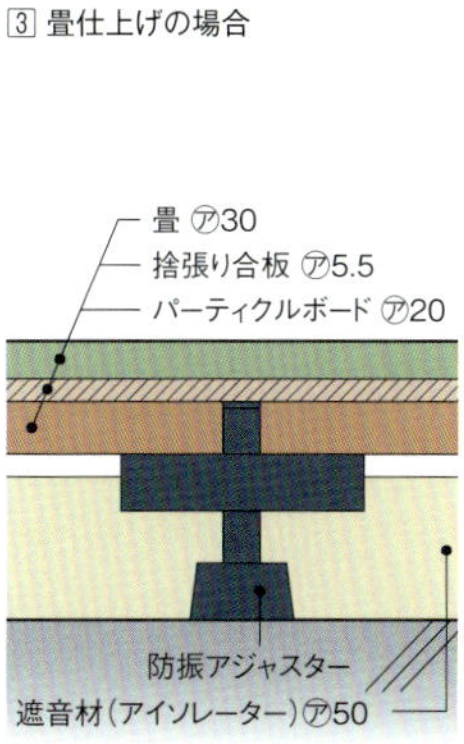

3 畳仕上げの場合

畳の床を考える時は通気口を設ける。通気を取りにくい場合にはスタイロ畳など傷みにくいものを使用すること

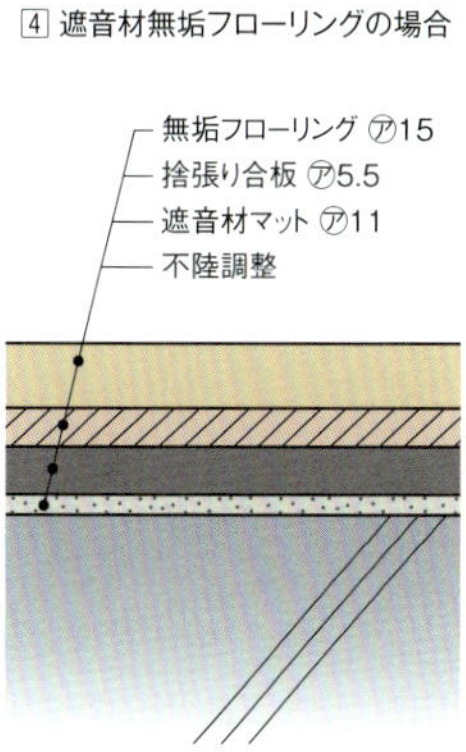

4 遮音材無垢フローリングの場合

コンクリートのスラブは多少不陸があるので調整する。調整後、遮音マットを敷き込むことによりL-40の遮音性能を確保できる

◇図3　床・壁・天井の施工手順

スケルトンから施工した例

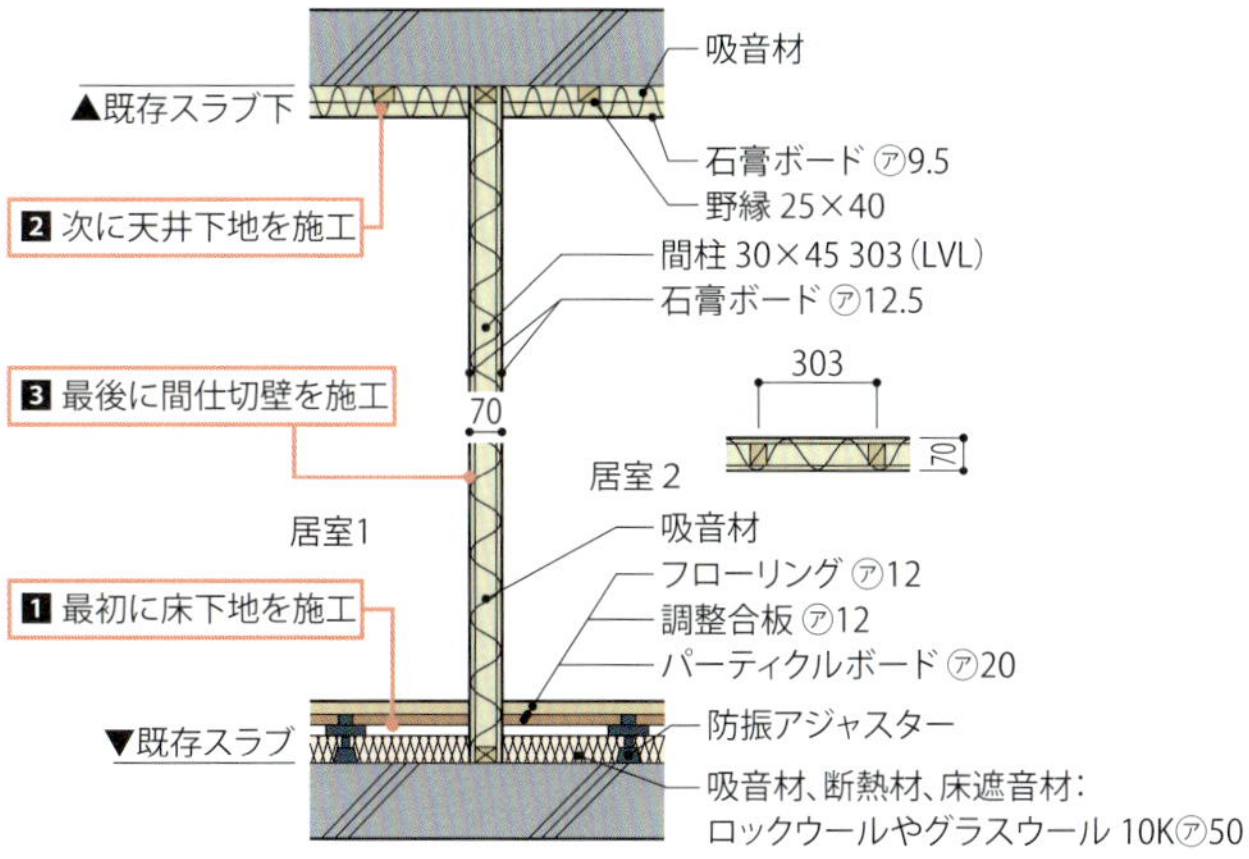

◇表　フローリングの遮音等級

遮音等級	イス、物の落下音など	共同住宅の生活状態
L-40	ほとんど聞こえない	気兼ねなく生活できる
L-45	サンダル音は聞こえる	少し気をつける
L-50	ナイフを落とすと聞こえる	やや注意して生活する

共同住宅の場合、L-60以上の遮音性にしないと問題となることがある。一般的に、管理規約でL-45以上と定めている所が多い

key word 077

防音室の導入

Point

- 空気伝播音と固体伝播音では対策が異なる
- 部屋と部屋の間に押入があれば、防音効果が期待できる
- 本格的なシアタールームなら音響専門家に相談する

施主の楽しみ方でつくる防音室

防音室の導入では、まず施主にどのように楽しみたいかを確認する必要がある。たとえば、ホームシアターなどで本格的に楽しみたいのか、楽器の演奏を楽しみたいのか。これにより、機器の選定や空間のつくりなどが大きく変わってくる。※1

防音室の防音対策

防音室における防音対策は最初に考慮すべき課題であり基本といえる。ただ、「住宅」でもあるので、建築物としての特性やコスト面から、本物の映画館やコンサートホールのような防音を目指すのは困難である。現実的な防音対策を施したい。

音源から直接聞こえる音や空気の漏れによる「空気伝播音」※2、壁や床など、固体を伝わって聞こえる「固体伝播音」※3を中心に、それぞれ違った対策が必要となる。また、換気・給気などによる音漏れも、チャンバーなどで少なくする工夫をしなければならない。

部屋の配置による防音対策

部屋の位置について、書斎や寝室など、静寂性が必要な部屋、また逆に、キッチンやリビングなど、騒音源となりそうな部屋から離れた部屋を防音室として確保できれば、騒音による問題は軽減される。部屋と部屋の間が、押入やクローゼットになっている場合も防音効果が期待できるので、考慮するとよい。より本格的な防音室をつくりたいのであれば、音響(ノイズ・低音・反射音・残響音)について専門業者に相談するとよい[図1・2]。

シアタールームなどで映像にこだわるなら「遮光」、「照明」、「インテリア」の3つの要素が肝心であるので、バランスよくコーディネートしていきたい。

※1：スクリーンサイズやプロジェクターの選定、視聴距離等については「リビングシアター」の項(041)を参照
※2：空気中を伝わって耳に届く音で、楽器の音や人の声などがある
※3：床や壁などの固体を伝わって聞こえてくる音で2階の足音や電車、トラックの振動音がある

◇表　防音室の防音対策

防音対策

1 空気の流れを防ぐ
窓を閉めることを前提として、通気口などの開口部をふさぎ空気の漏れを低減させることで「空気伝播音」を効果的に遮音できる

2 遮音カーテンや2重サッシを利用する
窓やドアはきっちり閉じても、壁面より「固体伝播音」が通りやすい。そこで遮音カーテンや2重サッシを利用することにより効果的な遮音を計画する

◇図1　防音対策例

壁面パネルの固定方法を工夫　　ドアのオフセット

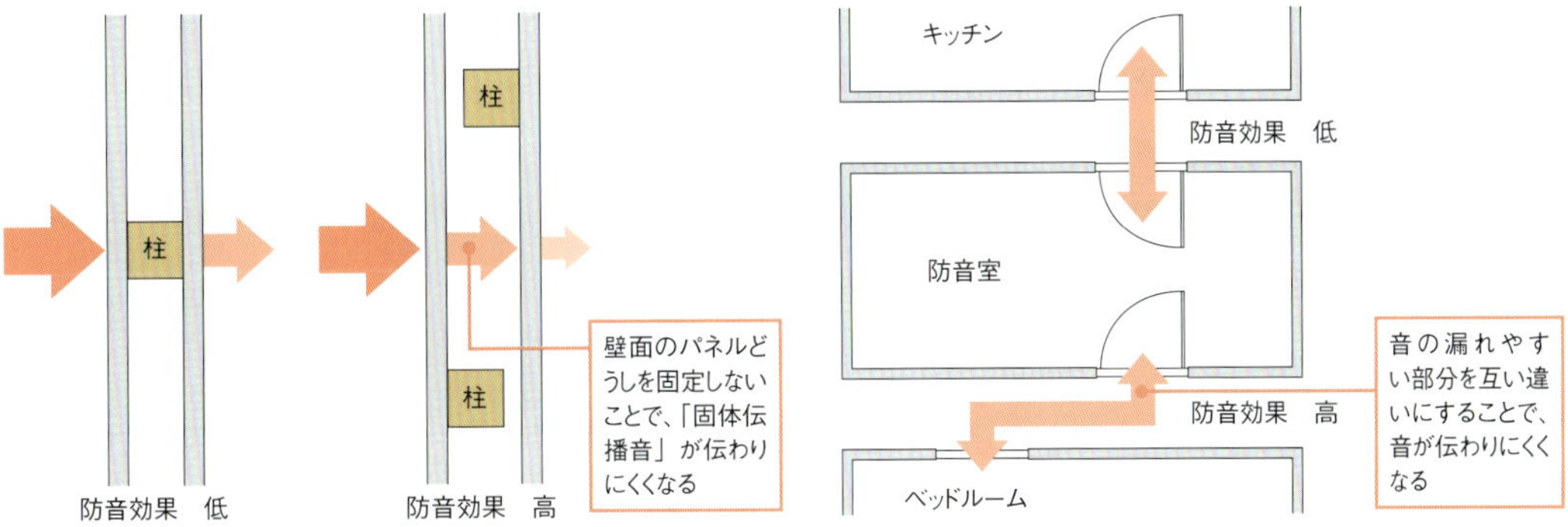

◇図2　部位別における防音対策仕様例

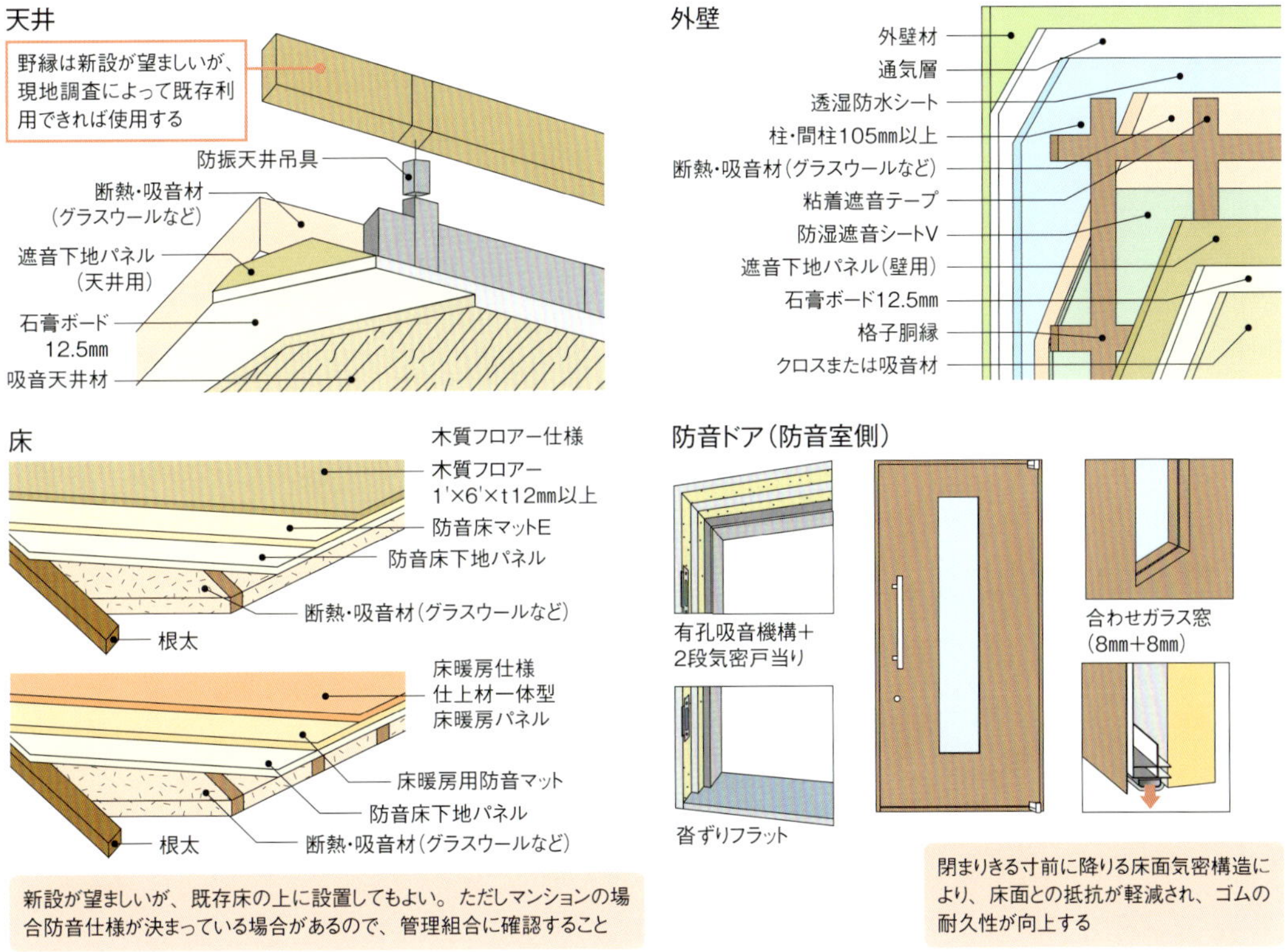

省エネリフォームの方法
—マンション—

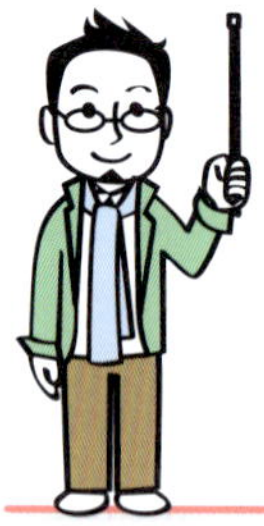

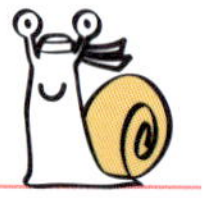

Point

- 躯体への断熱強化や2重サッシで熱損失を軽減する
- 断熱補強ではヒートブリッジをつくらないように注意する
- 効率がよく電力の少ない設備へ交換し、省エネを図る

マンションの省エネリフォームは、室内の熱損失を軽減する「躯体への断熱強化」、アルミサッシ、玄関ドアなど「開口部の断熱強化」のほか、「設備機器や仕上材の更新」が挙げられる[図]。

躯体の断熱強化

廊下やバルコニーなどの外部に面する躯体の内側には、ウレタンフォームや押出発泡ポリスチレンフォームなどの内断熱を施してある。年代の古いマンションではその断熱が欠如していたり、木毛セメント板など断熱性能の弱い材料であることも多い。こうした場合には、単純にその壁に断熱材を追加・補強することで、熱損失を軽減し室内の冷暖房効率を上げることができる。

開口部の断熱強化

開口部の断熱性能を強化する方法としては、シングルガラスをペアガラスに付け替える、既存サッシの内側に新たにサッシを設け2重サッシにする方法などがある。前者のガラス付け替えはガラス溝にアタッチメントを入れることで可能。かなり古い年代のサッシではアタッチメントの装着ができない場合は、薄型断熱ガラスを選択する。ただしマンションの外部に面するサッシは専有使用権のある共用部であるため規約の面からも難しく、実際には室内側にサッシや障子などの建具を追加した2重サッシとすることが多い。

玄関ドアを断熱ドアに変更することも有効であるが、サッシ同様共用部のため、室内に1枚追加する方法が最も簡易で現実的な方法である。

設備交換も省エネに有効

給湯器、エアコン、照明・衛生器具など、古いものは燃焼効率や消費電力の面で劣るため、器具の更新は省エネに有効である。仕上げを調湿効果のある素材に更新することも有効である。

◇図　省エネリフォームのポイント

打ち込みの木毛セメント板だけでは断熱性能が不足する。しかし、撤去は難しいため、ウレタン、グラスウールなどの断熱材を追加する場合が多い
柱など、断熱材が欠如している場合はここにも断熱材を追加する
古いマンションでは、断熱材がなかったり木毛セメント板程度のことが多い。躯体からの熱損失を軽減するには、熱の逃げる道（ヒートブリッジ）をつくらないよう、サッシ、外壁廻りなど、まんべんなく断熱材を充填することが大事である
節水タイプの便器に変更する
トイレの場合は節水がエコのポイントになる。かなり古いものでは、器具を交換するだけで使用水量は1／2〜1／3に減少する場合もある。ただし、流水量が少なくなるので、配管の勾配には注意が必要である
※：直結式のものに替える場合は水圧の確認も忘れずに
メーターボックスの内側は、外部の空気環境と同じになるので、室内側には断熱材の充填が必要

給湯器を高効率なものに変更する
白熱球をLEDに変更する
熱焼効率のよい器具に変更する
古い器具を一新。給湯器、エアコン、照明器具など、古い設備は燃焼効率が悪く消費電力の大きいものが多い。器具の更新は省エネ化に有効な場合が多い

key word 079

シックハウス対策
―24時間換気等―

Point

- リフォーム時もシックハウス対策は重要となる
- 24時間換気では、既存の排気経路や給気口を調査する
- 給排気口を新たに設ける場合は、外壁への影響を施主に説明する

確認申請を必要としないリフォームの場合、シックハウス対策を見落としがちだが、使用する建材や24時間換気には留意が必要である。

リフォーム計画への影響

リフォーム時にはシックハウス対策が既存建物に施されているかどうかをチェックする。具体的には、「24時間換気対策の有無」である。24時間換気は規制されている科学物質を外部へ排出するためのものである［図1］。既存建物が建設された当時、24時間換気がされていたかどうかを確認する。

24時間換気がされていない場合はまず、排気口に該当するスリーブ、給気口に該当するスリーブがそれぞれ外壁側に存在しているかを確認する。できれば、既存のスリーブを給気口や排気口として活用することが望ましい。必ず既存スリーブの確認をしながらリフォーム計画を進めることが必要である［図2］。

該当のスリーブがない場合や不足する場合は、施主に給排気口の新規開口が可能かどうかを打診する。マンションの場合は管理組合に確認する必要がある。

新規に給排気口を設置する場合は、構造への影響を充分配慮して耐力壁以外の雑壁等に設置する。

また、新規のスリーブ開口によって、ショートサーキュレーションが生じる可能性や外壁部分の防水処理が必要になることをあらかじめ施主に説明する。新規に開口した外壁周囲の補修方法についても十分打ち合わせをしておく必要がある。

また、延焼ライン内に新たに設置する給排気口には、防火ダンパー設置が必要かの確認が必要である。

給気機能付きのサッシもあるため、建物や予算の条件と合わせて計画が必要である。

◇図1　換気の種類と方法

トイレや浴室などで、臭気や水蒸気をほかの部屋に漏らしたくない場合には第3種換気方式が採用される。

一般的には第3種換気方式の採用が多い。図2は第3種換気方式での対策例とする

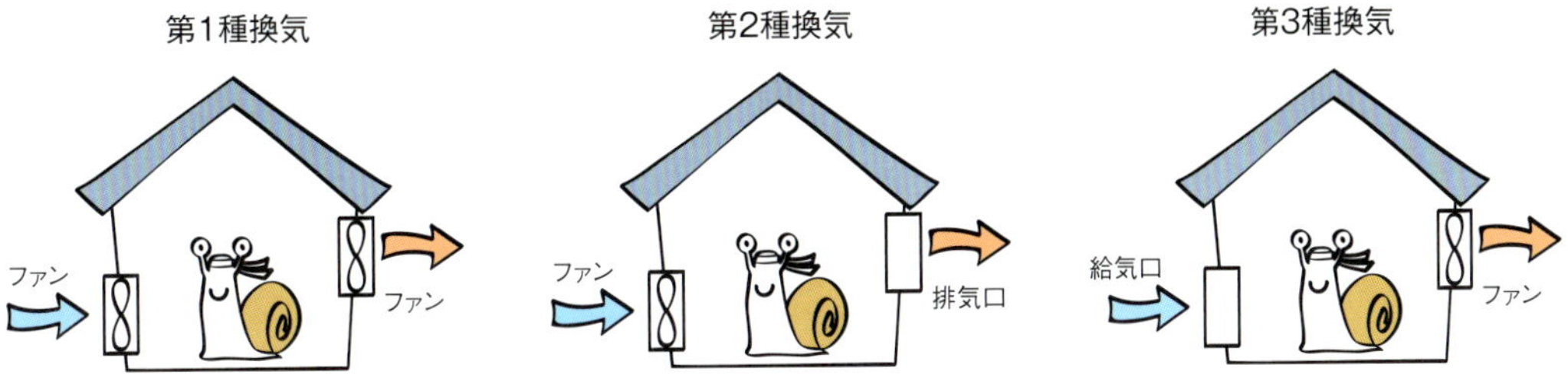

◇図2　スリーブがあけられない場合の対処法

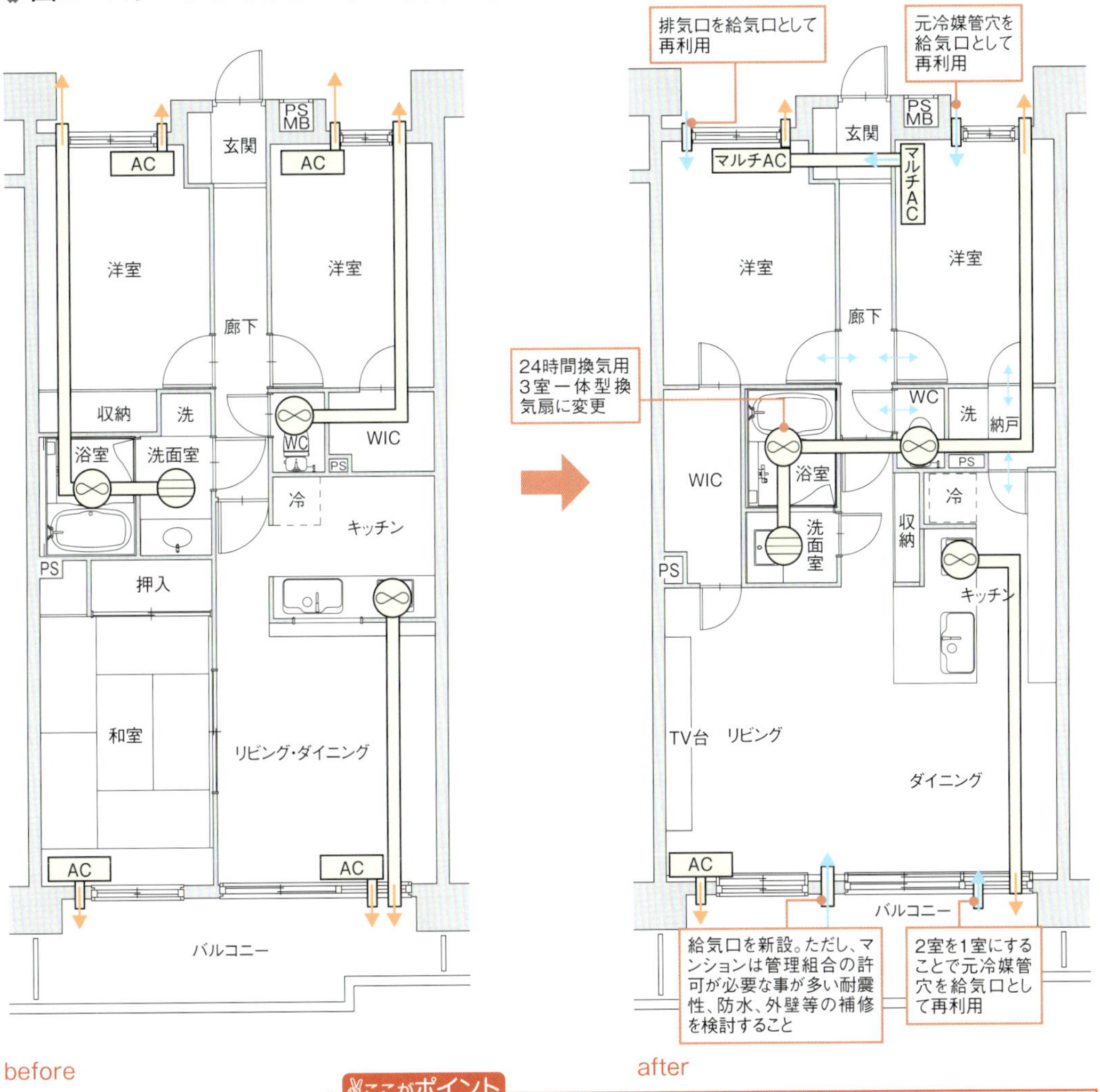

ここがポイント

- 戸建住宅なら窓等の開口部にガラリを設置する
- マンションならエアコンをマルチに変更してもらい、エアコン用の開口部を給気口の一部として利用する
- 室内の扉にはアンダーカットが必要となる

既存材料を上手に生かす

Point

- 既存材料を上手に使えばコストダウンになる
- 家の記憶や歴史を残すことも既存利用のよさである
- 既存の躯体をインテリアとして表現することもできる

既存利用でコスト削減

リフォーム設計と新築設計との大きな違いの1つは既存材料を利用できることだ[写真]。

既存部材、材料、設備を使えば、コストを抑えるという点でメリットがある。ただし、利用箇所・利用方法次第では、かえってコスト高になる場合もあるため、既存利用の目的や優先順位を施主と決めておく必要がある。

排気ダクトや給排水管を既存利用する場合は、劣化や破損のないことを確認しておく。

家の記憶や歴史を残す

最新の建材や部材は性能面が優れているが、施主にとっての記憶や歴史が蓄積されている箇所を残すことができるのもリフォームのよさである。家の記憶や歴史、その家らしさの蓄積をもとに既存材料の利用を計画することも大切だ。

たとえば昔から使われている障子は現在でいうインナーサッシ(断熱)、カーテン(調光・プライバシー確保)等のマルチな機能を併せもつ優れた建材である。再利用可能な障子があれば、最新のインナーサッシやカーテンに比べて性能は落ちるかもしれないが、障子の美しさ・雰囲気を含めてその家らしさを再検討してみる価値もある。

既存状態の生かし方

既存の状態の古さ、汚れ、傷を許容できる施主であれば、木造の敷桁を露してダイナミックな空間を演出することもできる。またRCの場合は、施主の好みによって躯体露しの荒々しい壁や天井をインテリアの一部として表現することもできる。

いずれにせよ既存利用は新規部分と見た目や性能も違うため、事前に施主への説明が必要となる。

◇写真　既存利用のさまざまな例

既存の欄間をリビングの壁面照明に利用。繊細なもののため、現場での保管や取り扱いに注意が必要

敷桁を柱に利用している。既存の柱を利用する場合は、化粧柱なのか構造用の柱なのかで、必要な寸法が変わってくる

古いミシン台を座卓として利用。破棄する箇所の確認を施主と入念にする必要がある

既存の室内壁をキッチンの収納扉の面材として利用。面材に合わせた周辺の材料や色選びが重要

既存の障子を使うためには、新規の床のレベルによって、障子や枠の高さを調整する必要がある

RC天井を露出することで、インテリアの一部として表現。天井裏がなく、排気ダクトルート、配線が露出になるため、ルートに留意しなければ煩雑になる。施工者との綿密な打ち合わせが必要

お気に入りのアンティークのドアノブをタオル掛けとして再利用。施主の好みを汲み取るきっかけにもなり、全体のインテリアにも反映できる

既存材料を使うことで、
その住宅のユニークさに
つながるんだね～

column

解体して分かる経年劣化や施工不良

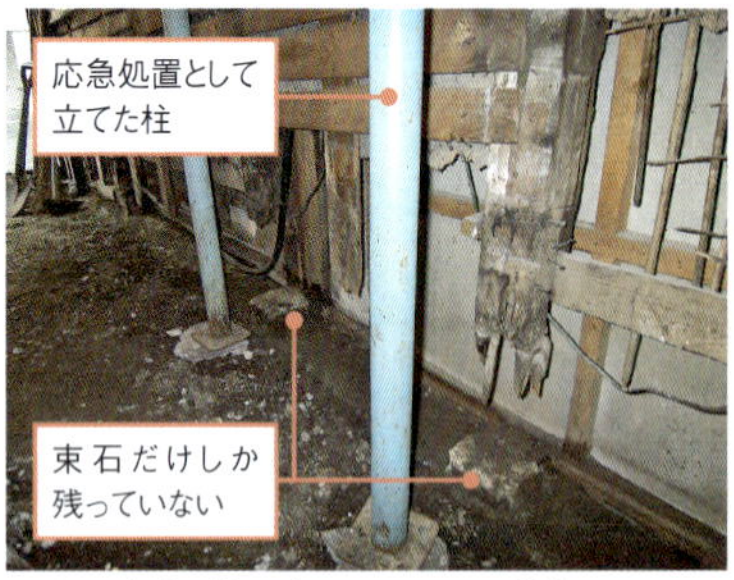

写真1：腐食が進み束石だけになった状態

写真2：無筋では変形の時に壊れるコンクリート

写真3：役目を果たさない筋交いのようなもの

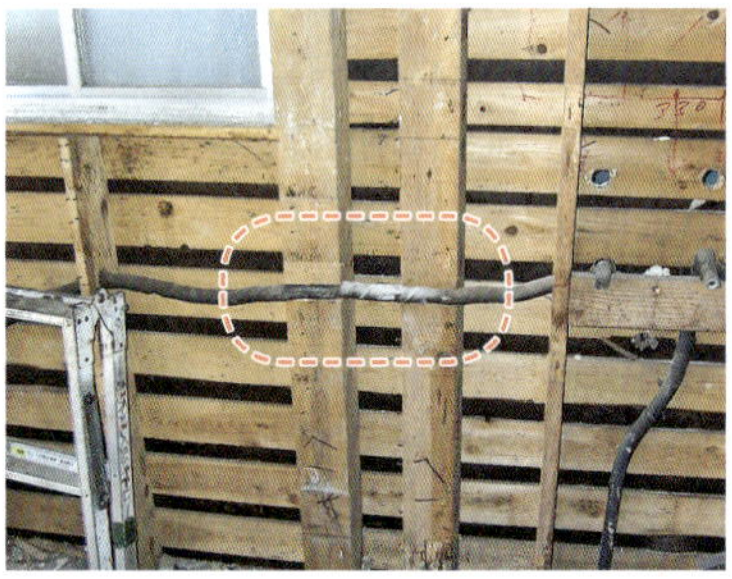

写真4：配管を優先させ欠損した柱

写真5：窓廻りの断熱材がない状態。ここから逃げる熱量は大きい

天井や壁を解体した時の現実

解体してみてから、構造体の劣化や、乱雑な工事の場所が見つかることがよくある。写真1は柱の柱脚部分がすべて腐食してなくなっている事例である。本来は束石の上に柱が建っているはずなのであるが、まったくない。一体どのように建物が建っていたのか不思議に思われる光景である。内部を解体中に建物が壊れないように急きょサポートの仮設柱を前面に立てて、応急的な処置を施している。写真2は無筋の基礎であったため、建物の引張りの変形に耐えられずに、基礎に構造クラックができている事例。このようになってしまうと本来の基礎の役割を果たしていない。基礎を抱かせて補強するなどの工事が必要となる（062参照）。写真3は不思議な筋交いである。本来筋交いは柱と横架材である梁の間に入っているものであるが、写真の筋交いはまったく意味がない入れ方である。建て方の際に入れる振れ止めのように見える。新たにバランスよく筋交いや構造用合板で補強する必要がある。写真4は給水管を通すために柱を欠き込んでしまっている事例。柱が断面欠損を起こしているため、柱を横に追加するか、交換が必要となる。柱以外に梁でも断面欠損を起こしている事例もある。写真5は窓上部の断熱材がきちんと施工されていない事例である。窓上部には断熱材が施工されているが、その上の部分は断熱材の施工がされていない。断熱材はムラなく入っていないと温熱環境が著しく劣る。また、グラスウール等が内部結露などで水分を含みグラスウール自体が壁体内でずれている場合は、断熱材の追加や取り換えを行わなくてはならないので、断熱強化のための予備予算をみておく必要がある。

第7章 リフォームで必要となるローンと資金計画

key word 081

コストの目安
—リフォームでお金がかかるのはココ—

Point

- リフォームでは、解体費や構造補強費も考慮する
- 既存部分と合わせるために既成品を使用できない場合はコストアップになる
- 搬入に制限がある場合は、搬入設置費が割高になる

新築工事と大きく違うリフォームのコスト

新築工事とリフォーム工事のコスト面での一番の違いは「解体費」が発生することだ。解体費は工事費全体の約5%～10%かかるため、予算内に組み込む必要がある。また、廃棄物の搬出ルートの環境や、解体方法やその工事範囲によっても、工事の難易度が変わるため、単純な坪単価による予算の捻出はできるだけ避けたい。

木造住宅では、構造をどれだけ改修するかに一番費用がかかることもある。そのため、事前調査を入念に行い、どれくらいの費用がかかるのか想定しておくのが好ましい[図1]。

リフォームでは、全体の工事費が新築と同額、あるいはそれ以上のコストがかかることもあるので、施主の要望内容によっては、あらかじめ説明が必要となる。また新築ではなくリフォームを選んだ理由も、施主と考えを共有しておき、新築と同額以上のコストになるようなら意向を再確認する。

マンションの場合は、規約によって床の遮音性能を求められるケースが多い。2階以上の住戸で床材にこだわりたい場合は、遮音性能付二重床にする必要がある。そのため、木造戸建住宅とは違ったコストがかかる。また、搬入ルートがエレベーターや階段など、寸法に制限のあることが多く、搬入設置費が割高になるケースもあるので十分に検討する[図2]。

新築と同じく、キッチン・浴室・洗面・トイレといった水廻りや家具、建具では、グレードによってコストに幅が出てくる。また、造作家具・建具においては、新築と違って既存部に合わせて製作する場合がある。そうしたケースでは既製品が使えず、オーダーメイドとなりコストがかかることも忘れてはならない。

◇図1　コストがかかる部分の例

壁・天井の下地や仕上げを変更する
表面積が大きいため、コストにも大きく影響する
下地（PB）：既存を利用すれば比較的安価。仕上げによっては下地処理にコストが増加することも
（コンクリート）
仕上材：クロス、塗装、漆喰、タイル、石、木など、材のグレードによってコストが増減する

浴室を変更する
在来：100万円～
UB：70万円～
在来、UBかでコストが違う。在来が一般的にコストがかかる

サッシを変更する
マンションの場合は変更できないことが一般的である
サッシ：5万円～
新規の場合、サッシ費のみではなく外壁側の仕上げや雨仕舞にコストがかかる
サッシ額縁：2万円～
既存利用すればコストは抑えられるが、インナーサッシを取り付ける際には寸法が足りるかチェックが必要

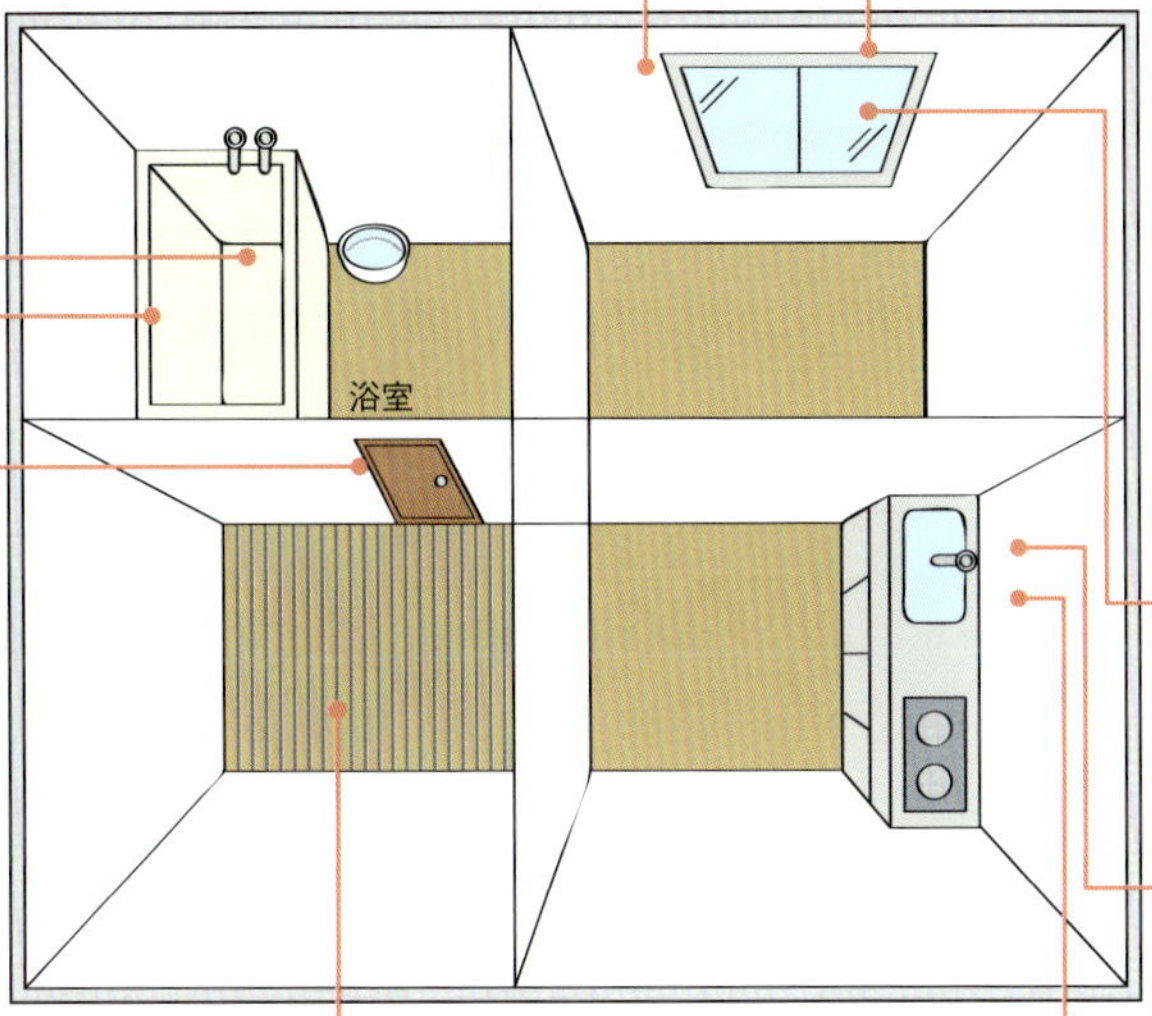

建具・枠・扉を変更する
ドア：5万円～
・既製品は一般的に安く、造作は一般的に高い
・丁番・ドアノブ・面材で金額差が出る

ガラスを変更する
薄型断熱ガラス：7万円～
シールを外部から施すため、1階より上階の場合はバルコニー等の足掛かりが必要

キッチン、洗面カウンター家具を変更する
既製品キッチン：60万円～
造作キッチン：110万円～
・一般的に造作のほうがコスト高だがメーカーによっては高額な製品もある
・既存の壁・床・天井に合わせる場合は造作のほうが融通が利く

水廻りの位置を移動させる
移動させるとコストが増える。マンションの場合は、PSの位置を変更できない
・新規の配管
・排水管勾配に伴う、地レベルの変更など注意が必要

床の下地や仕上げを変更する
下地：4,000円／㎡～
遮音性能のある床下地にするほどコストは増える
仕上げ：フローリング：4,000円／㎡～、タイル：8,000円／㎡～、石：1万円／㎡～、カーペット：3,000円／㎡～、畳：15,000円／㎡～、シート：2,000円／㎡～

◇図2　マンションリフォーム見積りの一例

before

after

建具が増える

造作キッチン対面式
配水ルート配慮

インナーサッシを設置
額縁・壁のプラスターボードも変更の必要あり

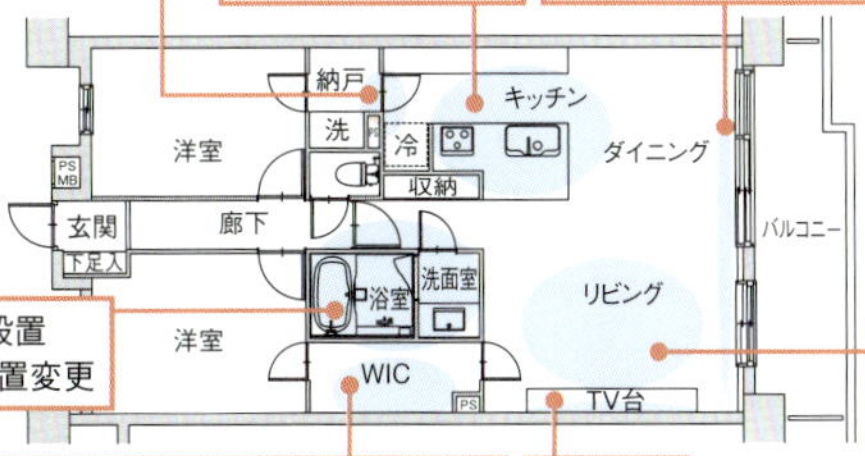

UBを新規設置
水廻りの配置変更

和室をリビングに変更
LDKの面積が大きくなったことで空調機の変更が必要

WICは収納量に比べて建具代は抑えられる

造作家具

既製品を採用することでコストを抑えられるが、既存状態、状況を把握し、設置条件をまとめておく必要がある

概算費※

既存解体・仮設費	約120万円
大工工事費	約150万円
家具・建具工事費	約300万円
設備工事費	約270万円
電気工事費	約90万円
照明器具費	約50万円
内装工事費	約180万円
その他・諸経費	約140万円
合計（消費税別）	約1,300万円

既存の位置を把握し、移動を極力抑えることでコストをかけない

※：金額はあくまで目安であり、現場状況によって変化する

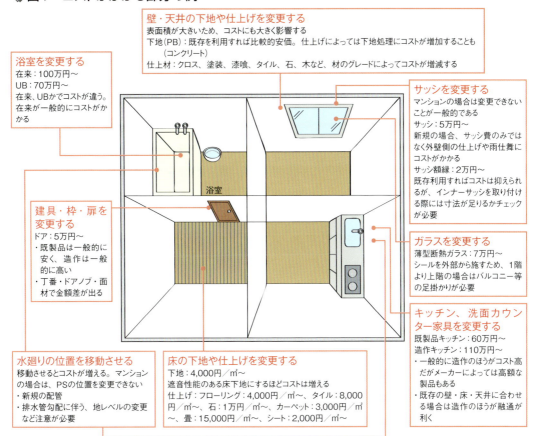

key word 082

見積りに必要な書類と図面

Point

- 現場説明事項書で設計者が工事内容を説明する
- 部分リフォームでは、解体指示書、解体図面が必要
- 設計図書の守秘義務についても施工者に説明しておく

リフォームの見積りを行う場合、計画内容によってそろえなくてはならない書類・図面はさまざまである。一般的に現場説明事項書、設計図書に大別できる。また、部分リフォームの場合では、解体指示書と指示図面が別途必要となる。

現場説明事項書

現場説明事項書は、施主に代わって設計者が各工務店に計画概要や工事内容を明示する書類である。そのなかの項目において、工事着工時期や完成時期、工事契約方法およびその支払い方法については、特に明示しておく必要がある[図1]。

施主が工事完成保証制度への加入を条件とするケースもある。工務店によっては、保証機構に入っていないこともあり、事前に入会の手続きを行う必要がある。その他、設計図書についての守秘義務については、施工者に周知しておきたい。

設計図書と解体指示書

設計図書は、計画内容に合った意匠図・設備図・電気図を従来どおり用意する。既存建物の一部分をリフォームする場合は、工事する範囲と残す範囲が明確に分かる解体指示書と指示図面が必要である。特に既存との取合い部分の詳細を明示する図面が重要である[図2]。

なお、図面は既存図面とリフォーム後図面の両方を作成し、工事のビフォーとアフターを色分けして指示するとよい。特に新規の設備配管やダクトを既存のものと接続する場合は、その接続位置や方法を図面中に明記する[図3]。既存建物の構造的な部分をリフォームする場合には、既存構造体の解体部位と範囲を明示したうえで、新たな構造計算書類とその接合方法を示した金物図面が必要となる。

◇図1　現場説明事項書

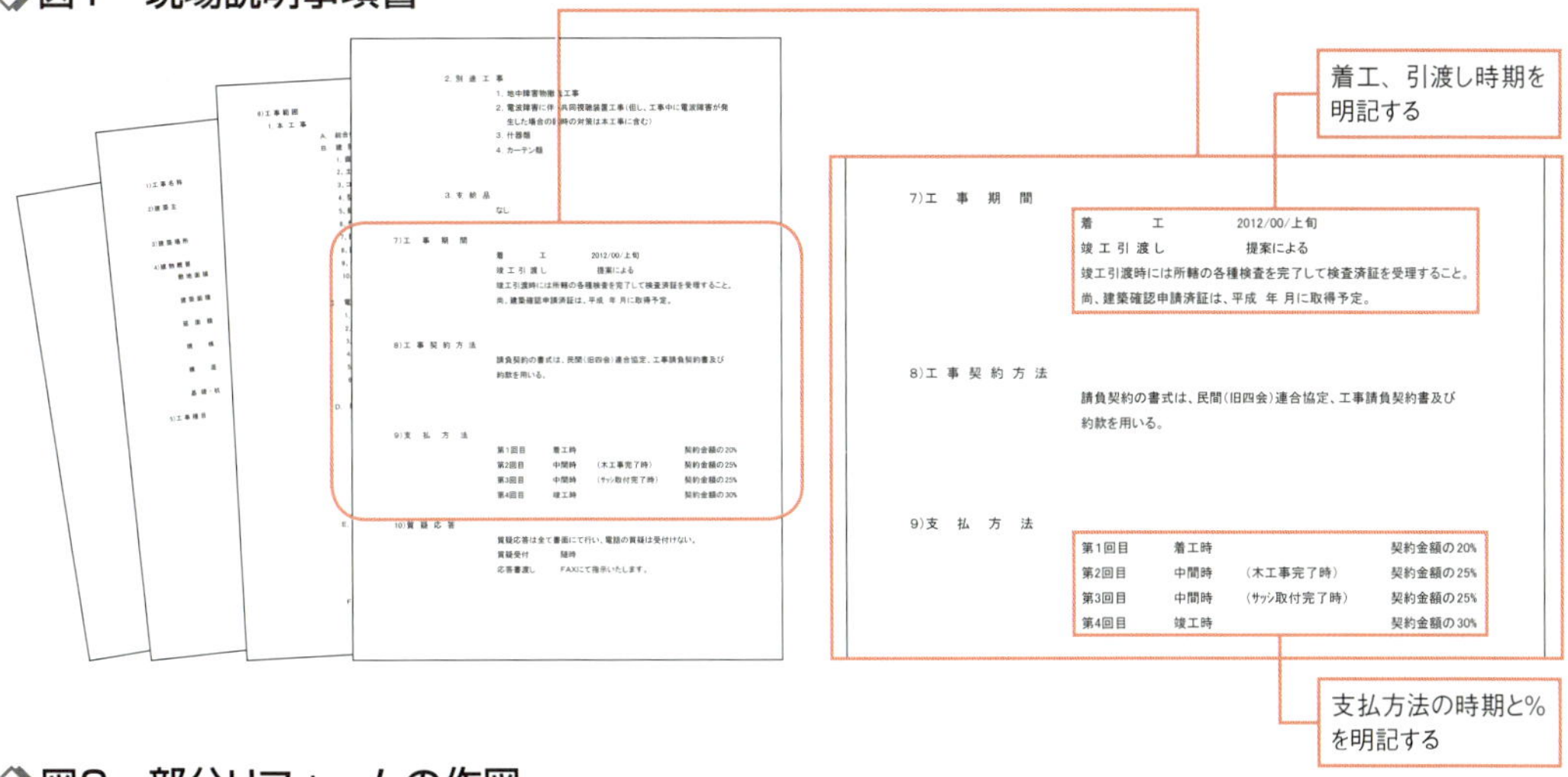

◇図2　部分リフォームの作図

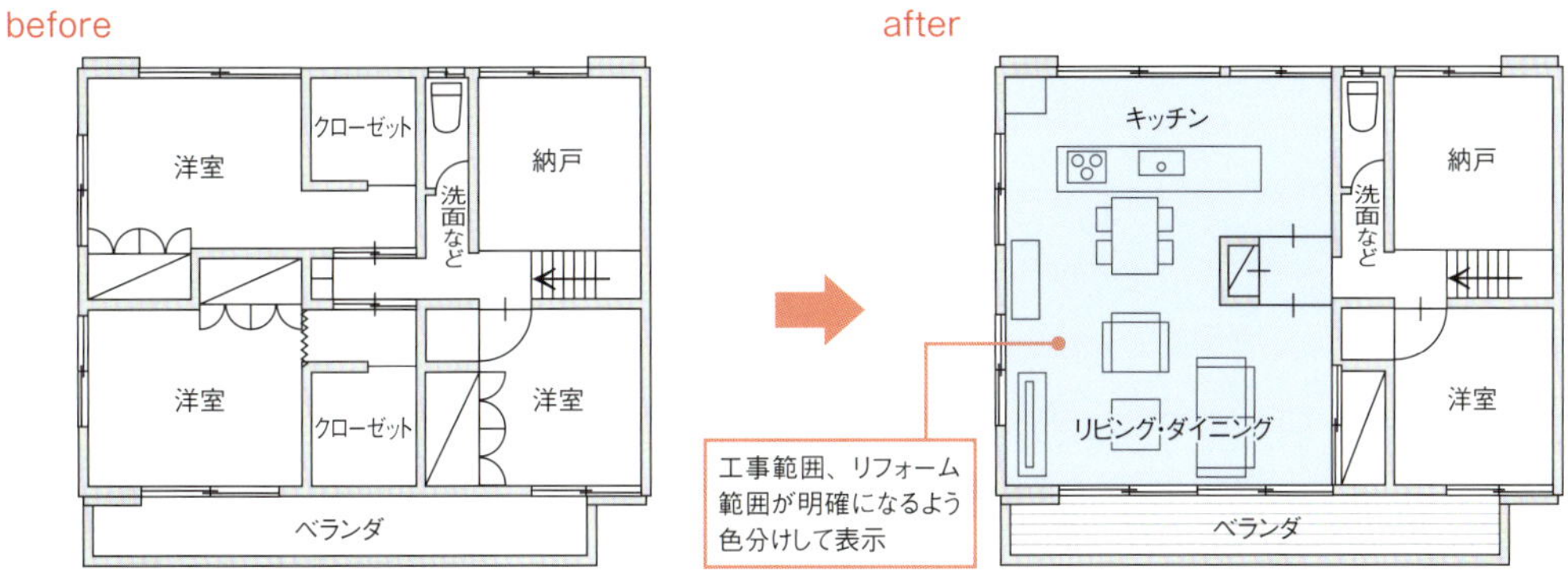

◇図3　既存の設備図面

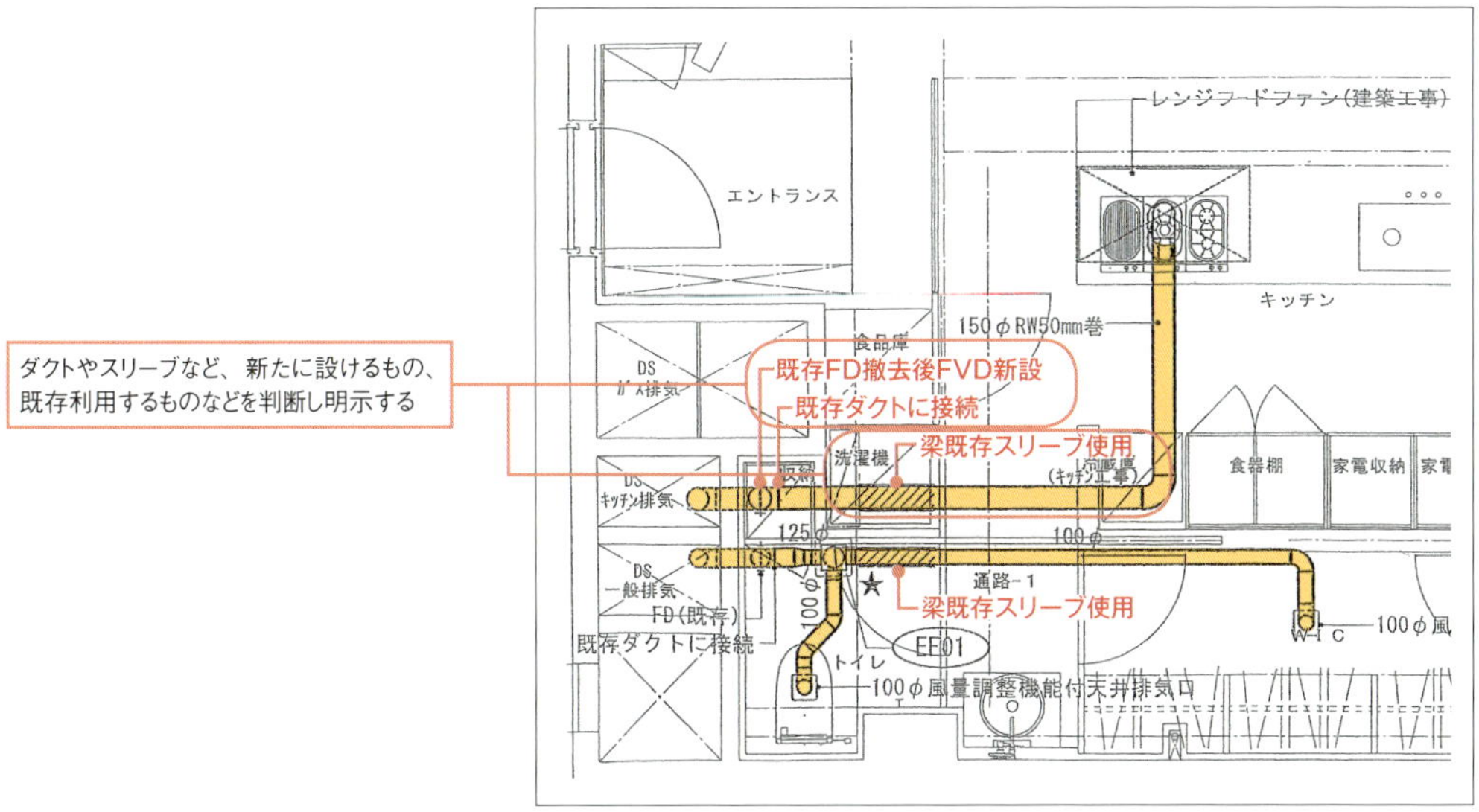

key word 083

特命か相見積りか
—施工会社を選ぶ—

Point

- 調査時点から施工会社の協力が必要になるため、特命発注となる場合が多い
- 相見積りでは、見積り内容から施工会社の力量を見極める

特命と相見積り

施工会社の選定方法には、あらかじめ1社に限定して発注する特命と相見積りの2種類がある［表、図］。リフォーム工事では、特命で施工会社を選定することも少なくない。リフォームでは、解体してみないと分からない部分も多く、既存状態の把握には限度がある。最初から、経験と見識をもった施工会社の協力を得て解体調査などの現地調査を行う場合が多いからである。

施主指名会社の場合の注意

特命とは数社の施工会社を比較するのではなく、指定することである。ただし、同じ特命でも、建築士がこれまでの信頼と実績および経験で選ぶ場合と、施主が指名する場合は大きく異なる。特に後者は注意が必要である。

施主から紹介の施工会社の場合は、設計者はその技量や実力および得意不得意の把握に努めなければならない。詳細設計を行わない自社流の建物（自社設計や外注設計を含む）が中心の施工会社では、設計者の要求に対応できなかったり、無駄にコスト増になったりする場合があるので特に注意したい。

見積りから見極める施工会社の力量

リフォーム工事では、予期しないことが起こるため、施主、建築士、施工会社がおのおの独立した立場で、尊重、協力し合えるパートナーとなることが大切だ。相見積りでは、価格的な競争原理は当然期待できる。しかし、事前に見積り落としや単価、数量のチェックとともに業者とのやりとりを行って、設計内容の理解度や設計主旨をくみ取ることが大切である。

見積りはパートナーとなる施工会社を選ぶための1つの判断要素。施主負担を軽減するためには金額も大切だが、その内容までよく確認したい。

◇表　施工会社の選定方法による違い

	メリット	デメリット
特命工事	設計の前段階からの協力が得られる ・解体を伴う現地調査 ・工事見積り ・施工方法の検討 ・施工会社の工事に対する理解度	施工会社間の競争原理が働かない ・見積り査定がより重要になる ・施主紹介などの場合、設計の要望に応えられない場合もある
相見積り工事	施工会社間での競争原理が働く ・見積り金額が下がりやすい ・素材や技術の幅が広がる	設計の前段階からの協力が得られない

◇図　着工までのフローチャート

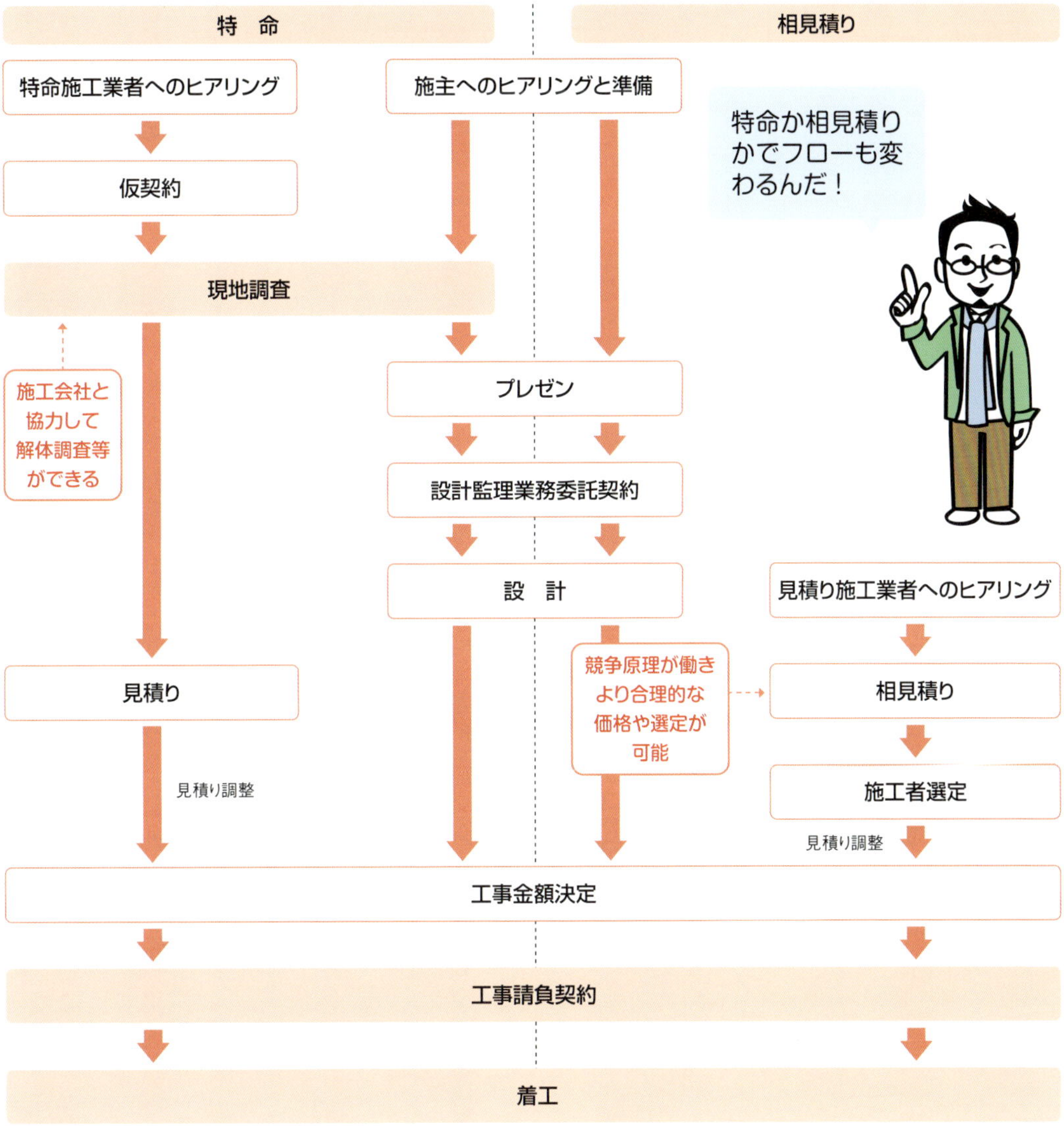

key word 084

予備予算の確保

Point

- 解体後に予期しない費用が発生する場合がある
- 予備予算の確保をあらかじめ、設計段階で計画しておく
- コストアップが予想される箇所から解体する

リフォームと予備予算

リフォームでは、見積り時に想定していなかった事象によって解体した後に予定外のコストが発生することもある。予備予算を確保することで、極力工程どおりのスケジュールを守りたい。解体後の急な変更や増額は施主からの信頼を失墜させることになりかねない[図]。

また、変更に伴う増額をすべて施主に負担してもらうのではなく、いざという際の減額対象の予備予算を計画しておくことも好ましい。施主の満足度にも大きく影響してくるのだ。

予備予算確保の方法

予備予算確保のテクニックとして、仕上材料において第1、第2候補を決めておき、いざという際には単価の安いほうで施工し、減額するという方法がある。

ただし施工会社は請負契約と同時に仕上材料等を発注する可能性があるため、第2候補の存在と減額調整の対象となった場合の発注タイミングを必ず施工会社と打ち合わせておくことが必要になる。

また、土台や柱の腐朽、既存断熱施工の不備など、予算が左右されそうな箇所から解体をしてもらう。工事費の増額が判明したら、解体を予定している箇所の既存利用を再検討することができる。見積り時に施主とともに「場合によっては既存利用する箇所」の選出をしておく。

見積り時に既存利用と新規作成のコスト比較をしておくことで、スムーズに判断することができ、工程を遅らせることなく現場を進めていくことができる。また、解体後からコスト調整まで、余裕をもった工程を事前に組んでおくことは、短いリフォームの工期にとっては重要である。

◇図　予備予算有無の比較表

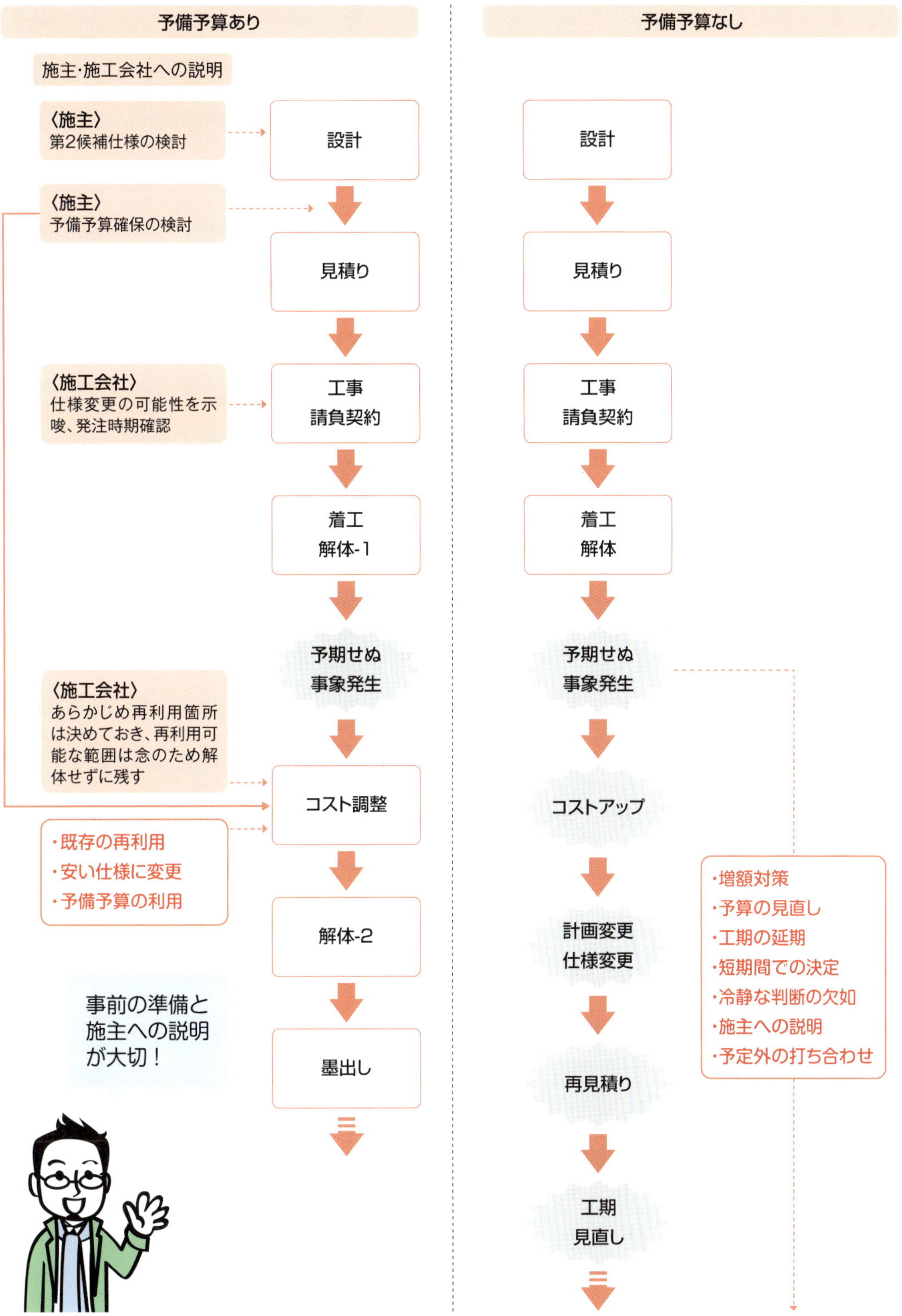

key word 085

リフォームローン

Point

- 金融機関と公的機関のリフォームローンがある
- 性能向上を伴うリフォームでは金利の優遇を受けることができる
- 融資額の限度によって設計変更となる場合もある

返済計画に適したローンの選定

リフォームにかかる工事費・設計費・諸経費等をローンで借りる場合、各種金融機関が提供している「リフォームローン」を利用するのが一般的である［表1］。各金融機関のリフォームに特化したサービスも充実している。各サービスによって条件等が違うため、適切なリフォームローンを見極め、設計への反映や、検査の有無に対するスケジュール調整が必要となる。また、法令遵守が厳しくなっており、違反建築物は是正しないと融資を受けられない場合があるので注意したい。

一般的には民間である銀行・信用金庫・ローン会社の審査は通りやすいが、金利が高い傾向がある。担保の有無でも上限や期間が違ってくる［表2］。

住宅金融支援機構が提供するローンではバリアフリー改修・耐震改修・省エネ改修の政策誘導型リフォームローンがある。改修内容によっては金利が優遇されるが、報告書の提出や検査を受けることが必要となる場合もある。

新築時の住宅ローンが完済できていない場合は、利用している金融機関でローンを検討するとスムーズに進むことがある。施主からリフォーム目的をヒアリングし、どういったリフォームローンが適しているかの大まかなアドバイスをすることも大切である。

リフォームローンの手続き

設計料や家具費用などを含めて予算が決まったら、施主から申し込みを行う。その際に、大まかな工事内容や工事費の概算を金融機関に提出する必要がある。施主に大まかな工事費を伝えると同時に、いざという時の予備費の確保と必要性も同時に伝えておくことが大切である。その後、金融機関による仮審査があり、希望する金額の融資が受けられるのかどうかがわかる。

◇表1　リフォームローンの大きな分類

ローンの種類	特徴
住宅金融支援機構 年金住宅融資 財形住宅融資	金利が安い ・融資を受ける人や工事内容等に細かい条件がある ・割増融資や特別融資などを受けれる
銀行 信用金庫 ローン会社	金利が高い ・無担保型、有担保型がある ・電化製品やインテリア購入資金などにも利用できる ・審査が早い
フラット35S	金利が固定 ・検査機関または適合証明技術者の適合証明の交付が必要

◇表2　民間のリフォームローンの無担保型と有担保型の比較

	無担保ローン	有担保ローン
抵当権	不要	必要
審査期間	早い	長い
借入限度額	少ない（限度額300万～2,000万円）	多い
返済期間	短い（最長20年）	長い（最長35年）
金利	高い	低い
諸費用	少ない	多い

リフォームローンにもいくつかのタイプがあるんだ。資金計画にマッチしたものを選ぶことが大切。一般的には家や土地を担保にするんだ

補助金の有効利用

Point

- 補助金・助成金は、毎年その対象や金額が変わる
- 自治体によっても制度が異なる
- 計画と並行して担当窓口に相談する

補助金と助成金の種類

補助金・助成金制度は毎年その対象や金額、予算規模などが変わるため、補助金を利用する場合は、計画と平行して下調べすることが重要である。

リフォームにおける補助金・助成金制度で主だった制度は、金額の大小はあるが、太陽光発電等の省エネルギー対策補助金・耐震改修助成金・介護保険居宅介護住宅改修費助成金・高齢者支援助成金・その他各自治体による助成金などがある［図］。

省エネルギー対策補助金

ソーラーパネルをはじめとする太陽光発電の自然エネルギー機器、エネファーム［表1］やリチウムイオン蓄電池［表2］等の補助金が代表的である。

省エネルギー対策補助金は毎年更新され、機器についても日進月歩である［表3］。近年は普及に伴い、国からの補助金は少なくなっているが、地方自治体によっては補助金があるので、調べておく必要がある。

耐震改修助成金

耐震改修助成金は、一般的には自治体が委託した耐震診断技術者が診断を行い、その診断にもとづいた耐震計画にて補強工事を行う。助成金には金額の幅がかなりある。

介護保険

介護保険居宅介護住宅改修費助成金の対象は要支援・要介護認定を受けている方となる。助成金は自治体から最大で20万円の助成金が受けられる。ただし、うち1割は自己負担となる。

対象工事は、手すりの設置、段差の解消、滑りの防止、建具を引戸へ変更、洋式便器への変更などである。自治体による助成金は、役所や担当各課への相談を行って有効活用したい。

◇図　主な補助金の種類

エコ設備

太陽光発電に代表される省エネ補助金を利用し、光熱費を抑制

バリアフリー

介護保険居宅介護改修費助成金を利用し、手すりなどを設置

耐震改修

耐震改修助成金を利用し、安心安全な住まいへリフォーム

◇表1　エネファームの補助金制度(東京都の場合)

制度名	家庭におけるエネルギー利用の高度化促進事業(平成28～31年度)	
対象	都内の住宅に新規に設置される助成対象機器(未使用品)の所有者(国・地方公共団体および外郭団体等の公的な団体を除く)。助成対象機器は、蓄電池システム、ビークル・トゥ・ホームシステム、家庭用燃料電池(エネファーム)、太陽熱利用システム	
補助金内容	蓄電池システムが機器費の2分の1の場合（1戸当たりの上限額は、右のいずれかの小さい額）	･10万円/kWhに、蓄電容量(kW時を単位とし小数点以下第3位を四捨五入する。)を乗じて得た額
		･60万円
	ビークル・トゥ・ホームシステムの場合	･機器費の2分の1（1台当たりの上限額は30万円）
	家庭用燃料電池(エネファーム)（機器費の5分の1、1台当たり上限額は右のとおり）	･10万円(戸建住宅に設置する場合)
		･15万円(集合住宅に設置する場合)
	太陽熱利用システム（機器費、工事費の3分の1、1戸当たりの上限額は右のいずれかの小さい額）	･1㎡当たり6万円に集熱器の面積を乗じて得た額
		･戸建住宅に設置する場合は1戸当たり24万円
		･集合住宅に設置する場合は1戸当たり15万円
申請期間	2016年6月27日から2020年3月31日まで(事前申請:2019年10月1日から2020年3月31日まで。特例申請:2016年6月27日から2020年3月31日まで)	

出典：東京都地球温暖化防止活動推進センター

◇表2　リチウムイオン蓄電池導入補助金の概要

応募期間	事前申請：2020年3月31日まで
補助金	個人の場合：機器費用の1／6 上限24万円
対象機器	環境共創イニシアチブHP掲載の蓄電システム
申請条件	機器の購入・設置は予約決定通知書受領後に行うこと

※：東京都の場合
出典：東京都地球温暖化防止活動推進センター

◇表3　太陽光発電助成金

セル変換効率の基準値

太陽電池の種類	2019年度の基準値	2012年度の基準値
シリコン単結晶系太陽電池	20.0%	16.0%
シリコン多結晶系太陽電池	15.0%	15.0%
シリコン薄膜系太陽電池	9.0%	9.0%
化合物系太陽電池	12.0%	12.0%

出典：太陽光発電普及拡大センター

これからの売電価格

2019年4月

住宅用太陽光発電システムの導入時の売電価格
※：余剰電力の買取・固定価格10年間

24円／kWh（2019年度）

24円／kWh（ダブル発電）

key word 087

リフォームと減税

Point

- ローン減税に投資型減税が加わった
- 投資型減税は省エネ・耐震・バリアフリーの性能向上リフォームが対象である
- 固定資産税の減額や贈与税の非課税制度もある

新築による住宅を取得する時と同様に、リフォームでも減税を受けられる。所得税の控除と固定資産税の減額（確定申告時に申請）に加え、贈与税の非課税制度（工事終了後3カ月以内に市区町村へ申請）などがある。リフォームの種類やローンの種類により、申請および手続きの時期・方法・申請先をはじめ控除額や減税額が異なる。また、年度によっても減税額や対象期間などが変わる場合があるため、利用する場合は前もって確認をする必要がある［表1～3］。

投資型減税の施設

従来、リフォームの減税優遇措置は、新築同様にローン利用時のものであった。ところがリフォームでは新築に比べて高額な工事が少ないためローンを利用しない施主も多くいた。そこで、平成21年度から、ローンを組まなくても一定の工事に対する要件を満たせば減税優遇措置が利用できるようになった。これが「投資型減税」である。従来からの「ローン型減税」と、どちらかを選択することができるようになり、これまでより減税を受けやすくなった。固定資産税の減額との併用も可能であり、組み合わせの選択幅が広がった。

性能向上リフォームに対する減税

「投資型減税」と「ローン型減税」では、対象となる工事が若干異なる。

投資型減税では、省エネリフォームやバリアフリーリフォーム、耐震リフォームが対象である。ローン型減税では省エネリフォーム、バリアフリーリフォームとリフォーム全般について対象となっている［表4］。

贈与税についても非課税制度が適用され、一定の要件を満たせば贈与税が非課税となる。非課税額は毎年変わるため、間違いをなくす意味でもこちらも確認が必要である。

◇表1　所得税の控除（2018年度）

概要	控除対象期間	控除額	リフォームローン要件	要件
投資型減税	1年分	工事費等の10％	ローンの借り入れ有無によらない	工事の内容・費用、住宅、居住者など
ローン型減税	5年分	毎年の年末リフォームローン残高の2％	5年以上の償還期間	工事の内容・費用、住宅、居住者など
住宅ローン控除制度	10年分	毎年の年末リフォームローン残高の1％	10年以上の償還期間	工事の内容・費用、住宅、居住者など

◇表2　固定資産税の減額措置

減額対象期間	軽減額	要件
1年度分または2年度分	家屋の固定資産税の1／3～2／3	工事の内容・費用、住宅、居住者など

◇表3　贈与税の非課税措置

非課税対象期間	非課税枠	要件
1年分	2020年まで700（1,200）万円	工事の内容・費用、住宅、居住者など

◇表4　所得税額の控除のローン型減税または住宅ローン控除制度のいずれかを適用する場合

	投資型減税		ローン型減税		固定資産税の減額		住宅ローン減税	
耐震リフォーム	あり	確定申告することで、控除対象限度額を上限として、工事費用の10％が所得税額から控除される	なし	―	あり	物件所在の市区町村に証明書等の必要書類にて申告することで、固定資産税額（120㎡相当分まで）が1年間、2分の1減額される	あり	住宅ローンを仕様して要件を満たす増改築工事を行った場合、住宅ローンの年末算高の1％が10年間にわたって所得税額から控除される
バリアフリーリフォーム	あり	確定申告することで、控除対象限度額を上限として、工事費用の10％が所得税額から控除される	あり	確定申告をすることで、工事費用の年末ローン残高の2％または1％が5年間、所得税額より控除される	あり	居住する市区町村に申告することで、翌年度の固定資産額（100㎡相当分まで）が3分の1が減額される	あり	住宅ローンを仕様して要件を満たす増改築工事を行った場合、住宅ローンの年末算高の1％が11年間にわたって所得税額から控除される
省エネリフォーム	あり	確定申告することで、控除対象限度額を上限として、工事費用の10％が所得税額から控除される	あり	確定申告をすることで、工事費用の年末ローン残高の2％または1％が5年間、所得税額より控除される	あり	居住する市区町村に申告することで、翌年度の固定資産額（120㎡相当分まで）が3分の1が減額される	あり	住宅ローンを仕様して要件を満たす増改築工事を行った場合、住宅ローンの年末算高の1％が12年間にわたって所得税額から控除される
同居対応リフォーム	あり	確定申告することで、控除対象限度額を上限として、工事費用の10％が所得税額から控除される	あり	確定申告をすることで、工事費用の年末ローン残高の2％または1％が5年間、所得税額より控除される	なし	―	あり	住宅ローンを仕様して要件を満たす増改築工事を行った場合、住宅ローンの年末算高の1％が13年間にわたって所得税額から控除される

リフォーム瑕疵保険と完成保証

Point

- リフォーム瑕疵保険は、工事の瑕疵を保険により担保する
- リフォーム完成保証とは、工事の完成を担保する
- 施工者が保険に加入していれば、施主は安心できる

リフォーム瑕疵保険

リフォーム瑕疵保険は、施工会社がリフォーム工事の瑕疵について瑕疵担保責任を履行した場合に、その損害を填補するものである。また、万が一、施工会社が倒産等により、瑕疵の修補が行われない場合、施主に対して直接保険金が支払われる［図］。リフォーム瑕疵保険への加入は、新築と違い任意である。施工者がこの保険に加入していれば、安心できるので加入しているかどうか確認するとよい。

新耐震基準が加入の条件

保険対象は、現行の耐震基準である「新耐震基準」に適合した住宅に対して実施するリフォーム工事であること。ただし、申し込み時点で適合していなくても、耐震改修等により適合させる場合は対象となる。

保険金の支払い対象と保険期間は、多様である。リフォーム工事の請負代金が支払い限度額となり、その範囲で補修費用が支払われる。

支払対象は、修理費用だけでなく、欠陥工事の調査費用や、修理期間中の仮住まい費用も含まれる。保険期間は、構造上の欠陥や雨水の浸入防止機能の欠落では5年、リフォーム工事箇所が社会通念上必要とされる性能を満たさない場合は1年間となる［表］。

リフォーム完成保証

リフォーム完成保証とは、リフォーム工事請負契約におけるリフォーム登録施工会社の債務履行を保証する制度である。工事を発注する施工会社がこの保険に加入していれば、その施工会社が万が一、倒産しても、代わって別の施工会社がリフォーム工事を行い、その工事費用は保険で賄われる。一定の免責期間や金額が設定されるケースがあるので確認しておくとよい。

◇図　リフォーム瑕疵保険と完成保証の流れ

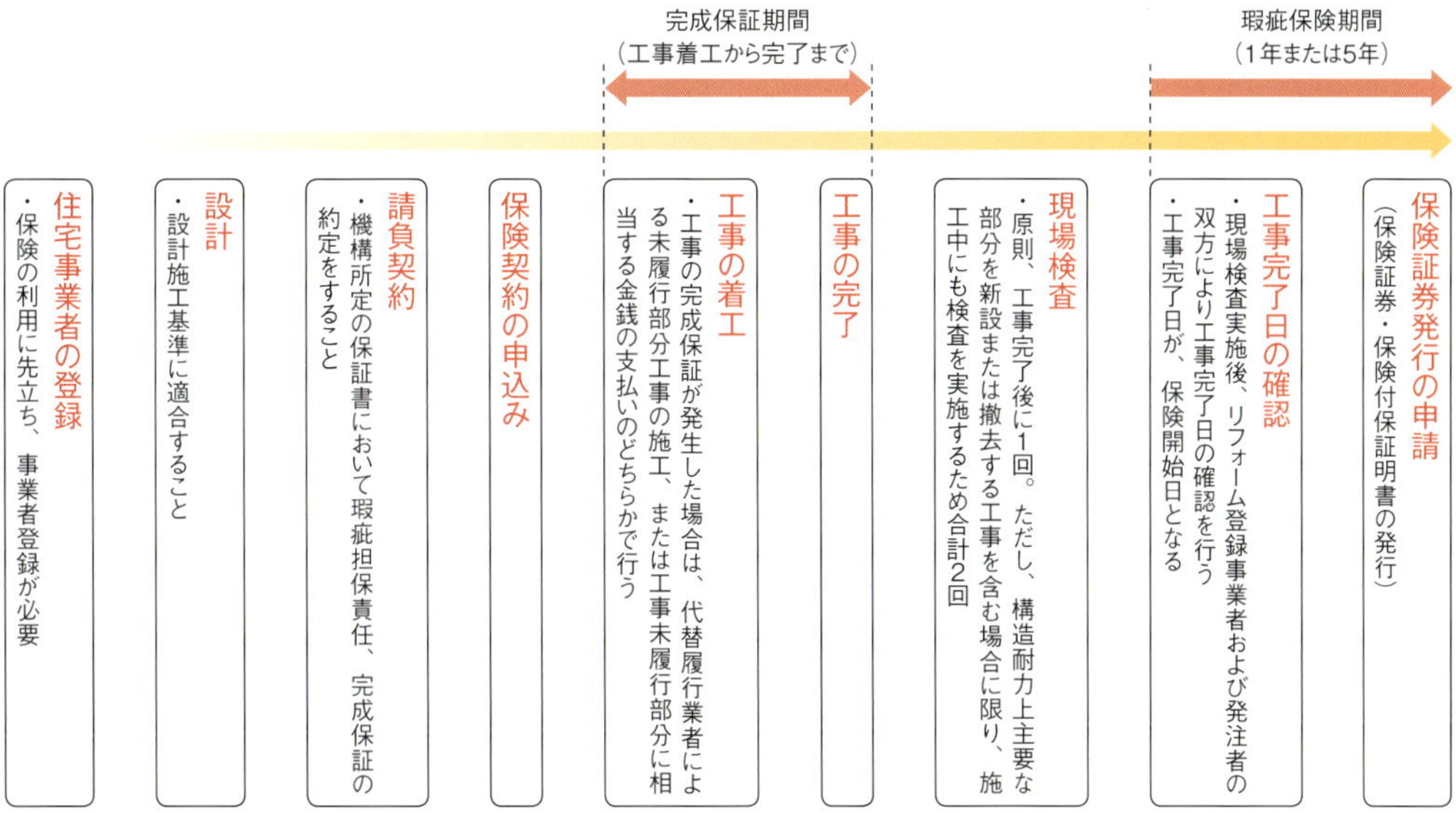

◇表　保険金の支払い対象

保険金の支払い対象となる費用

主な保険金の種類	内容
1 修補費用・損害賠償保険金	瑕疵による事故を修補するために必要な材料費、労務費、その他直接修補に要する費用※
2 求償権保全費用保険金	事故につき被保険者が第三者に対して損害賠償その他の請求権を有する場合に、その権利の保全または行使について必要な手続きを行うために要した費用
3 事故調査費用保険金	事故が発生したことにより修補が必要となる場合に、修補が必要な範囲、修補の方法または修補の金額を確定するために調査に要した費用
4 仮住まい費用保険金	リフォーム工事を実施した住宅の修補期間中に転居を余儀なくされた発注者から請求を受けた宿泊もしくは住居賃貸、転居に要した費用

※：修補が著しく困難な場合は修補に代わり損害賠償金

保険金支払限度額および支払われる保険金額

おおむね1契約当たり100万円から1,000万円までの間の100万円単位で、対象リフォーム工事の請負金額に応じて決定

支払保険金額の計算式

おおむね支払限度額を限度として、下記の式により算出された額を保険金として支払われる（各保険法人によって詳細は異なる）

保険金支払額＝［1 修補費用・損害賠償保険金－10万円※1］×80％※2＋
- 2 求償権保全費用保険金
- 3 事故調査費用保険金
- 4 仮住まい費用保険金

※1：免責金額　※2：業者倒産時など発注者に対して支払う場合は100％となる

支払い対象と保険期間

保険対象部分	保険期間	保険金を支払う場合	事象例
構造耐力上必要な部分	5年間	基本耐力性能を満たさない場合	建築基準法レベルの構造耐力性能を満たさない場合
雨水の浸入を防止する部分	5年間	防水性能を満たさない場合	雨漏りが発生した場合
上記以外のリフォーム工事実施部分	1年間	社会通念上必要とされる性能を満たさない場合	配管工事後における水漏れ等の場合

key word 089

リバースモーゲージ

Point

- リバースモーゲージには、公的機関と民間のものがある
- 高齢者向け返済特例制度がある
- 住宅金融支援機構による融資の制度で、バリアフリー、耐震改修工事にも利用可能

持ち家を担保に融資を受ける

リバースモーゲージとは、所有する不動産（自宅など）を担保にして金融機関から融資を受け、その融資を年金という形で受け取ることをいう。死亡時に金融機関が契約者の自宅を引き取り、その不動産を売却して一括返済する。「住宅担保年金」ともいい、自宅を手放さずに融資を受けることができる。このため金利の低迷、株価の下落等の不安の高まるなかで、老後の生活防衛手段として活用が高まっている。

通常の住宅ローン（モゲージ）では年限とともに借金が減っていくが、この制度では増えていくのでリバースモーゲージと呼ばれている。日本では、65歳以上の世帯の持ち家比率が高いため、リバースモーゲージのニーズは大きいものと考えられている。年金以外の生活資金や、バリアフリー・耐震改修工事のためのリフォーム資金として、持ち家を売却せずに活用できるメリットがある［表1・2］。

◇表1　リバースモーゲージの種類

担い手		資金使途等
公的機関	地方自治体	生活資金、有料福祉サービス
		直接方式・間接方式※
	国（都道府県の社会福祉協議会）	長期生活支援、資金貸付制度
	住宅金融支援機構	バリアフリーリフォーム、マンション建て替え
民間	信託銀行、銀行	使途自由
	ハウスメーカー（自社顧客限定）	住み替え支援、生活資金、自由

※：「あっせん融資方式」ともいう

◇表2　リバースモーゲージと住宅ローンの比較

	リバースモーゲージ	住宅ローン
融資の使途	融資機関によるが主に生活資金	住宅の購入
融資方法	月ごとの分割融資	契約時に一括融資
返済方法	契約満了時または契約者の死亡時に一括返済（利息分のみ毎月返済の場合もあり）	契約期間中に元利合計を分割して定期返済
比較イメージ	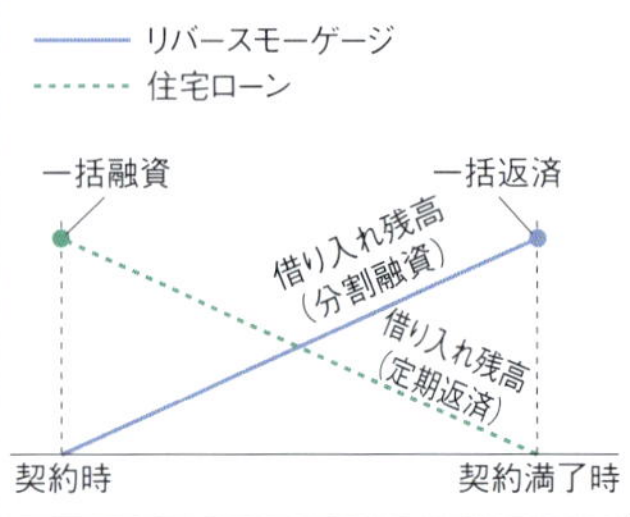	

第8章

見積りと契約、現場監理

key word 090

現地説明の準備／現地説明会
—戸建・マンション—

Point

- 既存との取合いなど、図面だけでは伝わりにくい事項を中心に説明する
- 必要に応じて、施工者に確認してもらってもよい
- リフォームの目的や設計の意図も説明して共有する

現地説明会の必要性

リフォームでは、既存建物の状況や敷地内の空地、工事車両や搬入ルートによっても見積りが変わるため、現地で設計説明を行う［図］。

既存建物の間取りや構造を説明し、下地も含めた現況の仕上げや構成と、解体箇所を伝える。現在把握している情報を共有することが大切である。

部分リフォームの場合は、その境界を図面にきちんと示すことが大切である。建具などを既存利用したり、本来の機能としてではない使い方をする場合は、その旨を現地でも伝える。

解体してみないと分からない不明確な箇所がある場合は「もしもこうだったらこうする」というように、あらかじめ想定される工事の可能性を含めて対応手段を伝達する。また、見積りでどこまで正確な金額を出すことができるかを確認する。

現地説明のポイント

リフォームの具体的な内容、部材の形状、設備の配置など、目的も含めて設計の意図を説明して共有する。

細かい仕上げや仕様などで、図面でも確認できるものは省略してもよいが、全体形状の説明や配管経路の考え方や、設備の更新範囲などの工事内容を十分に説明する。

柱の移動、梁の架け替えなどの構造リフォームを伴う場合は、構造の考え方も説明することが大切である。

設備は、再利用するスリーブや撤去箇所のほか、電気設備についても既存使用の有無をすべて立会いで確認する。外廻りの桝、配管、搬入経路や外構も確認が必要である。

マンションの場合、工事には事前に管理組合への申請が必要。手続きや定められた期日についても説明して、対応を依頼し忘れてはならない。

◇図　現地説明会で心掛けたいポイント

ここがポイント

- 既存の状況を説明する
- 解体箇所を説明する
- 躯体形状が不明な場合はその旨も伝達する
- スリーブは、使用、未使用、すべて確認する
- 外廻りの桝、配管、搬入経路なども確認する

撤去するもの、設備配管、配線があれば図面をもとに説明する

既存の器具や仕上げを残す場合は、工事範囲を表記

部分リフォームの場合、既存との取合い部分の処理方法を明記する

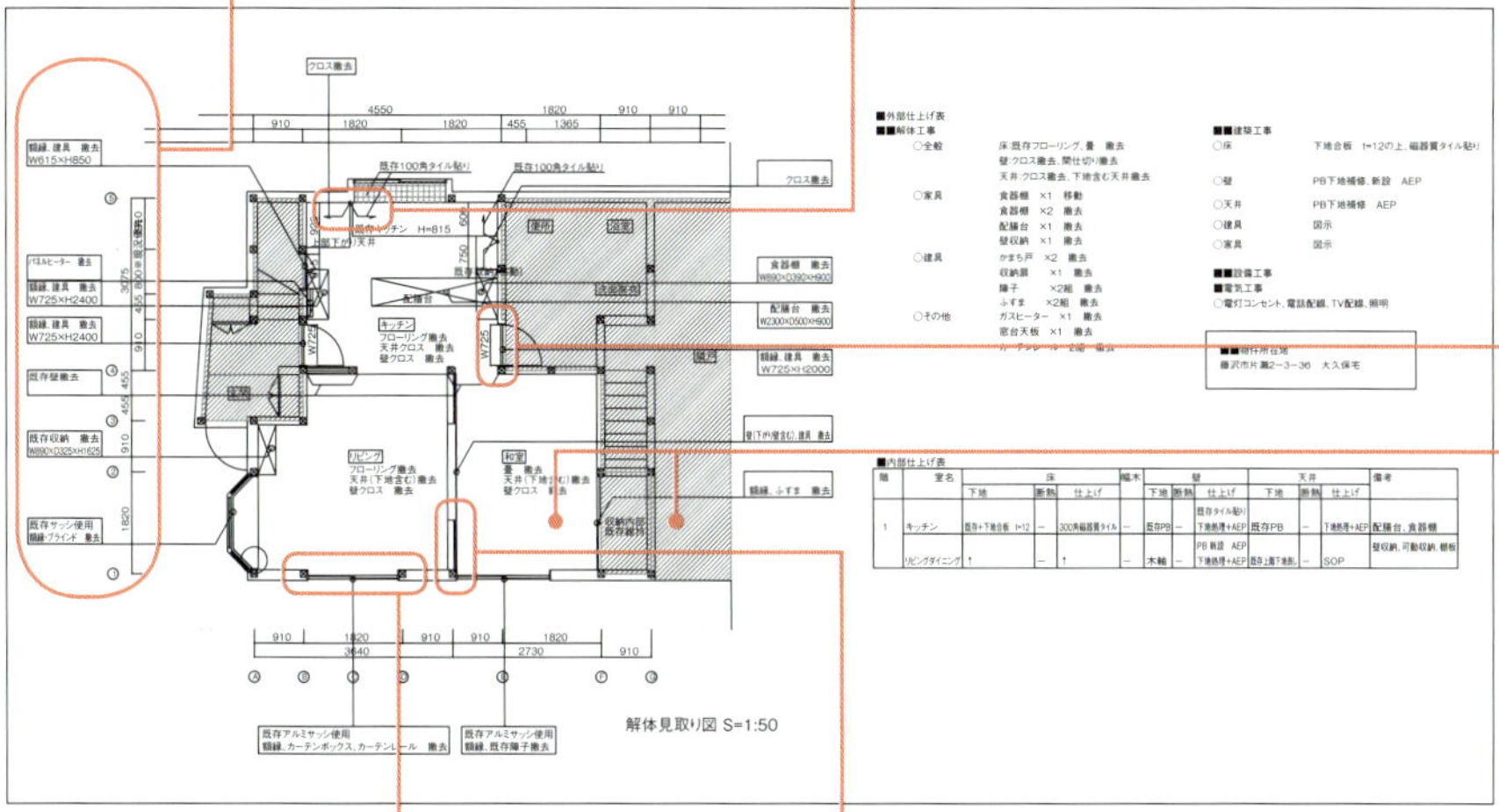

解体指示図

サッシとカーテンボックス、額縁、窓枠の扱いも忘れずに

構造が不明な場合は、解体して確認する旨伝える

部分リフォームの場合は解体範囲を明示。設備や素材など再利用する材料などがある場合は、再利用箇所と保存方法なども伝達する

設計の内容、既存部分との取合いなどの説明を、図面だけでなく現地で設計の説明をするための場であるが、可能であれば施工会社だけでなく、実際に施工する電気、大工、設備業者を同行してもらうことをお勧めする

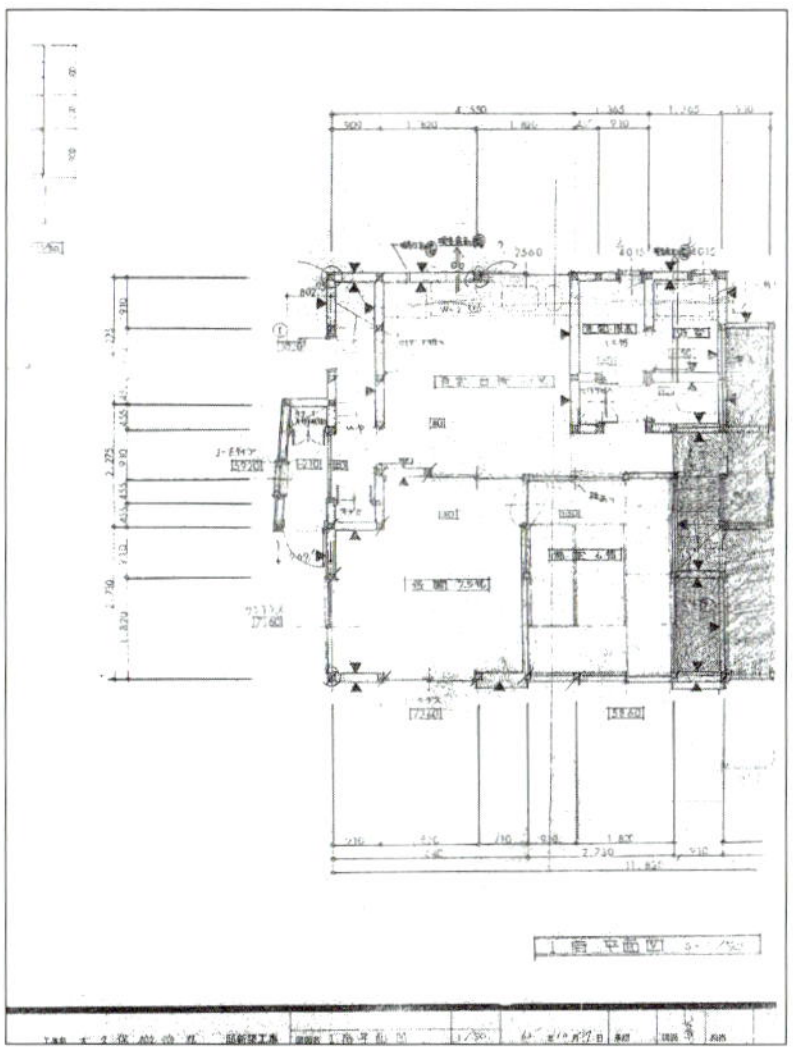

既存図

新設家具は別途詳細図を用意する

下地の切り替えがある場合は、切り替え範囲を明記する

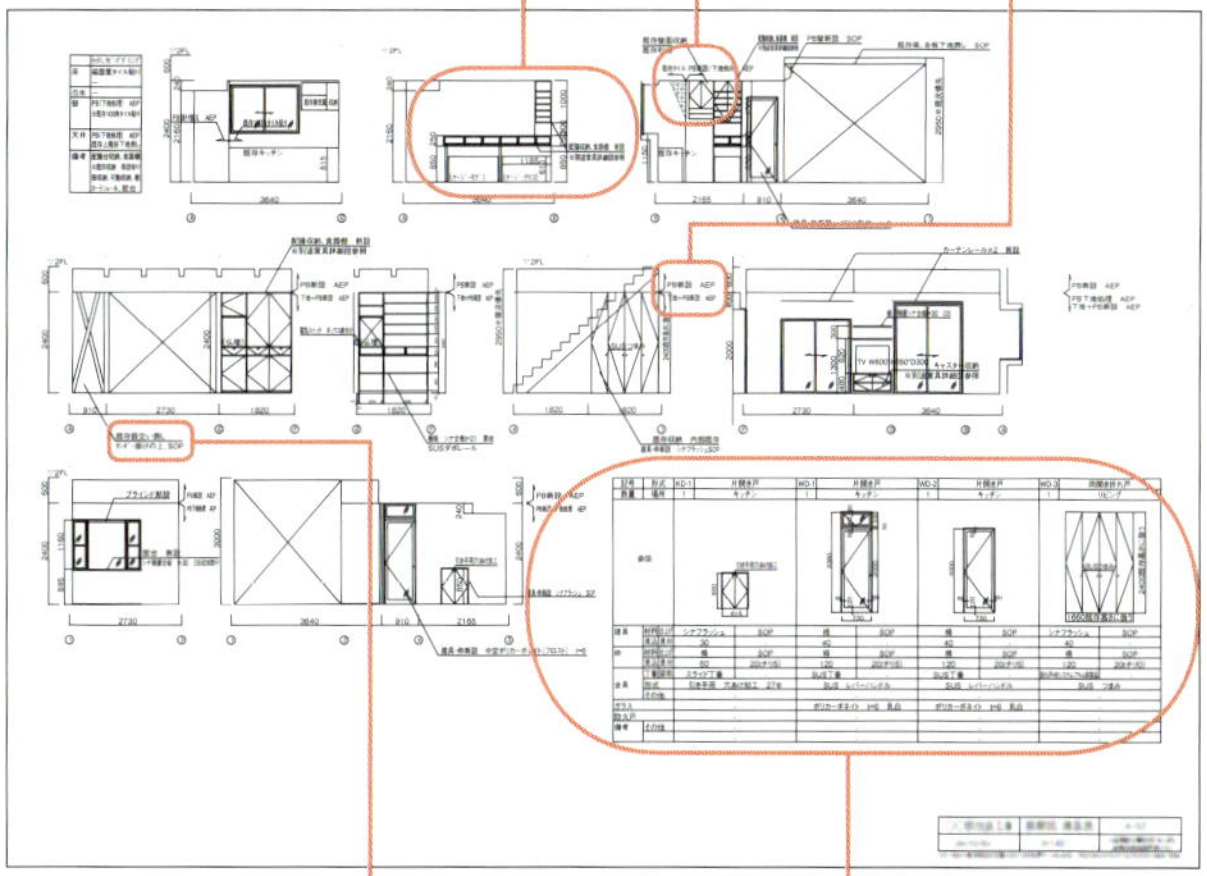

リフォーム図面

構造材の変更の有無を明記する

建具を更新・新設する場合、建具表（と必要に応じて詳細図）を用意する

既存の図面がある場合は、資料として渡す

- 柱
- 耐力壁の位置
- 開口部の位置
- 階高
- モデュール　など

意図の伝達に必要な図面はすべて用意し、現地説明会で内容を説明する

- 平面図
- 家具詳細図
- 平面詳細図
- 断面展開図
- 設備プロット
- 電気設備計画図
- 建具表
- 器具リスト
- 施主支給品リスト　など

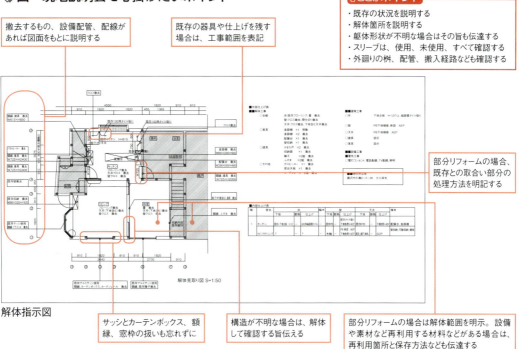

見積り調整と比較のポイント

Point

- 見積り書は、施工会社によって項目や計上方法が異なる
- 大切なことは、材料と作業人工数の把握だ
- VEでの仕様変更や作業効率向上の提案も行う

工事内容を把握して見積り書を読み解く

実施設計の次は施工会社へ見積りを依頼し、見積りの調整を経て工事請負契約へと進む。ここでは施工会社の選定後、工事請負契約に向けての調整について解説する。

見積り調整とは、見積り自体が適正なのか、設計を正しく理解しているかをチェックし、最終の工事内容、仕様などの変更を含め、最終的な工事請負金額を決める行為である。

見積りの構成は大きく「仮設費」＋「材料費」＋「工賃」＋「施工会社の経費」からなり、工種ごとに算出し集計するのが一般的である［表1］。特にリフォームでは、「工賃」に含まれる「解体や撤去や処分」にかかる手間や経費が重要な要素となる。施工会社によって見積りの項目や計上の仕方が異なるため、内容をしっかり把握したい。

単価と数量の把握が大切

建築工事では一般に「単価」×「数量」（単価式）を用いて各工種の算出をする。しかし、リフォームでは小さな工種も多く、単価式で見積もることができない場合も多いので注意が必要だ。たとえば、フローリング工事の場合、数量を適切に算出し、単価が適正かを査定する。一方0・8㎡しかないタイル張りの時は単純な計算にはならない。作業日数×1日当たりの人件費によることも多い。特に数量が小さい工種では、工事内容を把握して、何がどれだけ必要なのかを知り、人件費と照らし合わせる必要がある。

見積り調整では、単にVEでの仕様変更のみならず、作業効率や小規模工種での職方の合理化（多能工による工夫他）などが効果的な場合もある。工事の作業や手順を把握したうえで査定することが大切である［表2］。

◇表1　工種別の見積り項目[※1]

科目	工事の内容	見積り調整のポイント
仮設工事	足場組み、仮設電気、仮設トイレ、養生、清掃・片付けなどの準備のための工事	数量のチェック
解体工事	解体、撤去、発生材搬出、処分費	解体の部位・数量をチェック
基礎工事	コンクリート、鉄筋、型枠、杭、土の処理など家の基礎をつくるための工事	手仕事の場合注意
木工事	建物の骨組み、木材、建材、ボード類、釘、金物などを使う大工さんの工事	仕事量を精査
屋根工事	瓦、板金などで屋根を葺く工事で、庇や樋の工事も含む	板金仕事で差が出る
金属製建具	窓のアルミサッシと金属製ドアの工事	仕入先で差が出る
木製建具	木製窓や木製ドア、障子や襖付けなどの工事、建具金物や取付け手間も含む	金物費、取付費
ガラス工事	アルミサッシ以外のガラスで、はめ殺しガラス、ガラスブロック、化粧鏡などの工事	取付工事費
防水工事	ベランダなど長期にわたって防水機能をもった層をつくる工事	防水グレードやシーリング
タイル工事	浴室の床や壁、玄関などのタイルを張る工事	小規模工事
石工事	石を張る工事。タイル状の石が出回るようになり、タイル職が張る場合もある	―
左官工事	外壁内壁を塗り仕上げとした場合の工事	小規模工事
塗装・吹付け工事	外壁に粒状の材料を吹き付け、色着けを行う化粧工事	単価の差が出やすい
内外装工事	外壁はサイディングまたは鋼板で、内部は床・壁・天井の仕上げに関係する工事	下地処理やグレード
仕上げユニット工事	造付け・既製家具、システムキッチン、洗面化粧台、ユニットバスなどの工事	取付費や運搬費
電気設備工事	電灯コンセント、照明器具、弱電設備などの工事	仕事量の洗い出し
給排水衛生工事	衛生設備、給湯、給水、排水、浄化槽、ガスなど水道業者の工事	材工の拾い出し
冷暖房空調設備工事	冷房、暖房の工事	既存の撤去処分
ガス工事	給湯器やコンロ、暖房器などにガスを供給する配管工事	作業量と出張費の兼ね合い
諸経費	現場経費と会社経費を合計した費用	各工種上乗せ分のバランス

部位別のほうがどこを直すのか分かりやすい

◇表2　部位別の見積り項目[※2]

科目	工事の内容	見積り調整のポイント
仮設工事	足場組み、仮設電気、仮設トイレ、養生、清掃・片付けなどの準備のための工事	数量チェック
解体工事	解体、撤去、発生材搬出、処分費	解体の部位・数量をチェック
基礎工事	増改築や耐震補強工事に必要な基礎をつくる工事	特殊工事の金額
屋根工事	屋根材の葺き替えや塗装の塗り替え工事。解体手間や撤去処分費用を含む場合もある	解体手間
外壁工事	外壁材の張り替えや塗装の塗り替えの工事。解体手間や撤去処分費用を含む場合もある	シーリングや洗浄
外部開口部工事	アルミサッシやシャッター、玄関ドアなどの外壁に面した建具工事	撤去や開口補強
内部開口部工事	襖や障子、間仕切壁のドアや引戸などの建具工事	品物代＋取付費
内部仕上げ工事	床、壁、天井などの仕上げ工事や敷居や鴨居、枠などの工事	材工の拾い出し
家具工事	玄関下駄箱、収納家具などの造付け家具の工事	搬入・取付費
住設機器工事	システムキッチン、洗面化粧台、ユニットバスなどの住宅設備器具と設置工事	搬入・取付費
衛生器具設備工事	便器、洗面器、浴槽などの器具と設置工事	機器、取付費
給排水・給湯工事	家のなかの水廻りへの給水、給湯、排水管を設置する工事	材長、作業人工
電気設備工事	電灯コンセント、照明器具、弱電設備などの工事	仕事量の洗い出し
冷暖房空調設備工事	冷房、暖房の工事	既存の撤去処分
ガス工事	給湯器やコンロ、暖房器などにガスを供給する配管工事	作業量と出張費の兼ね合い
諸経費	現場経費と会社経費を合計した費用	各工種上乗せ分のバランス

見積りを比較するときのポイント

それぞれの施工会社により、見積りの項目や計上方法は異なるため、単純な項目の金額比較では不十分である。見積り書に惑わされず、個々の実際の工事にかかる価格を設計者が把握したうえでチェックしなければならないことを覚えておきたい

1 見積り漏れや設計内容の誤解はないか（別途項目にも注意）
2 材料費（数量とその単価）は適正か
3 施工費（作業人工とその単価）は適性か
4 諸経費は適性か（項目としての金額＋各項目に含んだ金額）

適性査定をしたうえで、VEや一部設計変更などの検討をすること

※1：建設会社や工務店の見積り書に見られる
※2：各部の工事費がよりリフォーム向き

key word 092

コストコントロールのポイント

Point

- コストコントロールで大切なのは単なる値下げではない
- 工事を効率化してかつ価値を向上させること
- 見積書は部屋ごとに金額を分けると工事の優先順位をつけやすい

減額要素を踏まえて設計する

工事中には、予測不可能な追加が出てしまうケースも少なくない。工事がスタートしてから予算内で調整をするためにはVE・コストダウン計画を念頭に入れながら設計することが重要である[図]。リフォームは工期が短い場合もあるので、着工後に出てくる問題に臨機応変に対応できるようさまざまなケースを想定して、設計段階であらかじめ施主と打ち合わせしておく。

コストダウンに有効な工種の削減

コストコントロールにおいて最も重要な要素は、工種を減らすことである。複雑な仕様や多種の仕上げにしてしまうと、工種も増えてしまい余分なコストと時間がかかってしまう。たとえば家具の造作工事を現場で大工が加工できる程度の仕様にすることで、大幅なコストダウンにつながる[表1]。

見積り書は部屋ごとに

見積り書は部屋ごとに作成するのが望ましい。工事予算に余裕があればできる箇所も見積り次第では見送る部分も出てくる。一般的に見積り書とは、工事種別ごとに全体金額をまとめているが、部屋ごとに見積り金額を分けておくことで、優先順位を部屋ごとに判断することができる。

既製品や施主支給品の採用

既製品や施主支給品を取り入れるのも有効である[表2]。既製品を使うと工期短縮に大きな効果がある。また、施工会社側で購入すると補償費や手数料がかかるものも施主支給にすることで、低コストで手に入ることもある。

ただし、事前に施工会社と十分な取り決めや打ち合わせを行わないと所定の機能を発揮しない場合の責任が不明確になるので注意する。

◇図　VE案の考え方

VE（Value Engineering）とは、製品やサービスの「価値」を、それが果たすべき「機能」とそのためにかける「コスト」との関係で把握し、システム化された手順によって「価値」の向上を図る手法

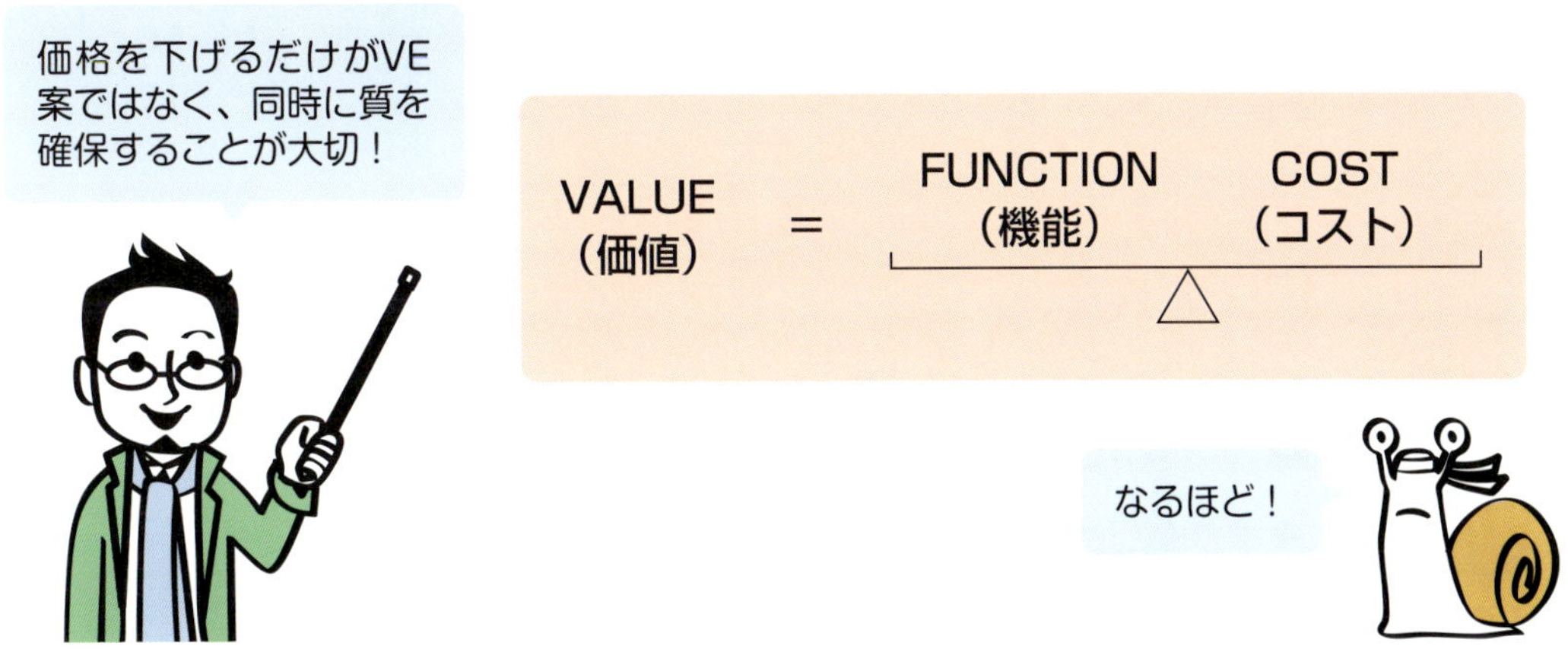
価格を下げるだけがVE案ではなく、同時に質を確保することが大切！
VALUE
（価値）
＝
FUNCTION
（機能）
COST
（コスト）
なるほど！

◇表1　VE案で考えられる主な項目

項目	VE案（高い → 安い）		
家具	家具工事	→	大工工事または既製品
キッチン	造作	→	既製品
浴室	在来工法	→	ユニットバス
	立上り左官工事	→	据置タイプの浴槽
建具工事	建具の仕切り	→	カーテンまたはロールスクリーン、既製品の建具
仕上げ材料	塗装	→	ビニールクロス
	フローリング	→	塩ビタイルまたは塩ビシート

◇表2　施主の自主施工で本工事との取合いが発生する品物と工事品目

項目	品物・工事品目
施主支給品	照明器具とランプ
	既製品の購入（キッチン・家具）
	エアコン・食洗機等の家電製品
施主の自主施工	塗装工事（材料は施工業者より購入）
	ウッドデッキ工事（ホームセンターで材料を購入してDIY）

施主の自主施工

Point

- 簡単な工程は施主の自主施工も可能
- 片付けの問題や出来不出来の問題もあるのでよく検討する
- ほかの工事の進行に影響しないように施主とよく相談する

簡単なリフォームであれば、施主が自ら行うこともできる。工作好きの施主から希望があれば、専門家としてのアドバイスをしたい。

キッチンやトイレ、浴室の設置等は専門知識や特殊な工具がないと難しいが、クロスの張り替えや塗装の塗り替え、デッキの製作などは、可能な場合もある。ホームセンターで手に入る道具と材料で施主の自主施工ができる。ただし、できる範囲をよく検討し、無理に施工しないことが重要である「**図**」。

メリットとデメリット

リフォームを行う際に、可能な範囲を施主の自主施工とすればコストを抑えることも可能になる。しかし、施主の自主施工はコストを抑えるためだけに行うものではない。どちらかというと、自ら施工した空間に愛着をもって大切に使うことが目的でもある。初心者であれば、狭い空間や部屋の一部などから始め、大掛かりなものは施工会社に任せたほうが効率もよい。

施主の自主施工のメリットは、コストの削減以外にも、思い出づくり、家族との共同作業、自分の好みでのアレンジが可能となる点などである「**写真**」。デメリットは、準備や片付けなど案外時間がかかったり、施工の不出来が気になり後悔することもある。また、養生費などで細かい出費が発生するので、注意が必要である。

注意点

リフォームの一部を施主の自主施工とする場合、工程に影響の出ない範囲でできる箇所を検討し無理のないように行う。ほかの工事が遅れ職人が追加手配となりかえって費用が高くついてしまったということにもなりかねないからだ。

施主、設計者、施工会社と綿密な打ち合わせ、工程の確認が重要になる。

◇図　施主の自主施工の流れとポイント

施主	建築士	施工会社
施主の自主施工でリフォームする箇所を検討する	施主の自主施工でリフォームする箇所を検討する	建築士と工事方法を協議する
採寸、図面またはスケッチの作成	採寸、図面またはスケッチの作成	
道具や材料をそろえる		
必要に応じて養生をする		
施主の自主施工部分の仕上がりのチェック	施主の自主施工部分の仕上がりのチェック	仕上がりのチェック
完成	完成	完成

POINT 1
施工会社と同時進行の場合は、施工する範囲と日程の調整が必要

施主側の工事で、ダメが出ていないか要注意！

POINT 2
材料加工が必要な場合、ホームセンターなどの加工サービスを利用する

POINT 3
特に塗り作業の場合、ほかの場所を汚さないためにも養生は必ず必要になる。養生は施工会社に依頼する場合もある。その際は見積もり時に金額を確認しておくこと

POINT 4
施主の自主施工の部分は施工会社の保障の対象外にもなるので出来上がりの確認が大切

本工事と絡む部分は、どちらが施工するのかあらかじめ決めておこう

◇写真　施主の自主施工風景

お施主さん家族と事務所スタッフで珪藻土塗

施主の自主施工は施工会社の工事がほぼ終了してからの作業になるので、養生や仕上がっている部分の扱いは慎重に！

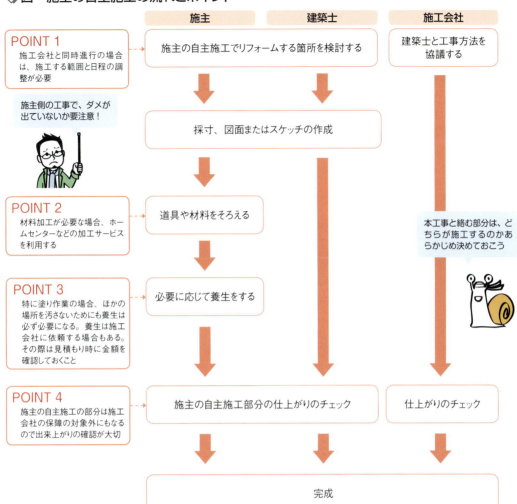

key word 094

施主支給品

Point

- 施主支給品を使用する場合は、責任範囲を明確にしておく
- 海外製品の場合は、日本の規格に適合していない場合もある
- サイズや取り付け方法など、余裕をもった設計をしておく

施主支給品の増加

ネット通販の普及に伴い、建築建材やキッチン・浴室等の住宅設備まで手軽に安価で購入することができるようになった。施主による支給品が増えつつあることが要因で現場にてトラブルになるケースもまれではない。

施主支給品の責任範囲

そもそも施主支給品とは、施主が自己責任において建材や商品を施工者に支給し、施工を依頼するもので、商品自体の機能や性能についての責任を工務店は一切負わないものである。

設計者は、事前にこの責任範囲を施主に説明し、明解にしておくことが肝要となる［図1］。特に海外製の建材の支給品を使用する場合には、商品の製造データ等の履歴を可能な限り入手する必要があり、品物によっては4スター等のシックハウスの基準やJIS規格に適合していないものもあるので注意が必要である。特に床材や床暖房については、土足の欧米と日本では、考え方がまったく異なっているので、表面強度や耐摩耗性の違いを認識しておかなくてはならない［図2］。

施主支給品の設計・施工

施主支給品を取り付けるにあたっては、その商品の精度に誤差があったり、その一部の部品が欠落していて取り付けができない場合などを想定し設計をする。

家電製品やエアコン等の取り付けについては、施主側の別途工事とし、販売会社の取り付け時に施工者として立ち会って工事をすることを勧める。また海外製の設備機器や家電品などは日本の配管、配線の口径と異なることが多いので、あらかじめメーカーから発売されているジョイント部品などの手配の検討をしておきたい［図3・4］。

◇図1　施主支給品を使用するうえでの注意点

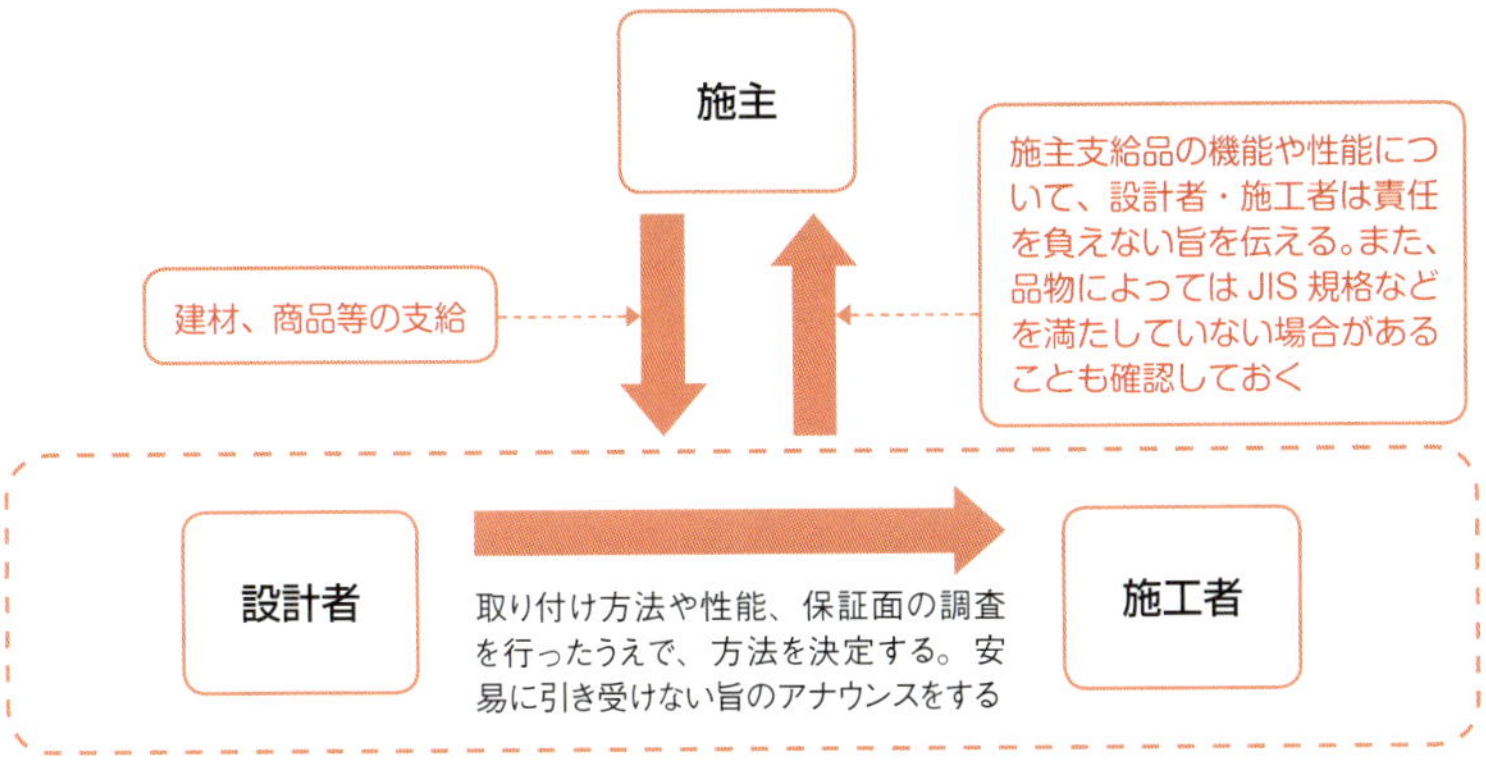

◇図2　海外製の建材を使用する時の注意点

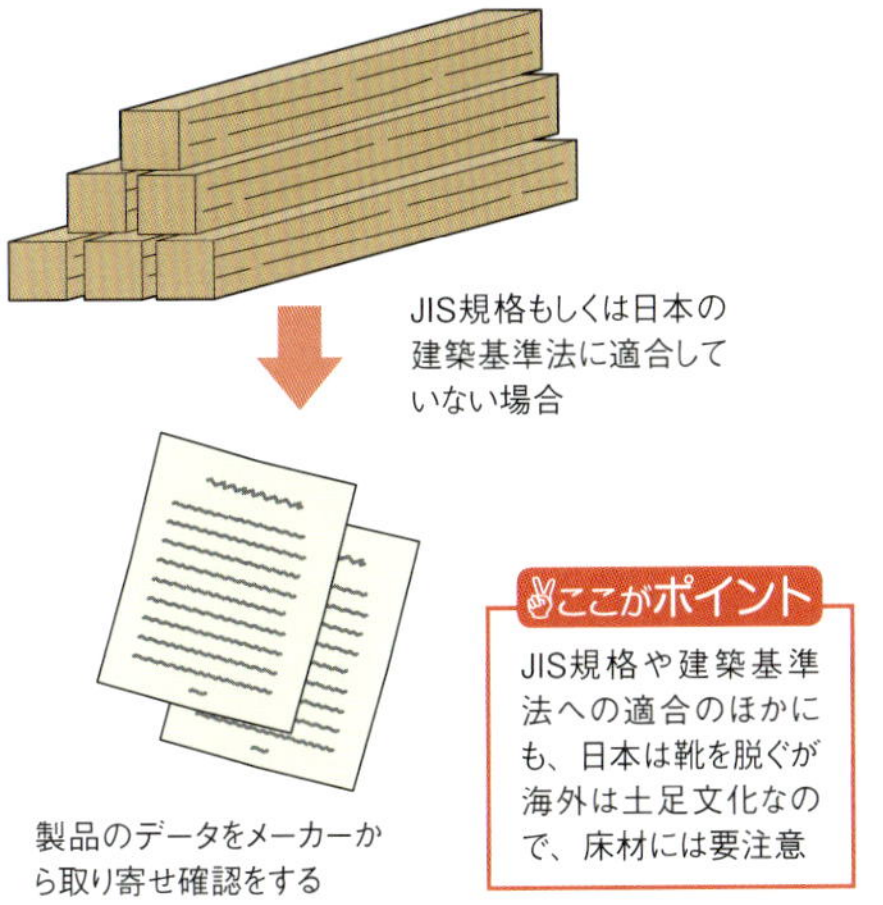

◇図3　エアコンが施主支給品の時の注意点

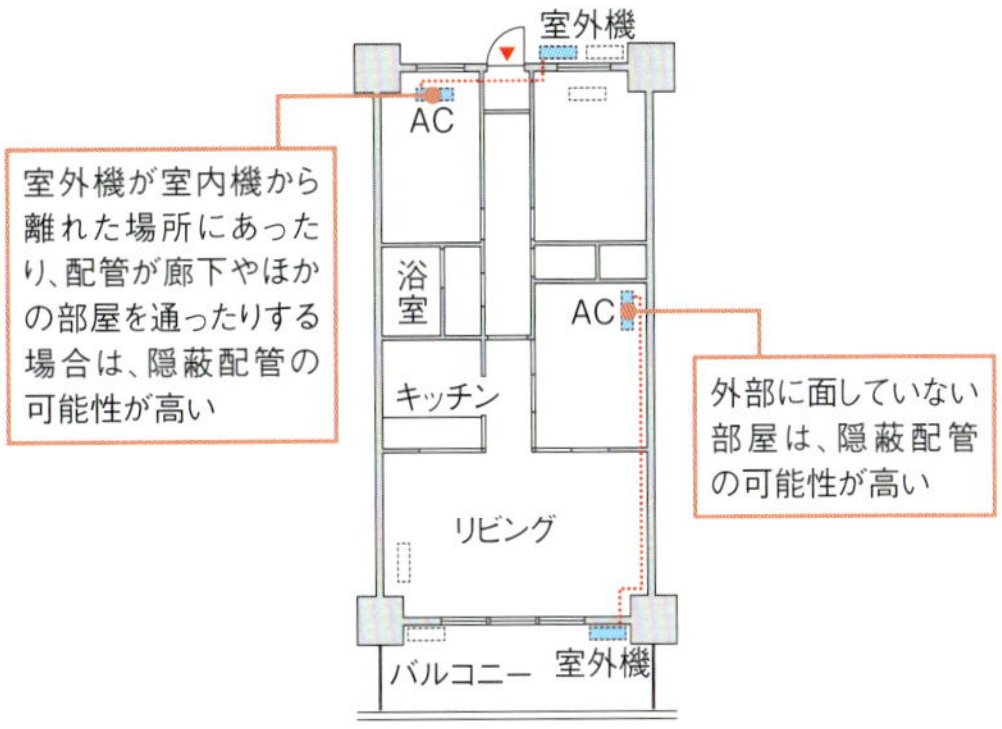

エアコン本体が施主支給である場合、既存状況が隠蔽配管かどうか、新規計画では隠蔽配管が必要かどうかを確認する。隠蔽配管が必要な場合は、支給されるエアコンの機種を事前に伺い、配管の種類、既存スリーブの径との適合、設置の可否を検討する必要がある

◇図4　一般的な規格等に適合していない施主支給品についての注意点

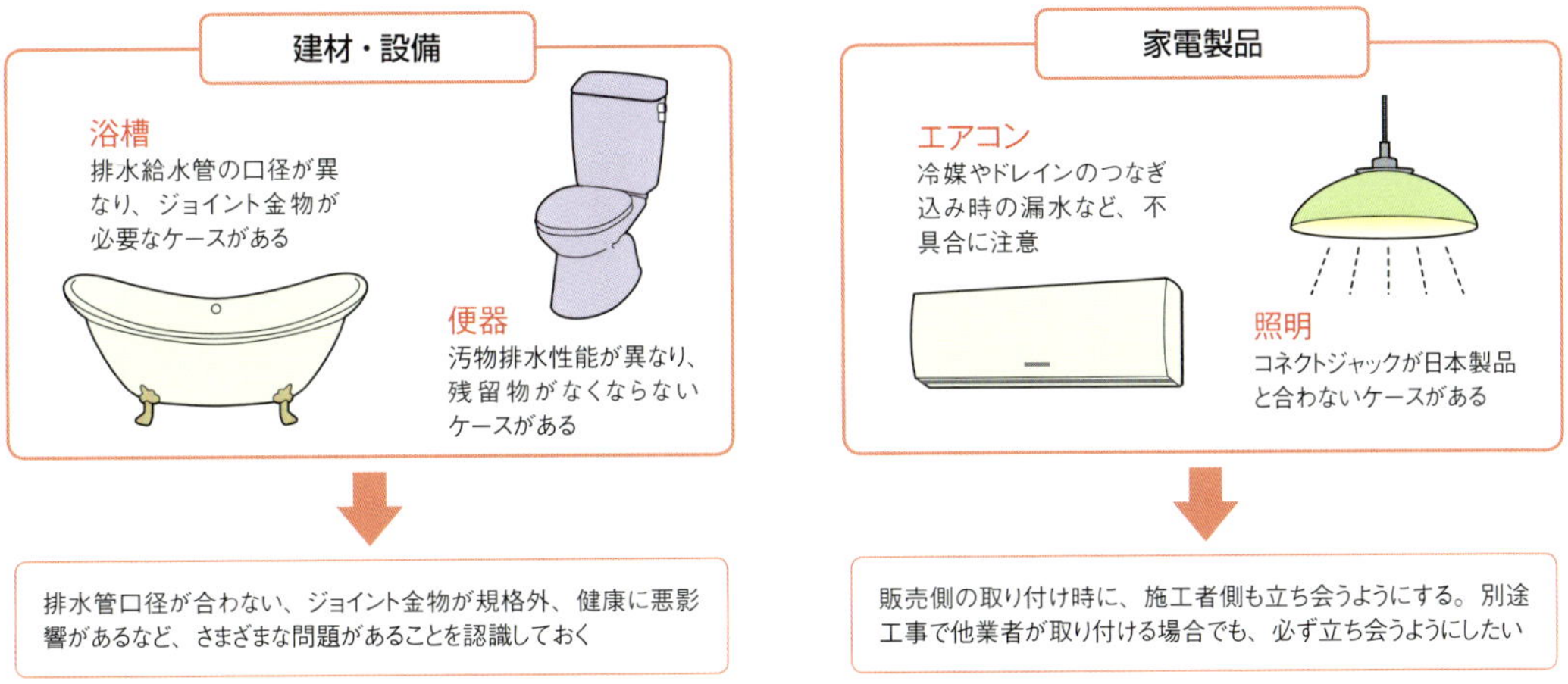

工事請負契約

Point

- 工事の大小にかかわらず契約書を交わす
- 契約書締結が後でのトラブルを避けるコツである
- 想定外への対応も契約書に記載する

工事請負契約の重要性

リフォーム工事を行うに当たっては、金額がたとえ１００万円程度であっても工事請負契約書を締結しておくことが大切である[図]。少額の場合、発注書・請求書等で済ませることもあるようだが、工事請負契約書を締結することで、ゆくゆくのトラブルを避けることができる。

工事請負契約の記載内容

まず最初は、工事内容と工事金額、見積り内容の確認を行う。設計図書・仕様書と見積り書の食い違いがないかを確認する。特に、曖昧な記述がないかについて、図面・見積り書も併せて再確認する。

次に、工事期間が明記されているかを確認し、工程表にもとづいた工事期間が適正かどうかの確認を行う。工事完了後の引渡し日の明記、引渡しが遅延した場合の保証などが明記されているかも確認が必要である。また、工事金額の支払い方法は一般的には2〜3回程度の分割払いが多い。リフォーム融資を受ける場合、支払い期日と融資日の余裕を見ておく必要がある。

想定外への対応も取り決める

リフォーム工事では、解体後に想定していた状況とは違うことも少なくない。契約内容どおりに施工ができない場合がある。特に木造の場合は、想定以上に躯体の腐食があったり、構造補強をしなくてはならなかったりする場合がある。その場合に備えて、計画の変更やその協議方法、工期の延長、工事金額の追加、契約内容に変更がある場合の変更合意書などを作成しておくとよい。

その他に、一般事項として契約解除の事項・条件、瑕疵責任の範囲と期間についての明記の確認も必要である。

◇図　請負契約書の例

書式Ⅰ－1

年　月　日

印紙貼付欄

住宅リフォーム工事

請 負 契 約 書

工事名称

工事場所

工期　　年　月　日 より　　年　月　日 まで

注文者名　　様　印　TEL

住所　　FAX

請負者名　　TEL

代表者　　印　FAX

住所

担当者名

1．請負金額

金　　円（税込）

2．工事内訳

工事項目	摘要（仕様）	（単価・数量・時間　等）	小計
1．			
2．			
3．			
4．			
5．解体・廃棄物処理費			
		工事価格　（税抜き）	
		取引に係る消費税等	
		合　計　（税込）	

■請負条件：工事用の電気・水道・ガスについては、お客様宅のものを使用させていただきます。また本工事は見えない部分等の状況により施工内容、並びに工事金額に予測できない変更が生じる場合がありますので、ご了承くださるようお願いいたします。

■添付書類：工事内容を補足するため次の書類を添付します。（打ち合わせシートと工事請負契約約款は必ず添付する。その他、添付する資料に○印を付ける）

◎ 住宅リフォーム工事打ち合わせシート　◎ 住宅リフォーム工事請負契約約款　・御見積書　・仕上げ表
・カタログ　（1．　）（2．　）
・その他　（1．　）（2．　）

3．支払方法　前払金（　）金　円（税込）
部分払（　）金　円（税込）
竣工払（工事完了確認後　日以内）金　円（税込）
金　円（税込）

▼この契約の証として本書を2通作成し、当事者が署名または記名押印の上、各自1通を保有する
※　この書類は大切に保管してください。

100801版

書式Ⅵ－1

年　月　日

印紙貼付欄

住宅リフォーム工事

工事内容変更合意書

工事名称

工事場所

工期　　年　月　日 より　　年　月　日 まで

注文者名　　様　印　TEL

住所　　FAX

請負者名　　TEL

代表者　　印　FAX

住所

担当者名

年　月　日に締結した上記の工事内容について、下記のとおり内容変更することに合意します（以下の該当する変更内容の□に ✓ をつける）

□　工期変更

変更前：　年　月　日 より　年　月　日 まで
変更後：　年　月　日 より　年　月　日 まで

□　工事内容変更

No.	変更箇所	変更前仕様	変更後仕様	（単価・数量・時間　等）	金額		
					変更前	増減額	変更後
1							
2							
3							
4							
				変更金額　（税抜き）			
				取引に係る消費税等			
				変更金額合計（税込）			

□　請負金額変更

変更前：総額 金　円（税込）→ 変更後：総額 金　円（税込）

□　その他

■添付書類：工事変更内容を補足するため次の書類を添付します。（打ち合わせシートは必ず添付する。その他添付する資料には○印を付ける）

◎ 住宅リフォーム工事打ち合わせシート　・御見積書　・仕上げ表
・カタログ　（1．　）（2．　）
（3．　）（4．　）
・その他　（1．　）（2．　）

※　この書類は大切に保管してください。

100801版

書式Ⅱ

住宅リフォーム工事

請負契約約款

（総則）

第1条　注文者と請負者は、日本国の法を遵守し、互いに協力し、信義を守り、誠実にこの契約を履行する。
2　この契約書および、添付の御見積書、仕上げ表、打ち合わせシート等にもとづいて、請負者は工事を完成し、注文者と請負者は契約の目的物を確認するものとし、注文者は、その請負代金の支払を完了する。

（打ち合わせどおりの工事が困難な場合）

第2条　施工にあたり、通常の事前調査では予測不可能な状況により、打ち合わせどおりの施工が不可能、もしくは不適切な場合は、注文者と請負者が協議して、実情に適するように内容を変更する。
2　前項において、工期、請負代金を変更する必要があるときは、注文者と請負者が協議してこれを定める。

（一括下請負・一括委任の禁止）

第3条　あらかじめ注文者の書面による承諾を得た場合を除き、請負者は請負者の責任において、工事の全部または大部分を、一括して請負者の指定する者に委任または請負わせることができない。

（権利・義務などの譲渡の禁止）

第4条　注文者及び請負者は、相手方からの書面による承諾を得なければ、この契約から生ずる権利または義務を、第三者に譲渡することまたは継承させることはできない。
2　注文者及び請負者は、相手方からの書面による承諾を得なければ、契約の目的物、検査済の工事材料（製造工場などにある製品を含む）・建築設備の機器を第三者に譲渡すること、もしくは貸与すること、または抵当権その他の担保の目的に供することはできない。

（完了確認・代金支払い）

第5条　工事を終了したときは、注文者と請負者は両者立会いのもと契約の目的物を確認し、注文者は請負契約書記載の期日までに請負代金の支払いを完了する。

（支給材料、貸与品）

第6条　注文者よりの支給材料または貸与品のある場合には、その受渡期日および受渡場所は注文者と請負者の協議の上決定する。
2　請負者は、支給材料または貸与品の受領後すみやかに検収するものとし、不良品については注文者に対し交換を求めることができる。
3　請負者は支給材料または貸与品を善良な管理者として使用または保管する。

（第三者への損害および第三者との紛議）

第7条　施工のため、第三者に損害を及ぼしたとき、または紛議を生じたときは、注文者と請負者が協力して処理解決にあたる。
2　前項に要した費用は、請負者の責に帰する事由によって生じたものについては、請負者の負担とする。なお、注文者の責に帰すべき事由によって生じたものについては、注文者の負担とする。

（不可抗力による損害）

第8条　天災その他自然的または人為的な事象であって、注文者・請負者いずれにもその責を帰することのできない事由（以下「不可抗力」という）によって、工事済部分、工事仮設物、工事現場に搬入した工事材料・建築設備の機器（有償支給材料を含む）または工事用機器について損害が生じたときは、請負者は、事実発生後速やかにその状況を注文者に通知する。
2　前項の損害について、注文者・請負者が協議して重大なものと認め、かつ、請負者が善良な管理者としての注意をしたと認められるものは、注文者がこれを負担する。
3　火災保険・建設工事保険その他損害をてん補するものがあるときは、それらの額を前項の注文者の負担額から控除する。

（瑕疵がある場合の責任）

第9条　目的物に瑕疵がある場合、請負者は民法に定める責任を負う。

（工事の変更、一時中止、工期の変更）

第10条　注文者は、必要によって工事を追加、変更または一時中止することができる。
2　前項により、請負者に損害を及ぼしたときは、請負者は注文者に対してその補償を求めることができる。
3　請負者は、不可抗力その他正当な理由があるときは、注文者に対してその理由を明示して、工期の延長を求めることができる。延長日数は、注文者と請負者が協議して決める。

（遅延損害金）

第11条　請負者の責に帰する事由により、契約期間内に契約の工事が完了できないときは、注文者は遅滞日数1日につき、請負代金から工事済部分と搬入工事材料に対する請負代金相当額を控除した額に年14.6%の割合を乗じた額の違約金を請求することができる。
2　注文者が請負代金の支払を完了しないときは、請負者は遅滞日数の1日につき、支払遅滞額に年14.6%の割合を乗じた額の違約金を請求することができる。

（紛争の解決）

第12条　この契約について、紛争が生じたときは、本物件の所在地の裁判所を第一審管轄裁判所とし、または裁判外の紛争処理機関によって、その解決を図るものとする。

（補則）

第13条　この契約書に定めのない事項については、必要に応じ注文者と請負者が誠意をもって協議して定める。

（特定商取引に関する法律の適用を受ける場合のクーリングオフについての説明書）

ご契約いただきますリフォーム工事またはインテリア商品等販売が「特定商取引に関する法律」の適用を受ける場合（注）で、クーリングオフを行おうとする場合には、この説明書・工事請負契約約款を充分お読み下さい。
（注）「特定商取引に関する法律」の適用を受ける場合：訪問販売、電話勧誘販売による取引

Ⅰ　契約の解除（クーリングオフ）を行おうとする場合

①「特定商取引に関する法律」の適用を受ける場合（注）で、クーリングオフを行おうとする場合には、この書面を受領した日から起算して8日以内は、お客様（注文者）は文書をもって工事請負契約の解除（クーリングオフと呼びます）ができ、その効力は解除する旨の文書を発したときに生ずるものとします。ただし、次のような場合等にはクーリングオフの権利行使はできません。
ア）お客様（注文者）がリフォーム工事建物等を営業用に利用する場合や、お客様（注文者）からのご請求によりご自宅でのお申し込みまたはご契約を行った場合等
イ）壁紙などの消耗品を使用（最小包装単位）又は、3,000円未満の現金取引

② 上記クーリングオフの行使を妨げるために請負者が不実のことを告げたことによりお客様（注文主）が誤認し、または威迫したことにより困惑してクーリングオフを行わなかった場合は、請負者から、クーリングオフ妨害の解消のための書面が交付され、その内容について説明を受けた日から8日を経過するまでは書面によりクーリングオフすることができます。

Ⅱ　上記期間内に契約の解除（クーリングオフ）があった場合

① 請負者は契約の解除に伴う損害賠償または違約金支払を請求することはありません。
② 契約の解除があった場合に、既に商品の引渡しが行われているときは、その引取りに要する費用は請負者の負担とします。
③ 契約解除のお申し出の際に既に受領した金員がある場合は、すみやかにその全額を無利息にて返還いたします。
④ 役務の提供に伴い、土地又は建物その他の工作物の現状が変更された場合には、お客様（注文者）は無料で元の状態にもどすよう請求することができます。
⑤ すでに役務が提供されたときにおいても、請負者は、お客様（注文者）に提供した役務の対価、その他の金銭の支払いを請求することはありません。

＊ 尚、通常必要とされる量を著しく超える商品などの契約を結んだ場合は、契約後一年間は契約の解除が可能になる場合があります。

出典：住宅リフォーム推進協議会

ここがポイント

契約書で大切なことは、工事の内容についてしっかりと明記されているかという点。リフォームの場合、隠蔽部分など不明瞭な場所もあるので、契約内容とまったく同じになるとは限らない。また、変更点が発生した場合は、変更契約をすること

近隣対策

Point

- 近隣との付き合いは、施主にとって工事後も続くもの
- 事前に説明を行い近隣の要望も確認する
- 現場でのルールを決め、トラブルが起きた場合は迅速に対応する

近所付き合いは施主の生活にかかわる

工事を円滑に進めるためには、近隣への事前説明と工事の了承を得ておくことが大切である。これは、施主の今後の生活を考えても重要なポイントである。施工会社が確定したら、施工会社から近隣に工事の内容・期間・作業時間についての説明を行う［図1］。

戸建の場合、両隣と前後、斜めの8軒を対象とする場合が多いが、道幅の狭いエリア、袋地の行き止まりなど工事作業車による影響が想定される場合は、影響を受ける範囲に事前説明をしておきたい［図2］。

マンションの場合、近隣挨拶の必要な住戸範囲と時期については規約に示されているので、事前に確認する［図3］。工事前の定められた期間内に対応することが必要である。

工事車両の駐車位置についてもマンションで指定されている場合があるので、事前に確認する。エントランスからエレベーター、共用廊下、扉の角などの搬入経路の養生、ゴミの持ち帰りについても徹底する。

近隣に迷惑をかけず、良好な関係を築くことがその後の工事をスムーズに運ぶためのポイントといえる。

クレームを防止するために

細心の注意を払っているつもりでも、近隣からクレームの出る場合もある。施主・建築士・施工会社で、現場でのルールや注意点をあらかじめ確認しておきたい。

解体工事や下地、家具固定など音の出る工事は特に注意したい。工事の騒音などで近隣からクレームが出た場合は、完成後の施主と近隣の良好な関係を築くためにも、施工会社との連携を図り、迅速に対処するとともに施主にも報告することが大切である。

◇図1　お知らせの方法

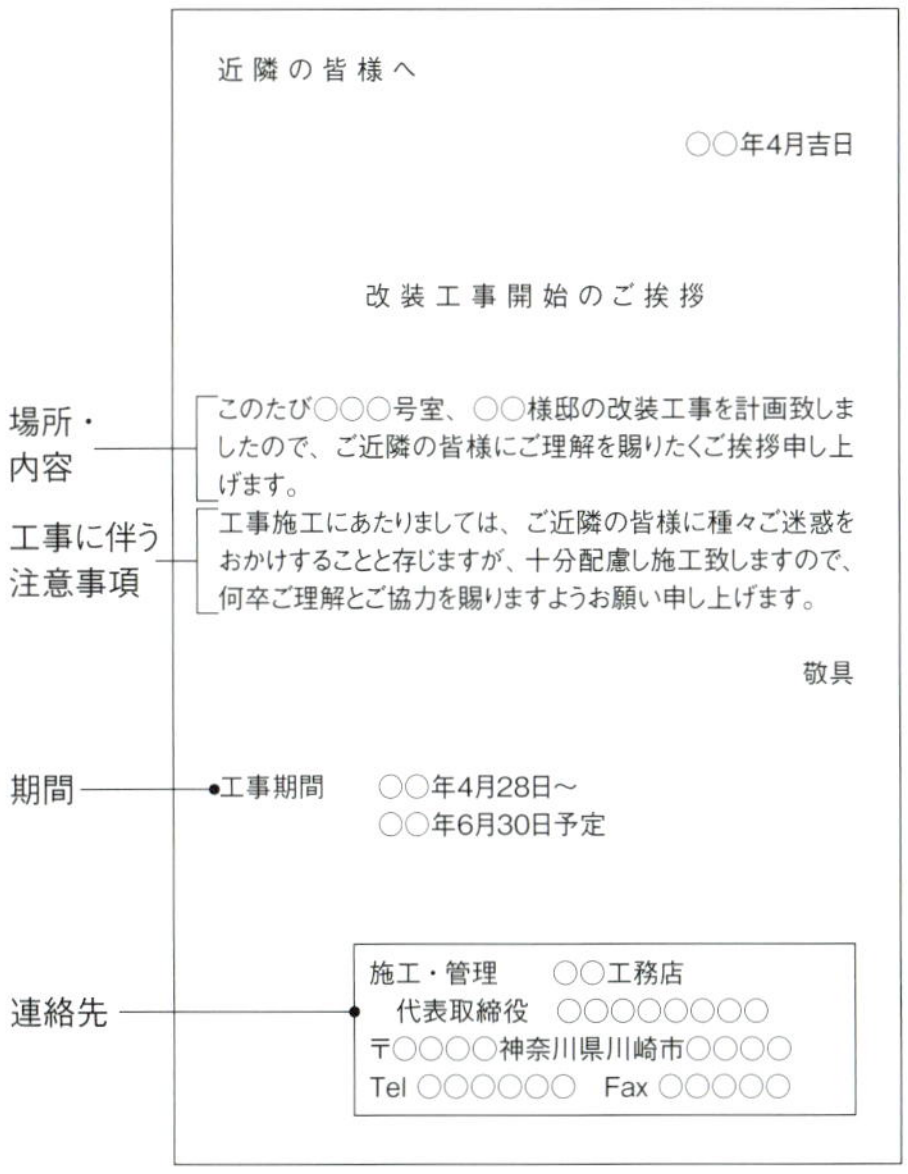
近隣の皆様へ

○○年4月吉日

改装工事開始のご挨拶

このたび○○○号室、○○様邸の改装工事を計画致しましたので、ご近隣の皆様にご理解を賜りたくご挨拶申し上げます。

工事施工にあたりましては、ご近隣の皆様に種々ご迷惑をおかけすることと存じますが、十分配慮し施工致しますので、何卒ご理解とご協力を賜りますようお願い申し上げます。

敬具

工事期間　○○年4月28日〜
○○年6月30日予定

施工・管理　○○工務店
代表取締役　○○○○○○○○
〒○○○○神奈川県川崎市○○○○
Tel ○○○○○○　Fax ○○○○○

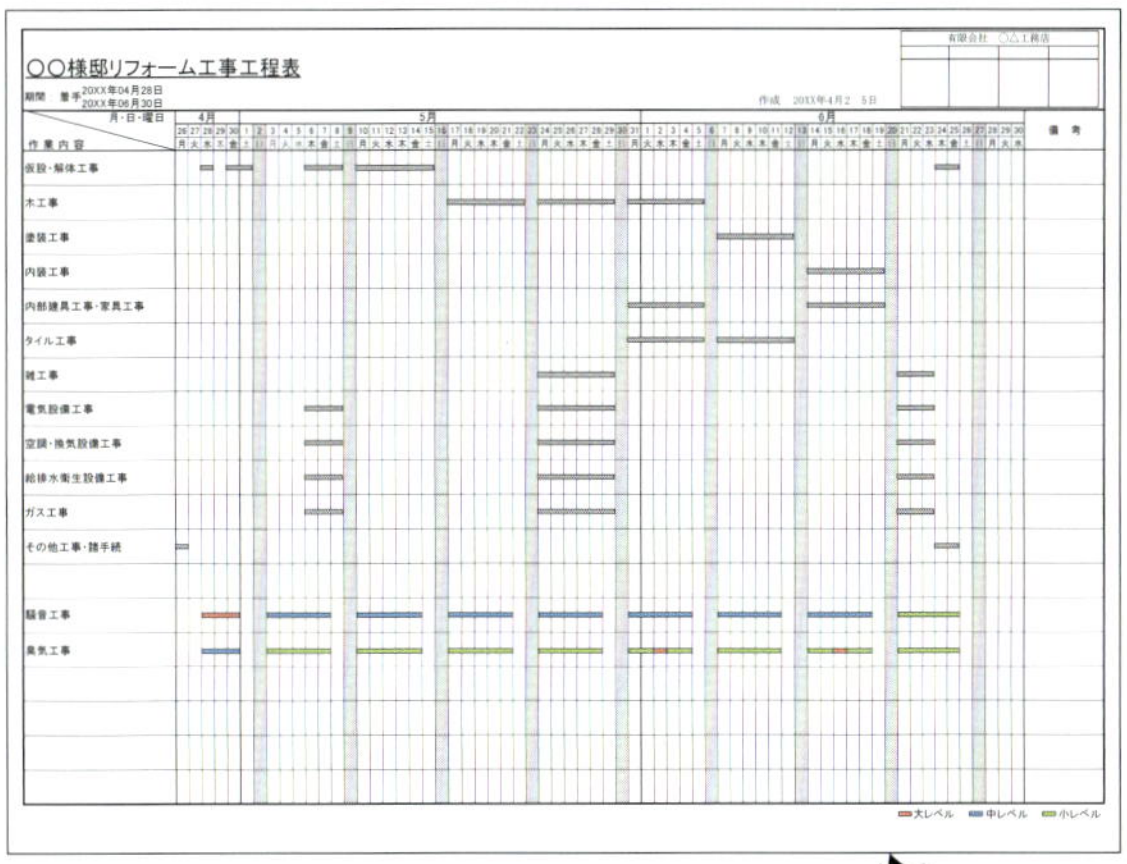

工程表

◇図2　近隣あいさつの範囲（戸建の場合）

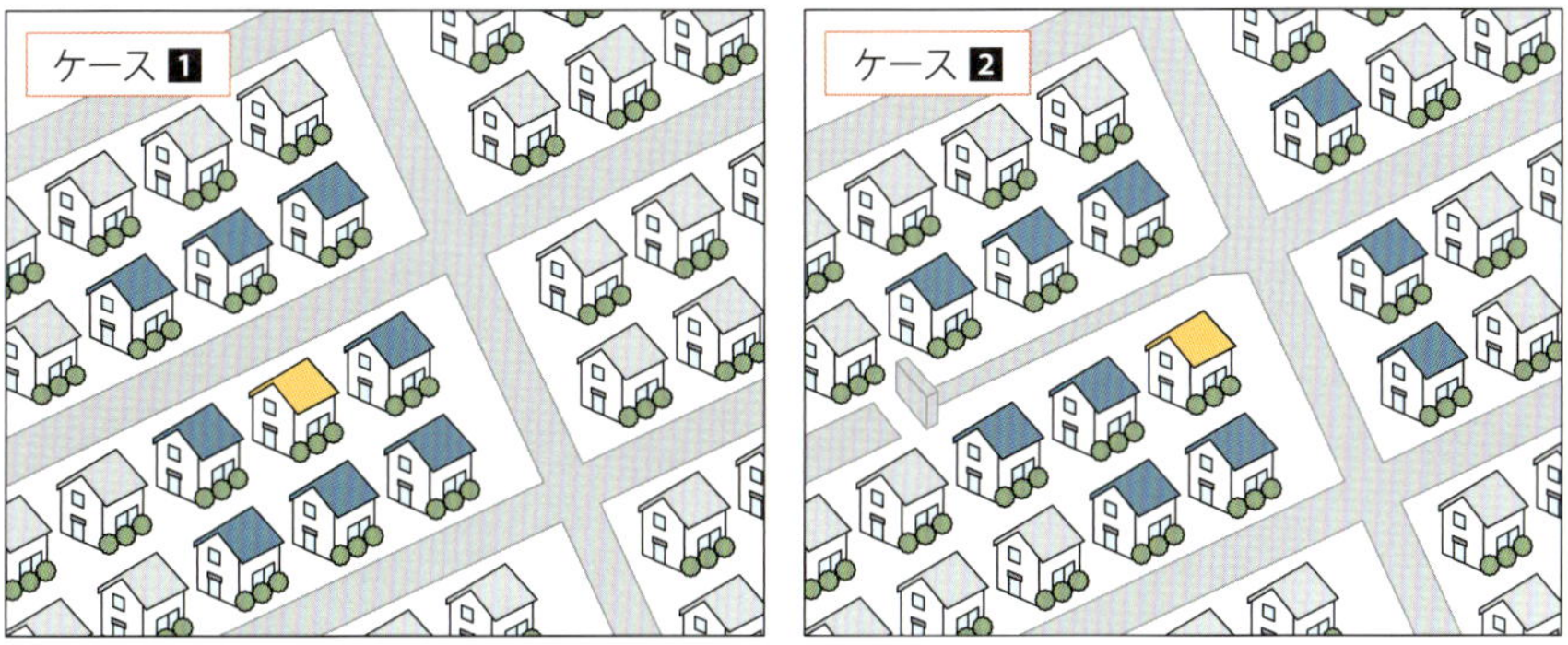

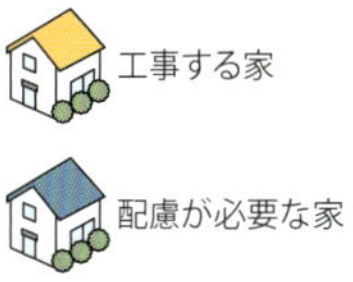

両隣と前後、斜めの8軒とすることが多い。道が狭い、袋地の行き止まりなど、両隣にかかわらず工事車両によって生活に影響を受ける住戸がある場合は、きちんと考慮することが大切だ

◇図3　近隣あいさつの範囲（マンションの場合）

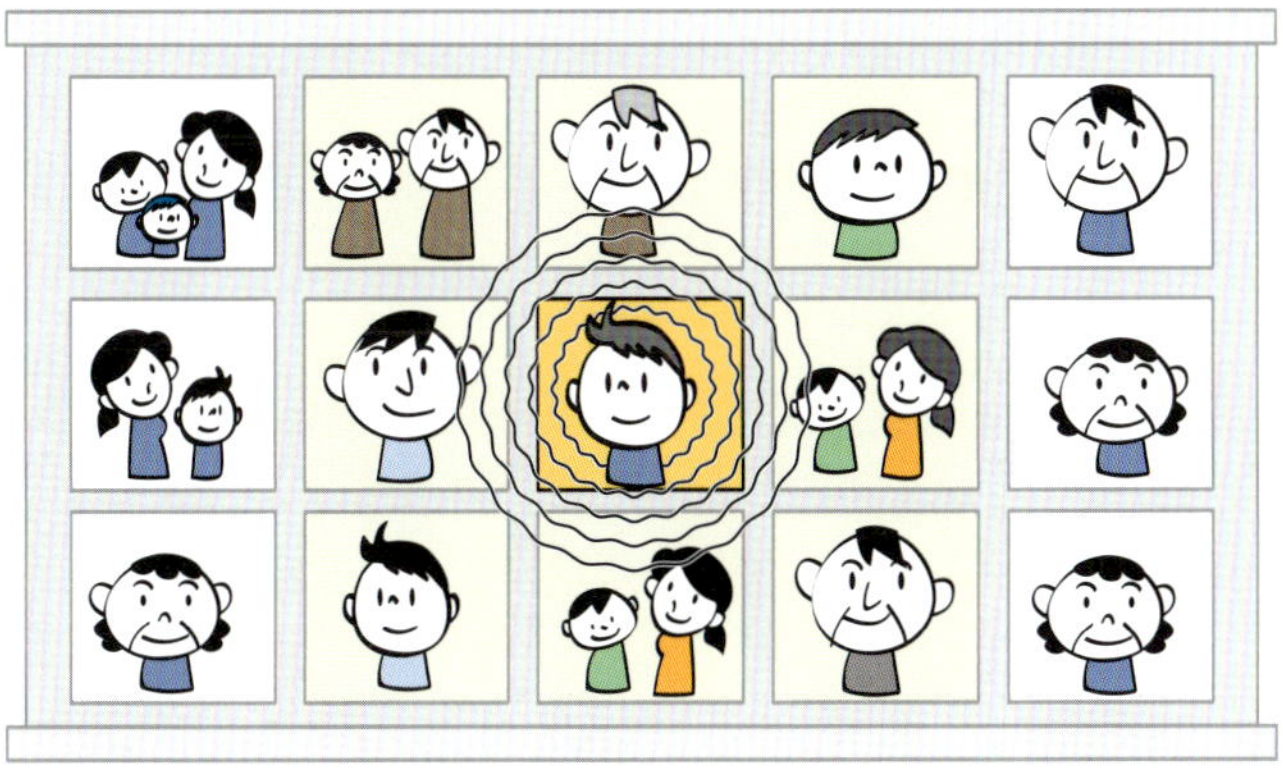

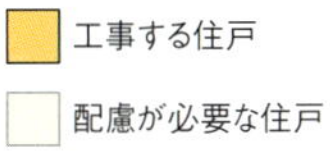

マンションの場合、あいさつの範囲は規約で決められている場合が多いので、事前に規約を管理組合に確認する

解体前の指示

Point

- 解体前には、工事区分だけでなく隣家への挨拶も大切
- 解体する部位については、現地で図面を見ながら入念な打ち合わせが必要
- 解体指示書で確実に指示をする

解体業者と現地で打ち合わせる

リフォームの場合は、現地で必ず指示、打ち合わせを行い、解体する場所を示した図面を作成する［図］。さらに解体時は可能な限り建築士が立ち会うか、解体後に解体後確認をする。多くの現場で、実際に壊してから問題点が出てくることがあるためである。

解体後に確認するのは、計画どおり進められるか、構造・設備的に問題はないか、ということである。問題があれば、その時点でもう一度計画を見直しができるくらいの時間的余裕をもって進めることが大切である。

解体前の記録

解体前には現地で写真を撮り、特に既存を残す所や解体する所の境の部分を記録しておく。解体業者には、写真を使用し書き込んだものなどできるだけ分かりやすい資料で指示するとよい。解体業者と施工者が異なる場合は特に注意する。

マンションリフォームでは、工事範囲で解体前の指示が大きく変わる。スケルトンとする場合は、近隣に対する挨拶、騒音、振動などの配慮を入念にしておかなければならない。

隣家への説明

解体時に振動等が予想される際、隣家に対して説明するのはもちろんのこと、隣家の壁の仕上げ、特にタイル、設備廻り、造付けの家具と壁の接合部など、写真等で現状を残しておくことを忘れてはいけない。

上階住戸の設備配管が室内にある場合は、解体工事業者に伝えておく必要がある。また一部リフォームの場合は、残す場所、新規の場所など、どこまでを壊しどこから新しくするのか現地でしっかりと指示や打ち合わせをし、解体場所を示した図面を書いておく。

◇図　解体場所指示図

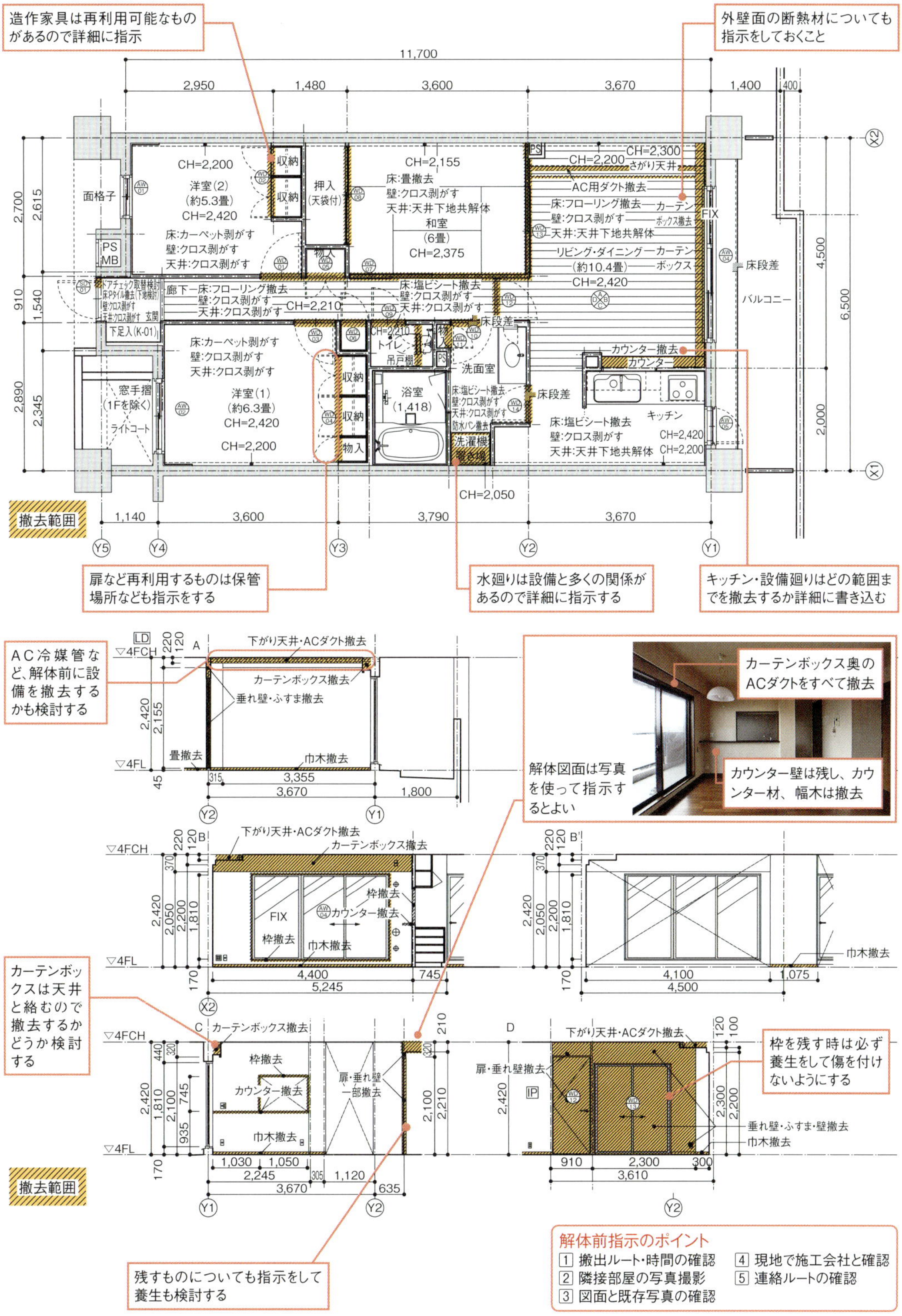
造作家具は再利用可能なものがあるので詳細に指示
外壁面の断熱材についても指示をしておくこと
11,700
2,950
1,480
3,600
3,670
1,400
400
CH=2,200
洋室(2)
(約5.3畳)
CH=2,420
床:カーペット剥がす
壁:クロス剥がす
天井:クロス剥がす
収納
押入
(天袋付)
物入
CH=2,155
床:畳撤去
壁:クロス剥がす
天井:天井下地共解体
和室
(6畳)
CH=2,375
CH=2,200
CH=2,300
さがり天井
AC用ダクト撤去
床:フローリング撤去
壁:クロス剥がす
天井:天井下地共解体
カーテンボックス撤去
リビング・ダイニング
(約10.4畳)
CH=2,420
FIX
床段差
バルコニー
面格子
PS
MB
廊下
床:フローリング撤去
壁:クロス剥がす
天井:クロス剥がす
CH=2,210
玄関
下足入(K-01)
床:塩ビシート撤去
壁:クロス剥がす
天井:クロス剥がす
トイレ
吊戸棚
洗面室
床段差
床:カーペット剥がす
壁:クロス剥がす
天井:クロス剥がす
洋室(1)
(約6.3畳)
CH=2,420
CH=2,200
窓手摺
(1Fを除く)
ライトコート
浴室
(1,418)
洗濯機
カウンター撤去
カウンター
床:塩ビシート撤去
壁:クロス剥がす
天井:天井下地共解体
キッチン
CH=2,420
CH=2,200
CH=2,050
撤去範囲
1,140
3,600
3,790
3,670
Y5
Y4
Y3
Y2
Y1
X1
X2
扉など再利用するものは保管場所なども指示をする
水廻りは設備と多くの関係があるので詳細に指示する
キッチン・設備廻りはどの範囲までを撤去するか詳細に書き込む
AC冷媒管など、解体前に設備を撤去するかも検討する
下がり天井・ACダクト撤去
カーテンボックス撤去
垂れ壁・ふすま撤去
畳撤去
巾木撤去
3,355
3,670
1,800
カーテンボックス奥のACダクトをすべて撤去
カウンター壁は残し、カウンター材、幅木は撤去
解体図面は写真を使って指示するとよい
FIX
枠撤去
カウンター撤去
巾木撤去
4,400
745
5,245
4,100
1,075
4,500
カーテンボックスは天井と絡むので撤去するかどうか検討する
カーテンボックス撤去
枠撤去
カウンター撤去
扉・垂れ壁一部撤去
巾木撤去
1,030
1,050
2,245
1,120
3,670
635
下がり天井・ACダクト撤去
扉・垂れ壁撤去
枠を残す時は必ず養生をして傷を付けないようにする
垂れ壁・ふすま・壁撤去
巾木撤去
910
2,300
300
3,610
撤去範囲
残すものについても指示をして養生も検討する
解体前指示のポイント
1 搬出ルート・時間の確認
2 隣接部屋の写真撮影
3 図面と既存写真の確認
4 現地で施工会社と確認
5 連絡ルートの確認

key word 098

解体後のチェック

Point

- 解体直後に現場を確認し、計画に支障がないか判断する
- 解体確認会で問題への対応策やコスト増減や工程変更などを検討する
- 解体・調査後に設計を行う場合は正確な計画・見積りが可能である

解体後はすぐに現場を確認する

リフォームの場合、既存図がなく、非破壊の現場調査のみで未知数の懸案事項を抱えたまま設計をすることも多い。これらの未知の事象が初めて明らかになるのが解体後である。

そのため、解体後は直ちに本計画に支障がないかどうかを現場で確認する必要がある[図1・2]。チェックすべき箇所をあらかじめ把握しておき、解体後すぐに問題点を確認すれば、その後の対応もスムーズに進めることができる。

解体確認会での検討

解体後は工務店・設計者が情報を収集しまとめるための「施工者・設計者解体確認会」を行い、問題への対応策やコスト増減、工程調整などを検討する。これをまとめたうえで「施主解体確認会」で現場を見ながら、その対応策・コスト・工程への影響を説明する。想定外の事態に備えてこの「解体後確認期間」を工程内に組み込んでおく。これらの情報収集や対応策の検討、コスト調整は施工者への事前の説明と、迅速な協力が必要となってくる。

解体工事とリフォーム工事の別発注

物件によっては解体工事とリフォーム工事を分離発注する場合もある。分離発注する場合は、まずは解体をして精密な調査を行い、それをもとに設計するパターンである。この場合は、解体・調査後に設計を行うため、正確な計画・見積りが可能である。ただし、解体工事とリフォーム工事を別の時期に行うため、全体の工事費が割高になりやすい。

また工事全体の見積りが出ないうちに解体してしまうと、予算不足の際の既存再利用が不可能となるため、計画や予算によっては注意も必要である。

◇図1　戸建解体後のチェック項目

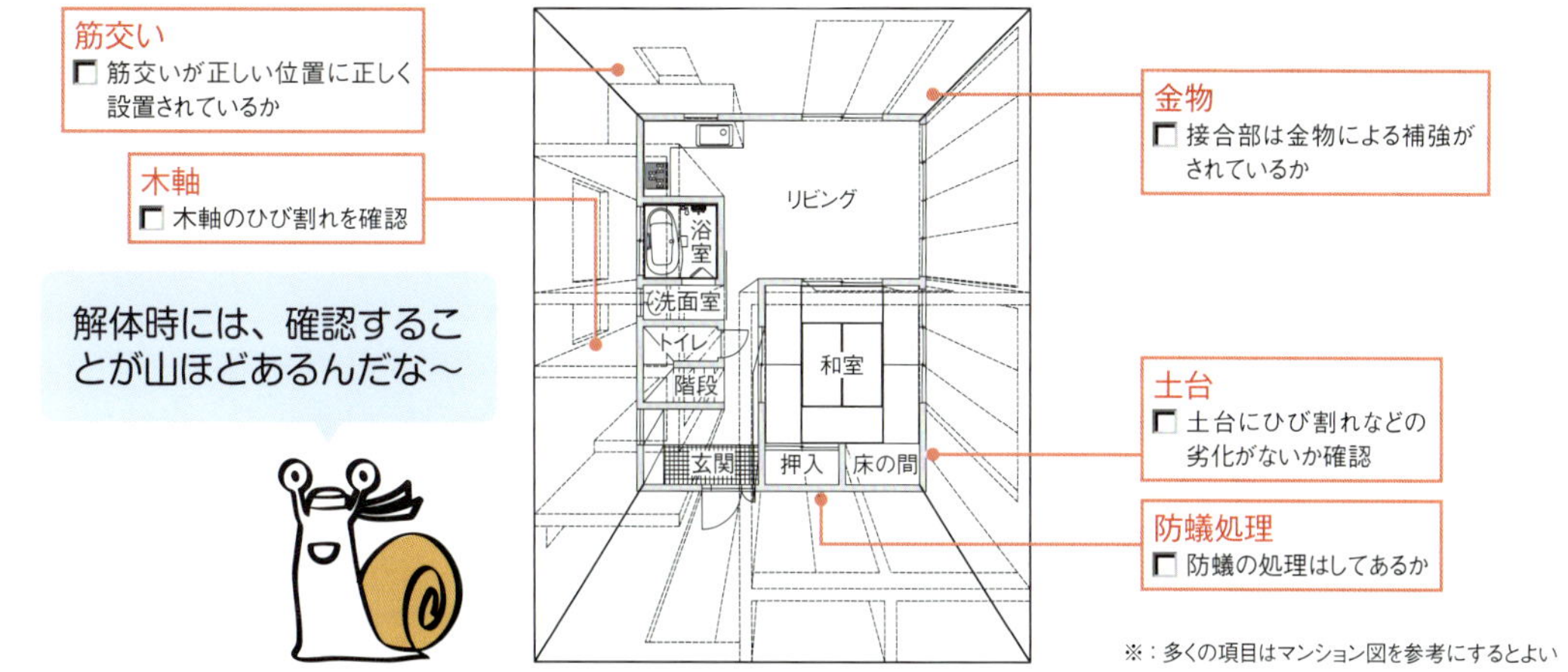

※：多くの項目はマンション図を参考にするとよい

◇図2　マンション解体後のチェック項目

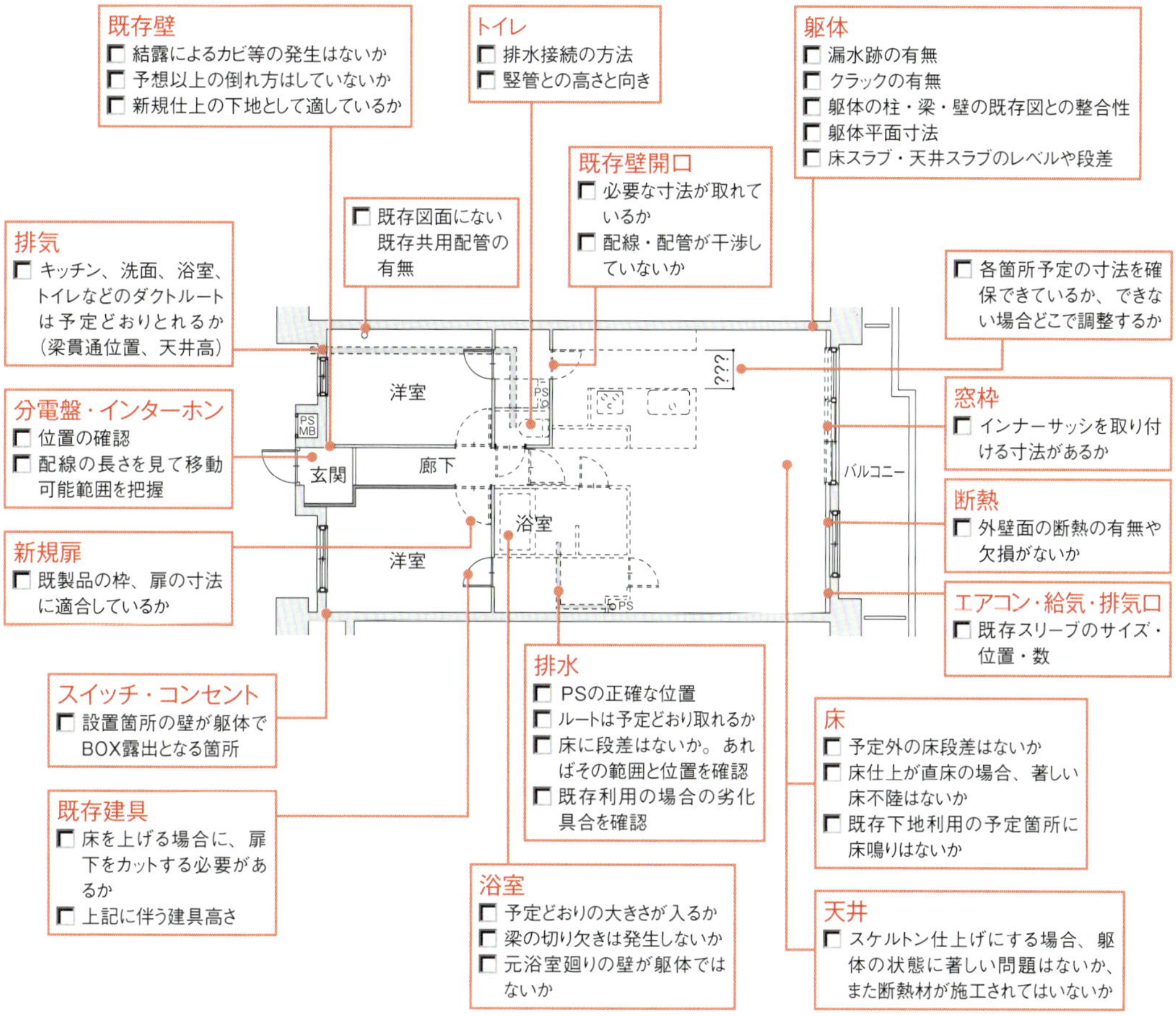

設計修正

Point

- 解体後に既存図面との食い違いが発生することはよくある
- 構造的な食い違いは大幅なコストアップにつながるケースもある
- 解体時の状況と設計変更については施主との共通認識が必要だ

既存建物との整合性

リフォームを行う場合、通常、依頼主との打ち合わせは既存建物を解体する前に行うことが一般的である。既存図面をもとにプランニングを行い、設計図書を作成、見積りを経て工事契約、工事着手となる。ところが、既存建物を解体してみると、今までに予想していない既存図面と食い違った建物で施工がなされているケースがまれにある。

既存図面の再作図と寸法確認

既存建物の解体が終わった段階にて、既存建物がリフォーム図面どおり工事することができるかを確認する必要がある。柱の内法寸法や筋交いの配置状況、床下の寸法や天井懐の空き寸法などの再計測が必要である。この段階で若干の設計修正が生じると考えておく必要がある。

特に筋交いの配置や基礎状況の劣化など、既存建物の構造的な食い違いは、設計図面の修正を余儀なくされるだけでなく、大幅なコストアップにつながるケースもあるため、施主と相談が必要である[図]。

また、下地を取り外したことで、既存構造体が予想以上に劣化が進んでいたり、床下の基礎部分に腐りやシロアリなどの状況を発見することがある。この場合、既存建物の構造的壁量の再検討を行い、補強方法を選定する必要がある。

築年数を把握した設計

既存建物がどのように建てられているかは、前述の年代別チェック(013参照)も参考にして設計を行うことを忘れてはならない。この状況を施主とともに共通認識しておかないと、後々のトラブルの原因となることがあるので注意したい。

◇図　図面どおり工事できない場合の例

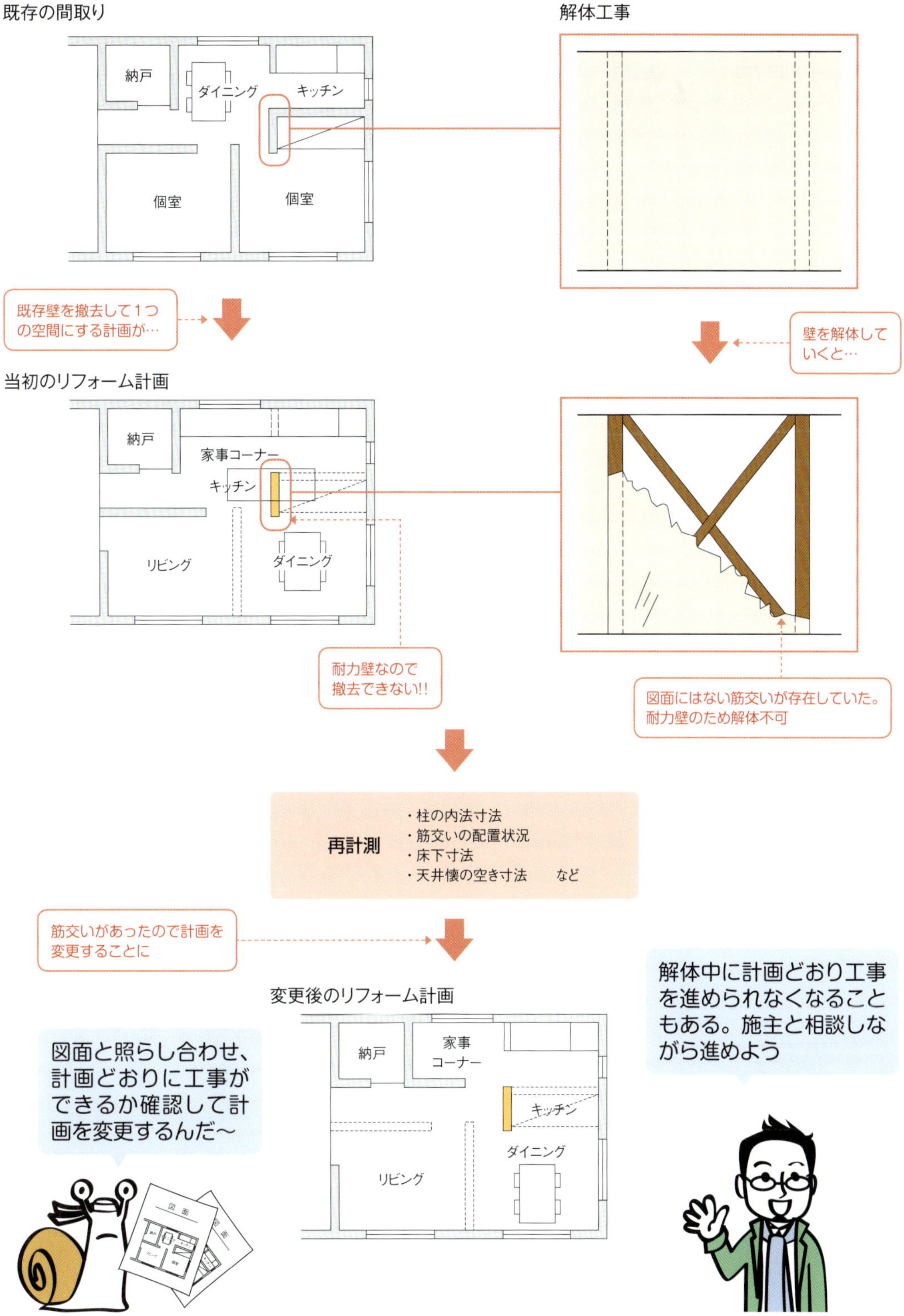

現場監理①
—下地のチェックポイント—

Point

- リフォームでは、既存下地の状態が非常に重要な要素となる
- ほかに有効利用できるかという点も踏まえて、解体時には必ず確認する
- 既存躯体を直接仕上げると、コスト削減になる

既存下地の状態を確認

調査で仕上げ面の状態がよくても下地もよいとは限らない。解体をして下地の状況を把握する［図］。解体を行った段階で、下地材が腐食していて利用できない場合や、下地の不具合で仕上材にソリ、むくり等の影響が出ている場合は、下地を細かいピッチで追加するなどして、補強する。

手間とコストを省くために、既存の仕上げ面の上に合板等を張ることで下地をつくる方法もある。しかし、既存壁よりも表面にふけてくるため、既存の枠をそのまま利用できるか、その他の取合い部分が収まるかを確認する。床の場合も、既存よりもレベルが上がるため、ほかの部分との取合いを検討しなければならない。

新たな下地をつくる

既存躯体では、壁の垂直が保たれていないことを前提とし、不陸がどの程度かも合わせて確認する。マンションの管理規約で躯体にビスやアンカーが打てない場合がある。石などの重い仕上材を張る、吊戸棚を設置する場合は、木レンガを接着張りした上に合板を張って下地をつくる。軽鉄下地に合板を張って下地を確保する方法もある［写真］。

躯体をそのまま仕上げる

既存の躯体をそのまま塗装や左官で仕上げたり、通常下地材として使う合板に直接塗装、着色したりすれば、限られた空間を有効に使えたり、仕上げ面と下地を兼用させることができる。

躯体をそのまま仕上げれば、石膏ボードやパテ処理も省略できるため、コスト削減にもつながる。

ただし、躯体をそのまま仕上げる場合は、断熱性や配管・配線が露出になることに注意が必要になる。

◇図　下地チェックの流れ

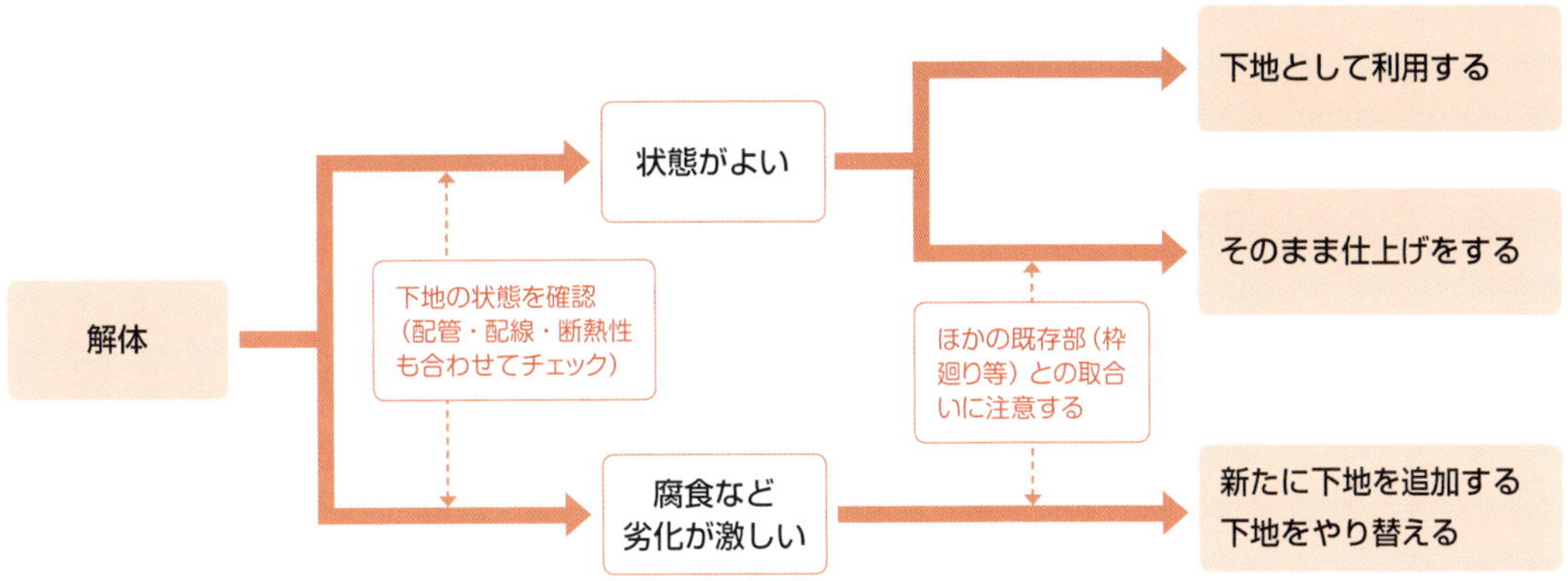

◇写真　下地を追加する

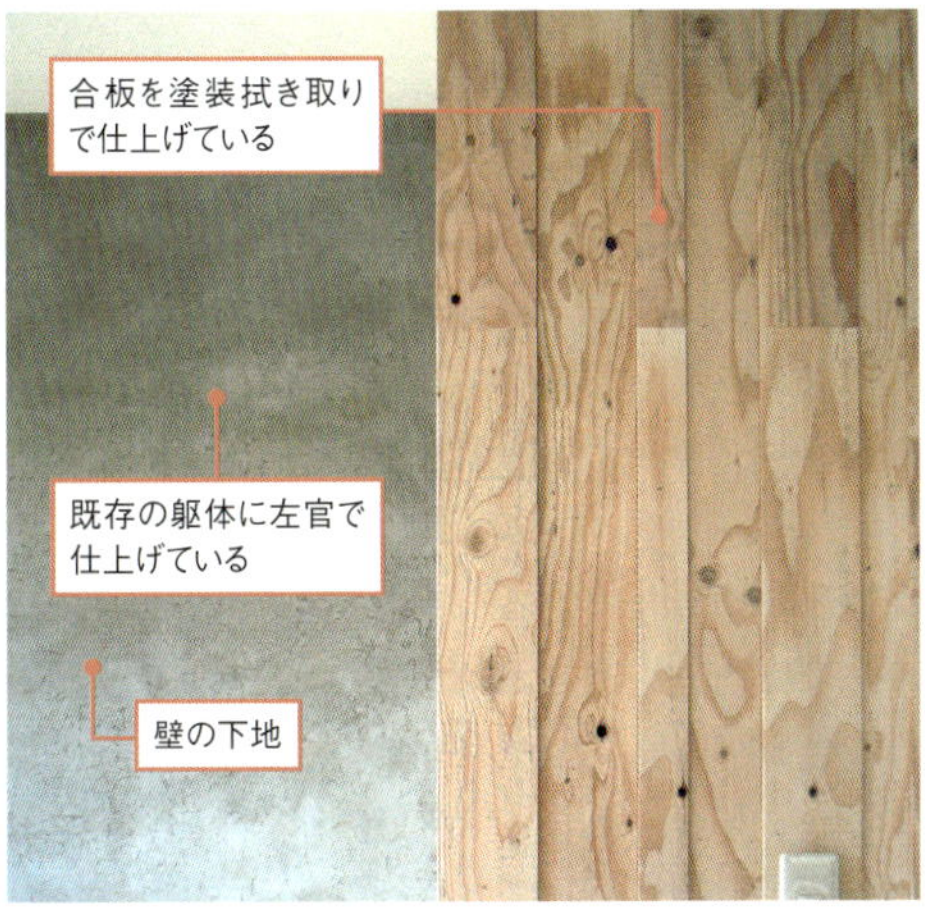

下地材である合板、コンクリート壁を仕上材として利用する

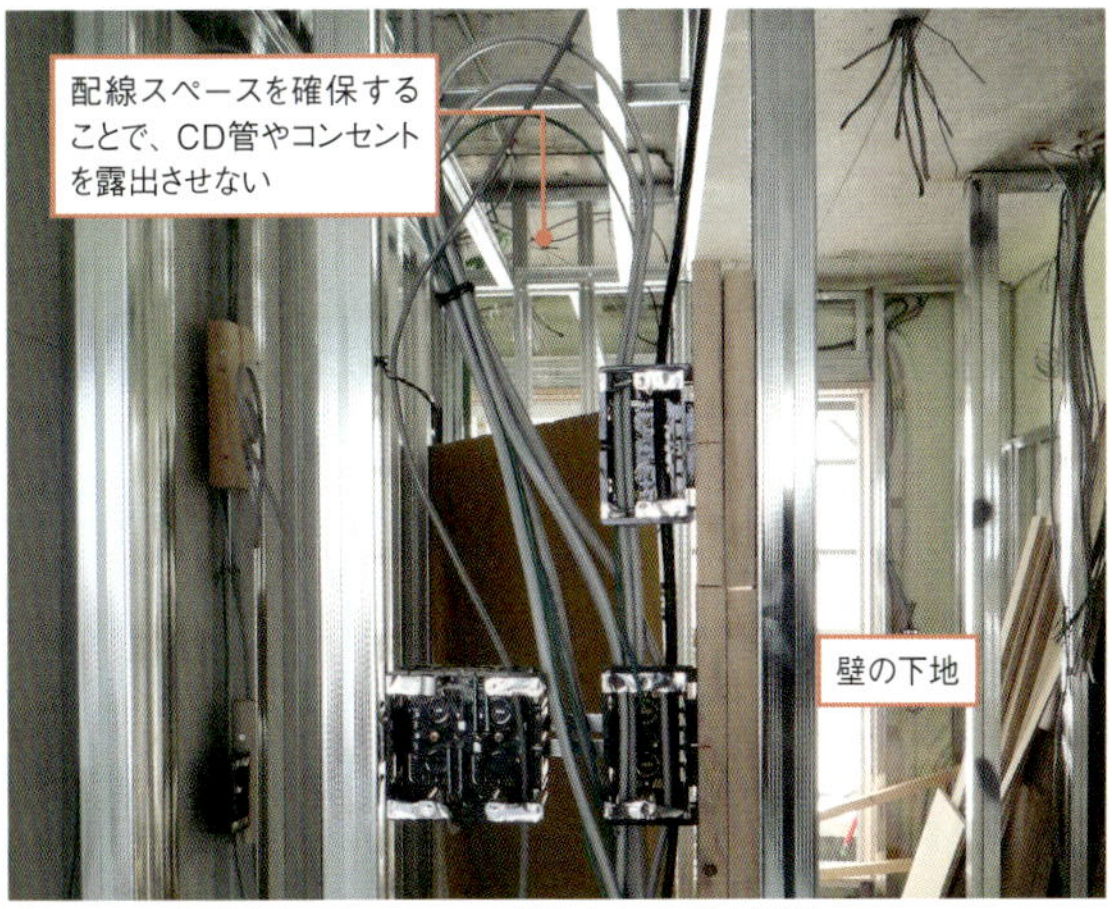

追加もしくは位置を変更するコンセント等も含めて下地を検討

腐朽した躯体や下地は撤去し新設する必要がある

家具を固定するために下地を合板などで補強する

key word 101

現場監理②
—造作工事のチェックポイント—

Point

- リフォームでは、既存部分との取合いや実際の躯体に合わせた寸法調整が必要である
- 施工途中での寸法、水平垂直のチェックを繰り返し行う

既存との取合いに注意

リフォームでは躯体が既に存在しているため、設計や工事の手順が新築工事と異なる。既存の躯体精度に合わせた調整や、施工の順番や進捗状況の確認などが必要となる。

新たに下地から組む場合は、躯体の影響は少ないが、それでも床、壁共に、既存構造体の傾き・膨らみなどがある場合は、それに合わせた調整が必要となる。

調整の方法

製作家具を取り付ける場合の調整は、隙間を埋めるフィラーの使用や、躯体からの逃げ寸法の確保でカバーする。また、取付箇所の下地の強度が期待できない場合の補強方法を確認しておくことが大事である。

既存下地を利用した現場での造作仕上げを行う場合、下地の精度に左右される部分が大きい。部分リフォームを行う場合には、既存部分とのつなぎ箇所や仕上げの切り替え場所には見切りの目地を設けるなど、接続箇所には特に注意が必要である。

関連作業に手間がかかる

開口幅を広げる場合に必要な場所に下地がなかったり、間仕切壁だけ撤去しようと思ったら電気錠の中継地点になっていて、天井もあけて結線のルート変更が必要になったなど、リフォームでは新築工事より関連作業に時間がかかることが多い［写真］。

リフォームでは既存の不具合の解消を目的とすることが多く、各部の寸法には設計時からシビアな要求をされることが多い。前述の下地による調整などを含めて、現場で調整した場合も目的の寸法を見失わないよう、施工途中で仕上がり寸法を必ずチェックすることを忘れてはならない。

◇写真　既存と取り合う造作のチェックポイント

壁の精度チェック

撤去できない配管
が除去できないか
確認

仕上げは躯体の精度に左右されるので、まず既存躯体の水平・垂直をしっかりチェックする

下地の精度チェック

下地の木軸は精度と必要寸法、水平・垂直を満たしているか、よく確認する

配管ルートのチェック

配管との取合い
など現場で決める
ことも多い

下地と既存部の取合いで、換気ルートの不良といった不具合が生じていないかなど、製作過程も確認

ポイントをクリアして
工事をすると……

ポイントをクリアしたリフォーム例

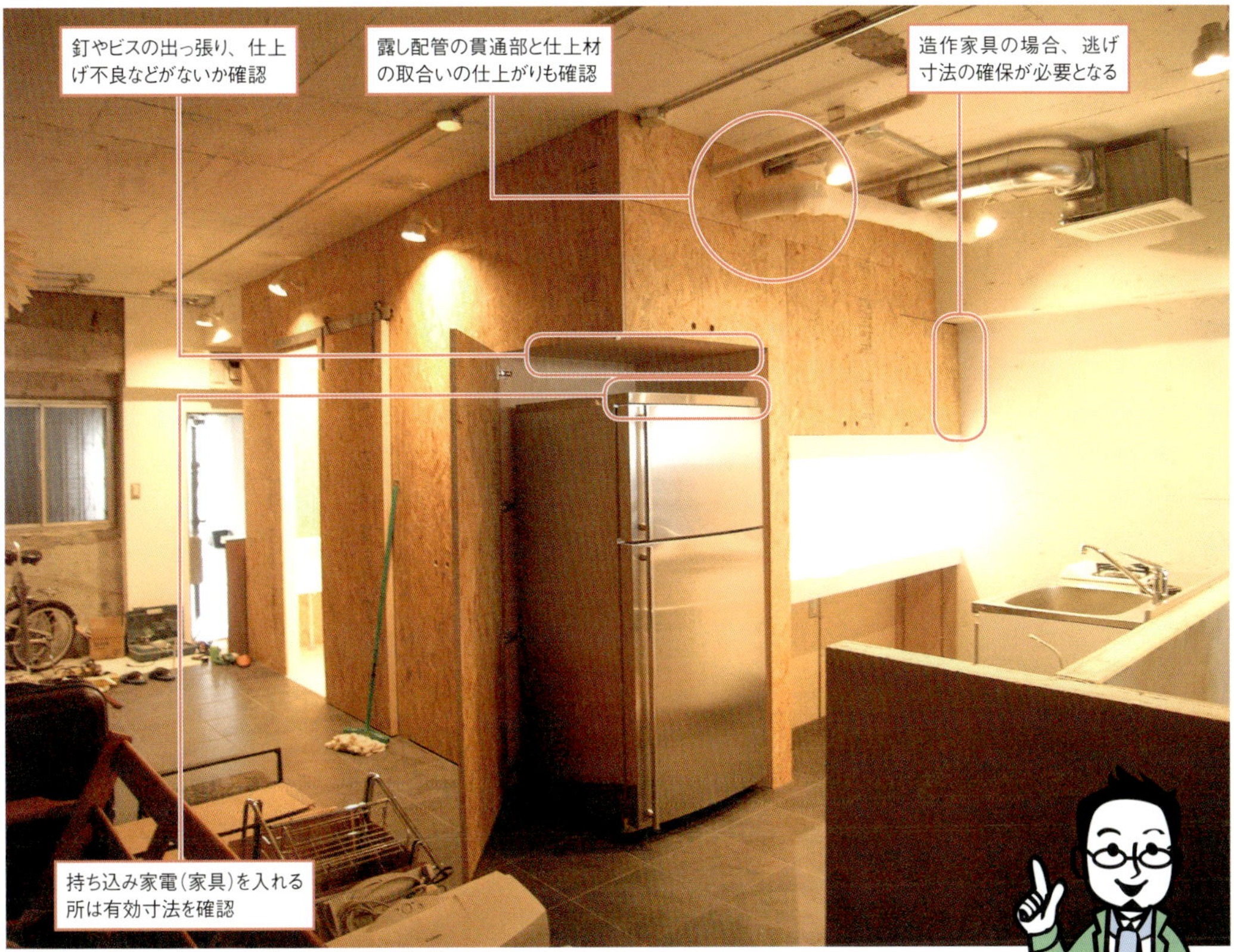
釘やビスの出っ張り、仕上
げ不良などがないか確認
露し配管の貫通部と仕上材
の取合いの仕上がりも確認
造作家具の場合、逃げ
寸法の確保が必要となる
持ち込み家電（家具）を入れる
所は有効寸法を確認

壁の水平・垂直、既存配管との取合い、実際の躯体寸法により必要な寸法が小さくなっていないかなど、下地の段階でチェックすることが大切！

現場監理③
―給排水衛生設備のチェックポイント―

Point

- 工事箇所以外も配管ルートや劣化状態などを確認する
- 引き込みからの交換が必要になる場合もある
- 汚水や雑排水の流れについても確認しておく

工事箇所以外の確認

給排水衛生設備のリフォームでは、工事箇所以外の確認が非常に重要だ。配管ルート、口径、材質や配管そのものの接続状態や劣化状態等をできるだけ途中の経路も含めて確認する。

配管ルートでは、鳥居配管「図1」や交換不能な埋め殺し配管、クロスコネクション「図2」の有無を確認する。エア抜きなどが適切に設けられウォーターハンマーの防止措置が取られているかも確認する。

劣化がひどければ途中経路の配管を交換したり水抜き弁を設置することも必要だ。寒冷地では保温管などに取り換えて凍結に備えることも検討する。

敷地への接続の確認

管径および水圧等のチェックも行う。住宅の管径は20㎜が一般的だが、必要量に応じて引き込みから交換が必要な場合もある。場合によっては、工事費が大幅に増加することもあるので、事前に確認する。低圧の場合は上階の給水が困難であったり、増圧ポンプ等が必要になるのでこちらも計画段階での確認を忘れないようにする。

引き込みがいまだ古い鉛管である場合などは、公共水道の場合順次行政側で交換するが、水利組合等で自費を要する場合もあるので確認しておく。

排水経路の確認も同様に必要だ。雨水、汚水、雑排水各々が、各設備箇所から適切に残留物を残さず排水するよう、適切な管径や勾配になっているかや通気弁、封水等をチェックする「図3・4」。特に近年の節水型の機器では、配管内に汚物が残留しやすいので必ず確認しておきたい。

その他、公共下水への放流などは、分流・合流の形式の確認やメンテナンス用の掃除口や点検口の有無の確認も忘れてはならない。

◇図1　鳥居配管

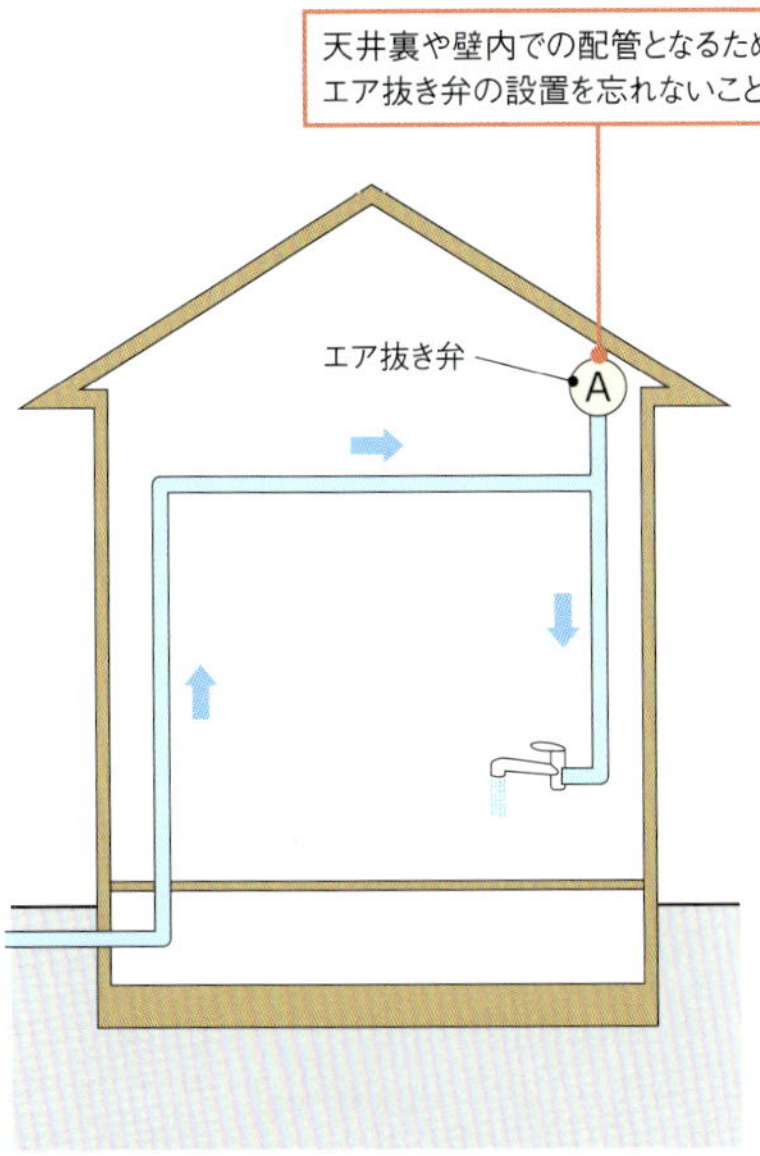

鳥居配管とは、神社の鳥居の形のように、いったん上がり、再び下がる配管方式を指す

◇図2　クロスコネクションの仕組み

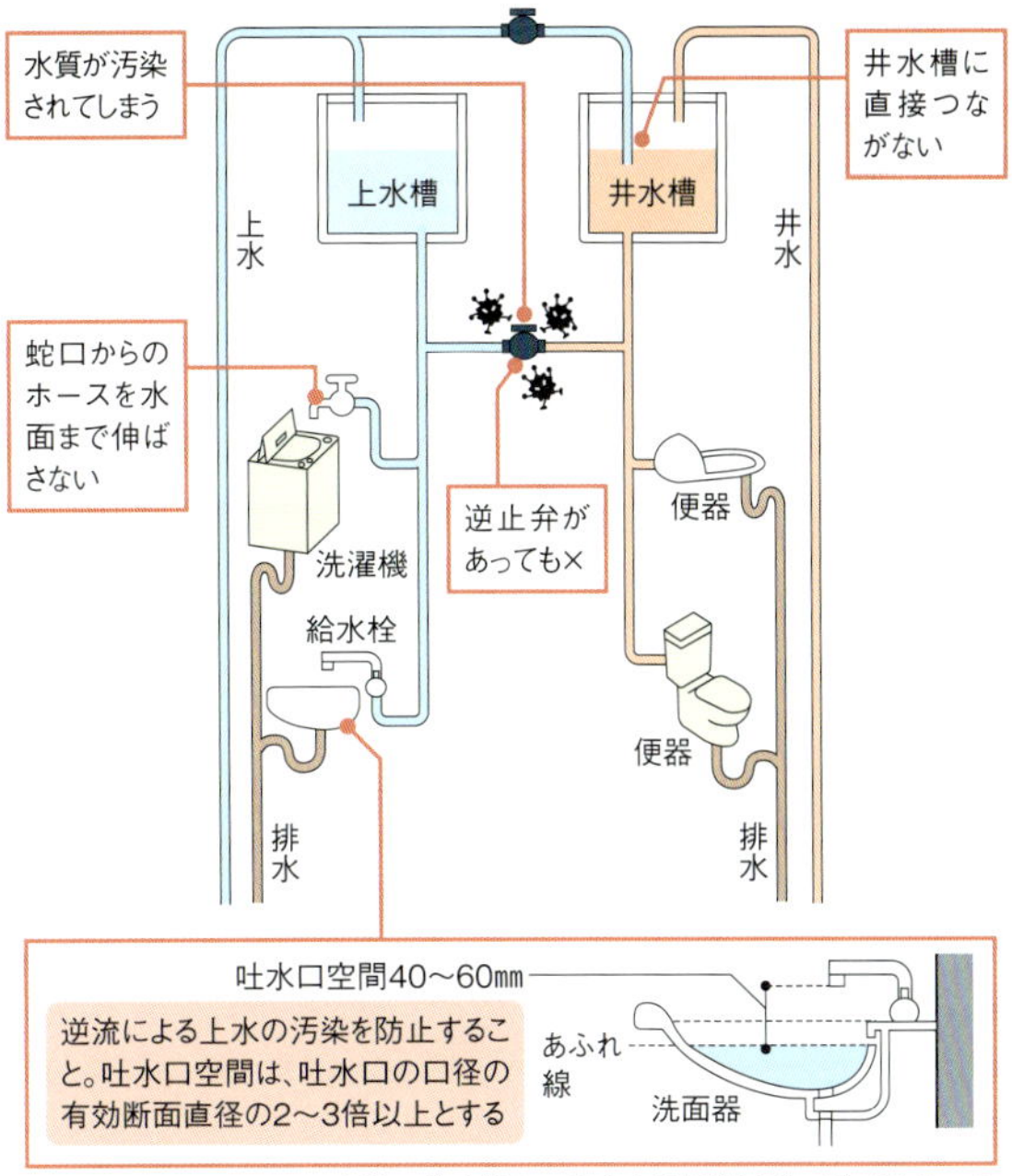

クロスコネクションとは、水道の給水管と、井水など水道以外の管が直接つながれていることをいう。水道水の汚染防止のため、水道法で禁止されており、発見された場合は必ずクロスコネクションを改善する

◇図3　二重トラップに注意

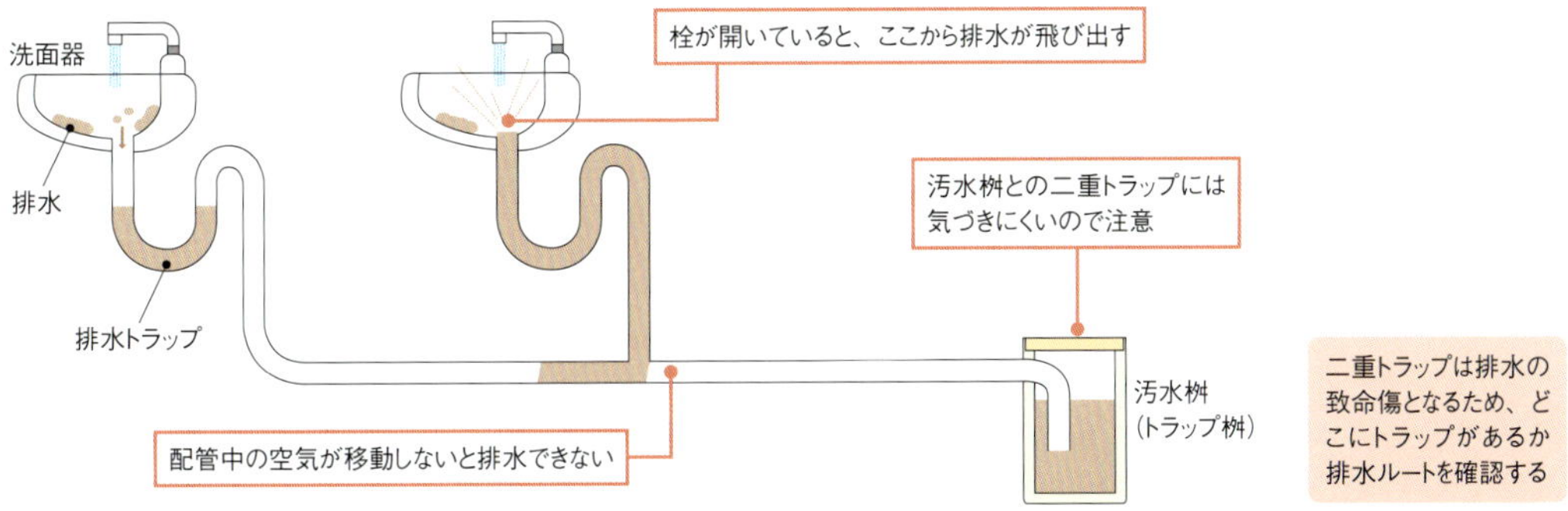

◇図4　1階浴室の排水方法

標準的な排水方法

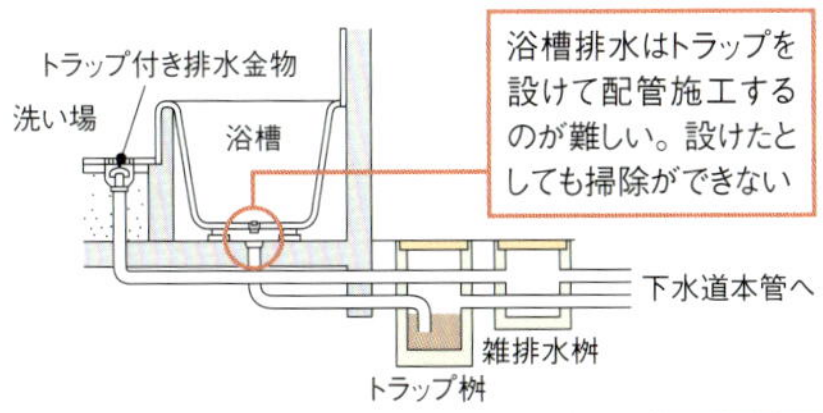

- 浴槽排水はトラップを設けずにトラップ桝へ
- 洗い場排水はトラップ付き排水金物として雑排水桝へ

トラップ桝にまとめて排水する場合

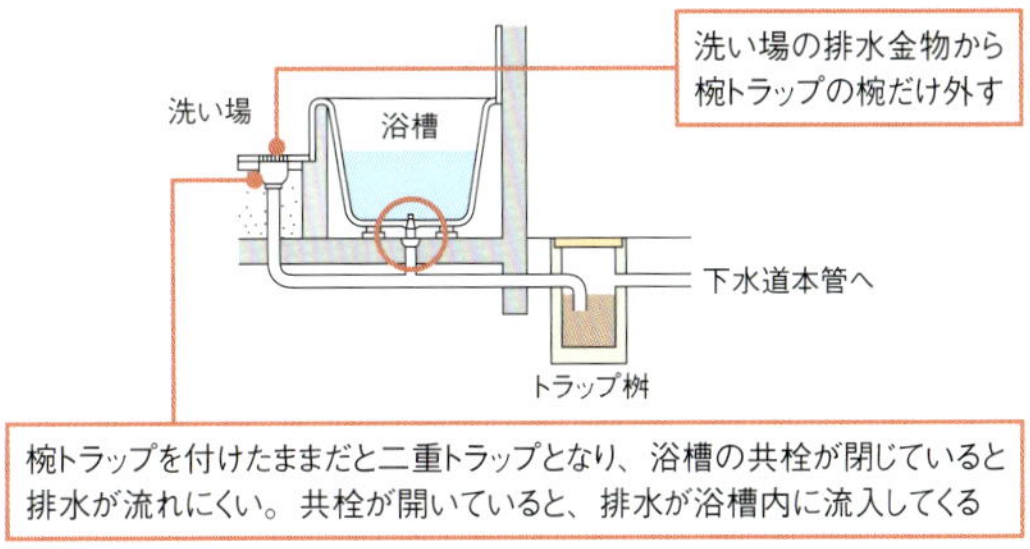

現場監理④
―電気設備のチェックポイント―

Point

- 既存配線や配管を使用する場合は、現在の配線基準にあっているかを確認する
- 既存配管を使用する場合は、配管の径が十分であることを確認する
- 断熱材を入れる場所に埋め込み型の照明器具を設置する場合はSGI形を使用する

リフォーム方法と電気設備

リフォームの方法によって電気設備の設計監理方法は異なってくる。スケルトンリフォームの場合は新規に配線や配管を施工する場合がほとんどであり、現場監理は新築時と同様である場合が多い。ただし、一部でも既存配線や配管を使用する場合は、配線が現在の配線基準にあっているかどうか電気業者に確認してもらう必要がある。

部分リフォームの場合は、既存の配線・配管のルートをきちんと電気業者にチェックしてもらう。

近年、照明器具・コンセント等の強電設備以外に、電話・TVなどの弱電設備の重要度が高まってきている。弱電設備は、一般的に配管を利用しなくてはならない[図1]ため、ルートを確保する必要がある。また、アンプとTV等を接続するHDMIケーブルなど、端末の端子が大きいものは、弱電設備のφ16のCD管には入らない。最低でもφ28は必要である[表1]。

断熱材で囲まれる照明器具の場合

断熱・遮音施工を行う天井にダウンライトを取り付ける場合には、S型のダウンライトを選定する。S型の中でも性能が異なるため、断熱・遮音の施工方法にあった器具を選定しているか確認が必要である[表2]。これが使用できない場合は、照明器具の廻りに各照明器具の規定以上の空間をあけて、器具からの放熱で温度が上がりすぎないようにする。

マンションでは、室内配線以外はCD管で配管されている[表3]。分電盤を大きく動かす場合は、その距離や設置スペースなどの検討が必要になる。また、200Vの電気を使用する場合は、分電盤の子ブレーカーを変更する必要もある。電気設備のチェックも忘れないようにする。

◇図1　配管を通すCD管

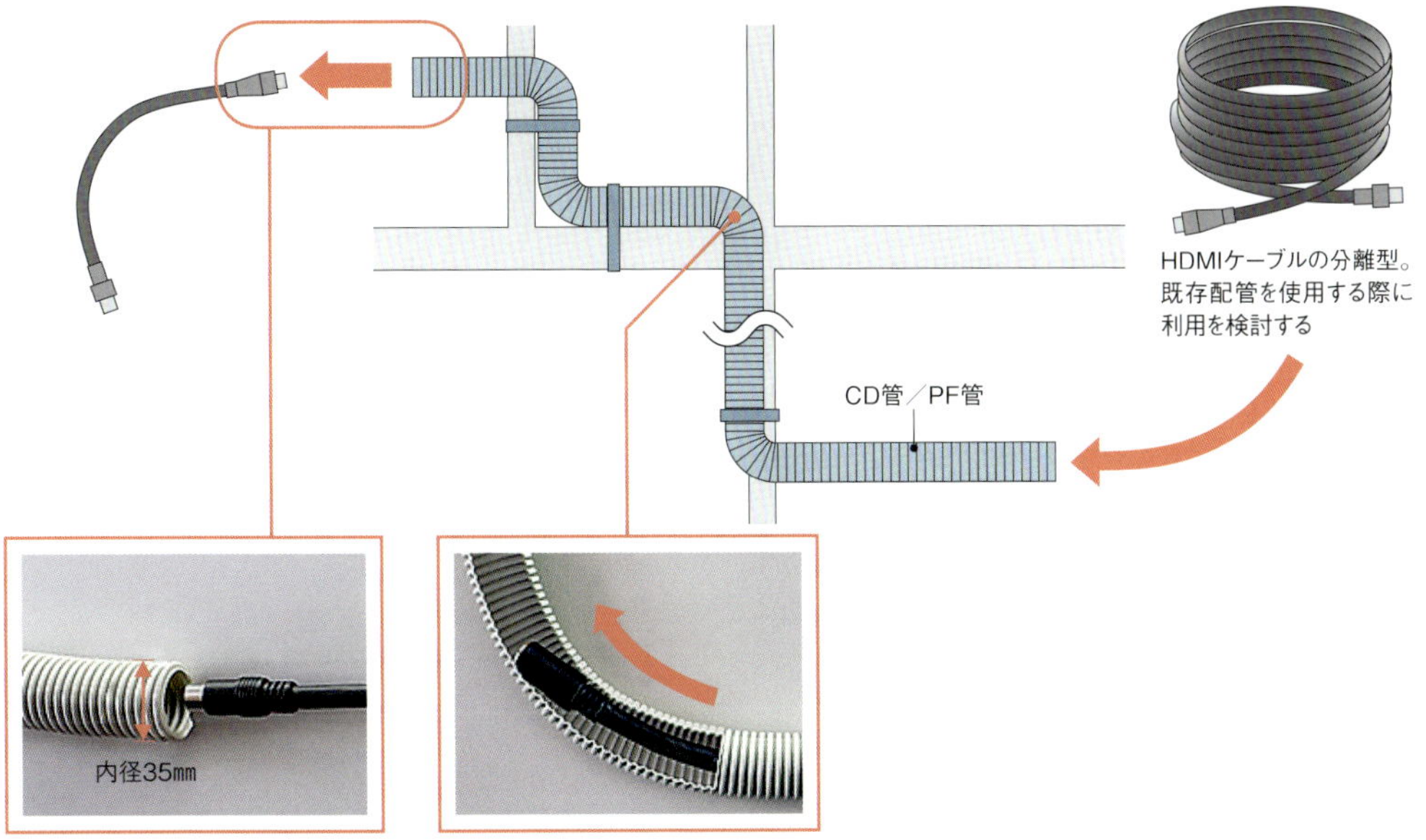

◇表1　CD管の大きさ

管の呼び方	外径	内径
14	19	14
16	21	16
22	27.5	22
28	34	28
36	42	36
42	48	42

HDMIケーブルなどは、φ16のCD管には入らない。ケーブルの端末の大きさが違うので要注意

◇表2　ダウンライト性能別一覧

ダウンライトの種類／施工方法	ブローイング工法	マット敷工法
SB型 ブローイング工法・マット敷工法兼用 S B	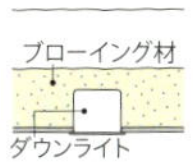	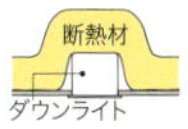 全地域で使用可能
SGI型 マット敷工法専用 S GI	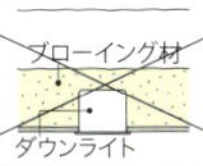	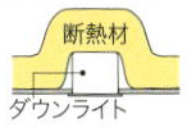 全地域で使用可能
SG型 マット敷工法専用 S G	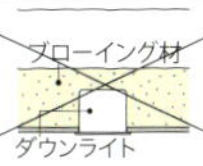	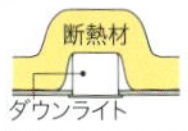 北海道以外で使用可能

出典：全国安心工務店ネット

◇表3　CD管に配線する種類※

	特徴	径
LANケーブル	PCやネットワーク用のケーブル。速度によりCAT5、6、7など規格がある	16以上
光ケーブル	光ファイバーを1本のケーブルに束ねているもの。TV、ネットワーク用などがある	22以上
HDMIケーブル	AV機器向けのデジタル映像、音声入出力用のインターフェイス	28以上
スピーカーケーブル	アンプとスピーカーをつなぐケーブル。ケーブルの方向が決まっている場合もある	14以上
電話ケーブル	電話回線を接続するケーブル。モジュラーケーブルのこと	14以上
同軸ケーブル	TV、FMの受信機などとアンテナを主につなぐケーブル	14以上

※：CD管の種類は、管内に配線する本数や距離、曲り回数によって変わるため参考数値

現場での業務報告

Point

- 監理報告は必ず行わなければならない
- 工事後に隠れてしまう箇所は写真を撮って報告を行う
- 各種の試験データも確認して報告する

監理報告の義務

建築士が監理業務の委託を受けた場合は、依頼主への設計監理の報告が義務付けられている。特にリフォームでは設計監理項目や報告内容に特筆すべき点があるので確認しておく。

たとえば、解体時の調査において、既存構造体に劣化や不具合が見受けられた場合、その部分や大半のやり替えが必要となる。この場合、既存図面の壁量や筋交いによる耐力と新たな計画の耐力との比較検討が監理報告として重要な項目となる[図1]。

施工状況の報告

木造住宅の場合は、プラン変更に伴い、構造間仕切の移設を行うケースがある。この場合、仕上げで構造が隠れてしまう前に、柱、梁や壁の筋交いへ固定金物の施工を行った写真を撮り、状況報告を行う必要がある。

RC造の場合は、鉄筋のさびや経年による耐力低下によるコンクリートのクラックが発生していることがある。この場合、その箇所の是正方法について、建築学会等の設計指針を参考に、施工要領の確認と報告が必要である。

水廻りの状況

キッチンやトイレ等の水廻りの配置を変更する場合は、配水管の勾配が図面どおり施工されているかの確認と検証を行う。現地測定データの記録を整理して、写真と合わせて報告する。これは後々の水漏れ箇所の限定に役立つ[図2]。

給水給湯配管においては、一定の圧力をかけて試験を行い、その測定データを確認しておく。温水床暖房でも同様の検査を行う。

その他、機械設備による性能面の試験データや測定データを確認する必要がある。

◇図1　監理報告書への記載事項

監理報告書

新築の場合の記載内容

- 地盤の施工状況
- 基礎工事の施工状況
- 建て方の施工状況

工事が正しく行われているか項目を細かく分類し、写真とともに報告書としてデータを残す

↓

リフォーム時に追加される記載内容

1. 構造体の劣化や不具合
2. 設備配管経路の変更
3. 各種データの収集　　　　など

◇図2　施工状況の報告事項

水廻りの配管経路を変更する場合、配管勾配や水圧等の測定記録を報告する

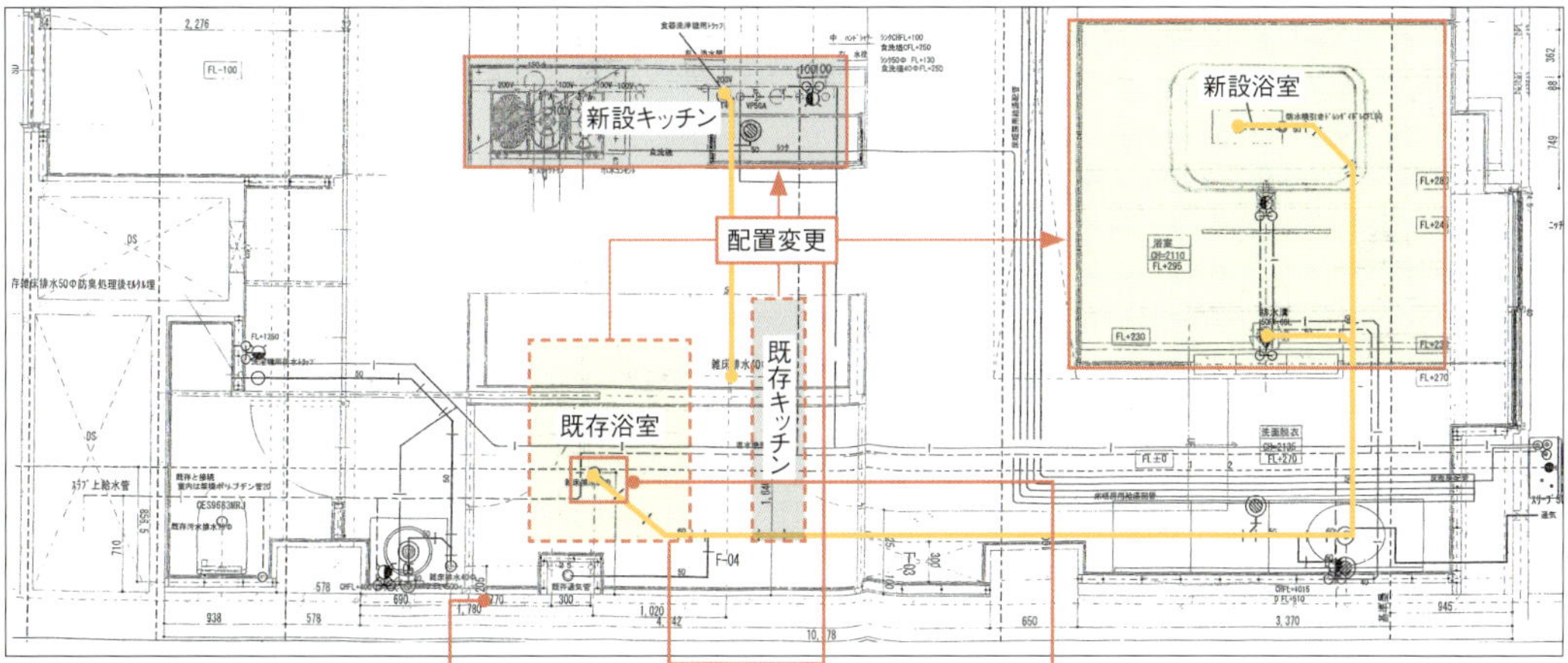

1. 既存構造体に劣化、不具合などを見つけたら、建築学会等の設計指針を参考に、施工要領の確認と報告をする

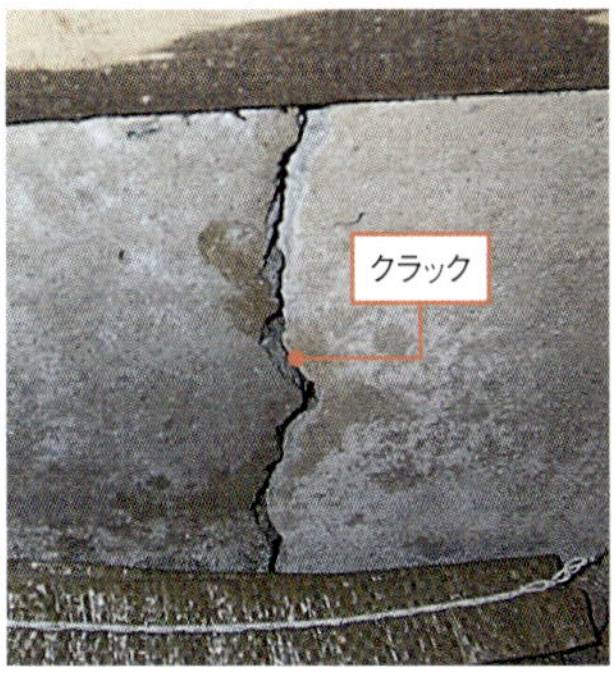

既存構造体の劣化

2. 配管経路変更の際には特に図面と施工の整合を確認する
   - 配水管の勾配
   - 既存設備管と新設管の接続部などは要注意

3. 配管・設備はそれぞれ試験検査を行っておく

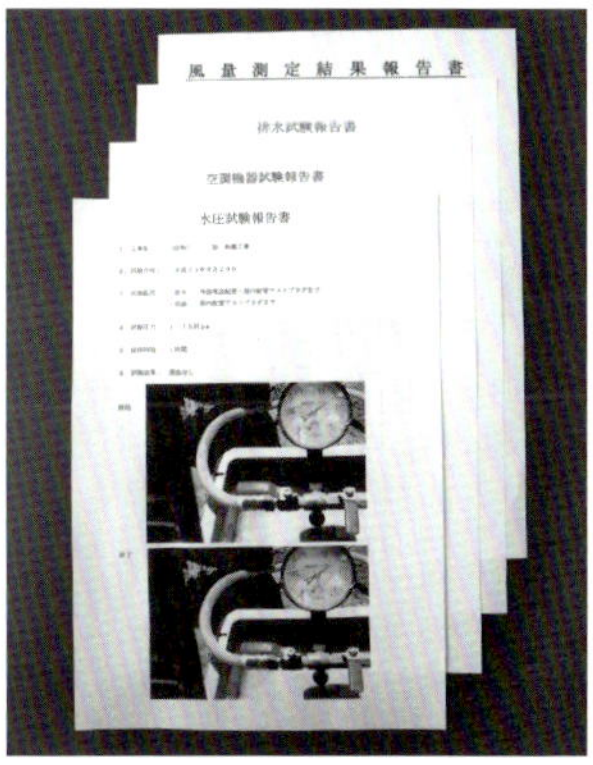

その他、試験データ等をまとめる

key word 105

検査

Point

- 建築確認検査では、工事の仕上がり等の検査は行わない
- 設計監理委託契約を結んだ建築士が施主に代わって検査を行う
- 外から見えない箇所は、施工中の写真や鏡などを使って確認する

法的検査・仕上検査

リフォーム工事で建築確認申請を必要とする場合には、行政検査や指定確認検査機関の検査がある。これは、建築基準法等に問題がないかを検査するもので仕上がり具合や出来具合を検査するものではない。仕上がりなどについては、設計監理委託契約を結んだ建築士が建築主に代わって検査を行う。建築確認申請を行わない場合でも、建築基準法的に問題はないことを確認する。検査の詳細は施主と結ばれた契約内容によって異なる。

戸建での検査内容

戸建は、解体時の構造チェックで柱、梁、土台、基礎の既存構造を確認する。現場において基礎等のやり替えや、抱き合わせの基礎等を鉄筋コンクリートでつくる場合は、新築と同様の検査が必要となる。

また、構造設計に従った構造材の使用や金物の取り付け具合等も確認する。仕上げ具合、器具の動作確認等、新築と同じ検査が必要[表1・2]。竣工検査には、建築主検査、設計監理者検査、建築確認申請が行われていれば役所検査等がある。また、その他保証保険会社や第三者による検査もある。

マンションでの検査内容

マンションは、施工会社の検査後に、建築士、建築主が注意すべきことは、仕上げによって隠れてしまう部位のチェックだ。断熱材、給水、排水、ガス、設備の経路などはつなぎ目をよく確認する。天井裏の取り付け方、床下の骨組みなどを、写真付きの報告書とともに必ず確認する。部分リフォームの場合はつなぎ目を特に注意する。塗装した場合は、建具の上部、下部等を鏡等でチェックしてみるとよい。クローゼットも、内側に入って確認する。

◇表1　着工時検査済チェックシートの例

検査項目	内容		方法	報告方法
建物位置 ・建物の位置が配置図のとおりになっているか、それぞれの敷地境界からの距離を確認	□各敷地境界からの距離	東　mm 西　mm 南　mm 北　mm ・変更　□無 □有（内容： ）	視測	□※
地盤 ・「地盤調査報告書」などにもとづいて敷地の地盤（地質）の状態を確認	□地盤の種類 □地盤の支持力	□ kN/㎡ ・変更　□無 □有（内容： ）	視図 図	□地盤調査報告書 □
地盤改良・杭 （地盤改良または杭打ちを行う場合） □該当なし ・地盤改良方法または杭打ちの方法をチェック ・地盤改良または杭の施工状況をチェック ・基礎と接続する杭頭の状態をチェック	□地盤改良・杭の方式 □地盤改良・杭の施工状態 □杭頭の状態	□ □ 杭頭間隔　mm ・変更　□無 □有（内容： ）	視図 視図 視測図	□施工写真 □
地業 ・基礎をつくるための地盤が所定の深さと幅に掘削されているかをチェック ・根伐り底が荒れていないか確認 ・掘削後に敷き並べた砕石等の厚さや突き固めの状態を調べる	□根入れ深さ □床付けの状態 □転圧の状態	遣方ー　mm □ □ ・変更　□無 □有（内容： ）	視測図 視測図 視測図	□施工写真 □
防湿シート （防湿シートを敷き込む場合） □該当なし ・地面からの湿気を防ぐ防湿シート等が、必要な重ね幅を確保しているかなど、正しく敷き込まれ損傷がないかチェック	□敷き込みの状態 □継手の重ね幅 □材質 □厚さ	□ 幅　mm 材質（ ） 厚さ　mm ・変更　□無 □有（内容： ）	視測図 視測図 視図 視測図	□納品書 □表示マーク □

◇表2　屋根・防水・開口部チェックシートの例

検査項目	内容		方法	報告方法
屋根・屋上 ・屋根、屋上の仕上がり状態、清掃状態、大きな傷の有無を確認	□仕上がり状況 □清掃状況 □大きな傷の有無	□ □ □	視図 視図 視図	□
壁防水紙 ・外壁に張る防水紙の取り付け状態を確認 ・開口部廻りの防水の状況を調べる	□取り付け状況 □開口部廻り防水状況	□ □ ・変更　□無 □有（内容： ）	視測図 視測図	□施工要領書 □
浴室・脱衣室の防水 ・浴室・脱衣室の構造部分などに有効な防腐や防水の対策を行っているかチェック	□浴室の防水措置 □脱衣室の防水措置	□ □ ・変更　□無 □有（内容： ）	視図 視図	□
バルコニーの防水 （バルコニーを防水する場合） □該当なし ・バルコニーの防水が設計どおりの仕様のものであるかをチェック ・開口部分を含む立ち上がり部分の防水状況を確認	□防水仕様 □立ち上がり部分の防水状況	□（　）防水 □その他（　） □ ・変更　□無 □有（内容： ）	視図 視図	□納品書 □性能証明書 □
開口部の仕様 ・ドアやサッシ、窓ガラスが設計どおりの仕様のものであるかをチェック	□窓・ドア等の仕様	□ ・変更　□無 □有（内容： ）	視図	□納品書 □性能証明書 □
※気密に関する設定がある場合 □該当なし	□気密性能	□ ・変更　□無 □有（内容： ）	視図	□納品書 □性能証明書 □
※断熱に関する設定がある場合 □該当なし	□断熱性能	□ ・変更　□無 □有（内容： ）	視図	□納品書 □性能証明書 □
※耐火性能に関する設定がある場合 □該当なし	□耐火性能	□ ・変更　□無 □有（内容： ）	視図	□納品書 □性能証明書 □

※：□のみの項目は報告の必要性があったほうがよいもの

key word 106

第三者によるリフォーム検査

Point

- 悪質なリフォーム業者による工事の問題が指摘されている
- ローン・保険でも種類によっては検査が必要になる
- 第三者による検査は、業者により検査内容にばらつきがある

すべての新築の建物には、建築確認申請による役所や検査機関による検査が義務付けられている。リフォームは建築基準法にもとづく確認や検査が不要なものも多いが、必ず施工業者・設計者・施主が各検査を行って問題点を確認し、不備がある場合は是正工事を行い、施主が満足した状態で引き渡すのが当然のことである。

しかし昨今、悪質なリフォーム業者による粗雑工事の問題が指摘されているため、第三者による客観的なリフォーム検査の要望も出てきている。

なお、ローンや保険の種類によっては設計や施工途中の検査を受ける必要がある。このような場合は、設計開始時から、施主との情報共有が欠かせない。

第三者による検査

各業者によっては検査内容は色々である。設計図書、見積り精査、業者選定、工事請負契約が適正であるかを検査する所もあれば、工事期間に何度か現場検査を行う所もある。また工事完了後のみ検査する所もある。

このように検査頻度、内容、費用が違うため、施主がどういった客観的検査を求めているのかを確認しつつ、悪質な検査業者に気を付ける必要もある。行政側でもリフォーム検査を制度化しつつあるので、まずは行政へ相談することを勧める。

各種申請用の検査

ローン、保険、工事費の補助金・助成金を利用する場合は、その申請内容を設計者も把握しておく必要がある。

各機関に提出する報告内容や提出する時期、検査内容が各機関によって違い、また工事の規模や内容によっても違ってくる[表]。これらの情報をまとめて、設計や工程に反映しなければならないため、施主とは設計当初に確認しておく必要がある[図]。

◇表　住宅リフォーム瑕疵担保責任保険の検査回数と時期の例

リフォーム部分の違いによる検査回数と内容

工事内容		回数	実施時期
構造リフォームを行う場合	構造耐力上主要な部分の新設・撤去の工事がある場合	2回	1回目：施工中検査 ・保険対象リフォーム工事の工事中で、当該工事部分にかかる構造躯体が露出している時期
			2回目：完了時検査 ・保険対象リフォーム工事完了時
	上記以外	1回	完了時検査 ・保険対象リフォーム工事完了時
構造リフォームを行わない場合		1回	完了時検査 ・保険対象リフォーム工事完了時

基礎を新設する増改築工事部分（増築特約）

工事内容	回数	実施時期
3階以下の木造住宅の場合	2回	1回目：基礎配筋工事完了時
		2回目：屋根工事完了時から内装下地張り直前の工事完了時までの間
上記以外	建物階数により異なるため、事前に協議が必要である	

◇図　リフォーム融資の物件検査の流れ

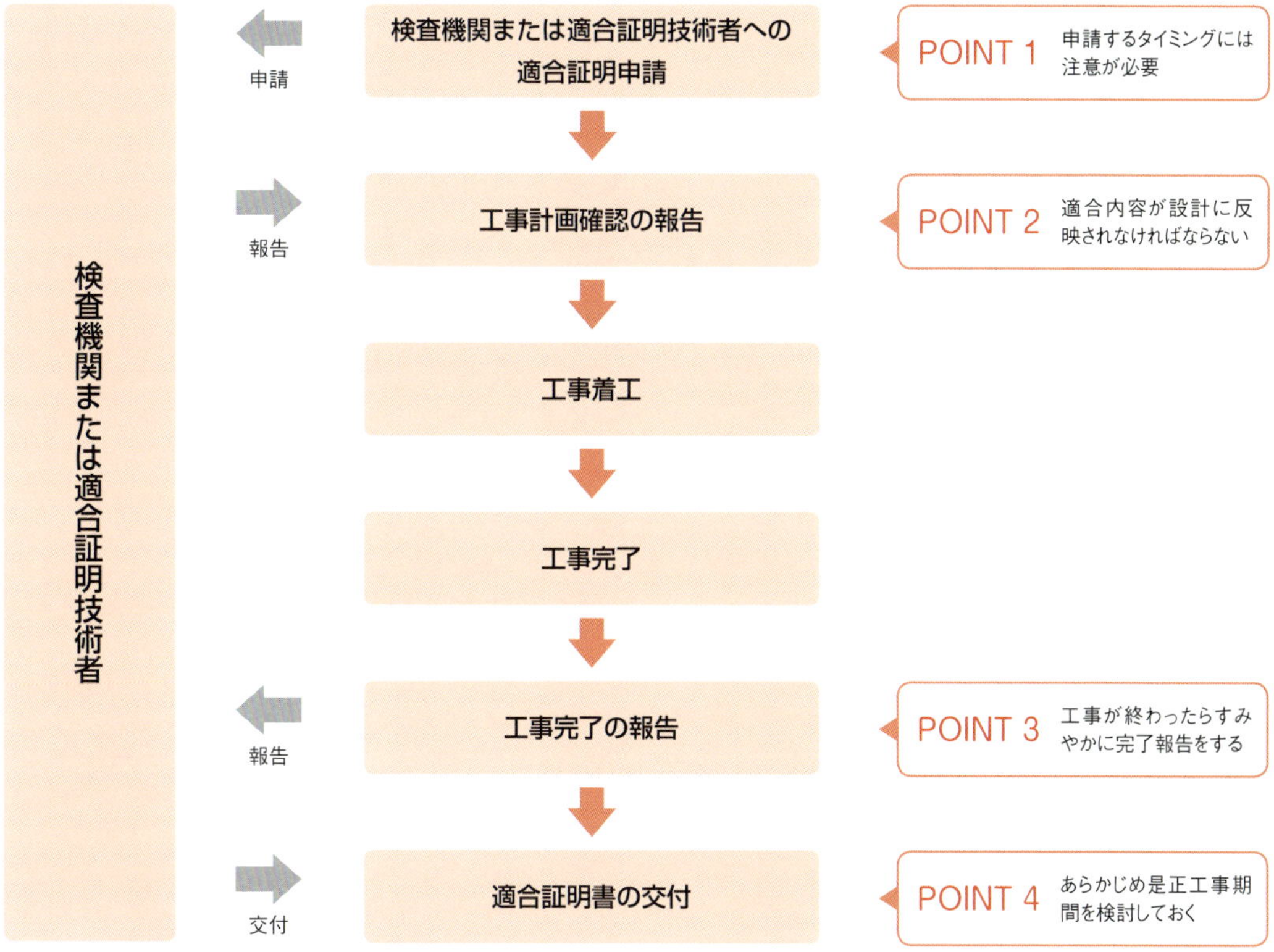

ここがポイント

事前に検査の内容・範囲・時期を知っておくことで、設計内容工期への影響を検討し、施主への説明が必要になってくる

取り扱い説明

Point

- 引渡し時は、生活するうえでの注意点を説明する
- 機器等の取り扱いについても説明する
- 掃除の仕方やメンテナンスについても説明する

生活上の注意点を説明

リフォームにおいても新築同様に工事が完了し事務所検査を経て、施主・建築士・施工会社の三者が立会いのもと竣工検査を行う。確認を終え問題がなければ竣工書類、引渡し書、鍵を渡し、正式な引渡しとなる［表］。

引渡し時は建築士から、リフォームによる間取り変更など設計趣旨や生活するうえでの注意点を説明する［図1］。リフォーム計画時に説明していても重要点は繰り返して説明することが大切である。たとえば、デザインを重視して手摺子の間隔を広くした階段手すりでは、小さな子どもがいる場合など転落のおそれもあるため、転落防止ネットの必要性を説明する。

機器等の取り扱い説明

施工会社やメーカーの担当者からは各種機器等の取り扱い説明を行う。新たな設備機器等を設置した場合は、メーカーの保証書等を渡し、使用上の注意や手入れ、トラブル発生時の対応方法などを説明する。

特に最新式の機器はリモコンやスイッチ類が多く操作方法が複雑な場合もあるため丁寧に説明する必要がある。キッチンや浴室の移動を含む大きな間取り変更の場合は配管経路も変わり、点検・清掃口の位置も変わることが多いので変更場所の説明をする［図2］。窓サッシ変更の際には開閉・施錠の仕方や清掃方法を説明する。

フローリング材を無垢材に変更している際は無塗装なのかワックス・塗装タイプなのかを説明し清掃時の注意や日ごろのメンテナンスの方法などを説明する。同時に長もちする使用方法を説明できればなおよい。

今後の点検の時期や不具合が発生した際のアフターケアの窓口・連絡先なども確認する。

◇表　引渡し時に必要となる書類

書　類	引渡し時の注意点
引渡し書	工事が完了し、関係者すべてが納得のうえで引渡しをするという証書
建築確認申請副本	建築基準法に適合している証明書類。後の転売・増改築の際に必要となる
中間検査済証・完了検査済証	工事着工中、その現場が間違いなく申請どおりにできていることを現場にて検査し、証明したもの。後の転売・増改築の際に必要となる
鍵引渡し書および鍵	その建物の鍵と、鍵の位置を記載したリスト
下請業者一覧表	工事にかかわった下請け業者リスト。大工・屋根・左官・建具、設備などすべての業者の連絡先を記載している。不具合が生じた場合、通常は元請けの工務店に連絡を入れるが、水道やガスなど緊急を要する場合には、直接連絡してもよい
各種保証書	10年保証を取った場合は、その保証書が必要。その他、防水・シロアリ・地盤改良・各種機器の保証書がある。トラブル等が発生した場合に必要となる
工事写真	工事中の構造、下地状態を撮影したものが必要となる。問題が生じた場合に見えない部分をチェックする際に重要となる
竣工図面	契約図面どおりに施工されていれば特に問題はないが、工事中の変更は多々あるため、実際にどのように出来上がったかを示す図面。後の転売・増改築の際に必要となる

◇図1　書類の説明

引渡し時に提出する書類をリスト化し、照合させながら説明するとスムーズに進む。書類はまとめて保管してもらうよう説明する

◇図2　キッチンの取り扱い説明

実際に使用しながら説明を行う。トラブル時の対処法や、長く使い続けるための清掃方法なども同時に説明できるとよい

key word 108

アフターケア（1年点検など）

Point

- 工事が終わったらすべて終了ではない
- 実際に生活を始めた後のアフターケアが次の依頼へとつながる
- リフォームでは問題の予測力とモラルとが重要となる

建物の寿命を延ばすアフターケア

引渡後のアフターケアについても契約で取り決めをしておくことが大切である［表1］。

リフォーム瑕疵担保保険［表2］の保険契約を行う場合は、明確な規定がされている。しかし、施工会社独自の保証の場合は、その内容には細心の注意が必要となる。

アフターケアには、引渡し後に発見または発生した不良や不具合の補修と、建物をよい状態でより長く使うための検査やメンテナンスなどの2つがある。リフォーム工事ではどちらも注意が必要である。

引渡し後の不良や不具合も生ずることも多く、建具や床のきしみのような簡単なものから、大掛かりな工事や交換が必要な場合までその内容は千差万別である。いずれも不具合が発生したことの原因が重要だ。

不具合を予測する力

張り替えたフローリングの床鳴りの場合、施工会社側は下地の不陸が原因でこれ以上直しようがないという。よくある事例だが、施主側が、床鳴りするような下地の放置を問題にしたら、①施工会社が床鳴りを予測できなかった、②工事費を抑えるため下地は手をつけなかった、の2点が原因として考えられる。問題となるのは、施工前に床鳴りの可能性を施主へ説明したかという点だ。このようにリフォームでは問題の予測力とモラルとが重要になる。

引渡し後の不具合について保証をする場合は、「いつまで」に現れた「どんな不具合」を保証するかを明確にしなければならない。一般的には材料の不良、設計または施工状況に起因することに限定することが多い。

大切なことは、契約前に補償内容について施主への理解を得ることだ。

◇表1　戸建住宅リフォームのアフターケア基準の例

構造体・防水部位

項目			対象	不具合現象例	期間	免責事項
構造体		基礎	構造強度	リフォーム工事に起因し、かつ構造強度に影響を及ぼす著しい変形、破損、亀裂、傾斜	5〜10年	・既存住宅の築年数、維持管理状態により別途アフターサービス基準を定めた場合 ・材質的な収縮に起因し、構造上特に支障ないもの
		床				
		壁				
		屋根				
防水	屋根	屋根葺替	雨漏	雨漏り及び雨漏りによる室内仕上面の汚損	5〜10年	・屋根葺き替え以外の場合 ・屋根全体の葺き替え以外のもの ・台風等の強風時における開口部からの一時的な漏水 ・リフォーム対象外の部分からの雨漏り ・既存住宅の築年数、維持管理状態により別途アフターサービス基準を定めた場合 ・テラス屋根、カーポート等、屋外の工作物
		その他屋根・庇	雨漏	雨漏り及び雨漏りによる室内仕上面の汚損	3〜5年	・台風等の強風時における開口部からの一時的な漏水 ・リフォーム対象外の部分からの雨漏り ・既存住宅の築年数、維持管理状態により別途アフターサービス基準を定めた場合 ・テラス屋根、カーポート等、屋外の工作物
	FRP防水	陸屋根、防水、バルコニー	雨漏	雨漏り及び雨漏りによる室内仕上面の汚損	5〜10年	
	外壁（下地交換を伴う工事）		雨漏	雨漏り及び雨漏りによる室内仕上面の汚損	5〜10年	
	既存外壁との取合部		雨漏	雨漏り及び雨漏りによる室内仕上面の汚損	2〜3年	

出典：東京都都市整備局

内装・設備・その他

項目			対象	不具合現象例	期間	免責事項
構造体以外の下地及び仕上げ		基礎	仕上材	・モルタル等仕上材剥離、損傷	1年	・モルタル仕上部の幅2mm以下の亀裂 ・エフロレッセンス
	床	主要構造部以外のコンクリート部	コンクリート仕上材	・内外土間、犬走り、ポーチ、テラス、カーポート等の著しい沈下、亀裂、剥離	1年	・幅2mm以下の亀裂 ・エフロレッセンス
		室内床	下地材 仕上材	・材料の著しい反り、割れ、隙間、浮き、きしみ	1年	・設計時に予想しなかった重量物を置いたことに起因するもの ・過度の暖房によるもの
	壁	外壁・内壁	下地材 仕上材	・下地材の著しい反り、ねじれ ・仕上材の亀裂、変形、剥離 ・タイルの目地切れ	1年	・2mm以下の亀裂 ・過度の暖房によるもの
	天井	軒天井・室内天井	下地材 仕上材	・下地材の著しい反り、ねじれ ・仕上材の亀裂、変形、剥離	1年	・お客様が取付けた機器等に起因するもの ・過度の暖房によるもの
		屋根及び庇	屋根葺材、水切等	・破損、めくれ、脱落	1年	・積雪に起因するもの
		樋	樋・金物	・脱落、破損、垂れ下がり	1年	・積雪、凍結、枯葉のつまり起因するもの
		外部金物	破風受金物・金属・手摺	・変形・破損・はずれ	1年	・積雪に起因するもの
		外部建具・内部建具	建具・建具の附属部品・換気口	・著しい反り、建付不良、作動不良、すきま及び部品の故障	1年	・作動に影響しない反り、木材の軽微なひび割れ ・過度な暖房によるもの ・雨、日照による玄関ドアの変色、退色 ・暴風雨、暴雨等による建具からの一時的な雨水の浸水
	塗装	外壁塗装	塗装仕上面	・塗装の膨れ、著しい退色、剥がれ	3〜5年	・外壁塗装プラン仕様以外のもの ・建物全体の外壁塗装以外のもの ・木部、鉄部塗装 ・外構の壁等の塗装
		その他塗装	塗装仕上面	・著しい変色、剥離、亀裂	1年	・歩行部分の剥離
		浴室	漏水	・漏水面及び漏水による室内仕上面の汚損	1年	・家具、調度品の汚損
		ユニットバス	漏水	・漏水面及び漏水による室内仕上面の汚損	2年	・家具、調度品の汚損
設備		給排水衛生	配管・器具	・配管の配線不良、支持不良、破損及び電蝕 ・器具の取付不良等	1年	・異物のつまり、凍結によるもの、給排水のパッキング等の消耗品
		電気	配線・器具	・配管、配線の接続不良、破損器具の取付不良等	1年	・電球、電池等の消耗品
造作		濡れ縁・バルコニー・造付家具・巾木・回縁等	仕上材	・材質の著しい変質、変形、割れ、反り	1年	
虫害		防虫防蟻	防虫・防蟻処理を行った部分	・白蟻による食害、損傷	5年	・土壌処理を行っていないもの ・畳、じゅうたんに発生するダニ類によるもの
		外構造園		・破損、作動不良	1年	・塀等のエフロレッセンス

◇表2　リフォーム瑕疵保険・保険法人

保険法人	保険名称	URL
住宅あんしん保証	あんしんリフォーム工事瑕疵保険	https://www.j-anshin.co.jp/
㈶住宅保証機構	まもりすまいリフォーム保険	https://www.mamoris.jp/
日本住宅保証検査機構（JIO）	JIOリフォームかし保険	https://www.jio-kensa.co.jp/
ハウスジーメン	リフォームかし保険	https://www.house-gmen.com/
ハウスプラス住宅保証	リフォーム瑕疵保険	http://www.houseplus.co.jp/

住宅履歴情報の登録と蓄積

Point

- 社会の環境は、ストック型社会を目指し、住宅の長寿命化が求められる
- 計画的、効果的なリフォームのためには、建物の「過去の履歴」が重要
- 今後のためにも、リフォーム時の情報を蓄積していく

リフォームの履歴は残す時代

日本の住宅が新築されてから壊されるまでは平均約30年であり、欧米と比較すると短い。また環境問題や社会的傾向としてスクラップ&ビルドからストック型社会へと転換している昨今、新築や建て替えではなく、「リフォーム」という選択肢が増えてきている。

リフォームをするには、新築時の情報だけではなく、その後どういった修繕、改修、リフォームをしたかの情報が多いほど、正確で綿密な設計やコスト計画が可能となる。

住宅履歴情報の作成

解体工事後に発生する計画自体を見直さなければならないようなトラブルを可能な限り避け、計画的、効果的、合理的かつ安心な維持管理を目指すためには、その建物の新築時からその後いつ、だれが、どのように工事を行ったのか記録した「住宅履歴情報」を作成し、共有化することが大切である。そして、建物の所有者が変わっても、情報が引き継がれ活用されていくことが建物の長寿命化のために重要となる。

住宅履歴情報の管理

マンションは管理会社や組合で建物の履歴情報を管理している場合が多いが、一般的には戸建住宅の場合は履歴情報の蓄積が管理されていない場合が多く、所有者次第となっているのが現状である［表］。

現在では、複数の情報サービス機関が住宅履歴情報を蓄積する仕組みを提供している。

平成21年6月4日に施行された「長期優良住宅の普及の促進に関する法律」により、この認定を受けた住宅は、建築および維持保全の状況に関する記録の保存が義務付けられている［図］。

◇表　住宅履歴情報の例

戸建住宅・マンション専有部分

新築	建築確認	地盤調査、建築確認、工事監理、完了検査、開発行為にかかわる書類・図面
	住宅性能評価	設計住宅性能評価、建設住宅性能評価(新築)にかかわる書類・図面
	長期優良住宅認定	認定手続きのために作成される書類や図面など
	新築工事関係	住宅の竣工時とそれまでにつくられた書類や図面
維持管理	維持管理計画	メンテナンスプロフラムなど
	点検・診断	自主点検、サービス点検、法定点検、住宅診断にかかる書類・図面
	修繕	計画修繕、そのほかの修繕にかかる書類や図面
	リフォーム・改修	性能、仕様等の向上のためのリフォーム・改修工事にかかる書類や図面
	認定長期優良住宅の維持保全	五損が義務付けられている維持管理の記録など
	性能評価	建設住宅性能評価(既存)かかわる書類や図面

マンション共用部分

新築	建築確認	地盤調査、建築確認、工事監理、完了検査、開発行為にかかわる書類や図面
	長期優良住宅認定	認定手続きのために作成される書類や図面
	新築工事関係	住宅の竣工時とそれまでにつくられた書類や図面
維持管理	維持管理計画	長期修繕計画
	点検・診断	自主点検、サービス点検、法定点検、住宅診断にかかわる書類や図面
	修繕・改修	大規模修繕、そのほかの修繕にかかる書類や図面
	認定長期優良住宅の維持保全	保存が義務付けられている維持管理の記録など
組合運営	マンション管理	マンション管理規約

出典：一般社団法人住宅履歴情報蓄積・活用推進協議会

◇図　住宅履歴情報の流れ

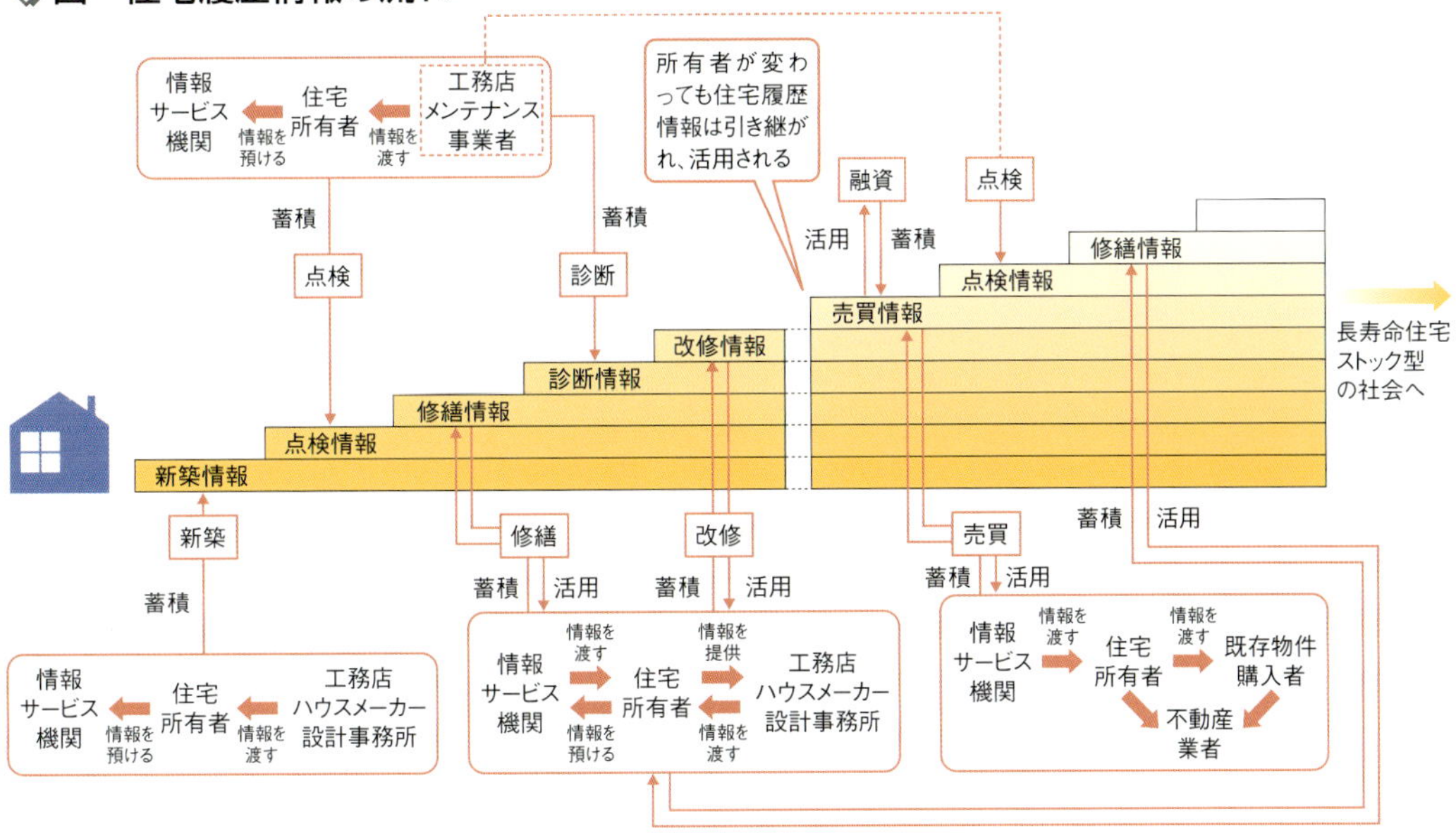

平成22年に㈳住宅履歴情報蓄積・活用推進協議会が設立され、住宅履歴情報、愛称「いえかるて」の普及が始まった

key word 110

夢を実現するリフォーム

Point

- リフォームはその既存物件と、そこに住む人をよく知ることが大切だ
- 既存物件の長所をより引き出すことも建築家の大きな役割である
- 建物がもっている可能性にも目を向けよう

リフォームは難しいか?

リフォームとは、いかに既存状況を知り、現状に即しながら、設計・監理をすることであるか……をお伝えしてきた。設計段階では未知の部分を含めながら多面的観点から判断を求められ、また解体後には予想外の事象に右往左往することも少なくない。決して生やさしいものではなく、多くの既存条件やトラブルによって設計の自由度を制限される。施主に満足してもらえる設計監理が難しく感じるかもしれないが、そんなことばかりではない。

リフォームは挑戦

リフォームの魅力は施主・設計者・施工者の関係者全員が、その物件の「before」を見ることができるため、いろいろ具体的にイメージできることである。施主にとっては今の生活の問題点、不満点を明確化することが可能であり、設計者にとっても早い段階から解決方法を具体的に設計することが可能である。

また、問題解決をすることだけが建築家に求められるリフォーム設計ではない。既存物件の長所をより引き出すことも建築家の大きな役割である。そのためには現場調査時に問題点のみを調査するのではなく、その建物がもっている可能性にも目を向けることを忘れてはならない。

この条件だらけの既存物件において、決して利便性の向上だけにはとどまらず、その施主、その家族らしいリフォームを具現化できるかは設計者の腕にかかっているのである。

リフォームは最高

こうして実現したリフォーム住宅は「before」を知っていることもあって、とても満足度の高い世界に1つしかない素敵な住宅となるのだ[図1・2]。

◇図1　木造住宅の例

before

住宅密集地の旗竿敷地に建つ2×4木造2階建ての住宅

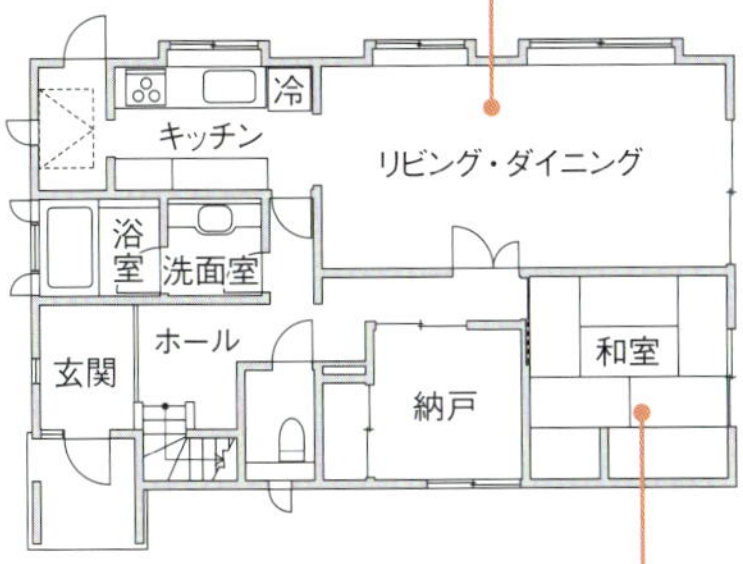

光が入らず薄暗い和室。各部屋が分断され、1階はすべての部屋が日中でも暗かった

after

坪庭に面した明るい浴室

かつての階段部分は1階をシューズインクロゼット、吹抜けに変更

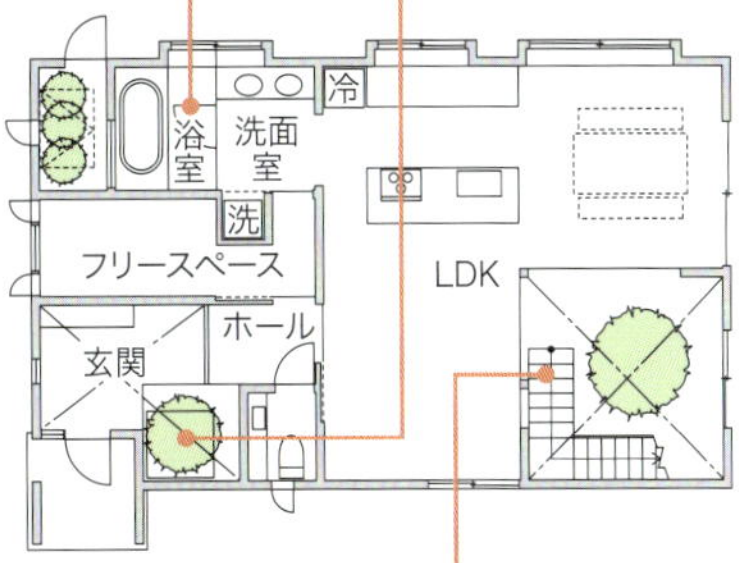

外壁や基礎の一部を補強し、南側に新たに吹抜けを設けることで、住宅全体が明るくなった

写真提供：石田篤

◇図2　マンションの例

before

部屋の奥まで光が入らず、薄暗い壁付けのキッチン

暗い廊下

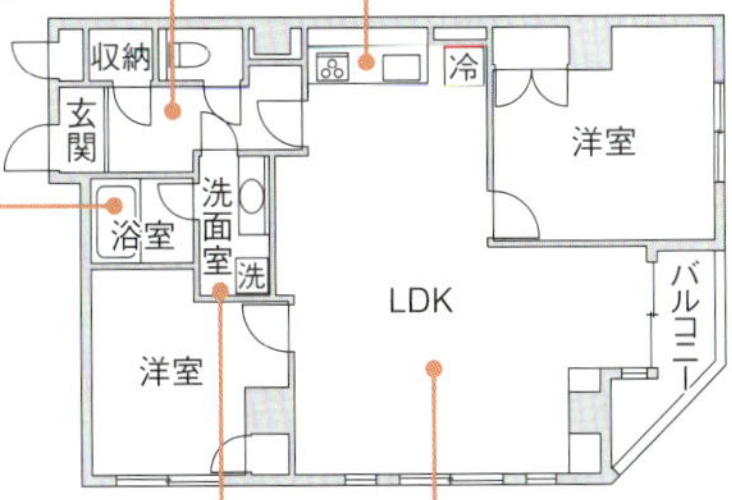

閉鎖的な水廻り空間

狭いうえに出入口やシンクが1つしかない洗面室

使い勝手が難しい平面形状のLDK

after

床はミモザのヘリンボーン、壁はグレーで仕上げ、室内インテリアを一新した。寝室もLDKの一部に置き、広々とした空間で家族と過ごす

写真提供：石田篤

回遊動線により湿気が籠らない水廻り空間

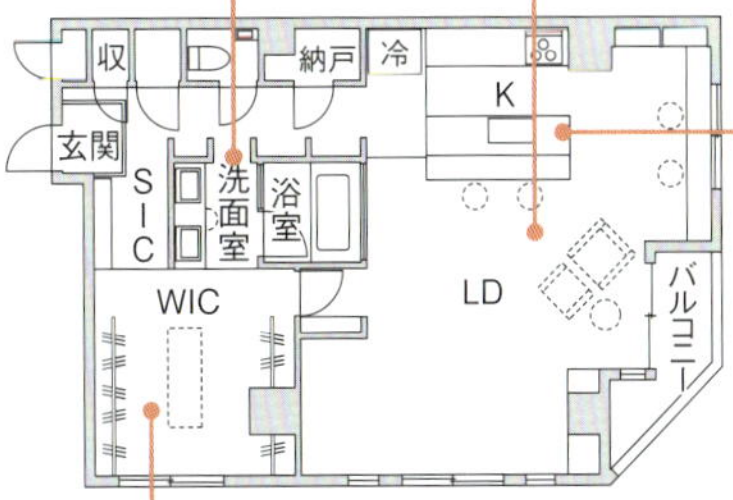

シューズインクロゼット、ウォークインクロゼットと洗面室は扉・廊下を介さずにつながっているため、1つの空間として使用できる

洋室をなくし、アイランド型にしたことで明るく開放的で使いやすいキッチンになった

検査済証とリフォームの責任範囲

column

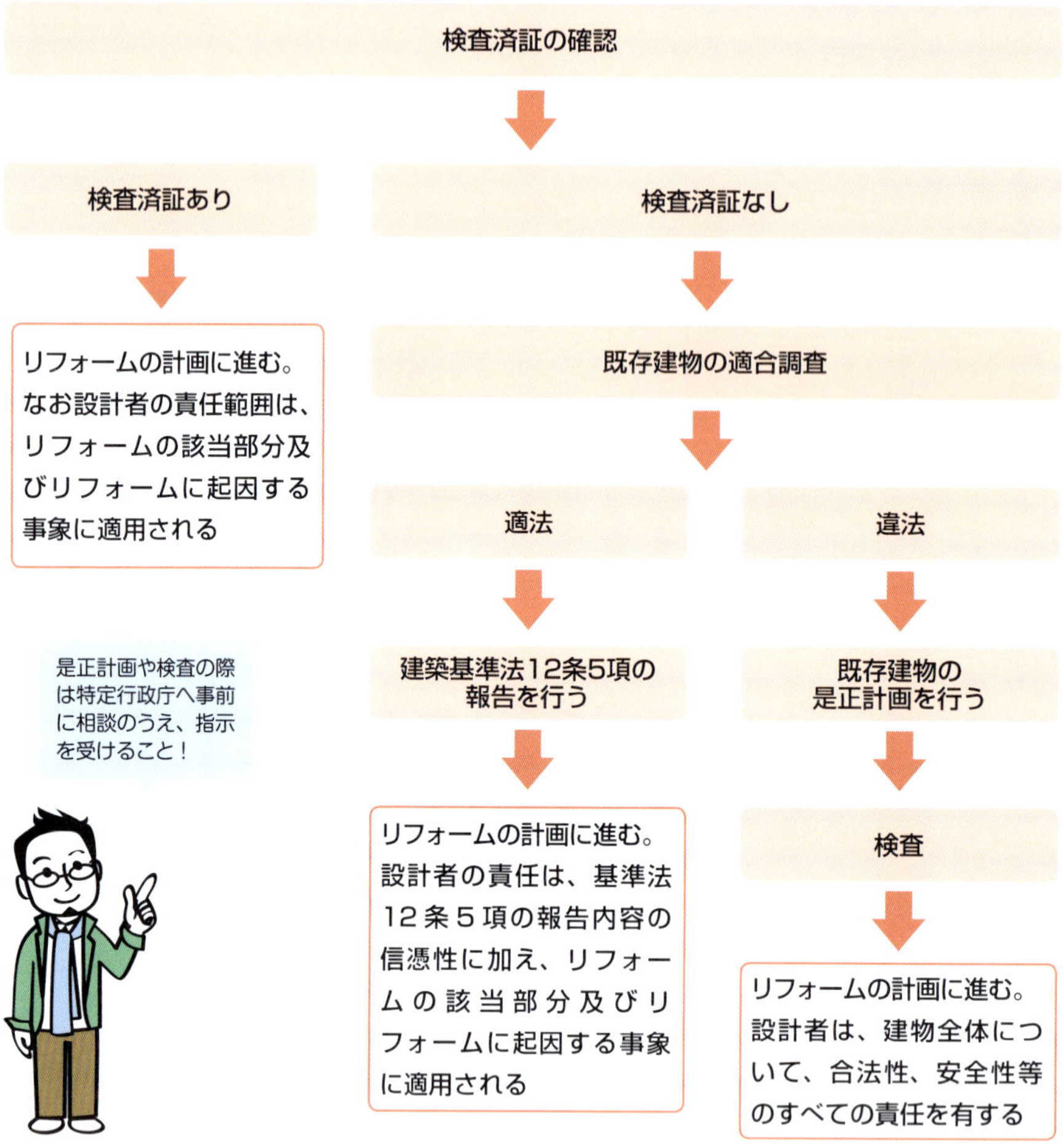

「検査済証」の有無や認定工法のケースに要注意

リフォーム設計を行う設計者は、建築確認（建築基準法第6条関連）の要不要に関わらず、リフォーム後も法の順守が大前提であり（018参照）、その合法性及び安全性に責任を取らなければならない。しかしながら、「検査済証」の有無により、その責任範囲をはじめ、リフォームの設計業務内容や方法（既存部分の合法性、安全性の確認作業）が異なってくるので、気をつけなければならない。

一方、プランや構造部材の変更を伴うリフォームでは、ハウスメーカー等に多い型式認定の建物（認定工法）の場合に別途注意が必要だ。詳細の資料収集が困難であったり、増改築を想定していない、あるいは変更可能範囲が極めて限定的な認定工法もあったりと、法令上は物理的に増改築（形状変更）が不可能なケースも少なくないため、事前の調査が重要である。

索引

参考文献

世界で一番やさしい建築設備（エクスナレッジ）

木造住宅の設計手法（彰国社）

建築構法（市ヶ谷出版社）

住宅リフォーム事業者行動基準（東京都都市整備）

著者プロフィール

一般社団法人 田園都市建築家の会　https://denen-arch.com/

2011年に設立。たまプラーザに事務局をおき、住環境向上のため家づくりの提案やサポート、毎週末の建築相談会や定期的にイベント等を行い、田園都市の家づくりのプラットフォーム（交流の場）となることを目指す建築家の会。たまプラーザ駅下車、徒歩6分。tel.045-482-6140

中尾 英己（なかお ひでみ）　http://www.nakao-architect.co.jp/

1967年東京生まれ。東京理科大学大学院修了。1999年九段下で中尾英己建築設計事務所設立。以後、現在まで個人住宅、賃貸住宅、保育園・幼稚園、店舗等幅広く設計活動を行う。リフォーム設計もスケルトンリフォームから部分リフォームまで数々手掛ける。

山田 悦子（やまだ えつこ）　https://www.a-etsuko.jp/

1976年兵庫生まれ。広島工業大学環境デザイン学科卒業後、オランダの大学院・設計事務所で5年過ごす。2007年東京にてアトリエエツコ一級建築士事務所を設立。リフォームにおいても光と風をいかに取り込むかを課題にさまざまなスタイルの設計をしている。

田井 勝馬（たい かつま）　https://www.tai-archi.co.jp/

1962年香川生まれ。日本大学理工学部建築学科卒業。戸田建設設計部を経て2001年田井勝馬建築設計工房を設立。個人住宅から集合住宅、業務、医療施設から都市設計まで幅広く設計活動を行っている。2005年から日本大学理工学部建築学科非常勤講師。

高橋 隆博（たかはし たかひろ）　http://www.a-shu.co.jp/

1964年横浜生まれ。日本大学理工学部建築学科卒業。在学中より一色建築設計事務所にて活動。1995年アトリエ秀設立。2006年に法人化。渡米経験を生かし、大規模木構造や各工法を駆使して住宅から各種施設まで精力的に取り組む。

※下記 旧メンバー

秋田 憲二（あきた けんじ）

一條 美賀（いちじょう みか）

河辺 近（こうべ ちかし）

世界で一番やさしい　リフォーム
最新改訂版

2019年8月30日　初版第1刷発行
2025年4月18日　　　第3刷発行

著　者　田園都市建築家の会

発行者　三輪浩之

発行所　株式会社エクスナレッジ
〒106-0032
東京都港区六本木7-2-26
https://www.xknowledge.co.jp/

編　集　Tel：03-3403-1381／Fax：03-3403-1345
Mail：info@xknowledge.co.jp

販　売　Tel：03-3403-1321／Fax：03-3403-1829